U0139064

政府採購法規

五南法學研究中心編輯

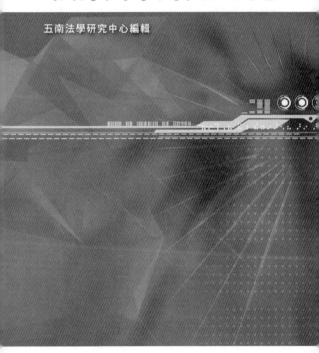

五南圖書出版公司 印行

凡 例

一、本書輯錄現行重要及其關係法規凡五十六種,名為「政府採購法規」。

二、全書分為政府採購相關法規、爭議處理及相關救濟規範、附錄(最高行政法院相關決議)等三大類,於各頁標示所屬項別及收錄各法起訖條號,方便檢索。

三、本書依循下列方式編印:

　(一)法規條文內容,悉以總統府公報暨主管機關發布為準。

　(二)法規名稱後詳列制定公布及歷次修正公布日期與條號。

　(三)「條文要旨」附於各法規條號之下,以( )表示。

　(四)法規內容異動時,於「條文要旨」底下以「數字」標示最後異動之年度。

　(五)法條分項、款、目,為求清晰明瞭,項冠以浮水印①②③數字,以資區別;各款冠以一、二、三數字標示,各目冠以(一)、(二)、(三)數字標示。

四、本書輕巧耐用,攜帶便利;輯入法規,內容詳實;條文要旨,言簡意賅;字體版面,舒適易讀;項次分明,查閱迅速;法令異動,逐版更新。

政府採購法規　　目　錄

壹、政府採購相關法規

貳、爭議處理及相關救濟規範

參、附錄

壹、政府採購相關法規

政府採購法

① 民國 87 年 5 月 27 日總統令制定公布全文 114 條；並自公布後一年施行。
② 民國 90 年 1 月 10 日總統令修正公布第 7 條條文。
③ 民國 91 年 2 月 6 日總統令修正公布第 6、11、13、20、22、24、25、28、30、34、35、37、40、48、50、66、70、74、75、76、78、83、85～88、95、97、98、101～103、114 條條文及第六章章名；刪除第 69 條條文；並增訂第 85-1～85-4、93-1 條條文。
④ 民國 96 年 7 月 4 日總統令修正公布第 85-1 條條文。
⑤ 民國 100 年 1 月 26 日總統令修正公布第 11、52、63 條條文。
民國 101 年 2 月 3 日行政院公告第 13 條第 4 項所列屬「行政院主計處」之權責事項，自 101 年 2 月 6 日起改由「行政院主計總處」管轄。
⑥ 民國 105 年 1 月 6 日總統令修正公布第 85-1、86 條條文；並增訂 73-1 條條文。

第一章 總 則

第一條 （立法宗旨）
為建立政府採購制度，依公平、公開之採購程序，提升採購效率與功能，確保採購品質，爰制定本法。

第二條 （採購之定義）
本法所稱採購，指工程之定作、財物之買受、定製、承租及勞務之委任或僱傭等。

第三條 （適用機關之範圍）
政府機關、公立學校、公營事業（以下簡稱機關）辦理採購，依本法之規定；本法未規定者，適用其他法律之規定。

第四條 （法人或團體辦理採購適用本法之規定）
法人或團體接受機關補助辦理採購，其補助金額占採購金額半數以上，且補助金額在公告金額以上者，適用本法之規定，並應受該機關之監督。

第五條 （委託法人或團體辦理採購）
① 機關採購得委託法人或團體代辦。
② 前項採購適用本法之規定，該法人或團體並受委託機關之監督。

第六條 （辦理採購應遵循之原則）91
① 機關辦理採購，應以維護公共利益及公平合理為原則，對廠商不得為無正當理由之差別待遇。
② 辦理採購人員於不違反本法規定之範圍內，得基於公共利益、採購效益或專業判斷之考量，為適當之採購決定。

③司法、監察或其他機關對於採購機關或人員之調查、起訴、審判、彈劾或糾舉等，得洽請主管機關協助、鑑定或提供專業意見。

第七條 （工程、財物、勞務之定義）90

①本法所稱工程，指在地面上下新建、增建、改建、修建、拆除構造物與其所屬設備及改變自然環境之行為，包括建築、土木、水利、環境、交通、機械、電氣、化工及其他經主管機關認定之工程。

②本法所稱財物，指各種物品（生鮮農漁產品除外）、材料、設備、機具與其他動產、不動產、權利及其他經主管機關認定之財物。

③本法所稱勞務，指專業服務、技術服務、資訊服務、研究發展、營運管理、維修、訓練、勞力及其他經主管機關認定之勞務。

④採購兼有工程、財物、勞務二種以上性質，難以認定其歸屬者，按其性質所占預算金額比率最高者歸屬之。

第八條 （廠商之定義）

本法所稱廠商，指公司、合夥或獨資之工商行號及其他得提供各機關工程、財物、勞務之自然人、法人、機構或團體。

第九條 （主管機關）

①本法所稱主管機關，為行政院採購暨公共工程委員會，以政務委員一人兼任主任委員。

②本法所稱上級機關，指辦理採購機關直屬之上一級機關。其無上級機關者，由該機關執行本法所規定上級機關之職權。

第一〇條 （主管機關掌理之事項）

主管機關掌理下列有關政府採購事項：

一 政府採購政策與制度之研訂及政令之宣導。

二 政府採購法令之研訂、修正及解釋。

三 標準採購契約之檢討及審定。

四 政府採購資訊之蒐集、公告及統計。

五 政府採購專業人員之訓練。

六 各機關採購之協調、督導及考核。

七 中央各機關採購申訴之處理。

八 其他關於政府採購之事項。

第一一條 （採購資訊中心之設置及工程價格資料庫之建立）100

①主管機關應設立採購資訊中心，統一蒐集共通性商情及同等品分類之資訊，並建立工程價格資料庫，以供各機關採購預算編列及底價訂定之參考。除應秘密之部分外，應無償提供廠商。

②機關辦理工程採購之預算金額達一定金額以上者，應於決標後將得標廠商之單價資料傳輸至前項工程價格資料庫。

③前項一定金額、傳輸資料內容、格式、傳輸方式及其他相關事項之辦法，由主管機關定之。

④財物及勞務項目有建立價格資料庫之必要者，得準用前二項規定。

第一二條　（查核金額以上採購之監辦）

①機關辦理查核金額以上採購之開標、比價、議價、決標及驗收時，應於規定期限內，檢送相關文件報請上級機關派員監辦；上級機關得視事實需要訂定授權條件，由機關自行辦理。

②機關辦理未達查核金額之採購，其決標金額達查核金額者，或契約變更後其金額達查核金額者，機關應補具相關文件送上級機關備查。

③查核金額由主管機關定之。

第一三條　（公告金額以上採購之監辦）91

①機關辦理公告金額以上採購之開標、比價、議價、決標及驗收，除有特殊情形者外，應由其主（會）計及有關單位會同監辦。

②未達公告金額採購之監辦，依其屬中央或地方，由主管機關、直轄市或縣（市）政府另定之。未另定者，比照前項規定辦理。

③公告金額應低於查核金額，由主管機關參酌國際標準定之。

④第一項會同監辦採購辦法，由主管機關會同行政院主計處定之。

第一四條　（分批辦理採購之限制）

機關不得意圖規避本法之適用，分批辦理公告金額以上之採購。其有分批辦理之必要，並經上級機關核准者，應依其總金額核計採購金額，分別按公告金額或查核金額以上之規定辦理。

第一五條　（採購人員應遵循之迴避原則）

①機關承辦、監辦採購人員離職後三年內不得為本人或代理廠商向原任職機關接洽處理離職前五年內與職務有關之事務。

②機關承辦、監辦採購人員對於與採購有關之事項，涉及本人、配偶、三親等以內血親或姻親，或同財共居親屬之利益時，應行迴避。

③機關首長發現承辦、監辦採購人員有前項應行迴避之情事而未依規定迴避者，應令其迴避，並另行指定承辦、監辦人員。

④廠商或其負責人與機關首長有第二項之情形者，不得參與該機關之採購。但本項之執行反不利於公平競爭或公共利益時，得報請主管機關核定後免除之。

⑤採購之承辦、監辦人員應依公職人員財產申報法之相關規定，申報財產。

第一六條　（採購請託或關說之處理）

①請託或關說，宜以書面為之或作成紀錄。

②政風機構得調閱前項書面或紀錄。

③第一項之請託或關說，不得作為評選之參考。

第一七條　（外國廠商參與採購）

①外國廠商參與各機關採購，應依我國締結之條約或協定之規定辦理。

⑳前項以外情形，外國廠商參與各機關採購之處理辦法，由主管機關定之。

③外國法令限制或禁止我國廠商或產品服務參與採購者，主管機關

得限制或禁止該國廠商或產品服務參與採購。

第二章 招 標

第一八條 （招標之方式及定義）

①採購之招標方式，分為公開招標、選擇性招標及限制性招標。

②本法所稱公開招標，指以公告方式邀請不特定廠商投標。

③本法所稱選擇性招標，指以公告方式預先依一定資格條件辦理廠商資格審查後，再行邀請符合資格之廠商投標。

④本法所稱限制性招標，指不經公告程序，邀請二家以上廠商比價或僅邀請一家廠商議價。

第一九條 （公開招標）

機關辦理公告金額以上之採購，除依第二十條及第二十二條辦理者外，應公開招標。

第二〇條 （選擇性招標）91

機關辦理公告金額以上之採購，符合下列情形之一者，得採選擇性招標：

一 經常性採購。

二 投標文件審查，須費時長久始能完成者。

三 廠商準備投標需高額費用者。

四 廠商資格條件複雜者。

五 研究發展事項。

第二一條 （選擇性招標得建立合格廠商名單）

①機關為辦理選擇性招標，得預先辦理資格審查，建立合格廠商名單。但仍應隨時接受廠商資格審查之請求，並定期檢討修正合格廠商名單。

②未列入合格廠商名單之廠商請求參加特定招標時，機關於不妨礙招標作業，並能適時完成其資格審查者，於審查合格後，邀其投標。

③經常性採購，應建立六家以上之合格廠商名單。

④機關辦理選擇性招標，應予經資格審查合格之廠商平等受邀之機會。

第二二條 （限制性招標）91

①機關辦理公告金額以上之採購，符合下列情形之一者，得採限制性招標：

一 以公開招標、選擇性招標或依第九款至第十一款公告程序辦理結果，無廠商投標或無合格標，且以原定招標內容及條件未經重大改變者。

二 屬專屬權利、獨家製造或供應、藝術品、秘密諮詢，無其他合適之替代標的者。

三 遇有不可預見之緊急事故，致無法以公開或選擇性招標程序適時辦理，且確有必要者。

四 原有採購之後續維修、零配件供應、更換或擴充，因相容或

　　　　　互通性之需要，必須向原供應廠商採購者。

五　屬原型或首次製造、供應之標的，以研究發展、實驗或開發性質辦理者。

六　在原招標目的範圍內，因未能預見之情形，必須追加契約以外之工程，如另行招標，確有產生重大不便及技術或經濟上困難之虞，非洽原訂約廠商辦理，不能達契約之目的，且未逾原主契約金額百分之五十者。

七　原有採購之後續擴充，且已於原招標公告及招標文件敘明擴充之期間、金額或數量者。

八　在集中交易或公開競價市場採購財物。

九　委託專業服務、技術服務或資訊服務，經公開客觀評選為優勝者。

十　辦理設計競賽，經公開客觀評選為優勝者。

十一　因業務需要，指定地區採購房地產，經依所需條件公開徵求勘選認定適合需要者。

十二　購買身心障礙者、原住民或受刑人個人、身心障礙福利機構、政府立案之原住民團體、監獄工場、慈善機構所提供之非營利產品或勞務。

十三　委託在專業領域具領先地位之自然人或經公告審查優勝之學術或非營利機構進行科技、技術引進、行政或學術研究發展。

十四　邀請或委託具專業素養、特質或經公告審查優勝之文化、藝術專業人士、機構或團體表演或參與文藝活動。

十五　公營事業為商業性轉售或用於製造產品、提供服務以供轉售目的所為之採購，基於轉售對象、製程或供應源之特性或實際需要，不適宜以公開招標或選擇性招標方式辦理者。

十六　其他經主管機關認定者。

②前項第九款及第十款之廠商評選辦法與服務費用計算方式與第十一款、第十三款及第十四款之作業辦法，由主管機關定之。

③第一項第十三款及第十四款，不適用工程採購。

第二三條　（未達公告金額之招標方式）

　未達公告金額之招標方式，在中央由主管機關定之；在地方由直轄市或縣（市）政府定之。地方未定者，比照中央規定辦理。

第二四條　（統包）91

①機關基於效率及品質之要求，得以統包辦理招標。

②前項所稱統包，指將工程或財物採購中之設計與施工、供應、安裝或一定期間之維修等併於同一採購契約辦理招標。

③統包實施辦法，由主管機關定之。

第二五條　（共同投標）91

①機關得視個別採購之特性，於招標文件中規定允許一定家數內之廠商共同投標。

②前項所稱共同投標，指二家以上之廠商共同具名投標，並於得標後共同具名簽約，連帶負履行採購契約之責，以承攬工程或提供財物、勞務之行為。

③共同投標以能增加廠商之競爭或無不當限制競爭者為限。

④同業共同投標應符合公平交易法第十四條但書各款之規定。

⑤共同投標廠商應於投標時檢附共同投標協議書。

⑥共同投標辦法，由主管機關定之。

第二六條 （招標文件之訂定）

①機關辦理公告金額以上之採購，應依功能或效益訂定招標文件。其有國際標準或國家標準者，從其規定。

②機關所擬定、採用或適用之技術規格，其所標示之擬採購產品或服務之特性，諸如品質、性能、安全、尺寸、符號、術語、包裝、標誌及標示或生產程序、方法及評估之程序，在目的及效果上均不得限制競爭。

③招標文件不得要求或提及特定之商標或商名、專利、設計或型式、特定來源地、生產者或供應者。但無法以精確之方式說明招標要求，而已在招標文件內註明諸如「或同等品」字樣者，不在此限。

第二七條 （招標之公告）

①機關辦理公開招標或選擇性招標，應將招標公告或辦理資格審查之公告刊登於政府採購公報並公開於資訊網路。公告之內容修正時，亦同。

②前項公告內容、公告日數、公告方法及政府採購公報發行辦法，由主管機關定之。

③機關辦理採購時，應估計採購案件之件數及每件之預計金額。預算及預計金額，得於招標公告中一併公開。

第二八條 （標期之訂定）91

機關辦理招標，其自公告日或邀標日起至截止投標或收件日止之等標期，應訂定合理期限。其期限標準，由主管機關定之。

第二九條 （公開發給、發售或郵遞招標文件）

①公開招標之招標文件及選擇性招標之預先辦理資格審查文件，應自公告日起至截止投標日或收件日止，公開發給、發售及郵遞方式辦理。發給、發售或郵遞時，不得登記領標廠商之名稱。

②選擇性招標之文件應公開載明限制投標廠商資格之理由及其必要性。

③第一項文件內容，應包括投標廠商提交投標書所需之一切必要資料。

第三〇條 （押標金及保證金）91

①機關辦理招標，應於招標文件中規定投標廠商須繳納押標金；得標廠商須繳納保證金或提供或併提供其他擔保。但有下列情形之一者，不在此限：

一　勞務採購，得免收押標金、保證金。

二　未達公告金額之工程、財物採購，得免收押標金、保證金。

三　以議價方式辦理之採購，得免收押標金。

四　依市場交易慣例或採購案特性，無收取押標金、保證金之必要或可能者。

②押標金及保證金應由廠商以現金、金融機構簽發之本票或支票、保付支票、郵政匯票、無記名政府公債、設定質權之金融機構定期存款單、銀行開發或保兌之不可撤銷擔保信用狀繳納，或取具銀行之書面連帶保證、保險公司之連帶保證保險單為之。

③押標金、保證金及其他擔保之種類、額度及繳納、退還、終止方式，由主管機關定之。

第三一條　（押標金之發還及不予發還之情形）

①機關對於廠商所繳納之押標金，應於決標後無息發還未得標之廠商。廢標時，亦同。

②機關得於招標文件中規定，廠商有下列情形之一者，其所繳納之押標金，不予發還，其已發還者，並予追繳：

一　以偽造、變造之文件投標。

二　投標廠商另行借用他人名義或證件投標。

三　冒用他人名義或證件投標。

四　在報價有效期間內撤回其報價。

五　開標後應得標者不接受決標或拒不簽約。

六　得標後未於規定期限內，繳足保證金或提供擔保。

七　押標金轉換為保證金。

八　其他經主管機關認定有影響採購公正之違反法令行為者。

第三二條　（保證金之抵充及擔保責任）

機關應於招標文件中規定，得不發還得標廠商所繳納之保證金及其孳息，或擔保者應履行其擔保責任之事由，並敘明該項事由所涉及之違約責任、保證金之抵充範圍及擔保者之擔保責任。

第三三條　（投標文件之遞送）

①廠商之投標文件，應以書面密封，於投標截止期限前，以郵遞或專人送達招標機關或其指定之場所。

②前項投標文件，廠商得以電子資料傳輸方式遞送。但以招標文件已有訂明者為限，並應於規定期限前遞送正式文件。

③機關得於招標文件中規定允許廠商於開標前補正非契約必要之點之文件。

第三四條　（招標文件公告前應予保密）91

①機關辦理採購，其招標文件於公告前應予保密。但須公開說明或藉以公開徵求廠商提供參考資料者，不在此限。

②機關辦理招標，不得於開標前洩漏底價，領標、投標廠商之名稱與家數及其他足以造成限制競爭或不公平競爭之相關資料。

③底價於開標後至決標前，仍應保密，決標後除有特殊情形外，應予公開。但機關依實際需要，得於招標文件中公告底價。

④機關對於廠商投標文件，除供公務上使用或法令另有規定外，應

保守秘密。

第三五條（替代方案提出之時機及條件）91

　機關得於招標文件中規定，允許廠商在不降低原有功能條件下，得就技術、工法、材料或設備，提出可縮減工期、減省經費或提高效率之替代方案。其實施辦法，由主管機關定之。

第三六條（投標廠商資格之規定）

①機關辦理採購，得依實際需要，規定投標廠商之基本資格。

②特殊或巨額之採購，須由具有相當經驗、實績、人力、財力、設備等之廠商始能擔任者，得另規定投標廠商之特定資格。

③外國廠商之投標資格及應提出之資格文件，得依實際需要另行規定，附經公證或認證之中文譯本，並於招標文件中訂明。

④第一項基本資格、第二項特定資格與特殊或巨額採購之範圍及認定標準，由主管機關定之。

第三七條（訂定投標廠商資格不得不當限制）91

①機關訂定前條投標廠商之資格，不得不當限制競爭，並以確認廠商具備履行契約所必須之能力者為限。

②投標廠商未符合前條所定資格者，其投標不予受理。但廠商之財力資格，得以銀行或保險公司之履約及賠償連帶保證責任、連帶保證保險單代之。

第三八條（政黨及其關係企業不得參與投標）

①政黨及與其具關係企業關係之廠商，不得參與投標。

②前項具關係企業關係之廠商，準用公司法有關關係企業之規定。

第三九條（委託廠商專案管理）

①機關辦理採購，得依本法將其對規劃、設計、供應或履約業務之專案管理，委託廠商為之。

②承辦專案管理之廠商，其負責人或合夥人不得同時為規劃、設計、施工或供應廠商之負責人或合夥人。

③承辦專案管理之廠商與規劃、設計、施工或供應廠商，不得同時為關係企業或同一其他廠商之關係企業。

第四〇條（代辦採購）91

①機關之採購，得洽由其他具有專業能力之機關代辦。

②上級機關對於未具有專業採購能力之機關，得命其洽由其他具有專業能力之機關代辦採購。

第四一條（招標文件疑義之處理）

①廠商對招標文件內容有疑義者，應於招標文件規定之日期前，以書面向招標機關請求釋疑。

②機關對前項疑義之處理結果，應於招標文件規定之日期前，以書面答復請求釋疑之廠商，必要時得公告之；其涉及變更或補充招標文件內容者，除選擇性招標之規格標與價格標及限制性招標得以書面通知各廠商外，應另行公告，並視需要延長等標期。機關自行變更或補充招標文件內容者，亦同。

第四二條 （分段開標）

① 機關辦理公開招標或選擇性招標，得就資格、規格與價格採取分段開標。

② 機關辦理分段開標，除第一階段應公告外，後續階段之邀標，得免予公告。

第四三條 （採購得採行之措施）

機關辦理採購，除我國締結之條約或協定另有禁止規定者外，得採行下列措施之一，並應載明於招標文件中：

一 要求投標廠商採購國內貨品比率、技術移轉、投資、協助外銷或其他類似條件，作為採購評選之項目，其比率不得逾三分之一。

二 外國廠商為最低標，且其標價符合第五十二條規定之決標原則者，得以該標價優先決標予國內廠商。

第四四條 （優先決標予國內廠商之情形）

① 機關辦理特定之採購，除我國締結之條約或協定另有禁止規定者外，得對國內產製加值逾百分之五十之財物或國內供應之工程、勞務，於外國廠商為最低標，且其標價符合第五十二條規定之決標原則時，以高於該標價一定比率以內之價格，優先決標予國內廠商。

② 前項措施之採行，以合於就業或產業發展政策者為限，且一定比率不得逾百分之三，優惠期限不得逾五年；其適用範圍、優惠比率及實施辦法，由主管機關會同相關目的事業主管機關定之。

第三章 決 標

第四五條 （公開招標）

公開招標及選擇性招標之開標，除法令另有規定外，應依招標文件公告之時間及地點公開為之。

第四六條 （底價之訂定及訂定時機）

① 機關辦理採購，除本法另有規定外，應訂定底價。底價應依圖說、規範、契約並考量成本、市場行情及政府機關決標資料逐項編列，由機關首長或其授權人員核定。

② 前項底價之訂定時機，依下列規定辦理：

一 公開招標應於開標前定之。

二 選擇性招標應於資格審查後之下一階段開標前定之。

三 限制性招標應於議價或比價前定之。

第四七條 （不訂底價之原則）

① 機關辦理下列採購，得不訂底價。但應於招標文件內敘明理由及決標條件與原則：

一 訂定底價確有困難之特殊或複雜案件。

二 以最有利標決標之採購。

三 小額採購。

② 前項第一款及第二款之採購，得規定廠商於投標文件內詳列報價

內容。

③小額採購之金額，在中央由主管機關定之；在地方由直轄市或縣（市）政府定之。但均不得逾公告金額十分之一。地方未定者，比照中央規定辦理。

第四八條　（不予開標決標之情形）91

①機關依本法規定辦理招標，除有下列情形之一不予開標決標外，有三家以上合格廠商投標，即應依招標文件所定時間開標決標：

一　變更或補充招標文件內容者。

二　發現有足以影響採購公正之違法或不當行為者。

三　依第八十二條規定暫緩開標者。

四　依第八十四條規定暫停採購程序者。

五　依第八十五條規定由招標機關另為適法之處置者。

六　因應突發事故者。

七　採購計畫變更或取銷採購者。

八　經主管機關認定之特殊情形。

②第一次開標，因未滿三家而流標者，第二次招標之等標期間得予縮短，並得不受前項三家廠商之限制。

第四九條　（未達公告金額之採購應取得報價或企劃書之情形）

未達公告金額之採購，其金額逾公告金額十分之一者，除第二十二條第一項各款情形外，仍應公開取得三家以上廠商之書面報價或企劃書。

第五〇條　（不予投標廠商開標或投標之情形）91

①投標廠商有下列情形之一，經機關於開標前發現者，其所投之標應予開標；於開標後發現者，應不決標予該廠商：

一　未依招標文件之規定投標。

二　投標文件內容不符合招標文件之規定。

三　借用或冒用他人名義或證件，或以偽造、變造之文件投標。

四　偽造或變造投標文件。

五　不同投標廠商間之投標文件內容有重大異常關聯者。

六　第一百零三條第一項不得參加投標或作為決標對象之情形。

七　其他影響採購公正之違反法令行為。

②決標或簽約後發現得標廠商於決標前有前項情形者，應撤銷決標、終止契約或解除契約，並得追償損失。但撤銷決標、終止契約或解除契約反不符合公共利益，並經上級機關核准者，不在此限。

③第一項不予開標或不予決標，致採購程序無法繼續進行者，機關得宣布廢標。

第五一條　（審標疑義之處理及結果之通知）

①機關應依招標文件規定之條件，審查廠商投標文件，對其內容有疑義時，得通知投標廠商提出說明。

②前項審查結果應通知投標廠商，對不合格之廠商，並應敘明其原因。

第五二條　（決標之辦理原則）100

① 機關辦理採購之決標，應依下列原則之一辦理，並應載明於招標文件中：

一　訂有底價之採購，以合於招標文件規定，且在底價以內之最低標為得標廠商。

二　未訂底價之採購，以合於招標文件規定，標價合理，且在預算數額以內之最低標為得標廠商。

三　以合於招標文件規定之最有利標為得標廠商。

四　採用複數決標之方式：機關得於招標文件中公告保留採購項目或數量選擇之組合權利，但應合於最低價格或最有利標之競標精神。

② 機關採前項第三款決標者，以異質之工程、財物或勞務採購而不宜以前項第一款或第二款辦理者為限。

③ 機關辦理公告金額以上之專業服務、技術服務或資訊服務者，得採不訂底價之最有利標。

④ 決標時得不通知投標廠商到場，其結果應通知各投標廠商。

第五三條　（超底價之決標）

① 合於招標文件規定之投標廠商之最低標價超過底價時，得洽該最低標廠商減價一次；減價結果仍超過底價時，得由所有合於招標文件規定之投標廠商重新比減價格，比減價格不逾三次。

② 前項辦理結果，最低標價仍超過底價而不逾預算數額，機關確有緊急情事需決標時，應經原底價核定人或其授權人員核准，且不得超過底價百分之八。但查核金額以上之採購，超過底價百分之四者，應先報經上級機關核准後決標。

第五四條　（未訂底價之決標）

① 決標依第五十二條第一項第二款規定辦理者，合於招標文件規定之最低標價逾評審委員會建議之金額或預算金額時，得洽該最低標廠商減價一次。

② 減價結果仍逾越上開金額時，得由所有合於招標文件規定之投標廠商重新比減價格。機關得就重新比減價格之次數予以限制，比減價格不得逾三次，辦理結果，最低標價仍逾越上開金額時，應予廢標。

第五五條　（最低標決標之採購無法決標處理）

機關辦理以最低標決標之採購，經報上級機關核准，並於招標公告及招標文件內預告者，得於依前二條規定無法決標時，採行協商措施。

第五六條　（最有利標）

① 決標依第五十二條第一項第三款規定辦理者，應依招標文件所規定之評審標準，就廠商投標標的之技術、品質、功能、商業條款或價格等項目，作序位或計數之綜合評選，評定最有利標。價格或其與綜合評選項目評分之商數，得做為單獨評選之項目或決標之標準。未列入之項目，不得做為評選之參考。評選結果無法依

機關首長或評選委員會過半數之決定，評定最有利標時，得採行協商措施，再作綜合評選，評定最有利標。評定應附理由。綜合評選不得逾三次。

⑤依前項辦理結果，仍無法評定最有利標時，應予廢標。

③機關採最有利標決標者，應先報經上級機關核准。

④最有利標之評選辦法，由主管機關定之。

第五七條　（協商之原則）

機關依前二條之規定採行協商措施者，應依下列原則辦理：

一　開標、投標、審標程序及內容均應予保密。

二　協商時應平等對待所有合於招標文件規定之投標廠商，必要時並錄影或錄音存證。

三　原招標文件已標示得更改項目之內容，始得納入協商。

四　前款得更改之項目變更時，應以書面通知所有得參與協商之廠商。

五　協商結束後，應予前款廠商依據協商結果，於一定期間內修改投標文件重行遞送之機會。

第五八條　（標價不合理之處理）

機關辦理採購採最低標決標時，如認為最低標廠商之總標價或部分標價偏低，顯不合理，有降低品質、不能誠信履約之虞或其他特殊情形，得限期通知該廠商提出說明或擔保。廠商未於機關通知期限內提出合理之說明或擔保者，得不決標予該廠商，並以次低標廠商為最低標廠商。

第五九條　（採購契約）

①機關以選擇性招標或限制性招標辦理採購者，採購契約之價款不得高於廠商於同樣市場條件之相同工程、財物或勞務之最低價格。

②廠商亦不得以支付他人佣金、比例金、仲介費、後謝金或其他利益為條件，促成採購契約之簽訂。

③違反前二項規定者，機關得終止或解除契約或將溢價及利益自契約價款中扣除。

④公開招標之投標廠商未達三家者，準用前三項之規定。

第六〇條　（廠商未依機關通知辦理之結果）

機關辦理採購依第五十一條、第五十三條、第五十四條或第五十七條規定，通知廠商說明、減價、比減價格、協商、更改原報內容或重新報價，廠商未依通知期限辦理者，視同放棄。

第六一條　（決標結果之公告）

機關辦理公告金額以上採購之招標，除有特殊情形者外，應於決標後一定期間內，將決標結果之公告刊登於政府採購公報，並以書面通知各投標廠商。無法決標者，亦同。

第六二條　（決標資料之彙送）

機關辦理採購之決標資料，應定期彙送主管機關。

第四章　履約管理

第六三條　（採購契約範本之訂定及損害責任）100

① 各類採購契約以採用主管機關訂定之範本為原則，其要項及內容由主管機關參酌國際及國內慣例定之。

② 委託規劃、設計、監造或管理之契約，應訂明廠商規劃設計錯誤、監造不實或管理不善，致機關遭受損害之責任。

第六四條　（採購契約之終止或解除）

採購契約得訂明因政策變更，廠商依契約繼續履行反而不符公共利益者，機關得報經上級機關核准，終止或解除部分或全部契約，並補償廠商因此所生之損失。

第六五條　（得標廠商不得轉包工程或契約）

① 得標廠商應自行履行工程、勞務契約，不得轉包。

② 前項所稱轉包，指將原契約中應自行履行之全部或其主要部分，由其他廠商代為履行。

③ 廠商履行財物契約，其需經一定履約過程，非以現成財物供應者，準用前二項規定。

第六六條　（違反不得轉包規定之處理）91

① 得標廠商違反前條規定轉包其他廠商時，機關得解除契約、終止契約或沒收保證金，並要求損害賠償。

② 前項轉包廠商與得標廠商對機關負連帶履行及賠償責任。再轉包者，亦同。

第六七條　（得標廠商得將採購分包）

① 得標廠商得將採購分包予其他廠商。稱分包者，謂非轉包而將契約之部分由其他廠商代為履行。

② 分包契約報備於採購機關，並經得標廠商就分包部分設定權利質權予分包廠商者，民法第五百十三條之抵押權及第八百十六條因添附而生之請求權，及於得標廠商對於機關之價金或報酬請求權。

③ 前項情形，分包廠商就其分包部分，與得標廠商連帶負瑕疵擔保責任。

第六八條　（價金或報酬請求權得為權利質權之標的）

得標廠商就採購契約對於機關之價金或報酬請求權，其全部或一部得為權利質權之標的。

第六九條　（刪除）91

第七〇條　（工程採購應執行品質管理）91

① 機關辦理工程採購，應明訂廠商執行品質管理、環境保護、施工安全衛生之責任，並對重點項目訂定檢查程序及檢驗標準。

② 機關於廠商履約過程，得辦理分段查驗，其結果並得供驗收之用。

③ 中央及直轄市、縣（市）政府應成立工程施工查核小組，定期查核所屬（轄）機關工程品質及進度等事宜。

④工程施工查核小組之組織準則，由主管機關擬訂，報請行政院核定後發布之。其作業辦法，由主管機關定之。

⑤財物或勞務採購需經一定履約過程，而非以現成財物或勞務供應者，準用第一項及第二項之規定。

第五章 驗　收

第七一條　（限期辦理驗收及驗收人員之指派）

①機關辦理工程、財物採購，應限期辦理驗收，並得辦理部分驗收。

②驗收時應由機關首長或其授權人員指派適當人員主驗，通知接管單位或使用單位會驗。

③機關承辦採購單位之人員不得為所辦採購之主驗人或樣品及材料之檢驗人。

④前三項之規定，於勞務採購準用之。

第七二條　（驗收結果不符之處理）

①機關辦理驗收時應製作紀錄，由參加人員會同簽認。驗收結果與契約、圖說、貨樣規定不符者，應通知廠商限期改善、拆除、重作、退貨或換貨。其驗收結果不符部分非屬重要，而其他部分能先行使用，並經機關檢討認為確有先行使用之必要者，得經機關首長或其授權人員核准，就其他部分辦理驗收並支付部分價金。

②驗收結果與規定不符，而不妨礙安全及使用需求，亦無減少通常效用或契約預定效用，經機關檢討不必拆換或拆換確有困難者，得於必要時減價收受。其在查核金額以上之採購，應先報經上級機關核准；未達查核金額之採購，應經機關首長或其授權人員核准。

③驗收人對工程、財物隱蔽部分，於必要時得拆驗或化驗。

第七三條　（簽認結算驗收證明書）

①工程、財物採購經驗收完畢後，應由驗收及監驗人員於結算驗收證明書上分別簽認。

②前項規定，於勞務驗收準用之。

第七三條之一　（機關工程採購付款及審核程序之辦理規定）105

①機關辦理工程採購之付款及審核程序，除契約另有約定外，應依下列規定辦理：

　一　定期估驗或分階段付款者，機關應於廠商提出估驗或階段完成之證明文件後，十五日內完成審核程序，並於接到廠商提出之請款單據後，十五日內付款。

　二　驗收付款者，機關應於驗收合格後，填具結算驗收證明文件，並於接到廠商請款單據後，十五日內付款。

　三　前二款付款期限，應向上級機關申請核撥補助款者，為三十日。

②前項各款所稱日數，係指實際工作日數，不包括例假日、特定假日及退請受款人補正之日數。

③機關辦理付款及審核程序，如發現廠商有文件不符、不足或有疑義而需補正或澄清者，應一次通知澄清或補正，不得分次辦理。

④財物及勞務採購之付款及審核程序，準用前三項之規定。

第六章　爭議處理 91

第七四條　（廠商與機關間爭議之處理）91

廠商與機關間關於招標、審標、決標之爭議，得依本章規定提出異議及申訴。

第七五條　（廠商向招標機關提出異議）91

①廠商對於機關辦理採購，認為違反法令或我國所締結之條約、協定（以下合稱法令），致損害其權利或利益者，得於下列期限內，以書面向招標機關提出異議：

一　對招標文件規定提出異議者，為自公告或邀標之次日起等標期之四分之一，其尾數不足一日者，以一日計。但不得少於十日。

二　對招標文件規定之釋疑、後續說明、變更或補充提出異議者，為接獲機關通知或機關公告之次日起十日。

三　對採購之過程、結果提出異議者，為接獲機關通知或機關公告之次日起十日。其過程或結果未經通知或公告者，為知悉或可得而知悉之次日起十日。但至遲不得逾決標日之次日起十五日。

②招標機關應自收受異議之次日起十五日內為適當之處理，並將處理結果以書面通知提出異議之廠商。其處理結果涉及變更或補充招標文件內容者，除選擇性招標之規格標與價格標及限制性招標應以書面通知各廠商外，應另行公告，並視需要延長等標期。

第七六條　（申訴）91

①廠商對於公告金額以上採購異議之處理結果不服，或招標機關逾前條第二項所定期限不為處理者，得於收受異議處理結果或期限屆滿之次日起十五日內，依其屬中央機關或地方機關辦理之採購，以書面分別向主管機關、直轄市或縣（市）政府所設之採購申訴審議委員會申訴。地方政府未設採購申訴審議委員會者，得委請中央主管機關處理。

②廠商誤向該管採購申訴審議委員會以外之機關申訴者，以該機關收受之日，視為提起申訴之日。

③前項收受申訴書之機關應於收受之次日起三日內，將申訴書移送於該管採購申訴審議委員會，並通知申訴廠商。

第七七條　（申訴書應載明事項）

①申訴應具申訴書，載明下列事項，由申訴廠商簽名或蓋章：

一　申訴廠商之名稱、地址、電話及負責人之姓名、性別、出生年月日、住所或居所。

二　原受理異議之機關。

三　申訴之事實及理由。

四　證據。

五　年、月、日。

② 申訴得委任代理人為之，代理人應檢附委任書並載明其姓名、性別、出生年月日、職業、電話、住所或居所。

③ 民事訴訟法第七十條規定，於前項情形準用之。

第七八條　（申訴之審議及完成審議之期限）91

① 廠商提出申訴，應同時繕具副本送招標機關。機關應自收受申訴書副本之次日起十日內，以書面向該管採購申訴審議委員會陳述意見。

② 採購申訴審議委員會應於收受申訴書之次日起四十日內完成審議，並將判斷以書面通知廠商及機關。必要時得延長四十日。

第七九條　（申訴之不予受理及補正）

申訴逾越法定期間或不合法定程式者，不予受理。但其情形可以補正者，應定期間命其補正；逾期不補正者，不予受理。

第八〇條　（申訴審議程序）

① 採購申訴得僅就書面審議之。

② 採購申訴審議委員會得依職權或申請，通知申訴廠商、機關到指定場所陳述意見。

③ 採購申訴審議委員會於審議時，得囑託具專門知識經驗之機關、學校、團體或人員鑑定，並得通知相關人士說明或請機關、廠商提供相關文件、資料。

④ 採購申訴審議委員會辦理審議，得先行向廠商收取審議費、鑑定費及其他必要之費用；其收費標準及繳納方式，由主管機關定之。

⑤ 採購申訴審議規則，由主管機關擬訂，報請行政院核定後發布之。

第八一條　（撤回申訴）

申訴提出後，廠商得於審議判斷送達前撤回。申訴經撤回後，不得再行提出同一之申訴。

第八二條　（審議判斷以書面指明有無違法並建議機關處置方式）

① 採購申訴審議委員會審議判斷，應以書面附事實及理由，指明招標機關原採購行為有無違反法令之處；其有違反者，並得建議招標機關處置之方式。

② 採購申訴審議委員會於完成審議前，必要時得通知招標機關暫停採購程序。

③ 採購申訴審議委員會為第一項之建議或前項之通知時，應考量公共利益、相關廠商利益及其他有關情況。

第八三條　（審議判斷之效力）91

審議判斷，視同訴願決定。

第八四條　（招標機關對異議或申訴得採取之措施）

① 廠商提出異議或申訴者，招標機關評估其事由，認其異議或申訴

有理由者，應自行撤銷、變更原處理結果，或暫停採購程序之進行。但為應緊急情況或公共利益之必要，或其事由無影響採購之虞者，不在此限。

② 依廠商之申訴，而為前項之處理者，招標機關應將其結果即時通知該管採購申訴審議委員會。

第八五條 （招標機關對審議判斷之處理）91

① 審議判斷指明原採購行為違反法令者，招標機關應另為適法之處置。

② 採購申訴審議委員會於審議判斷中建議招標機關處置方式，而招標機關不依建議辦理者，應於收受判斷之次日起十五日內報請上級機關核定，並由上級機關於收受之次日起十五日內，以書面向採購申訴審議委員會及廠商說明理由。

③ 第一項情形，廠商得向招標機關請求償付其準備投標、異議及申訴所支出之必要費用。

第八五條之一 （履約爭議未能達成協議之處理）105

① 機關與廠商因履約爭議未能達成協議者，得以下列方式之一處理：
一、向採購申訴審議委員會申請調解。
二、向仲裁機構提付仲裁。

② 前項調解屬廠商申請者，機關不得拒絕。工程及技術服務採購之調解，採購申訴審議委員會應提出調解建議或調解方案；其因機關不同意致調解不成立者，廠商提付仲裁，機關不得拒絕。

③ 採購申訴審議委員會辦理調解之程序及其效力，除本法有特別規定者外，準用民事訴訟法有關調解之規定。

④ 履約爭議調解規則，由主管機關擬訂，報請行政院核定後發布之。

第八五條之二 （申請調解費用之收取）91

申請調解，應繳納調解費、鑑定費及其他必要之費用；其收費標準、繳納方式及數額之負擔，由主管機關定之。

第八五條之三 （書面調解建議）91

① 調解經當事人合意而成立；當事人不能合意者，調解不成立。

② 調解過程中，調解委員得依職權以採購申訴審議委員會名義提出書面調解建議；機關不同意該建議者，應先報請上級機關核定，並以書面向採購申訴審議委員會及廠商說明理由。

第八五條之四 （調整方案及異議之提出）91

① 履約爭議之調解，當事人不能合意但已甚接近者，採購申訴審議委員會應斟酌一切情形，並徵詢調解委員之意見，求兩造利益之平衡，於不違反兩造當事人之主要意思範圍內，以職權提出調解方案。

② 當事人或參加調解之利害關係人對於前項方案，得於送達之次日起十日內，向採購申訴審議委員會提出異議。

③ 於前項期間內提出異議者，視為調解不成立；其未於前項期間內

提出異議者，視為已依該方案調解成立。

④機關依前項規定提出異議者，準用前條第二項之規定。

第八六條 （採購申訴審議委員會之設置）105

①主管機關及直轄市、縣（市）政府為處理中央及地方機關採購之廠商申訴及機關與廠商間之履約爭議調解，分別設採購申訴審議委員會；置委員七人至三十五人，由主管機關及直轄市、縣（市）政府聘請具有法律或採購相關專門知識之公正人士擔任，其中三人並得由主管機關及直轄市、縣（市）政府高級人員派兼之。但派兼人數不得超過全體委員人數五分之一。

②採購申訴審議委員會應公正行使職權。採購申訴審議委員會組織準則，由主管機關擬訂，報請行政院核定後發布之。

第七章 罰 則

第八七條 （強迫投標廠商違反本意之處罰）91

①意圖使廠商不為投標、違反其本意投標，或使得標廠商放棄得標、得標或轉包或分包，而施強暴、脅迫、藥劑或催眠術者，處一年以上七年以下有期徒刑，得併科新臺幣三百萬元以下罰金。

②犯前項之罪，因而致人於死者，處無期徒刑或七年以上有期徒刑；致重傷者，處三年以上十年以下有期徒刑，各得併科新臺幣三百萬元以下罰金。

③以詐術或其他非法之方法，使廠商無法投標或開標發生不正確結果者，處五年以下有期徒刑，得併科新臺幣一百萬元以下罰金。

④意圖影響決標價格或獲取不當利益，而以契約、協議或其他方式之合意，使廠商不為投標或不為價格之競爭者，處六月以上五年以下有期徒刑，得併科新臺幣一百萬元以下罰金。

⑤意圖影響採購結果或獲取不當利益，而借用他人名義或證件投標者，處三年以下有期徒刑，得併科新臺幣一百萬元以下罰金。容許他人借用本人名義或證件參加投標者，亦同。

⑥第一項、第三項及第四項之未遂犯罰之。

第八八條 （受託辦理採購人員意圖私利之處罰）91

①受機關委託提供採購規劃、設計、審查、監造、專案管理或代辦採購廠商之人員，意圖為私人不法之利益，對技術、工法、材料、設備或規格，為違反法令之限制或審查，因而獲得利益者，處一年以上七年以下有期徒刑，得併科新臺幣三百萬元以下罰金。其意圖為私人不法之利益，對廠商或分包廠商之資格為違反法令之限制或審查，因而獲得利益者，亦同。

②前項之未遂犯罰之。

第八九條 （受託辦理採購人員洩密之處罰）

①受機關委託提供採購規劃、設計或專案管理或代辦採購廠商之人員，意圖為私人不法之利益，洩漏或交付關於採購應秘密之文書、圖畫、消息、物品或其他資訊，因而獲得利益者，處五年以下有期徒刑、拘役或科或併科新臺幣一百萬元以下罰金。

②前項之未遂犯罰之。

第九〇條 （強制採購人員違反本意為採購決定之處罰）

①意圖使機關規劃、設計、承辦、監辦採購人員或受機關委託提供採購規劃、設計或專案管理或代辦採購廠商之人員，就與採購有關事項，不為決定或為違反其本意之決定，而施強暴、脅迫者，處一年以上七年以下有期徒刑，得併科新台幣三百萬元以下罰金。

②犯前項之罪，因而致人於死者，處無期徒刑或七年以上有期徒刑；致重傷者，處三年以上十年以下有期徒刑，各得併科新台幣三百萬元以下罰金。

③第一項之未遂犯罰之。

第九一條 （強制採購人員洩密之處罰）

①意圖使機關規劃、設計、承辦、監辦採購人員或受機關委託提供採購規劃、設計或專案管理或代辦採購廠商之人員，洩漏或交付關於採購應秘密之文書、圖畫、消息、物品或其他資訊，而施強暴、脅迫者，處五年以下有期徒刑，得併科新台幣一百萬元以下罰金。

②犯前項之罪，因而致人於死者，處無期徒刑或七年以上有期徒刑；致重傷者，處三年以上十年以下有期徒刑，各得併科新台幣三百萬元以下罰金。

③第一項之未遂犯罰之。

第九二條 （廠商之代理人等違反本法，廠商亦科罰金）

廠商之代表人、代理人、受雇人或其他從業人員，因執行業務犯本法之罪者，除依該條規定處罰其行為人外，對於廠商亦科以該條之罰金。

第八章 附 則

第九三條 （共同供應契約）

各機關得就具有共通需求特性之財物或勞務，與廠商簽訂共同供應契約。

第九三條之一 （電子化採購）91

①機關辦理採購，得以電子化方式為之，其電子化資料並視同正式文件，得免另備書面文件。

②前項以電子化方式採購之招標、領標、投標、開標、決標及費用收支作業辦法，由主管機關定之。

第九四條 （評選委員會之設置）

①機關辦理評選，應成立五人至十七人評選委員會，專家學者人數不得少於三分之一，其名單由主管機關會同教育部、考選部及其他相關機關建議之。

②評選委員會組織準則及審議規則，由主管機關定之。

第九五條 （專業人員）91

①機關辦理採購宜由採購專業人員為之。

②前項採購專業人員之資格、考試、訓練、發證及管理辦法，由主管機關會同相關機關定之。

第九六條（取得環保標章之產品得優先採購）

①機關得於招標文件中，規定優先採購取得政府認可之環境保護標章使用許可，而其效能相同或相似之產品，並得允許百分之十以下之價差。產品或其原料之製造、使用過程及廢棄物處理，符合再生材質、可回收、低污染或省能源者，亦同。

②其他增加社會利益或減少社會成本，而效能相同或相似之產品，準用前項之規定。

③前二項產品之種類、範圍及實施辦法，由主管機關會同行政院環境保護署及相關目的事業主管機關定之。

第九七條（扶助中小企業承包或分包政府採購）91

①主管機關得參酌相關法令規定採取措施，扶助中小企業承包或分包一定金額比例以上之政府採購。

②前項扶助辦法，由主管機關定之。

第九八條（僱用殘障人士及原住民）91

得標廠商其於國內員工總人數逾一百人者，應於履約期間僱用身心障礙者及原住民，人數不得低於總人數百分之二，僱用不足者，除應繳納代金，並不得僱用外籍勞工以代僱用不足額部分。

第九九條（投資政府規劃建設之廠商甄選程序適用本法）

機關辦理政府規劃或核准之交通、能源、環保、旅遊等建設，經目的事業主管機關核准開放廠商投資興建、營運者，其甄選投資廠商之程序，除其他法律另有規定者外，適用本法之規定。

第一〇〇條（主管機關得查核採購進度）

①主管機關、上級機關及主計機關得隨時查核各機關採購進度、存貨或其使用狀況，亦得命其提出報告。

②機關多餘不用之堪用財物，得無償讓與其他政府機關或公立學校。

第一〇一條（應通知廠商並刊登公報之廠商違法情形）91

①機關辦理採購，發現廠商有下列情形之一，應將其事實及理由通知廠商，並附記如未提出異議者，將刊登政府採購公報：

一　容許他人借用本人名義或證件參加投標者。

二　借用或冒用他人名義或證件，或以偽造、變造之文件參加投標、訂約或履約者。

三　擅自減省工料情節重大者。

四　偽造、變造投標、契約或履約相關文件者。

五　受停業處分期間仍參加投標者。

六　犯第八十七條至第九十二條之罪，經第一審為有罪判決者。

七　得標後無正當理由而不訂約者。

八　查驗或驗收不合格，情節重大者。

九　驗收後不履行保固責任者。

十 因可歸責於廠商之事由，致延誤履約期限，情節重大者。

十一 違反第六十五條之規定轉包者。

十二 因可歸責於廠商之事由，致解除或終止契約者。

十三 破產程序中之廠商。

十四 歧視婦女、原住民或弱勢團體人士，情節重大者。

②廠商之履約連帶保證廠商經機關通知履行連帶保證責任者，適用前項之規定。

第一〇二條 （廠商得對機關認為違法之情事提出異議及申訴）91

①廠商對於機關依前條所為之通知，認為違反本法或不實者，得於接獲通知之次日起二十日內，以書面向該機關提出異議。

②廠商對前項異議之處理結果不服，或機關逾收受異議之次日起十五日內不為處理者，無論該案件是否逾公告金額，得於收受異議處理結果或期限屆滿之次日起十五日內，以書面向該管採購申訴審議委員會申訴。

③機關依前條通知廠商後，廠商未於規定期限內提出異議或申訴，或經提出申訴結果不予受理或審議結果指明不違反本法或並無不實者，機關應即將廠商名稱及相關情形刊登政府採購公報。

④第一項及第二項關於異議及申訴之處理，準用第六章之規定。

第一〇三條 （登於公報之廠商不得投標之期限）91

①依前條第三項規定刊登於政府採購公報之廠商，於下列期間內，不得參加投標或作為決標對象或分包廠商。

一 有第一百零一條第一款至第五款情形或第六款判處有期徒刑者，自刊登之次日起三年。但經判決撤銷原處分或無罪確定者，應註銷之。

二 有第一百零一條第七款至第十四款情形或第六款判處拘役、罰金或緩刑者，自刊登之次日起一年。但經判決撤銷原處分或無罪確定者，應註銷之。

②機關採購因特殊需要，經上級機關核准者，不適用前項之規定。

第一〇四條 （軍事機關採購不適用本法之情形）

①軍事機關之採購，應依本法之規定辦理。但武器、彈藥、作戰物資或與國家安全或國防目的有關之採購，而有下列情形者，不在此限。

一 因應國家面臨戰爭、戰備動員或發生戰爭者，得不適用本法之規定。

二 機密或極機密之採購，得不適用第二十七條、第四十五條及第六十一條之規定。

三 確因時效緊急，有危及重大戰備任務之虞者，得不適用第二十六條、第二十八條及第三十六條之規定。

四 以議價方式辦理之採購，得不適用第二十六條第三項本文之規定。

②前項採購之適用範圍及其處理辦法，由主管機關會同國防部定

之，並送立法院審議。

第一○五條　（不適用本法招標決標規定之採購）

① 機關辦理下列採購，得不適用本法招標、決標之規定。

一　國家遇有戰爭、天然災害、癘疫或財政經濟上有重大變故，需緊急處置之採購事項。

二　人民之生命、身體、健康、財產遭遇緊急危難，需緊急處置之採購事項。

三　公務機關間財物或勞務之取得，經雙方直屬上級機關核准者。

四　依條約或協定向國際組織、外國政府或其授權機構辦理之採購，其招標、決標另有特別規定者。

② 前項之採購，有另定處理辦法予以規範之必要者，其辦法由主管機關定之。

第一○六條　（駐外機構辦理採購之規定）

① 駐國外機構辦理或受託辦理之採購，因應駐在地國情或實地作業限制，且不違背我國締結之條約或協定者，得不適用下列各款規定。但第二款至第四款之事項，應於招標文件中明定其處理方式。

一　第二十七條刊登政府採購公報。

二　第三十條押標金及保證金。

三　第五十三條第一項及第五十四條第一項優先減價及比減價格規定。

四　第六章異議及申訴。

② 前項採購屬查核金額以上者，事後應敘明原由，檢附相關文件送上級機關備查。

第一○七條　（採購文件之保存）

機關辦理採購之文件，除依會計法或其他法律規定保存者外，應另備具一份，保存於主管機關指定之場所。

第一○八條　（採購稽核小組之設置）

① 中央及直轄市、縣（市）政府應成立採購稽核小組，稽核監督採購事宜。

② 前項稽核小組之組織準則及作業規則，由主管機關擬訂，報請行政院核定後發布之。

第一○九條　（審計機關稽察）

機關辦理採購，審計機關得隨時稽察之。

第一一○條　（得就採購事件提起訴訟或上訴）

主計官、審計官或檢察官就採購事件，得為機關提起訴訟、參加訴訟或上訴。

第一一一條　（巨額重大採購之效益分析評估）

① 機關辦理巨額採購，應於使用期間內，逐年向主管機關提報使用情形及其效益分析。主管機關並得派員查核之。

② 主管機關每年應對已完成之重大採購事件，作出效益評估；除應

秘密者外，應刊登於政府採購公報。

第一一二條 （採購人員倫理準則）

主管機關應訂定採購人員倫理準則。

第一一三條 （施行細則）

本法施行細則，由主管機關定之。

第一一四條 （施行日期）91

①本法自公布後一年施行。

②本法修正條文（包括中華民國九十年一月十日修正公布之第七條）自公布日施行。

政府採購法施行細則

①民國 88 年 5 月 21 日行政院公共工程委員會令訂定發布全文 113 條；並自 88 年 5 月 27 日起施行。

②民國 90 年 8 月 31 日行政院公共工程委員會令修正發布第 108 條條文。

③民國 91 年 11 月 27 日行政院公共工程委員會令修正發布第 4、6、11、22、33、55、56、58、60、61、72、84、90、92、96、101、105、107～109、110～112、113 條條文及第六章章名；刪除第 12、28、30、31、40、88、106 條條文；增訂第 23-1、25-1、28-1、49-1、54-1、64-1、90-1、91-1、104-1、105-1、109-1、112-1、112-2 條條文；並自發布日施行。

④民國 99 年 11 月 30 日行政院公共工程委員會令修正發布第 22、48、87、107、109 條條文；並增訂第 64-2 條條文。

⑤民國 101 年 12 月 25 日行政院公共工程委員會令增訂發布第 5-1 條條文。

⑥民國 105 年 11 月 18 日行政院公共工程委員會令修正發布第 32、84、111 條條文。

第一章　總　則

第一條

本細則依政府採購法（以下簡稱本法）第一百十三條規定訂定之。

第二條

①機關補助法人或團體辦理採購，其補助金額達本法第四條規定者，受補助者於辦理開標、比價、議價、決標及驗收時，應受該機關監督。

②前項採購關於本法及本細則規定上級機關行使之事項，由本法第四條所定監督機關為之。

第三條

①本法第四條所定補助金額，於二以上機關補助法人或團體辦理同一採購者，以其補助總金額計算之。補助總金額達本法第四條規定者，受補助者應通知各補助機關，並由各補助機關共同或指定代表機關辦理監督。

②本法第四條所稱接受機關補助辦理採購，包括法人或團體接受機關獎助、捐助或以其他類似方式動支機關經費辦理之採購。

③本法第四條之採購，其受理申訴之採購申訴審議委員會，為受理補助機關自行辦理採購之申訴之採購申訴審議委員會；其有第一項之情形者，依指定代表機關或所占補助金額比率最高者認定之。

第四條 91

①機關依本法第五條第一項規定委託法人或團體代辦採購，其委託

屬勞務採購。受委託代辦採購之法人或團體，並須具備熟諳諮政府採購法令之人員。

②代辦採購之法人、團體與其受雇人及關係企業，不得為該採購之投標廠商或分包廠商。

第五條

①本法第九條第二項所稱上級機關，於公營事業或公立學校為其所隸屬之政府機關。

②本法第九條第二項所稱辦理採購無上級機關者，在中央為國民大會、總統府、國家安全會議與五院及院屬各一級機關；在地方為直轄市、縣（市）政府及議會。

第五條之一　101

主管機關得視需要將本法第十條第二款之政府採購法令之解釋、第三款至第八款事項，委託其他機關辦理。

第六條　91

機關辦理採購，其屬巨額採購、查核金額以上之採購、公告金額以上之採購或小額採購，依採購金額於招標前認定之；其採購金額之計算方式如下：

一　採分批辦理採購者，依全部批數之預算總額認定之。

二　依本法第五十二條第一項第四款採複數決標者，依全部項目或數量之預算總額認定之。但項目之標的不同者，依個別項目之預算金額認定之。

三　招標文件含有選購或後續擴充項目者，應將預估選購或擴充項目所需金額計入。

四　採購項目之預算案尚未經立法程序者，應將預估需用金額計入。

五　採用價決標者，依預估採購所需金額認定之。

六　租期不確定者，以每月租金之四十八倍認定之。

七　依本法第九十九條規定甄選投資廠商者，以預估廠商興建、營運所需金額認定之。依本法第七條第三項規定營運管理之委託，包括廠商興建、營運金額者，亦同。

八　依本法第二十一條第一項規定建立合格廠商名單，其預先辦理廠商資格審查階段，以該名單有效期內預估採購總額認定之；邀請符合資格廠商投標階段，以邀請當次之採購預算金額認定之。

九　招標文件規定廠商報價金額包括機關支出及收入金額者，以支出所需金額認定之。

十　機關以提供財物或權利之使用為對價，而無其他支出者，以該財物或權利之使用價值認定之。

第七條

①機關辦理查核金額以上採購之招標，應於等標期或截止收件日五日前檢送採購預算資料、招標文件及相關文件，報請上級機關派員監辦。

② 前項報請上級機關派員監辦之期限，於流標、廢標或取消招標重行招標時，得予縮短；其依前項規定應檢送之文件，得免重複檢送。

第八條

① 機關辦理查核金額以上採購之決標，其決標不與開標、比價或議價合併辦理者，應於預定決標日三日前，檢送審標結果，報請上級機關派員監辦。

② 前項決標與開標、比價或議價合併辦理者，應於決標前當場確認審標結果，並列入紀錄。

第九條

① 機關辦理查核金額以上採購之驗收，應於預定驗收日五日前，檢送結算表及相關文件，報請上級機關派員監辦。結算表及相關文件併入結算驗收證明書編送時，得免另行填送。

② 財物之驗收，其有分批交貨、因緊急需要必須立即使用或因逐一開箱或裝配完成後方知其數量，報請上級機關派員監辦確有困難者，得視個案實際情形，事先敘明理由，函請上級機關同意後自行辦理，並於全部驗收完成後一個月內，將結算表及相關文件彙總報請上級機關備查。

第一〇條

機關辦理查核金額以上採購之開標、比價、議價、決標或驗收，上級機關得斟酌其金額、地區或其他特殊情形，決定應否派員監辦。其未派員監辦者，應事先通知機關自行依法辦理。

第一一條 91

① 本法第十二條第一項所稱監辦，指監辦人員實地監視或書面審核機關辦理開標、比價、議價、決標及驗收是否符合本法規定之程序。監辦人員採書面審核監辦者，應經機關首長或其授權人員核准。

② 前項監辦，不包括涉及廠商資格、規格、商業條款、底價訂定、決標條件及驗收方法等實質或技術事項之審查。監辦人員發現該等事項有違反法令情形者，仍得提出意見。

③ 監辦人員對採購不符合本法規定程序而提出意見，辦理採購之主持人或主驗人如不接受，應納入紀錄，報機關首長或其授權人員決定之。但不接受上級機關監辦人員意見者，應報上級機關核准。

第一二條 （刪除） 91

第一三條

① 本法第十四條所定意圖規避本法適用之分批，不包括依不同標的、不同施工或供應地區、不同需求條件或不同行業廠商之專業項目所分別辦理者。

② 機關分批辦理公告金額以上之採購，法定預算書已標示分批辦理者，得免報經上級機關核准。

第一四條

本法第十五條第四項所稱機關首長，其範圍如下：

一 招標機關之機關首長。

二 法人或團體接受機關補助依本法第四條辦理採購者，為補助機關之機關首長及受補助之法人或團體之負責人。

三 依本法第五條委託法人或團體代辦採購者，為委託機關之機關首長及受託法人或團體之負責人。

四 依本法第四十條洽由其他機關代辦採購者，為洽辦機關及代辦機關之機關首長。

第一五條

依本法第十五條第五項規定應申報財產之採購之承辦、監辦人員，其範圍依公職人員財產申報法之規定。

第一六條

本法第十六條所稱請託或關說，指不循法定程序，對採購案提出下列要求：

一 於招標前，對預定辦理之採購事項，提出請求。

二 於招標後，對招標文件內容或審標、決標結果，要求變更。

三 於履約及驗收期間，對契約內容或查驗、驗收結果，要求變更。

第一七條

本法第十六條第一項所稱作成紀錄者，得以文字或錄音等方式為之，附於採購文件一併保存。其以書面請託或關說者，亦同。

第一八條

①機關依本法對廠商所為之通知，除本法另有規定者外，得以口頭、傳真或其他電子資料傳輸方式辦理。

②前項口頭通知，必要時得作成紀錄。

第二章 招 標

第一九條

機關辦理限制性招標，邀請二家以上廠商比價，有二家廠商投標者，即得比價；僅有一家廠商投標者，得當場改為議價辦理。

第二〇條

①機關辦理選擇性招標，其預先辦理資格審查所建立之合格廠商名單，有效期逾一年者，應逐年公告辦理資格審查，並檢討修正既有合格廠商名單。

②前項名單之有效期未逾三年，且已於辦理資格審查之公告載明不再公告辦理資格審查者，於有效期內得免逐年公告。但機關仍應逐年檢討修正該名單。

③機關於合格廠商名單有效期內發現名單內之廠商有不符合原定資格條件之情形者，得限期通知該廠商提出說明。廠商逾期未提出合理說明者，機關應將其自合格廠商名單中刪除。

第二一條

①機關為特定個案辦理選擇性招標，應於辦理廠商資格審查後，邀

請所有符合資格之廠商投標。

②機關依本法第二十一條第一項建立合格廠商名單者，於辦理採購時，得擇下列方式之一為之，並於辦理廠商資格審查之文件中載明。其有每次邀請廠商家數之限制者，亦應載明。

一　個別邀請所有符合資格之廠商投標。

二　公告邀請所有符合資格之廠商投標。

三　依辦理廠商資格審查文件所標示之邀請順序，依序邀請符合資格之廠商投標。

四　以抽籤方式擇定邀請符合資格之廠商投標。

第二二條 99

①本法第二十二條第一項第一款所稱無廠商投標，指公告或邀請符合資格之廠商投標結果，無廠商投標或提出資格文件；所稱無合格標，指審查標結果無廠商合於招標文件規定。但有廠商異議或申訴在處理中者，均不在此限。

②本法第二十二條第一項第二款所稱專屬權利，指已立法保護之智慧財產權。但不包括商標專用權。

③本法第二十二條第一項第五款所稱供應之標的，包括工程、財物或勞務；所稱以研究發展、實驗或開發性質辦理者，指以契約要求廠商進行研究發展、實驗或開發，以獲得原型或首次製造、供應之標的，並得包括測試品質或功能所為之限量生產或供應。但不包括商業目的或回收研究發展、實驗或開發成本所為之大量生產或供應。

④本法第二十二條第一項第六款所稱百分之五十，指追加累計金額占原主契約金額之比率。

⑤本法第二十二條第一項第十二款所稱身心障礙者及身心障礙福利機構，其認定依身心障礙者權益保障法之規定；所稱原住民，其認定依原住民身分法之規定。

第二三條

機關辦理採購，屬專屬權利或獨家製造或供應，無其他合適之替代標的之部分，其預估金額達採購金額之百分之五十以上，分別辦理採購確有重大困難之虞，必須與其他部分合併採購者，得依本法第二十二條第一項第二款規定採限制性招標。

第二三條之一 91

①機關依本法第二十二條第一項規定辦理限制性招標，應由需求、使用或承辦採購單位，就個案敘明符合各款之情形，簽報機關首長或其授權人員核准。其得以比價方式辦理者，優先以比價方式辦理。

②機關辦理本法第二十二條第一項所定限制性招標，得將徵求受邀廠商之公告刊登政府採購公報或公開於主管機關之資訊網絡。但本法另有規定者，依其規定辦理。

第二四條

本法第二十六條第一項所稱國際標準及國家標準，依標準法第三

條之規定。

第二五條

① 本法第二十六條第三項所稱同等品，指經機關審查認定，其功能、效益、標準或特性不低於招標文件所要求或提及者。

② 招標文件允許投標廠商提出同等品，並規定應於投標文件內預先提出者，廠商應於投標文件內敘明同等品之廠牌、價格及功能、效益、標準或特性等相關資料，以供審查。

③ 招標文件允許投標廠商提出同等品，未規定應於投標文件內預先提出者，得標廠商得於使用同等品前，依契約規定向機關提出同等品之廠牌、價格及功能、效益、標準或特性等相關資料，以供審查。

第二五條之一 91

各機關不得以足以構成妨礙競爭之方式，尋求或接受在特定採購中有商業利益之廠商之建議。

第二六條

① 機關依本法第二十七條第三項得於招標公告中一併公開之預算金額，為該採購得用以支付得標廠商契約價金之預算金額。預算案尚未經立法程序者，為預估需用金額。

② 機關依本法第二十七條第三項得於招標公告中一併公開之預計金額，為該採購之預估決標金額。

第二七條

本法第二十八條第一項所稱公告日，指刊登於政府採購公報之日；邀標日，指發出通知邀請符合資格之廠商投標之日。

第二八條 （刪除）91

第二八條之一 91

機關依本法第二十九條第一項規定發售文件，其收費應以人工、材料、郵遞等工本費為限。其由機關提供廠商使用招標文件或書表樣品而收取押金或押圖費者，亦同。

第二九條

① 本法第三十三條第一項所稱書面密封，指將投標文件置於不透明之信封或容器內，並以漿糊、膠水、膠帶、釘書針、繩索或其他類似材料封裝者。

② 信封上或容器外應標示廠商名稱及地址。其交寄或付郵所在地，機關不得予以限制。

③ 本法第三十三條第一項所稱指定之場所，不得以郵政信箱為唯一場所。

第三〇條 （刪除）91

第三一條 （刪除）91

第三二條 105

本法第三十三條第三項所稱非契約必要之點，包括下列事項：

一 原招標文件已標示得更改或補充之項目。

二 不列入標價評比之選購項目。

三　參考性質之事項。

四　其他於契約成立無影響之事項。

第三三條 91

①同一投標廠商就同一採購之投標，以一標為限；其有違反者，依下列方式處理：

一　開標前發現者，所投之標應不予開標。

二　開標後發現者，所投之標應不予接受。

②廠商與其分支機構，或其二以上之分支機構，就同一採購分別投標者，視同違反前項規定。

③第一項規定，於採最低標，且招標文件訂明投標廠商得以同一報價載明二以上標的之供機關選擇者，不適用之。

第三四條

機關依本法第三十四條第一項規定向廠商公開說明或公開徵求廠商提供招標文件之參考資料者，應刊登政府採購公報或公開於主管機關之資訊網路。

第三五條

底價於決標後有下列情形之一者，得不予公開。但應通知得標廠商：

一　符合本法第一百零四條第一項第二款之採購。

二　以轉售或供製造成品以供轉售之採購，其底價涉及商業機密者。

三　採用複數決標方式，尚有相關之未決標部分。但於相關部分決標後，應予公開。

四　其他經上級機關認定者。

第三六條

①投標廠商應符合之資格一部分，得以分包廠商就其分包部分所具有者代之。但以招標文件已允許以分包廠商之資格代之者為限。

②前項分包廠商及其分包部分，投標廠商於得標後不得變更。但有特殊情形必須變更者，以具有不低於原分包廠商就其分包部分所具有之資格，並經機關同意者為限。

第三七條

依本法第三十六條第三項規定投標文件附經公證或認證之資格文件中文譯本，其中文譯本之內容有誤者，以原文為準。

第三八條

①機關辦理採購，應於招標文件規定廠商有下列情形之一者，不得參加投標、作為決標對象或分包廠商或協助投標廠商：

一　提供規劃、設計服務之廠商，於依該規劃、設計結果辦理之採購。

二　代擬招標文件之廠商，於依該招標文件辦理之採購。

三　提供審標服務之廠商，於該服務有關之採購。

四　因履行機關契約而知悉其他廠商無法知悉或應秘密之資訊之廠商，於使用該等資訊有利於該廠商得標之採購。

五　提供專案管理服務之廠商，於該服務有關之採購。

②前項第一款及第二款之情形，於無利益衝突或無不公平競爭之虞，經機關同意者，得不適用於後續辦理之採購。

第三九條

前條第一項規定，於下列情形之一，得不適用之：

一　提供規劃、設計服務之廠商，為依該規劃、設計結果辦理採購之獨家製造或供應廠商，且無其他合適之替代標的者。

二　代機關開發完成新產品並據以代擬製造該產品招標文件之廠商，於依該招標文件辦理之採購。

三　招標文件係由二家以上廠商各就不同之主要部分分別代擬完成者。

四　其他經主管機關認定者。

第四〇條　（刪除）91

第四一條

本法第三十八條第一項所稱不得參與投標，不包括作為投標廠商之分包廠商。

第四二條

①機關依本法第四十條規定洽由其他具有專業能力之機關代辦採購，依下列原則處理：

一　關於監辦該採購之上級機關，為洽辦機關之上級機關。但洽辦機關之上級機關得洽請代辦機關之上級機關代行其上級機關之職權。

二　關於監辦該採購之主（會）計及有關單位，為洽辦機關之單位。但代辦機關有類似單位者，洽辦機關得一併洽請代辦。

三　除招標文件另有規定外，以代辦機關為招標機關。

四　洽辦機關及代辦機關分屬中央及地方機關者，依洽辦機關之屬性認定該採購係屬中央或地方機關辦理之採購。

五　洽辦機關得行使之職權或應辦理之事項，得由代辦機關代為行使或辦理。

②機關依本法第五條規定委託法人或團體代辦採購，準用前項規定。

第四三條

①機關於招標文件規定廠商得請求釋疑之期限，至少應有等標期之四分之一；其不足一日者以一日計。選擇性招標預先辦理資格審查文件者，自公告日起至截止收件日止之請求釋疑期限，亦同。

②機關釋疑之期限，不得逾截止投標日或資格審查截止收件日前一日。

第四四條

①機關依本法第四十二條第一項辦理分段開標，得規定資格、規格及價格分段投標分段開標或一次投標分段開標。但僅就資格投標者，以選擇性招標為限。

②前項分段開標之順序，得依資格、規格、價格之順序開標，或將資格與規格或規格與價格合併開標。

③機關辦理分段投標，未通過前一階段審標之投標廠商，不得參加後續階段之投標；辦理一次投標分段開標，其已投標未開標之部分，原封發還。

④分段投標之第一階段投標廠商家數已達本法第四十八條第一項三家以上合格廠商投標之規定者，後續階段之開標，得不受該廠商家數之限制。

⑤採一次投標分段開標者，廠商應將各段開標用之投標文件分別密封。

第四五條

機關依本法第四十三條第一款訂定採購評選項目之比率，應符合下列情形之一：

一　以金額計算比率者，招標文件所定評選項目之標價金額占總標價之比率，不得逾三分之一。

二　以評分計算比率者，招標文件所定評選項目之分數占各項目滿分合計總分數之比率，不得逾三分之一。

第四六條

①機關依本法第四十三條第二款優先決標予國內廠商者，應依各該廠商標價排序，自最低標價起，依次洽減一次，以最先減至外國廠商標價以下者決標。

②前項國內廠商標價有二家以上相同者，應同時洽減一次，優先決標予減至外國廠商標價以下之最低標。

第四七條

同一採購不得同時適用本法第四十三條第二款及第四十四條之規定。

第三章　決　標

第四八條 99

①本法第四十五條所稱開標，指依招標文件標示之時間及地點開啟廠商投標文件之標封，宣布投標廠商之名稱或代號、家數及其他招標文件規定之事項。有標價者，並宣布之。

②前項開標，應允許投標廠商之負責人或其代理人或授權代表出席。但機關得限制出席人數。

③限制性招標之開標，準用前二項規定。

第四九條

①公開招標及選擇性招標之開標，有下列情形之一者，招標文件得免標示開標之時間及地點：

一　依本法第二十一條規定辦理選擇性招標之資格審查，供建立合格廠商名單。

二　依本法第四十二條規定採分段開標，後續階段開標之時間及地點無法預先標示。

三　依本法第五十七條第一款規定，開標程序及內容應予保密。

四　依本法第一百零四條第一項第二款規定辦理之採購。

五　其他經主管機關認定者。

②前項第二款之情形，後續階段開標之時間及地點，由機關另行通知前一階段合格廠商。

第四九條之一 91

公開招標、選擇性招標及限制性招標之比價，其招標文件所標示之開標時間，為等標期屆滿當日或次一上班日。但採分段開標者，其第二段以後之開標，不適用之。

第五○條

①辦理開標人員之分工如下：

一　主持開標人員：主持開標程序、負責開標現場處置及有關決定。

二　承辦開標人員：辦理開標作業及製作紀錄等事項。

②主持開標人員，由機關首長或其授權人員指派適當人員擔任。

③主持開標人員得兼任承辦開標人員。

④承辦審標、評審或評選事項之人員，必要時得協助開標。

⑤有監辦開標人員者，其工作事項為監視開標程序。

⑥機關辦理比價、議價或決標，準用前五項規定。

第五一條

①機關辦理開標時應製作紀錄，記載下列事項，由辦理開標人員會同簽認；有監辦開標人員者，亦應會同簽認：

一　有案號者，其案號。

二　招標標的之名稱及數量摘要。

三　投標廠商名稱。

四　有標價者，各投標廠商之標價。

五　開標日期。

六　其他必要事項。

②流標時應製作紀錄，其記載事項，準用前項規定，並應記載流標原因。

第五二條

機關訂定底價，得基於技術、品質、功能、履約地、商業條款、評分或使用效益等差異，訂定不同之底價。

第五三條

機關訂定底價，應由規劃、設計、需求或使用單位提出預估金額及其分析後，由承辦採購單位簽報機關首長或其授權人員核定。但重複性採購或未達公告金額之採購，得由承辦採購單位逕行簽報核定。

第五四條

①公開招標採分段開標者，其底價應於第一階段開標前定之。

②限制性招標之比價，其底價應於辦理比價之開標前定之。

③限制性招標之議價，訂定底價前應先參考廠商之報價或估價單。

④依本法第四十九條採公開取得三家以上廠商之書面報價或企劃書者，其底價應於進行比價或議價前定之。

第五四條之一 91

機關辦理採購，依本法第四十七條第一項第一款及第二款規定不訂底價者，得於招標文件預先載明契約金額或相關費率作為決標條件。

第五五條 91

本法第四十八條第一項所稱三家以上合格廠商投標，指機關辦理公開招標，有三家以上廠商投標，且符合下列規定者：

一 依本法第三十三條規定將投標文件送達於招標機關或其指定之場所。

二 無本法第五十條第一項規定不予開標之情形。

三 無第三十三條第一項及第二項規定不予開標之情形。

四 無第三十八條第一項規定不得參加投標之情形。

第五六條 91

廢標後依原招標文件重行招標者，準用本法第四十八條第二項關於第二次招標之規定。

第五七條

① 機關辦理公開招標，因投標廠商家數未滿三家而流標者，得發還投標文件。廠商要求發還者，機關不得拒絕。

② 機關於開標後因故廢標，廠商要求發還投標文件者，機關得保留其中一份，其餘發還，或僅保留影本。採分段開標者，尚未開標之部分應予發還。

第五八條 91

① 機關依本法第五十條第二項規定撤銷決標或解除契約時，得依下列方式之一續行辦理：

一 重行辦理招標。

二 原係採最低標為決標原則者，得以原決標價依決標前各投標廠商標價之順序，自最低價者起，依序洽其他合於招標文件規定之未得標廠商減至該決標價後決標。其無廠商減至該決標價者，得依本法第五十二條第一項第一款、第二款及招標文件所定決標原則辦理決標。

三 原係採最有利標為決標原則者，得召開評選委員會會議，依招標文件規定重行辦理評選。

② 前項規定，於廠商得標後放棄得標、拒不簽約或履約、拒繳保證金或拒提供擔保等情形致撤銷決標、解除契約者，準用之。

第五九條

① 機關發現廠商投標文件所標示之分包廠商，於截止投標或截止收件期限前屬本法第一百零三條第一項規定期間內不得參加投標或作為決標對象或分包廠商之廠商者，應不決標予該投標廠商。

② 廠商投標文件所標示之分包廠商，於投標後至決標前方屬本法第一百零三條第一項規定期間內不得參加投標或作為決標對象或分包廠商之廠商者，得依原標價以其他合於招標文件規定之分包廠商代之，並通知機關。

③機關於決標前發現廠商有前項情形者，應通知廠商限期改正；逾期未改正者，應不決標予該廠商。

第六〇條 91

①機關審查廠商投標文件，發現其內容有不明確、不一致或明顯打字或書寫錯誤之情形者，得通知投標廠商提出說明，以確認其正確之內容。

②前項文件內明顯打字或書寫錯誤，與標價無關，機關得允許廠商更正。

第六一條 91

①機關依本法第五十一條第二項規定將審查廠商投標文件之結果通知各該廠商者，應於審查結果完成後儘速通知，最遲不得逾決標或廢標日十日。

②前項通知，經廠商請求者，得以書面為之。

第六二條

①機關採最低標決標者，二家以上廠商標價相同，且均得為決標對象時，其比減價格次數已達本法第五十三條或第五十四條規定之三次限制者，逕行抽籤決定之。

②前項標價相同，其比減價格次數未達三次限制者，應由該等廠商再行比減價格一次，以低價者決標。比減後之標價仍相同者，抽籤決定之。

第六三條

機關採最低標決標，廠商之標價依招標文件規定之計算方式，有依投標標的之性能、耐用年限、保固期、能源使用效能或維修費用等之差異，就標價予以加價或減價以定標價之高低序位者，以加價或減價後之標價決定最低標。

第六四條

①投標廠商之標價幣別，依招標文件規定在二種以上者，由機關擇其中一種或以新台幣折算總價，以定標序及計算是否超過底價。

②前項折算總價，依辦理決標前一辦公日台灣銀行外匯交易收盤即期賣出匯率折算之。

第六四條之一 91

機關依本法第五十二條第一項第一款或第二款規定採最低標決標，其因履約期間數量不確定而於招標文件規定以招標標的之單價決定最低標者，並應載明履約期間預估需求數量。招標標的在二項以上而未採分項決標者，並應以各項單價及其預估需求數量之乘積加總計算，決定最低標。

第六四條之二 99

①機關依本法第五十二條第一項第一款或第二款辦理異質之工程、財物或勞務採購，得於招標文件訂定評分項目、各項配分、及格分數等審查基準，並成立審查委員會及工作小組，採評分方式審查，就資格及規格合於招標文件規定，且總平均評分在及格分數以上之廠商開價格標，採最低標決標。

② 依前項方式辦理者，應依下列規定辦理：

一　分段開標，最後一段為價格標。

二　評分項目不包括價格。

三　審查委員會及工作小組之組成、任務及運作，準用採購評選委員會組織準則、採購評選委員會審議規則及最有利標評選辦法之規定。

第六五條

機關依本法第五十二條第一項第四款採用複數決標方式者，應依下列原則辦理：

一　招標文件訂明得由廠商分項報價之項目，或依不同數量報價之項目及數量之上、下限。

二　訂有底價之採購，其底價依項目或數量分別訂定。

三　押標金、保證金及其他擔保得依項目或數量分別繳納。

四　得分項報價者，分項決標；依不同數量報價者，依標價及可決標之數量依序決標，並得有不同之決標價。

五　分項決標者，得分項簽約及驗收；依不同數量決標者，得分別簽約及驗收。

第六六條

本法第五十二條第二項所稱異質之工程、財物或勞務採購，指不同廠商所供應之工程、財物或勞務，於技術、品質、功能、效益、特性或商業條款等，有差異者。

第六七條

機關辦理決標，合於決標原則之廠商無需減價或已完成減價或綜合評選程序者，得不通知投標廠商到場。

第六八條

① 機關辦理決標時應製作紀錄，記載下列事項，由辦理決標人員會同簽認；有監辦決標人員或有得標廠商代表參加者，亦應會同簽認：

一　有案號者，其案號。

二　決標標的之名稱及數量摘要。

三　審標結果。

四　得標廠商名稱。

五　決標金額。

六　決標日期。

七　有減價、比減價格、協商或綜合評選者，其過程。

八　超底價決標者，超底價之金額、比率及必須決標之緊急情事。

九　所依據之決標原則。

十　有尚未解決之異議或申訴事件者，其處理情形。

② 廢標時應製作紀錄，其記載事項，準用前項規定，並應記載廢標原因。

第六九條

機關辦理減價或比減價格結果在底價以內時，除有本法第五十八條總標價或部分標價偏低之情形者外，應即宣布決標。

第七〇條

① 機關於第一次比減價格前，應宣布最低標廠商減價結果；第二次以後比減價格前，應宣布前一次比減價格之最低標價。

② 機關限制廠商比減價格或綜合評選之次數為一次或二次者，應於招標文件中規定或於比減價格或採行協商措施前通知參加比減價格或協商之廠商。

③ 參加比減價格或協商之廠商有下列情形之一者，機關得不通知其參加下一次之比減價格或協商：

一 未能減至機關所宣布之前一次減價或比減價格之最低標價。

二 依本法第六十條規定視同放棄。

第七一條

① 機關辦理查核金額以上之採購，擬決標之最低標價超過底價百分之四未逾百分之八者，得先保留決標，並應敘明理由連同底價、減價經過及報價比較表或開標紀錄等相關資料，報請上級機關核准。

② 前項決標，上級機關派員監辦者，得由監辦人員於授權範圍內當場予以核准，或由監辦人員簽報核准之。

第七二條 91

① 機關依本法第五十三條第一項及第五十四條規定辦理減價及比減價格，參與之廠商應書明減價後之標價。

② 合於招標文件規定之投標廠商僅有一家或採議價方式辦理採購，廠商標價超過底價或評審委員會建議之金額，經洽減結果，廠商書面表示減至底價或評審委員會建議之金額，或照底價或評審委員會建議之金額再減若干數額者，機關應予接受。比減價格時，僅餘一家廠商書面表示減價者，亦同。

第七三條

① 合於招標文件規定之投標廠商僅有一家或採議價方式辦理，須限制減價次數者，應先通知廠商。

② 前項減價結果，適用本法第五十三條第二項超過底價而不逾預算數額需決標，或第五十四條逾評審委員會建議之金額或預算金額應予廢標之規定。

第七四條

① 決標依本法第五十二條第一項第二款規定辦理者，除小額採購外，應成立評審委員會，其成員由機關首長或其授權人員就對於採購標的之價格具有專門知識之機關職員或公正人士派兼或聘兼之。

② 前項評審委員會之成立時機，準用本法第四十六條第二項有關底價之訂定時機。

③ 第一項審查委員會，機關得以本法第九十四條成立之評選委員會代之。

第七五條

① 決標依本法第五十二條第一項第二款規定辦理且設有評審委員會者，應先審查合於招標文件規定之最低標價後，再由評審委員會提出建議之金額。但標價合理者，評審委員會得不提出建議之金額。

② 評審委員會提出建議之金額，機關依本法第五十四條規定辦理減價或比減價格結果在建議之金額以內時，除有本法第五十八條總標價或部分標價偏低之情形外，應即宣布決標。

③ 第一項建議之金額，於決標前應予保密，決標後除有第三十五條之情形者外，應予公開。

第七六條

① 本法第五十七條第一款所稱審標，包括評選及洽個別廠商協商。

② 本法第五十七條第一款應保密之內容，決標後應即解密。但有繼續保密之必要者，不在此限。

③ 本法第五十七條第一款之適用範圍，不包括依本法第五十五條規定採行協商措施前之採購作業。

第七七條

機關依本法第五十七條規定採行協商措施時，參與協商之廠商依據協商結果重行遞送之投標文件，其有與協商無關或不受影響之項目者，該項目應不予評選，並以重行遞送前之內容為準。

第七八條

機關採行協商措施，應注意下列事項：

一　列出協商廠商之待協商項目，並指明其優點、缺點、錯誤或疏漏之處。

二　擬具協商程序。

三　參與協商人數之限制。

四　慎選協商場所。

五　執行保密措施。

六　與廠商個別進行協商。

七　不得將協商廠商投標文件內容、優缺點及評分，透露於其他廠商。

八　協商應作成紀錄。

第七九條

本法第五十八條所稱總標價偏低，指下列情形之一：

一　訂有底價之採購，廠商之總標價低於底價百分之八十者。

二　未訂底價之採購，廠商之總標價經審標或評選委員會認為偏低者。

三　未訂底價且未設置評審委員會或評選委員會之採購，廠商之總標價低於預算金額或預估需用金額之百分之七十者。預算案尚未經立法程序者，以預估需用金額計算之。

第八〇條

本法第五十八條所稱部分標價偏低，指下列情形之一：

一　該部分標價有對應之底價項目可供比較，該部分標價低於相同部分項目底價之百分之七十者。

二　廠商之部分標價經審查或評選委員會認為偏低者。

三　廠商之部分標價低於其他機關最近辦理相同採購決標價之百分之七十者。

四　廠商之部分標價低於可供參考之一般價格之百分之七十者。

第八一條

廠商投標文件內記載金額之文字與號碼不符時，以文字為準。

第八二條

本法第五十九條第二項不適用於因正當商業行為所為之給付。

第八三條

①廠商依本法第六十條規定視同放棄說明、減價、比減價格、協商、更改原報內容或重新報價，其不影響該廠商成為合於招標文件規定之廠商者，仍得以該廠商為決標對象。

②依本法第六十條規定視同放棄而未決標予該廠商者，仍應發還押標金。

第八四條　105

①本法第六十一條所稱特殊情形，指符合下列情形之一：

一　為商業性轉售或用於製造產品、提供服務以供轉售目的所為之採購，其決標內容涉及商業機密，經機關首長或其授權人員核准者。

二　有本法第一百零四條第一項第二款情形者。

三　前二款以外之機密採購。

四　其他經主管機關認定者。

②前項第一款決標內容涉及商業機密者，機關得不將決標內容納入決標結果之公告及對各投標廠商之書面通知。僅部分內容涉及商業機密者，其餘部分仍應公告及通知。

③本法第六十一條所稱決標後一定期間，為自決標日起三十日。

④依本法第六十一條規定未將決標結果之公告刊登於政府採購公報，或僅刊登一部分者，機關仍應將完整之決標資料傳送至主管機關指定之電腦資料庫，或依本法第六十二條規定定期彙送主管機關。

第八五條

①機關依本法第六十一條規定將決標結果以書面通知各投標廠商者，其通知應包括下列事項：

一　有案號者，其案號。

二　決標標的之名稱及數量摘要。

三　得標廠商名稱。

四　決標金額。

五　決標日期。

②無法決標者，機關應以書面通知各投標廠商無法決標之理由。

第八六條

① 本法第六十二條規定之決標資料，機關應利用電腦蒐集程式傳送至主管機關指定之電腦資料庫。

② 決標結果已依本法第六十一條規定於一定期間內將決標金額傳送至主管機關指定之電腦資料庫者，得免再行傳送。

第四章　履約管理

第八七條 99

本法第六十五條第二項所稱主要部分，指下列情形之一：

一　招標文件標示為主要部分者。

二　招標文件標示或依其他法規規定應由得標廠商自行履行之部分。

第八八條　（刪除）91

第八九條

機關得視需要於招標文件中訂明得標廠商應將專業部分或達一定數量或金額之分包情形送機關備查。

第五章　驗　收

第九〇條 91

① 機關依本法第七十一條第一項規定辦理下列工程、財物採購之驗收，得由承辦採購單位備具書面憑證書面驗收，免辦理現場查驗：

一　公用事業依一定費率所供應之財物。

二　即買即用或自供應至使用之期間甚為短暫，現場查驗有困難者。

三　小額採購。

四　分批或部分驗收，其驗收金額不逾公告金額十分之一。

五　經政府機關或公正第三人查驗，並有相關品質或數量之證明文書者。

六　其他經主管機關認定者。

② 前項第四款情形於各批或全部驗收完成後，應將各批或全部驗收結果彙總填具結算驗收證明書。

第九〇條之一 91

勞務驗收，得以書面或召開審查會方式辦理；其書面驗收文件或審查會紀錄，得視為驗收紀錄。

第九一條

① 機關辦理驗收人員之分工如下：

一　主驗人員：主持驗收程序，抽查驗核廠商履約結果有無與契約、圖說或貨樣規定不符，並決定不符時之處置。

二　會驗人員：會同抽查驗核廠商履約結果有無與契約、圖說或貨樣規定不符，並會同決定不符時之處置。但採購事項單純者得免之。

三　協驗人員：協助辦理驗收有關作業。但採購事項單純者得免

之。

② 會驗人員，為接管或使用機關（單位）人員。

③ 協驗人員，為設計、監造、承辦採購單位人員或機關委託之專業人員或機構人員。

④ 法令或契約載有驗收時應辦理丈量、檢驗或試驗之方法、程序或標準者，應依其規定辦理。

⑤ 有監驗人員者，其工作事項為監視驗收程序。

第九二條 91

① 廠商應於工程預定竣工日前或竣工當日，將竣工日期書面通知監造單位及機關。除契約另有規定外，機關應於收到該書面通知之日起七日內會同監造單位及廠商，依據契約、圖說或貨樣核對竣工之項目及數量，確定是否竣工；廠商未依機關通知派代表參加者，仍得予確定。

② 工程竣工後，除契約另有規定者外，監造單位應於竣工後七日內，將竣工圖表、工程結算明細表及契約規定之其他資料，送請機關審核。有初驗程序者，機關應於收受全部資料之日起三十日內辦理初驗，並作成初驗紀錄。

③ 財物或勞務採購有初驗程序者，準用前二項規定。

第九三條

採購之驗收，有初驗程序者，初驗合格後，除契約另有規定者外，機關應於二十日內辦理驗收，並作成驗收紀錄。

第九四條

採購之驗收，無初驗程序者，除契約另有規定者外，機關應於接獲廠商通知備驗或可得驗收之程序完成後三十日內辦理驗收，並作成驗收紀錄。

第九五條

前三條所定期限，其有特殊情形必須延期者，應經機關首長或其授權人員核准。

第九六條 91

① 機關依本法第七十二條第一項規定製作驗收之紀錄，應記載下列事項，由辦理驗收人員會同簽認。有監驗人員或有廠商代表參加者，亦應會同簽認：

一 有案號者，其案號。

二 驗收標的之名稱及數量。

三 廠商名稱。

四 履約期限。

五 完成履約日期。

六 驗收日期。

七 驗收結果。

八 驗收結果與契約、圖說、貨樣規定不符者，其情形。

九 其他必要事項。

② 機關辦理驗收，廠商未依通知派代表參加者，仍得為之。驗收前

之檢查、檢驗、查驗或初驗，亦同。

第九七條

① 機關依本法第七十二條第一項通知廠商限期改善、拆除、重作或換貨，廠商於期限內完成者，機關應再行辦理驗收。

② 前項限期，契約未規定者，由主驗人定之。

第九八條

① 機關依本法第七十二條第一項辦理部分驗收，其所支付之部分價金，以支付該部分驗收項目者為限，並得視不符部分之情形酌予保留。

② 機關依本法第七十二條第二項辦理減價收受，其減價計算方式，依契約規定。契約未規定者，得就不符項目，依契約價金、市價、額外費用、所受損害或懲罰性違約金等，計算減價金額。

第九九條

機關辦理採購，有部分先行使用之必要或已履約之部分有減損滅失之虞者，應先就該部分辦理驗收或分段查驗供收之用，並得就該部分支付價金及起算保固期間。

第一○○條

驗收人對工程或財物隱蔽部分拆驗或化驗者，其拆除、修復或化驗費用之負擔，依契約規定。契約未規定者，拆驗或化驗結果與契約規定不符，該費用由廠商負擔；與規定相符者，該費用由機關負擔。

第一○一條 91

① 公告金額以上之工程或財物採購，除符合第九十條第一項第一款或其他經主管機關認定之情形者外，應填具結算驗收證明書或其他類似文件。未達公告金額之工程或財物採購，得由機關視需要填具之。

② 前項結算驗收證明書或其他類似文件，機關應於驗收完畢後十五日內填具，並經主驗及監驗人員分別簽認。但有特殊情形必須延期，經機關首長或其授權人員核准者，不在此限。

第六章　爭議處理 91

第一○二條

① 廠商依本法第七十五條第一項規定以書面向招標機關提出異議，應以中文書面載明下列事項，由廠商簽名或蓋章，提出於招標機關。其附有外文資料者，應就異議有關之部分備具中文譯本。但招標機關得視需要通知其檢具其他部分之中文譯本：

一　廠商之名稱、地址、電話及負責人之姓名。

二　有代理人者，其姓名、性別、出生年月日、職業、電話及住所或居所。

三　異議之事實及理由。

四　受理異議之機關。

五　年、月、日。

②前項廠商在我國無住所、事務所或營業所者，應委任在我國有住所、事務所或營業所之代理人為之。

③異議不合前二項規定者，招標機關得不予受理。但其情形可補正者，應定期間命其補正；逾期不補正者，不予受理。

第一○三條

機關處理異議，得通知提出異議之廠商到指定場所陳述意見。

第一○四條

本法第七十五條第一項第二款及第三款所定期限之計算，其經機關通知及公告者，廠商接獲通知之日與機關公告之日不同時，以日期在後者起算。

第一○四條之一 91

①異議及申訴之提起，分別以受理異議之招標機關及受理申訴之採購申訴審議委員會收受書狀之日期為準。

②廠商誤向非管轄之機關提出異議或申訴者，以該機關收受之日，視為提起之日。

第一○五條 91

異議逾越法定期間者，應不予受理，並以書面通知提出異議之廠商。

第一○五條之一 91

招標機關處理異議為不受理之決定時，仍得評估其事由，於認其異議有理由時，自行撤銷或變更原處理結果或暫停採購程序之進行。

第一○六條 （刪除）91

第七章 附 則

第一○七條 99

①本法第九十八條所稱國內員工總人數，依身心障礙者權益保障法第三十八條第三項規定辦理，並以投保單位為計算基準；所稱履約期間，自訂約日起至廠商完成履約事項之日止。但下列情形，應另計之：

一　訂有開始履約日或開工日者，自該日起算。兼有該二日者，以日期在後者起算。

二　因機關通知全面暫停履約之期間，不予計入。

三　一定期間內履約而日期未預先確定，依機關通知再行履約者，依實際履約日數計算。

②依本法第九十八條計算得標廠商於履約期間應僱用之身心障礙者及原住民之人數時，各應達國內員工總人數百分之一，並均以整數為計算標準，未達整數部分不予計入。

第一○八條 91

①得標廠商僱用身心障礙者及原住民之人數不足前條第二項規定者，應於每月十日前依僱用人數不足之情形，分別向所在地之直轄市或縣（市）勞工主管機關設立之身心障礙者就業基金專戶及

原住民中央主管機關設立之原住民族就業基金專戶，繳納上月之代金。

②前項代金之金額，依差額人數乘以每月基本工資計算；不足一月者，每日以每月基本工資除以三十計。

第一〇九條 99

①機關本本法第九十九條規定甄選投資興建、營運之廠商，其係以廠商承諾給付機關金為決標原則者，得於招標文件規定以合於招標文件規定之下列廠商為得標廠商：

一 訂有底價者，在底價以上之最高標廠商。

二 未訂底價者，標價合理之最高標廠商。

三 以最有利標決標者，經機關首長或評選委員會過半數之決定所評定之最有利標廠商。

四 採用複數決標者，合於最高標或最有利標之競標精神者。

②機關辦理採購，招標文件規定廠商報價金額包括機關支出及收入金額，或以使用機關財物或權利為對價而無其他支出金額，其以廠商承諾給付機關金為決標原則者，準用前項規定。

第一〇九條之一 91

①機關依本法第一百零一條規定將其事實及理由通知廠商時，應附記廠商如認為機關所為之通知違反本法或不實者，得於接õ通知之次日起二十日內，以書面向招標機關提出異議；未提出異議者，將刊登政府採購公報。

②機關依本法第一百零二條規定將異議處理結果以書面通知提出異議之廠商時，應附記廠商如對該處理結果不服，得於收õ異議處理結果之次日起十五日內，以書面向採購申訴審議委員會提出申訴。

第一一〇條 91

廠商有本法第一百零一條第一項第六款之情形，經判決無罪確定者，自判決確定之日起，得參加投標及作為決標對象或分包廠商。

第一一一條 105

①本法第一百零一條第一項第十款所稱延誤履約期限情節重大者，機關得於招標文件載明其情形。其未載明者，於巨額工程採購，指履約進度落後百分之十以上；於其他採購，指履約進度落後百分之二十以上，且日數達十日以上。

②前項百分比之計算，應符合下列規定：

一 屬尚未完成履約而進度落後已達前項百分比，機關應先通知廠商限期改善。屆期未改善者，如機關訂有履約進度計算方式，其通知限期改善當日及期末日之履約進度落後百分比，分別以各該日實際進度與機關核定之預定進度百分比之差值計算；如機關未訂有履約進度計算方式，依逾期日數計算之。

二 屬已完成履約而逾履約期限，或逾最後履約期限尚未完成履

約者，依逾期日數計算之。

第一一二條 91

本法第一百零一條第一項第十四款所稱弱勢團體人士，指身心障礙者或其他經主管機關認定者。

第一一二條之一 91

本法第一百零三條第二項所稱特殊需要，指符合下列情形之一，且基於公共利益考量確有必要者：

一　有本法第二十二條第一項第一款、第二款、第四款或第六款情形之一者。

二　依本法第五十三條或第五十四條規定辦理減價結果，廢標二次以上，且未調高底價或建議減價金額者。

三　依本法第一百零五條第一項第一款或第二款辦理者。

四　其他經主管機關認定者。

第一一二條之二 91

本法第一百零七條所稱採購之文件，指採購案件自機關開始計劃至廠商完成契約責任期間所產生之各類文字或非文字紀錄資料及其附件。

第一一三條 91

① 本細則自中華民國八十八年五月二十七日施行。

② 本細則修正條文自發布日施行。

中央機關未達公告金額採購監辦辦法

①民國 88 年 4 月 26 日行政院公共工程委員會令訂定發布全文 7 條；
並自 88 年 5 月 27 日起施行。
②民國 92 年 2 月 12 日行政院公共工程委員會令修正發布全文 7 條；
並自發布日施行。

第一條

本辦法依政府採購法（以下簡稱本法）第十三條第二項規定訂定之。

第二條

①機關辦理未達公告金額而逾公告金額十分之一之採購，承辦採購單位於開標、比價、議價、決標及驗收時，應通知機關首長或其授權人員指定之主（會）計或有關單位派員監辦。

②前項有關單位，指機關內之政風、監查（察）、督察、檢核或稽核單位。

第三條

主（會）計或有關單位對於前條通知，其有下列情形之一者，得不派員監辦：

一　地區偏遠。

二　經常性採購。

三　重複性採購，已有監辦前例。

四　採購標的於市場已普遍銷售。

五　依本法第四十條規定洽由其他具有專業能力之機關代辦。

六　利用本法第九十三條共同供應契約辦理之採購。

七　以會議審查方式辦理勞務採購驗收者。

八　以書面或電子化方式進行開標、比價、議價、決標及驗收程序，而以會簽主（會）計或有關單位方式處理者。

九　依公告、公定或管制價格或費率採購財物或勞務，無減價之可能者。

十　即買即用或自供應至使用之期間甚為短暫，實地監辦驗收有困難者。

十一　辦理分批或部分驗收，其驗收金額未逾公告金額十分之一者。

十二　經政府機關或公正第三人查驗，並有相關規格、品質、數量之證明文件供驗收者。

十三　因無廠商投標或投標廠商家數不足而流標者。

十四　因不可預見之突發事故，確無法監辦者。

第四條

①主（會）計或有關單位對於第二條通知，有下列情形之一者，不論是否有前條之情形，均應派員監辦：

一　廠商提出異議而機關未接受其異議者。

二　廠商申請調解、提付仲裁或提起訴訟尚未解決者。

三　經採購稽核小組或工程施工查核小組認定採購有重大異常情形者。

四　其他經主管機關認定者。

②承辦採購單位通知主（會）計或有關單位監辦時，有前項各款情形之一者，應予敘明。

第五條

機關辦理公告金額十分之一以下之採購，承辦採購單位於開標、比價、議價、決標及驗收時，得不通知主（會）計及有關單位派員監辦。其通知者，主（會）計及有關單位得不派員。

第六條

①主（會）計單位及有關單位依本辦法辦理監辦，準用機關主會計及有關單位會同監辦採購辦法第四條、第七條及第八條之規定。

②監辦人員得採書面審核監辦，免經機關首長或其授權人員核准。

第七條

本辦法自發布日施行。

外國廠商參與非條約協定採購處理辦法

①民國 88 年 5 月 6 日行政院公共工程委員會令訂定發布全文 8 條；
並自 88 年 5 月 27 日起施行。
②民國 99 年 8 月 4 日行政院公共工程委員會令修正發布第 3、4、8 條
條文；並自發布日施行。
③民國 101 年 8 月 14 日行政院公共工程委員會令增訂發布第 7-1 條條
文。

第一條
本辦法依政府採購法（以下簡稱本法）第十七條第二項規定訂定
之。

第二條
①本辦法所稱非條約協定採購，指得不適用我國所締結之條約或協
定之採購。
②適用我國所締結之條約或協定之採購，機關於招標文件中允許非
條約協定國廠商參與者，應明定非條約協定國廠商參與之部分，
視同非條約協定採購。

第三條 99
本辦法所稱外國廠商，指未取得我國國籍之自然人或非依我國法
律設立登記之法人、機構或團體。

第四條 99
①廠商所供應之財物或勞務，其原產地之認定，依下列原則：
一　財物之原產地，依進口貨物原產地認定標準。
二　勞務之原產地，除法令另有規定者外，依實際提供勞務者之
　　國籍或登記地認定之。屬自然人者，依國籍認定之；非屬自
　　然人者，依登記地認定之。
三　兼有我國及外國財物或勞務，無法依前二款認定其歸屬者，
　　以所占金額比率最高者歸屬之。
②我國廠商所供應財物或勞務之原產地非屬我國者，視同外國廠
商。
③條約協定國廠商所供應財物或勞務之原產地為非條約協定國者，
視同非條約協定國廠商。
④工程採購中涉及財物或勞務之提供者，其原產地之認定，準用前
三項之規定。

第五條
機關辦理非條約協定採購，得視實際需要於招標文件中規定允許
外國廠商參與。

第六條

機關允許外國廠商參與非條約協定採購者，得於招標文件中規定外國廠商不適用本法下列規定：

一　第二十一條第四項平等受邀之機會。

二　第三十七條第一項投標廠商資格。

三　第五十七條第二款平等對待之規定。

第七條

主管機關依本法第十七條第三項規定公告限制或禁止特定國家或地區之廠商或產品、服務參與採購者，該等廠商或產品、服務不得參加投標或作為決標對象。

第七條之一　101

大陸地區廠商參與各機關採購，準用外國廠商之規定。

第八條　99

①本辦法自中華民國八十八年五月二十七日施行。

②本辦法修正條文自發布日施行。

機關辦理設計競賽廠商評選及計費辦法

民國 88 年 5 月 6 日行政院公共工程委員會令訂定發布全文 18 條；
並自 88 年 5 月 27 日起施行。

第一條

本辦法依政府採購法（以下簡稱本法）第二十二條第二項規定訂定之。

第二條

機關以公告程序辦理設計競賽在公告金額以上者，其廠商評選與服務費用之計算方式依本辦法之規定。

第三條

①本法第二十二條第一項第十款所稱設計競賽，指機關為採購之目的，徵求廠商發揮創意，為聲音、影像、文字、圖畫或實物等之設計，並依其完整性、可行性、理念性、藝術性或實用性等特性，擇定優勝作品及廠商之程序。

②前項設計競賽之標的，包括藝術品、圖形、標誌、徽章、標章、資訊網頁、名稱、標語、廣告、海報、文宣、推廣活動、服裝、字幕、音樂、影像、牌樓、空間或場所布置、造形、造景、裝修、裝潢及其他與發揮創意有關者。

第四條

機關以公告程序辦理設計競賽，得依下列方式之一辦理：

一　公開徵求廠商提出設計作品供評選。

二　公開徵求廠商提出設計作品及設計說明書供評選。

三　公開徵求廠商提出設計建議書，經評選入選者再邀其提出設計作品供評選。

第五條

機關以公告程序辦理設計競賽，除法令另有規定外，其招標文件得視個案特性及實際需要載明下列事項：

一　設計作品之用途及應表現之理念。

二　設計準則。

三　設計之表現方式。如樣品、模型、透視圖或顏色等。

四　設計之比例尺、大小尺寸、圖說張數及裝裱方式等。

五　設計涉及材料、設備、場所或成品之供應者，其規格。

六　廠商應提出之設計說明書或建議書及其設計作品、設計理念、圖說、製作方法、工作時程、數量、價格、說明或計畫內容、章節次序或頁數限制等。

七　每一廠商提出設計說明書或建議書及設計作品之件數限制。

八　收受設計說明書或建議書及設計作品之地點及截止期限。

九　評審項目、評審標準及評選方式。

十　與評選優勝廠商議價及決標原則。

十一　給予設計競賽之優勝者獎勵者，其方式。

十二　給予設計競賽未獲選者獎勵者，其名額及方式。

十三　對於優勝者之設計之智慧財產權歸屬約定、使用條件、範圍或修改等權利。對於其他獲得獎勵之設計有必要併予規定者，亦同。

十四　對於未獲選者之設計作品之處理。

十五　有舉辦公開說明會者，其時間及地點。

十六　廠商於評選時須提出簡報者，其進行方式。

十七　其他必要事項。

第六條

設計競賽優勝者須於獲選後製作成品者，其招標文件得視個案特性及實際需要載明下列事項：

一　有製作或裝置地點者，其現況說明及完成狀態。

二　完成製作期限。

三　預算金額或製作費用上限。

四　其他必要事項。

第七條

第五條第九款評審項目，除法令另有規定者外，得視個案特性及實際需要載明下列事項：

一　設計說明書或建議書之完整性及可行性。

二　對設計作品之用途及所須達成之目標或成果之瞭解程度。

三　設計作品符合機關理念之程度。

四　設計作品之藝術性。

五　工作計畫及預定進度。

六　計畫主持人及主要工作人員之經驗及能力。

七　如期履約能力。

八　完成作品另需製作費用者，其製作費用。

九　其他必要事項。

第八條

①機關辦理設計競賽之評選，其招標文件訂有廠商資格者，應先審查資格文件。資格不合於招標文件之規定者，其他部分不予審查。

②機關評選結果應通知廠商，對未獲選者並應敘明其原因。

第九條

①採購評選委員會評選優勝廠商，得不以一家為限。

②前項評選作業，準用本法有關最有利標之評選規定。

第一○條

機關與評選優勝廠商之議價及決標，應依下列方式之一辦理，並載明於招標文件：

一　優勝廠商為一家者，以議價方式辦理。

二　優勝廠商在二家以上者，依優勝序位，自最優勝者起，依序以議價方式辦理。但有二家以上廠商為同一優勝序位者，以標價低者優先議價。

第一一條

前條決標，應依下列規定之一辦理：

一　招標文件已訂明固定服務費用或費率者，依該服務費用或費率決標。

二　招標文件未訂明固定服務費用或費率者，其決標適用本法第五十三條第二項及第五十四條之規定。

第一二條

設計成果之製作費用，以採總包價法為原則。但屬得標廠商代收及代付之費用，得核實給付。

第一三條

①設計競賽優勝者須於獲選後提供製作成品服務者，機關得於招標文件規定得標廠商服務費用降低或實際績效提高時，得依其情形給付廠商獎勵性報酬。

②前項獎勵性報酬之給付方式如下，由機關於招標文件中訂明：

一　屬服務費用降低者，為所減省之契約價金之一定比率。

二　屬實際績效提高者，依契約所載計算方式給付。

③前項第一款一定比率，以不逾百分之五十為原則；第二款給付金額，以不逾契約價金總額或契約價金上限之百分之十為原則。

第一四條

①廠商之服務費用，得於契約規定於訂約後預付一部分，其餘按月或分期支付。但各次付款金額及條件應予訂明。

②前項預付一部分者，以不逾契約價金總額或契約價金上限之百分之三十為原則。

第一五條

廠商之設計，依規定應由建築師、專業技師或消防設備師等專業人員簽證者，該項工作應由該等專業人員負責執行，並應依相關規定辦理簽證。

第一六條

①機關辦理設計競賽，應於招標文件規定廠商之設計，其智慧財產權歸屬及侵害第三人合法權益時由廠商負責處理並承擔一切法律責任。

②前項權利，機關得視需要取得部分或全部權利或取得授權。

第一七條

機關辦理設計競賽，非依本法第二十二條第一項第十款辦理者，得準用本辦法之規定。

第一八條

本辦法自中華民國八十八年五月二十七日施行。

機關委託技術服務廠商評選及計費辦法

① 民國 88 年 5 月 17 日行政院公共工程委員會令訂定發布全文 32 條；
並自 88 年 5 月 27 日起施行。
② 民國 91 年 5 月 3 日行政院公共工程委員會令修正發布第 5、6、16、
17、30、32 條條文；增訂第 4-1、4-2 條條文；並自發布日施行。
③ 民國 91 年 12 月 11 日行政院公共工程委員會令修正發布第 16 條條
文。
④ 民國 99 年 1 月 15 日行政院公共工程委員會令修正發布全文 40 條；
並自發布後三個月施行。
⑤ 民國 101 年 12 月 27 日行政院公共工程委員會令修正發布第 9、29、
40 條條文；並自發布日施行。
⑥ 民國 102 年 11 月 1 日行政院公共工程委員會令修正發布第 29 條條
文。
⑦ 民國 103 年 10 月 30 日行政院公共工程委員會令修正發布第 26 條
條文。
⑧ 民國 104 年 7 月 14 日行政院公共工程委員會令修正發布第 6、13、
17 條條文；並自發布日施行。
⑨ 民國 106 年 3 月 31 日行政院公共工程委員會令修正發布第 24、29
條條文。

第一章 總　則

第一條

本辦法依政府採購法（以下簡稱本法）第二十二條第二項規定訂
定之。

第二條

機關依本法第二十二條第一項第九款以公開客觀評選方式委託廠
商提供技術服務，其廠商評選與服務費用之計算方式，依本辦法
之規定。

第三條

① 本辦法所稱技術服務，指工程技術顧問公司、技師事務所、建築
師事務所及其他依法令規定得提供技術性服務之自然人或法人所
提供與技術有關之可行性研究、規劃、設計、監造、專案管理或
其他服務。

② 前項技術服務，依法令應由專門職業及技術人員或法定機構提供
者，不得由其他人員或機構提供。

第四條

機關委託廠商辦理可行性研究，得依採購案件之特性及實際需
要，就下列服務項目擇定之：

一　計畫概要之研擬。

二　初步踏勘及現況調查。

三　研究工址相關範圍既有地形圖、測量、地質、土壤、水文氣

象、材料等資料蒐集及其他調查、試驗或勘測。

四　都市計畫、區域計畫等之調查及研究。

五　計畫需求調查及分析。

六　計畫相關資料之分析、整理及評估。

七　方案研擬及比較評估。

八　計畫成本之初估及經濟效益評估。

九　財務之分析及建議。

十　風險及不定性分析。

十一　經營管理方式之研究。

十二　初步運輸及交通衝擊評估。

十三　可行性報告及建議。

十四　其他與可行性研究有關且載明於招標文件或契約之技術服務。

第五條

機關委託廠商辦理規劃，得依採購案件之特性及實際需要，就下列服務項目擇定之：

一　勘察工程基地。

二　繪製工程基地位置圖。

三　可行性研究結果之檢討及建議。

四　測量、地質調查、鑽探及試驗、土壤調查及試驗、水文氣象觀測及調查、材料調查及試驗、模型試驗及其他調查、試驗或勘測。

五　計畫相關資料之補充、分析及評估。

六　運輸規劃。

七　製作規劃圖說。如配置圖、平面圖、立面圖及其代表性之剖面圖等草案構想。

八　製作工程計畫書。如設計準則、規範等級說明、構造物型式及施工法（含特殊構造方案及比較）、材料種類、結構及設備系統概要說明、構造物耐震及防蝕對策、營建土石方處理、工程計畫期程、工程經費概算等初步建議。

九　都市計畫、區域計畫等之規劃。

十　施工計畫、交通維持計畫、監測及緊急應變等初步規劃。

十一　使用期限規劃及維護管理策略。

十二　規劃報告。

十三　其他與規劃有關且載明於招標文件或契約之技術服務。

第六條 104

① 機關委託廠商辦理設計，得依採購案件之特性及實際需要，就下列服務項目擇定之：

一　基本設計：

　(一)規劃報告及設計標的相關資料之檢討及建議。

　(二)非與已辦項目重複之詳細測量、詳細地質調查、鑽探及試驗及招標文件所載其他詳細調查、試驗或勘測。

（三）基本設計圖文資料：
1. 構造物及其環境配置規劃設計圖。
2. 基本設計圖。如平面圖、立面圖、剖面圖及招標文件所載其他基本設計圖。
3. 結構及設備系統研擬。
4. 工程材料方案評估比較。
5. 構造物型式及工法方案評估比較。
6. 特殊構造物方案評估比較。
7. 構造物耐震對策評估報告。
8. 構造物防蝕對策評估報告。
9. 綱要規範。
（四）量體計算分析及法規之檢討。
（五）細部設計準則之研擬。
（六）營建剩餘土石方之處理方案。
（七）施工規劃及施工初步時程之擬訂。
（八）成本概估。
（九）採購策略及分標原則之研訂。
（十）基本設計報告。

二　細部設計：
（一）非與已辦項目重複之補充測量、補充地質調查、補充鑽探及試驗及其他必要之補充調查、試驗。
（二）細部設計圖文資料：
1. 工程圖文資料。如配置圖、平面圖、立面圖、剖面圖、排水配置圖、地質柱狀圖等。
2. 結構圖文資料。如結構詳圖、結構計算書等。
3. 設備圖文資料。如水、電、空調、消防、電信、機械、儀控等設備詳圖、計算書、規範等。
（三）施工或材料規範之編擬。
（四）工程或材料數量之估算及編製。
（五）成本分析及估算。
（六）施工計畫及交通維持計畫之擬訂。
（七）分標計畫及施工進度之擬訂及整合。
（八）發包預算及招標文件之編擬。

三　代辦申請建築執照與水、電、空調、消防或電信之工程設計圖說資料送審。

四　協辦下列招標及決標有關事項：
（一）各項招標作業，包括參與標前會議、設計、施工說明會。
（二）招標文件之釋疑、變更或補充。
（三）投標廠商、分包廠商、設備製造廠商資格之審查及諮詢。
（四）開標、審標及提供決標建議。
（五）契約之簽訂。
（六）招標、開標、審標或決標爭議之處理。

五　其他與設計有關且載明於招標文件或契約之技術服務。

②前項設計，應符合節省能源、減少溫室氣體排放、保護環境、節約資源、經濟耐用等目的，並考量景觀、自然生態、兩性友善環境、生活美學及性別、身心障礙、高齡、兒童等使用者友善環境。

第七條

①機關委託廠商辦理監造，得依採購案件之特性及實際需要，就下列服務項目擇定之：

一　擬訂監造計畫並依核定之計畫內容據以執行。

二　派遣人員留駐工地，持續性監督施工廠商按契約及設計圖說施工及查證施工廠商履約。

三　施工廠商之施工計畫、品質計畫、預定進度、施工圖、器材樣品、趕工計畫、工期展延與其他送審案件之審查及管制。

四　重要分包廠商及設備製造商資格之審查。

五　施工廠商放樣、施工基準測量及各項測量之校驗。

六　監督及查驗施工廠商辦理材料及設備之品質管理工作。

七　監督施工廠商執行工地安全衛生、交通維持及環境保護等工作。

八　履約進度查證與管理及履約估驗計價之審查。

九　有關履約界面之協調及整合。

十　契約變更之建議及協辦。

十一　機電設備測試及試運轉之監督。

十二　審查竣工圖表、工程結算明細表及契約所載其他結算資料。

十三　驗收之協辦。

十四　協辦履約爭議之處理。

十五　其他與監造有關且載明於招標文件或契約之技術服務。

②前項第二款派遣人員之資格、人數、是否專任、留駐工地期間及權責分工，應於委託契約載明。

③監造建築師、技師或其他專門職業及技術人員執行監造業務或監造簽證事項，其屬法令規定或契約約定應親自赴現場查驗、勘驗、初驗、驗收、會勘或出席會議者，應配合到場辦理、說明、會辦。

第八條

機關委託廠商辦理第四條至第七條之服務，得依個案特性及實際需要，擇定下列服務項目，併案招標，或另案辦理招標：

一　有關專業技術之資料與報告之研究、評查及補充。

二　替代方案、工程設計及施工可行性之審查及建議。

三　各階段環境影響評估及相關說明書、報告書之編製及送審。

四　水土保持計畫之辦理及送審。

五　申請公有建築物候選綠建築證書或綠建築標章。

六　特殊設備之設計、審查、監造、檢驗及安裝之監督。

七　操作及維護人員之訓練。
八　協辦有關器材、設備及零件之採購。
九　關於生產及營運技術之改善。
十　設施安全之評估。
十一　協辦設備之操作及營運管理。
十二　操作及維護手冊之編擬。
十三　價值工程分析。
十四　協助處理民眾抗爭、災害搶救或管線遷移等事項。
十五　其他與技術服務有關且載明於招標文件或契約之事項。

第九條 101

①機關委託廠商辦理專案管理，得依採購案件之特性及實際需要，就下列服務項目擇定之：
一　可行性研究之諮詢及審查：
(一)計畫需求之評估。
(二)可行性報告、環境影響說明書及環境影響評估報告書之審查。
(三)方案之比較研究或評估。
(四)財務分析及財源取得方式之建議。
(五)初步預算之擬訂。
(六)計畫綱要進度表之編擬。
(七)設計需求之評估及建議。
(八)專業服務及技術服務廠商之甄選建議及相關文件之擬訂。
(九)用地取得及拆遷補償分析。
(十)資源需求來源之評估。
(十一)其他與可行性研究有關且載明於招標文件或契約之專案管理服務。
二　規劃之諮詢及審查：
(一)規劃圖說及概要說明書之諮詢及審查。
(二)都市計畫、區域計畫或水土保持計畫等規劃之諮詢及審查。
(三)設計準則之審查。
(四)規劃報告之諮詢及審查。
(五)其他與規劃有關且載明於招標文件或契約之專案管理服務。
三　設計之諮詢及審查：
(一)專業服務及技術服務廠商之工作成果審查、工作協調及督導。
(二)材料、設備系統選擇及採購時程之建議。
(三)計畫總進度表之編擬。
(四)設計進度之管理及協調。
(五)設計、規範（含綱要規範）與圖樣之審查及協調。
(六)設計工作之品管及檢核。

（七）施工可行性之審查及建議。

（八）專業服務及技術服務廠商服務費用計價作業之審核。

（九）發包預算之審查。

（十）發包策略及分標原則之研討或建議，或分標計畫之審查。

（十一）文件檔案及工程管理資訊系統之建立。

（十二）其他與設計有關且載明於招標文件或契約之專案管理服務。

四　招標、決標之諮詢及審查：

（一）招標文件之準備或審查。

（二）協助辦理招標作業之招標文件之說明、澄清、補充或修正。

（三）協助辦理投標廠商資格之訂定及審查作業。

（四）協助辦理投標文件之審查及評比。

（五）協助辦理契約之簽訂。

（六）協助辦理器材、設備、零件之採購。

（七）其他與招標、決標有關且載明於招標文件或契約之專案管理服務。

五　施工督導與履約管理之諮詢及審查：

（一）各工作項目界面之協調及整合。

（二）施工計畫、品管計畫、預訂進度、施工圖、器材樣品及其他送審資料之審查或複核。

（三）重要分包廠商及設備製造商資歷之審查或複核。

（四）施工品質管理工作之督導或稽核。

（五）工地安全衛生、交通維持及環境保護之督導或稽核。

（六）施工進度之查核、分析、督導及改善建議。

（七）施工估驗計價之審查或複核。

（八）契約變更之處理及建議。

（九）契約爭議與索賠案件之協助處理。但不包括擔任訴訟代理人。

（十）竣工圖及結算資料之審定或複核。

（十一）給排水、機電設備、管線、各種設施測試及試運轉之督導及建議。

（十二）協助辦理工程驗收、移交作業。

（十三）設備運轉及維護人員訓練。

（十四）維護及運轉手冊之編擬或審定。

（十五）特殊設備圖樣之審查、監造、檢驗及安裝之監督。

（十六）計畫相關資料之彙整、評估及補充。

（十七）其他與施工督導與履約管理有關且載明於招標文件或契約之專案管理服務。

② 機關委託廠商辦理前項專案管理，得視工程性質及實際需要，將第七條第一項之監造服務項目，與前項第五款之服務項目整合，並排除重複及利益衝突情形後，一併委託辦理。

第一○條

機關因專業人力或能力不足，需委託廠商辦理前條專案管理者，應先擬具委託專案管理計畫，載明下列事項，循預算程序編列核定後辦理：

一　計畫之特性及執行困難度。

二　必須委託專案管理之理由。

三　委託服務項目及所需經費概估。

四　廠商資格條件或評選項目。

五　委託專案管理預期達成之效益。

第二章　評選及議價

第一一條

①機關委託廠商辦理技術服務，除法令另有規定者外，其招標文件得依個案特性及實際需要載明下列事項：

一　服務之項目、工作內容及需求計畫。

二　廠商所應具備之專任技術人員及此等人員所應持有之證照或資格，或其他與提供服務有關之資格條件。

三　服務工作完成後所應達到之目標或成果。

四　服務之提供涉及材料、設備或場所之供應者，其規格。

五　廠商應提出之服務建議書及其應含之內容。

六　廠商或其主要工作人員所應具備與招標案性質相同或相當之服務經驗。

七　收受服務建議書之地點及截止期限。

八　評選項目、評審標準及評定方式。

九　智慧財產權之歸屬。

十　與優勝者議價之方式及決標原則。

十一　計費及付款方式。

十二　投標須知及契約條款。

十三　廠商於評選時須提出簡報者，其進行方式。

十四　對於未獲選者之獎勵方式及其作品之處理方式。

十五　委託服務費用之預算、預估金額或固定服務費用或費率。

十六　其他必要事項。

②廠商承辦技術服務屬第九條之專案管理者，其專案管理人員至少應有二分之一為該廠商之專任職員。

第一二條

前條第一項第一款需求計畫，其內容得包括計畫緣起、需求說明、基地現況、地質資料、工程經費上限、預計提供技術服務之期程等。

第一三條　104

①第十一條第一項第五款服務建議書及其應含之內容，得包括下列事項：

一　計畫概述及作業流程。

二 基地環境現況及相關法令分析。

三 整體工作進度及主要工作項目之時程。

四 服務費用（採固定服務費用者，提供服務費用分析）。

五 規劃設計理念及構想說明（例如節省能源、減少溫室氣體排放、保護環境、節約資源、經濟耐用、景觀、自然生態、生活美學、住民參與及性別、身心障礙、高齡、兒童等使用者友善環境等）。

六 設計圖，包括比例尺、大小、尺寸、圖說張數及裝裱等表現方式。

七 設計採用之材料、構造說明。

八 相關法令應提計畫書圖項目等。

九 工程經費概算及主要工程項目之經費分析。

十 營建計畫分析。

十一 品管計畫（含技術服務及重要工程施工項目）。

十二 服務計畫內容、圖說、服務建議書之章節次序等。

十三 工作組織及主要工作人員學經歷、專長。

十四 廠商信譽及實績。

② 前項第五款至第十款，於委託監造或專案管理技術服務時得免載明。

第一四條

① 第十一條第一項第十二款契約條款，應符合公平合理原則，並得包括下列事項：

一 契約文字以中文（正體字）為之，並得附外文譯本；中文與譯文有出入時，以中文為準。

二 契約條款之解釋及適用，以我國法律為準據法；其有特殊情形者，從其約定。

三 解決糾紛之爭議處理程序，並視需要訂明仲裁機構、管轄法院。

四 稅負事前約定，並依我國法律所定納稅義務人為納稅人。

五 廠商所應負之責任及良好服務之保證。

六 廠商應投保「專業責任保險」，所需保險費包含於服務費用項目之內。有關保險範圍、金額、期限、保單自負額之限制，由機關依服務案件特性定之。

七 服務項目、履約期限及計費方式。

八 各期進度規定，計算進度方式、付款方式及數額。

九 服務範圍包括代辦訓練操作或維護人員者，機關受訓人員之旅費及生活費，應由機關自行支給，不包括在服務費用項目之內。

十 廠商受委託所設計之計畫書及圖樣，其智慧財產權之歸屬。

十一 廠商規劃設計錯誤、監造不實或管理不善，致機關遭受損害之責任。

十二 廠商對於委辦案件應秘密之事項及洩密之罰則。

十三　廠商承辦監造服務時應提出之監造計畫。

十四　廠商應依工作性質及約定專業服務項目向機關提出定期報表（日報、週報或月報），包括工作進度、工作人數及時數、異常狀況之分析及因應對策等，以供查核。

十五　逾期與其他違約事項之規定及逾期違約金上限。

十六　契約終止、解除及結算規定。

②前項第十一款之損害，機關得依個案特性及實際需要，於契約中明定其賠償之項目、範圍或上限，並得訂明其排除適用之情形。

第一五條

①機關委託廠商辦理技術服務，應於招標文件規定得標廠商技術服務成果之智慧財產權歸屬及侵害第三人合法權益時由廠商負責處理並承擔一切法律責任。

②前項權利，機關得視需要取得授權，或取得部分或全部權利。

第一六條

①機關委託廠商辦理技術服務，涉及廠商於投標時須提出設計圖或服務建議書者，應於招標文件載明機關對其他得獎圖說之使用條件及其範圍或權限，並得於招標文件規定經評選達一定分數或名次之未獲選廠商，發給一定金額之獎勵金。

②前項經評選達一定分數或名次之未獲選廠商所提出之設計圖或服務建議書，機關得依需要給與合理報酬後，取得授權，或取得全部或部分權利。

第一七條 104

①機關委託廠商辦理可行性研究、規劃、設計或監造，其評選項目，除法令另有規定者外，得載明下列事項：

一　廠商於技術服務項目之經驗及信譽。得包括優良、不良紀錄或事蹟。

二　服務建議書之完整性、可行性及對服務事項之瞭解程度。

三　工作計畫、預定進度及如期如質履約能力。得包括主要工作人數及尚在履約之契約件數、金額及是否逾期等情形。

四　計畫主持人及主要工作人員之經驗、專長、最近三年之服務紀錄及主要工作人員具備本法專業知識之情形。得包括該等人員之優良、不良紀錄或事蹟。

五　廠商之資源及其他支援能力。

六　控制合理興建費用之方式。

七　標的完成後使用及維護、營運管理之說明。

八　服務費用、工程造價分析。

九　住民參與、景觀設計、自然生態、節省能源、減少溫室氣體排放、保護環境、節約資源、經濟耐用、生活美學及性別、身心障礙、高齡、兒童等使用者友善環境等之說明。

十　環境影響及工程風險之評估。

十一　優良技術、工法及產品之採用。

十二　廠商最近五年曾獲與評選案性質相同或類似之獎勵情形及

　　　　過去履約績效。
十三　其他與招標標的有關之事項。

②前項評選含競圖者，其評選項目得包括下列事項：
一　設計作品之設計理念。
二　設計作品之創意性及符合在地文化、生活美學程度。
三　設計作品反映對機關需求之瞭解程度。

③第一項第一款及第四款所稱廠商或其計畫主持人或主要工作人員之優良、不良紀錄或事蹟，除廠商提出者外，機關得自行蒐集或至本法主管機關網站查詢。

第一八條

①機關委託廠商辦理專案管理，其評選項目，除法令另有規定者外，得視個案特性及實際需要載明下列事項：
一　廠商對專案管理技術服務項目之經驗與信譽。得包括優良、不良紀錄或事蹟。
二　服務建議書之完整性、可行性及對服務事項之瞭解程度。
三　工作計畫、預定進度及如期如質履約能力。得包括主要工作人數及尚在履約之契約件數、金額及是否逾期等情形。
四　計畫主持人及主要工作人員之經驗、能力、最近三年服務紀錄及主要工作人員具備本法專業知識之情形。得包括該等人員之優良、不良紀錄或事蹟。
五　廠商之資源及其他支援能力。
六　服務費用。
七　廠商最近五年曾獲與評選案性質相同或類似之獎勵情形及過去履約績效。
八　其他與招標標的有關之事項。

②前項第一款及第四款所稱廠商或其計畫主持人或主要工作人員之優良、不良紀錄或事蹟，除廠商提出者外，機關得自行蒐集或至本法主管機關網站查詢。

第一九條

①機關委託廠商辦理新建建築物之技術服務，其服務費用之採購金額在新臺幣五百萬元以上，且服務項目包括規劃、設計者，應要求廠商提出服務建議書及規劃、設計構想圖說（配置圖、平面圖、立面圖、剖面圖、透視圖等），並應辦理競圖。

②技術服務涉及競圖者，招標文件除依第十一條規定外，應另載明下列事項：
一　計畫之目標及原則。
二　工程名稱及地點。
三　基地資料，包括土地權屬地籍圖謄本、都市計畫圖說、地形圖或現況實測圖、地質調查資料、可能存在之淹水、斷層等資料及其他相關資料。
四　規劃、設計內容，包括室內外空間用途、數量、使用人數或面積、使用方式、設備需求、特殊需求及其他需求。

五　允許增減面積比率。

六　工程經費概算。

七　工程期限。

八　圖說內容、比例尺、大小尺寸、張數及裝裱方式等。

九　表現方式，包括模型、透視圖及顏色需求等。

十　其他必要事項。

③技術服務金額未達新臺幣五百萬元之規劃、設計採購，其採競圖方式辦理者，準用前項規定。但得不要求製作模型及彩繪透視圖。

第二○條

機關辦理前條競圖，得採一階段或兩階段評選；其採兩階段評選者，辦理原則如下：

一　第一階段評選以規劃及構想內容為限，第二階段評選包括實質設計內容。

二　第一階段評選免廠商簡報程序。

三　通過第一階段評選者，始得參與第二階段評選。

四　第二階段評選除圖面及文字說明外，並得要求提供建築模型或彩繪透視圖。

第二一條

①機關委託廠商辦理技術服務之評選，應先審查資格文件。資格不合於招標文件之規定者，其他部分不予審查。

②機關評選結果應通知廠商，對未獲選者並應敘明其原因。

第二二條

①採購評選委員會評選優勝廠商，得不以一家為限。

②前項評選作業，準用本法有關最有利標之評選規定。

第二三條

①機關與評選優勝廠商之議價，應依下列方式之一辦理，並載明於招標文件：

一　優勝廠商為一家者，以議價方式辦理。

二　優勝廠商在二家以上者，依優勝序位，自最優勝者起，依序以議價方式辦理。但有二家以上廠商為同一優勝序位者，以標價低者優先議價。

②前項議價，不得降低或刪減招標文件之要求及廠商投標文件所承諾之事項。

第二四條 106

①機關依前條辦理議價之決標，應依下列規定之一辦理：

一　招標文件已訂明固定服務費用或費率者，依該服務費用或費率決標。

二　招標文件未訂明固定服務費用或費率者，其超底價決標或廢標適用本法第五十三條第二項及第五十四條之規定。

②機關訂定前項第二款之底價，適用本法第四十六條規定。議價廠商之報價合理且在預算金額以內者，機關得依其報價訂定底價，

照價決標。

③招標文件得訂明部分服務項目採固定服務費用或費率。

第三章　計費方法

第二五條

①機關委託廠商辦理技術服務，其服務費用之計算，應視技術服務類別、性質、規模、工作範圍、工作區域、工作環境或工作期限等情形，就下列方式擇定一種或二種以上符合需要者訂明於契約：

一　服務成本加公費法。

二　建造費用百分比法。

三　按月、按日或按時計酬法。

四　總包價法或單價計算法。

②依前項計算之服務費用，應參酌一般收費情形核實議定。其必須核實另支費用者，應於契約內訂明項目及費用範圍。

第二六條 103

①機關委託廠商辦理技術服務，服務費用採服務成本加公費法者，其服務費用，得包括下列各款費用：

一　直接費用：

　　㈠直接薪資：包括直接從事辦案件工作之建築師、技師、工程師、規劃、經濟、財務、法律、管理或營運等各種專家及其他工作人員之實際薪資，另加實際薪資之一定比率作為工作人員不扣薪假與特別休假之薪資費用；非經常性給與之獎金；及依法應由雇主負擔之勞工保險費、積欠工資墊償基金提繳費、全民健康保險費、勞工退休金。

　　㈡管理費用：包括未在直接薪資項下開支之管理及會計人員之薪資、保險費及退休金、辦公室費用、水電及冷暖氣費用、機器設備及傢俱等之折舊或租金、辦公事務費、機器設備之搬運費、郵電費、業務承攬費、廣告費、準備及結束工作所需費用、參加國內外職業及技術會議費用、業務及人力發展費用、研究費用或專業聯繫費用及有關之稅捐等。但全部管理費用不得超過直接薪資扣除非經常性給與之獎金後之百分之一百。

　　㈢其他直接費用：包括執行委辦案件工作時所需直接薪資以外之各項直接費用。如差旅費、工地津貼、加班費、專業責任保險費、專案或工地辦公室及工地試驗室設置費、工地車輛費用、資料收集費、專利費、操作及維護人員之代訓費、電腦軟體製作或使用費、測量、探查及試驗費或圖表報告之複製印刷費、外聘專家顧問報酬及有關之各項稅捐、會計師簽證費用等。

二　公費：指廠商提供技術服務所得之報酬，包括風險、利潤及有關之稅捐等。

三　營業稅。

②前項第一款第一目工作人員不扣假與特別休假之薪資費用，得由機關依實際需要於招標文件明定為實際薪資之一定比率及給付條件，免檢據核銷。但不得超過實際薪資之百分之十六。

③第一項第一款第一目非經常性給與之獎金，得由機關依實際需要於招標文件明定為實際薪資之一定比率及給付條件，檢據核銷。但不得超過實際薪資之百分之三十。

④第一項第一款第一目依法應由僱主負擔之勞工保險費、積欠工資墊償基金提繳費、全民健康保險費、勞工退休金，由機關核實給付。

⑤第一項第二款公費，應為定額，不得按直接薪資及管理費之金額依一定比率增加，且全部公費不得超過直接薪資扣除非經常性給與之獎金後與管理費用合計金額之百分之二十五。

第二七條

①機關委託廠商辦理技術服務，服務費用採服務成本加公費法者，得於招標文件規定得標廠商服務費用降低或實際績效提高時，得依其情形給付廠商獎勵性報酬。

②前項獎勵性報酬之給付方式如下，由機關於招標文件中訂明：

一　屬服務費用降低者，為所減省之契約價金金額之一定比率。

二　屬實際績效提高者，依契約所載計算方式給付。

③前項第一款一定比率，以不逾百分之五十為限；第二款給付金額，以不逾契約價金總額或契約價金上限之百分之十為限。

第二八條

①機關委託廠商辦理技術服務，服務費用採服務成本加公費法者，應於契約訂明下列事項：

一　廠商應記錄各項費用並備具憑證，機關視需要得自行或委託專業第三人至廠商處所辦理查核。

二　成本上限及逾上限時之處理。

②前項第一款憑證，應包括各項費用之發票、收據、紀錄或報表；除契約另有規定外，憑證得為影本。

第二九條　106

①機關委託廠商辦理技術服務，服務費用採建造費用百分比法計費者，其服務費率應按工程內容、服務項目及難易度，依附表一至附表四所列百分比以下酌定之，並應按各級建造費用，分別訂定費率，或訂定統一折扣率；其屬特殊情形或需要高度技術之服務案件，致有超過各附表所列百分比之必要者，應敘明理由，簽報機關首長或其授權人員核定。

②前項建造費用，指經機關核定之工程採購底價金額或評審委員會建議金額，不包括規費、規劃費、設計費、監造費、專案管理費、物價指數調整工程款、營業稅、土地及權利費用、法律費用、主辦機關所需工程管理費、承包商辦理工程之各項利息、保險費及招標文件所載其他除外費用。

③工程採購無底價且無評審委員會建議金額者，第一項建造費用以工程預算之百分之九十代之。但應扣除前項不包括之費用及稅捐等。

④第一項工程於履約期間有契約變更、終止或解除契約之情形者，服務費用得視實際情形協議增減之。

第三〇條

機關委託廠商辦理技術服務，服務費用採按月、按日或按時計酬法者，其薪資之計算得為下列方式之一；薪資以外之其他費用，可另行計算給付。

一　採按月計酬法者，每月薪資可按契約所載工作人員月薪計算。

二　採按日計酬法者，每日薪資可按契約所載工作人員日薪計算。

三　採按時計酬法者，每時薪資可按契約所載工作人員時薪計算。

第三一條

①服務費用有下列情形之一者，應予另加：

一　於設計核准後須變更者。

二　超出技術服務契約或工程契約規定施工期限所需增加之監造、專案管理及相關費用。

三　修改招標文件重行招標之服務費用。

四　超過契約內容之設計報告製圖、送審、審圖等相關費用。

②前項各款另加之費用，得按服務成本加公費法計算或與廠商另行議定。

③第一項各款另加之費用，以不可歸責於廠商之事由，且經機關審查同意者為限。

第三二條

機關委託辦理之技術服務，係在部分完成之狀態下由廠商接辦時，其所餘未完成部分之服務費用，除依第二十五條所定方式之一計算外，並應加計檢討已完成部分所需費用。但以經機關審查同意者為限。

第三三條

①服務須縮短時間完成者，得按縮短時間之程度酌增費用，其所增費用得專案議定。

②重覆性工程服務採用相同之設計圖說者，其設計費用應酌予折減給付。

第三四條

廠商因不可歸責於其本身之事由，應機關要求對同一服務事項依不同條件辦理多次規劃或設計者，其重複規劃或設計之部分，機關應核實另給服務費用。但以經機關審查同意者為限。

第三五條

機關因故必須變更部分委託服務內容時，得就服務事項或數量之

增減情形，調整服務費用及工作期限。但已工作部分之服務費用且機關審查同意者，應核實給付。

第三六條

① 廠商之服務費用，得於契約規定於訂約後預付一部分，其餘按月或分期支付。但各次付款金額及條件應予訂明。

② 前項預付一部分者，以不逾契約價金總額或契約價金上限之百分之三十為原則。

③ 第一項服務費用按月或分期支付，且保留部分價金於完成全部服務項目後支付者，其保留額度以不逾契約價金之百分之二十為原則。

第三七條

機關委託廠商辦理技術服務，其履約期間在一年以上者，得於契約內訂明自第二年起得隨臺灣地區專業、科學及技術服務業受雇員工平均經常性薪資指數逐月計算調整契約價金，並敘明其所適用之調整項目、調整方式及調整金額上限。

第四章 附 則

第三八條

① 廠商承辦技術服務，其實際提供服務人員應於完成之圖樣及書表上簽署。其依法令須由執（開）業之專門職業及技術人員辦理者，應交由各該人員辦理，並依法辦理簽證。

② 前項所稱圖樣及書表，包括其工作提出之預算書、設計圖、規範、施工說明書及其他依法令及契約應提出之文件。

第三九條

機關委託廠商辦理技術服務，非依本法第二十二條第一項第九款辦理者，得準用本辦法之規定。

第四〇條 101

① 本辦法自發布後三個月施行。

② 本辦法修正條文自發布日施行。

附表一　建築物工程技術服務建造費百分比上限參考表

建造費用（新臺幣）	服務費用百分比上限參考（%）				
	第一類	第二類	第三類	第四類	第五類
五百萬元以下部分	八・六	九・三	九・八	十・五	比照服務成本加公費法計編列，或比照第四類辦理。
超過五百萬元至一千萬元部分	八・〇	八・七	九・三	十・〇	
超過一千萬元至五千萬元部分	六・八	七・六	八・一	八・九	
超過五千萬元至一億元部分	五・八	六・四	七・〇	七・六	
超過一億元至五億元部分	四・六	五・二	五・五	六・一	
超過五億元部分	三・七	四・三	五・〇	五・六	

第一類	五層以下之辦公室、教室、宿舍、國民住宅、幼稚園、托兒所、倉庫或農魚畜牧棚舍等及其他類似建築物暨雜項工作物。
第二類	一、四層以下之普通實驗室、實習工場、溫室、陳列室、市場、育樂中心、禮堂、俱樂部、餐廳、診所、視聽教室、殯葬設施、冷凍庫、加油站或停車建築物等及其他類似建築物。 二、游泳池、運動場或靶場。 三、六層至十二層之第一類用途建築物。
第三類	一、圖書館、研究實驗室、體育館、競技場、工業廠房、戲院、電影院、天文台、美術館、藝術館、博物館、科學館、水族館、展示館、廣播及電視台、監獄或看守所等及其他類似建築物。 二、十三層以上之第一類用途建築物。 三、第二類第一項用途之建築物其樓層超過四層者。
第四類	航空站、旅館、音樂廳、劇場、歌劇院、醫院、忠烈祠、孔廟、寺廟或紀念性建築物及其他類似建築物。
第五類	一、歷史建築之工程。 二、其他建築工程之環境規劃設計業務，如社區、校園或山坡地開發許可等。

附註	一、本表所列服務費用包括規劃、設計及監造三項，原則上規劃占百分之十，設計占百分之四十五，監造占百分之四十五。但機關得視個案特性及實際需要調整該百分比之組成。 二、建築師依法律規定須交由結構、電機或冷凍空調等技師或消防設備師辦理之工程所需費用，包含於本表所列設計監造服務費用內，不另編列。 三、本表所列服務費用占建造費用之百分比，應按全額級距分段計算，並為編列預算之參考基準。 四、同幢建築物用途分屬二類以上者，依各該用途樓地板面積所占比率依其服務費率分別計算。 五、同一建築基地內，有二幢以上之建築物採用同一設計圖說者，其設計服務費用，得依下列方式計算： 　　$F = A \times R \{0.75 (1 + 1/2 + 1/3 \cdots + 1/N) + 0.25N\}$ 　　上式中： 　　F：設計服務費用。 　　A：一幢建築物之建造費用。 　　R：服務費率。 　　N：相同設計圖說之建築物幢數。 六、本表所稱建築物樓層數，係指建築物地表面以上之樓層數。 七、與同一服務契約有關之各項工程，合併計算建造費用。惟以屬分期或分區或開口服務契約之分案工程施作，且契約已明訂依分期或分區或開口服務契約之分案工程給付服務費用者（但不包括同一工程之分標採購案），不在此限。 八、建築物之室內裝修及整修工程得比照同類之服務費用計算。但如屬既有建築物之結構修改、整建補強，且須就補強之結構物進行分析者，其服務費用由機關依個案特性及實際需要另行估算，不適用本表計費。 九、特殊構造或用途、小規模（例如工程經費未達新臺幣一百萬元）、國家公園範圍內或區位偏遠之工程，其服務費用得依個案特性及實際需要預估編列，不受本表百分比上限之限制。 十、本表所列百分比，不包括本辦法第四條、第五條第一項第四款、第六條第一項第一款第二目、第二款第一目及第八條第三款至第五款服務事項之服務費用。其費用由機關依個案特性及實際需要另行估算，如需加計，不受本表百分比上限之限制。 十一、申請公有建築物候選智慧建築證書或智慧建築標章之服務費用，由機關依個案特性及實際需要另行估算，如需加計，不受本表百分比上限之限制。

附表二　公共工程（不包括建築物工程）建造費用百分比上限參考表

建造費用（新臺幣）	服務費用百分比上限參考（％）	
	設計及協辦招標決標	監造
五百萬元以下部分	五・九	四・六
超過五百萬元至一千萬元部分	五・六	四・四
超過一千萬元至五千萬元部分	五・○	三・九
超過五千萬元至一億元部分	四・三	三・三
超過一億元至五億元部分	三・六	二・八
超過五億元部分	三・二	二・四

附　註	一、設計、協辦招標決標及監造，如係由同一廠商辦理者，各項服務費用所占百分比，得在上述百分比合計值範圍內，由機關視個案特性及實際需要予以調整。 二、與同一服務契約有關之各項工程，合併計算建造費用。惟如屬分期或分區施作，且契約已明訂依分期或分區給付服務費用者，不在此限。 三、特殊構造或用途、小規模（例如工程經費未達新臺幣一百萬元）、國家公園範圍內或區位偏遠之工程，其服務費用得依個案特性及實際需要預估編列，不受本表百分比上限之限制。 四、本表所列百分比，不包括本辦法第四條、第五條、第六條第一項第一款第二目、第二款第一目及第八條第三款至第五款服務事項之服務費用。其費用由機關依個案特性及實際需要另行估算，如需加計，不受本表百分比上限之限制。

附表三　工程專案管理（不含監造）技術服務費用百分比上限參考表

建造費用（新臺幣）	服務費用百分比上限參考（％）	附　註
三億元以下部分	三・五	一、本表所列百分比為專案管理費占建造費用之比率。 二、本表所列百分比為公共工程全部委託專案管理之上限值，包括可行性研究、規劃、設計、招標、決標、施工督導與履約管理之諮詢及審查。原則上可行性研究之諮詢及審查占百分之五，規劃之諮詢及審查占百分之五，設計之諮詢及審查占百分之三十五，招標、決標之諮詢及審查占百分之十，施工督導與履約管理之諮詢及審查占百分之四十五。機關得依個案特性及實際需要調整該百分比之組成。 三、與同一服務契約有關之各項工程，合併計算建造費用。惟如屬分期或分區施作，且契約已明訂依分期或分區給付服務費用者，不在此限。
超過三億元至五億元部分	三・○	
超過五億元至十億元部分	二・五	
超過十億元部分	二・二	

附表四　工程專案管理（含監造）技術服務建造費用百分比上限參考表

壹、可行性研究、規劃、設計、招標、決標之諮詢及審查		附　註

建造費用（新臺幣）	服務費百分比上限（%）
三億元以下部分	
超過三億元至五億元部分	
超過五億元至十億元部分	
超過十億元部分	

貳一一、建築物工程監造

建築物工程分類 建造費用（新臺幣）	服務費百分比上限（%）			
	第一類	第二類	第三類	第四類
五百萬元以下部分	三·八	四·一	四·四	四·六
超過五百萬元至一千萬元部分	三·六	三·八	四·二	四·四
超過一千萬元至五千萬元部	三·一	三·三	三·七	三·九
超過五千萬元至一億元部分	二·五	二·八	三·二	三·四
超過一億元至五億元部分	二·二	二·四	二·六	二·八
超過五億元部分	一·六	一·八	二·二	二·四

貳一二、公共工程（不包括建築物工程）監造

建造費用（新臺幣）	服務費百分比上限（%）
五百萬元以下部分	四·六
超過五百萬元至一千萬元部分	四·四
超過一千萬元至五千萬元部分	三·九
超過五千萬元至一億元部分	三·三
超過一億元至五億元部分	二·八
超過五億元部分	二·四

附　註

一、建築物工程分類同附表一之分類。第五類之監造服務費用比照服務成本加公費法編列，或比照第四類辦理。

二、本表所列服務費用占建造費用之百分比，應分段計算，並為其上限參考。

三、專案管理廠商受委託辦理本辦法第七條之監造業務，有關施工督導與履約管理之諮詢及審查之服務費用，不應重複支領。

四、工程專案管理含監造者，其服務費用百分比上限，建築物工程係本表「壹、可行性研究、規劃、設計、招標、決標之諮詢及審查」及「貳一一、建築物工程監造」二者加總後，作為其上限參考；公共工程（不包括建築物工程）則係本表「壹、可行性研究、規劃、設計、招標、決標之諮詢及審查」及「貳一二、公共工程（不包括建築物工程）監造」二者加總後，作為其上限參考。

五、與同一服務契約有關之各項工程，合併計算建造費用。惟如屬分期或分區或開口服務契約之分案工程施作，且契約已明訂依分期或分區或開口服務契約之分案工程給付服務費用者（但不包括同一工程之分標採購），不在此限。

機關委託專業服務廠商評選及計費辦法

①民國 88 年 5 月 17 日行政院公共工程委員會令訂定發布全文 20 條；並自 88 年 5 月 27 日起施行。
②民國 91 年 12 月 11 日行政院公共工程委員會令修正發布第 15、20 條條文；並自發布日施行。
③民國 103 年 12 月 10 日行政院公共工程委員會令修正發布第 13 條條文。
④民國 106 年 8 月 28 日行政院公共工程委員會令修正發布第 3、9 條條文。

第一條

本辦法依政府採購法（以下簡稱本法）第二十二條第二項規定訂定之。

第二條

機關以公開客觀評選方式委託廠商提供專業服務，服務費用在公告金額以上者，其廠商評選與服務費用之計算方式，依本辦法之規定。

第三條 106

本法第二十二條第一項第九款所稱專業服務，指提供專門知識或技藝之服務；包括法律、會計、財務、地政、醫療、保健、防疫或病蟲害防治、文化藝術、研究發展、社會福利及其他與提供專門知識或技藝有關之服務。

第四條

機關委託廠商承辦專業服務，除法令另有規定者外，其招標文件得視個案特性及實際需要載明下列事項：

一　服務之項目及工作範圍。
二　應徵廠商之資格條件及應檢附之文件。
三　服務之提供方式。
四　工作時程。
五　涉及材料或設備之供應者，其規格。
六　服務之工作範圍及內容明確者，其績效衡量指標、驗收項目及標準。
七　廠商應提出之專業服務建議書及應含之內容。如主要工作項目之時程、數量、價格、計畫內容、章節次序或頁數限制等。
八　智慧財產權之歸屬。
九　評審項目、評審標準及評選方式。
十　與評選優勝廠商議價及決標原則。

十一　計價及付款方式。
十二　招標須知及契約條款。
十三　廠商於評選時須提出簡報者，其進行方式。
十四　預算或預計金額。
十五　其他必要事項。

第五條

前條第九款評審項目，除法令另有規定者外，得視個案特性及實際需要載明下列事項：

一　廠商所具備之專業人力、經驗或實績等資格。
二　計畫主持人及主要工作人員之經驗及能力。
三　計畫執行方式。
四　如期履約能力。
五　價格。
六　建議書之完整性、可行性及對服務事項之瞭解程度。
七　其他必要事項。

第六條

①機關公開徵選廠商承辦專業服務之審查，其招標文件訂有廠商資格者，應先審查資格文件。資格不合於招標文件之規定者，其他部分不予審查。

②機關評選結果應通知廠商，對未獲選者並應敘明其原因。

第七條

①採購評選委員會評選優勝廠商，得不以一家為限。

②前項評選作業，準用本法有關最有利標之評選規定。

第八條

機關與評選優勝廠商之議價及決標，應依下列方式之一辦理，並載明於招標文件：

一　優勝廠商為一家者，以議價方式辦理。
二　優勝廠商在二家以上者，依優勝序位，自最優勝者起，依序以議價方式辦理。但有二家以上廠商為同一優勝序位者，以標價低者優先議價。

第九條　106

①前條決標，應依下列規定之一辦理：

一　招標文件已訂明固定服務費用或費率者，依該服務費用或費率決標。
二　招標文件未訂明固定服務費用或費率者，其超底價決標或廢標適用本法第五十三條第二項及第五十四條之規定。

②機關訂定前項第二款之底價，適用本法第四十六條規定。議價廠商之報價合理且在預算金額以內者，機關得依其報價訂定底價，照價決標。

第一〇條

①機關委託廠商承辦專業服務，其服務費用之計算，應視專業服務之類別、性質、規模、工作範圍及內容或工作期間等情形，就下

列方式擇符合需要者訂明於契約：

一　總包價法或單價計算法。

二　按月、按日或按時計酬法。

三　服務成本加公費法。

②依前項計算之服務費用，應參酌一般收費情形核實議定。其必須核實另支費用者，應於契約內訂明項目及費用範圍；契約未規定者，不得另為任何給付。

第一一條

總包價法或單價計算法，適用於工作範圍及內容明確，服務費用之總價可以正確估計或可按服務項目之單價計算其總價者。

第一二條

①按月、按日或按時計酬法，適用於工作範圍小，僅需少數專業工作人員作時間短暫之服務，或工作範圍及內容無法明確界定，致總費用難以正確估計者。

②前項服務費用，薪資之計算得為下列方式之一；薪資以外之其他費用，可另行計算給付。

一　採按月計酬法者，每月薪資可按契約所載工作人員月薪計算。

二　採按日計酬法者，每日薪資可按契約所載工作人員日薪計算。

三　採按時計酬法者，每時薪資可按契約所載工作人員時薪計算。

第一三條 103

①服務成本加公費法，適用於計畫性質複雜，服務費用不易確實預估或履約成果不確定之服務案件。

②前項服務費用，得包括下列各款費用：

一　直接費用：

　㈠直接薪資：包括契約所載直接從事專業服務工作人員之實際薪資，另加實際薪資之一定比率作為工作人員不扣薪假與特別休假之薪資費用；非經常性給與之獎金；及依法應由雇主負擔之勞工保險費、積欠工資墊償基金提繳費、全民健康保險費、勞工退休金。

　㈡管理費用：包括未在直接薪資項下開支之管理及會計人員之薪資、保險費及退休金、辦公室費用、水電及冷暖氣費用、機器設備及傢俱等之折舊或租金、辦公事務費、機器設備之搬運費、郵電費、業務承攬費、廣告費、準備及結束工作所需費用、參加國內外專業會議費用、業務及人力發展費用、研究費用或專業聯繫費用及有關之稅捐等。但全部管理費用不得超過直接薪資扣除非經常性給與之獎金後之百分之一百。

　㈢其他直接費用：包括執行委辦案件工作時所需直接薪資以外之各項直接費用。如差旅費、加班費、資料收集費、專

利費、外聘顧問之報酬、電腦軟體費、圖表報告之複製印刷費及有關之各項稅捐、會計師簽證費用等。

二　公費：指廠商提供專業服務所得之報酬，包括風險、利潤及有關之稅捐等。

三　營業稅。

③前項第一款第一目工作人員不扣假與特別休假之薪資費用，得由機關依實際需要於招標文件明定為實際薪資之一定比率及給付條件，免檢據核銷。但不得超過實際薪資之百分之十六。

④第二項第一款第一目非經常性給與之獎金，得由機關依實際需要於招標文件明定為實際薪資之一定比率及給付條件，檢據核銷。但不得超過實際薪資之百分之三十。

⑤第二項第一款第一目依法應由雇主負擔之勞工保險費、積欠工資墊償基金提繳費、全民健康保險費、勞工退休金，由機關核實給付。

⑥第二項第二款公費，應為定額，不得按直接薪資及管理費之金額依一定比率增加，且全部公費不得超過直接薪資扣除非經常性給與之獎金後管理費用合計金額之百分之二十五。

第一四條

①機關委託廠商承辦專業服務，得於招標文件規定得標廠商服務費用降低或實際績效提高時，得依其情形給付廠商獎勵性報酬。

②前項獎勵性報酬之給付方式如下，由機關於招標文件中訂明：

一　屬服務費用降低者，為所減省之契約價金金額之一定比率。

二　屬實際績效提高者，依契約所載計算方式給付。

③前項第一款一定比率，以不逾百分之五十為限；第二款給付金額，以不逾契約價金總額或契約價金上限之百分之十為限。

第一五條 91

①機關採服務成本加公費法者，應於契約訂明下列事項：

一　廠商應記錄各項費用並提出憑證，機關並得至廠商處所辦理查核。

二　成本上限及逾上限時之處理。

②前項第一款憑證，應包括各項費用之發票、收據、紀錄或報表；除契約另有規定外，憑證得為影本。

第一六條

①廠商之服務費用，得於契約規定於訂約後預付一部分，其餘按月或分期支付。但各次付款金額及條件應予訂明。

②前項預付一部分者，以不逾契約總額或預估給付總額之百分之三十為原則。

第一七條

機關委託廠商承辦專業服務，其履約期間在一年以上者，得於契約內訂明自第二年起得隨物價指數調整契約價金，並敘明其所適用之調整項目、調整方式及調整金額上限。

第一八條

① 機關委託廠商承辦專業服務，應於徵選文件規定得標廠商專業服務成果之智慧財產權歸屬及侵害第三人合法權益時由廠商負責處理並承擔一切法律責任。

② 前項權利，機關得視需要取得部分或全部權利或取得授權。

第一九條

機關委託廠商承辦專業服務，非依本法第二十二條第一項第九款辦理者，得準用本辦法之規定。

第二〇條 91

① 本辦法自中華民國八十八年五月二十七日施行。

② 本辦法修正條文自發布日施行。

機關委託資訊服務廠商評選及計費辦法

① 民國 88 年 5 月 17 日行政院公共工程委員會令訂定發布全文 23 條；
並自 88 年 5 月 27 日起施行。
② 民國 91 年 12 月 11 日行政院公共工程委員會令修正發布第 18、23
條條文；並自發布日施行。
③ 民國 103 年 12 月 10 日行政院公共工程委員會令修正發布第 16 條
條文。
④ 民國 105 年 7 月 1 日行政院公共工程委員會令修正發布第 12 條條文。
⑤ 民國 106 年 9 月 11 日行政院公共工程委員會令修正發布第 7 條條文。

第一條

本辦法依政府採購法（以下簡稱本法）第二十二條第二項規定訂定之。

第二條

機關以公開客觀評選方式委託廠商提供資訊服務，服務費用在公告金額以上者，其廠商評選與服務費用之計算方式，依本辦法之規定。

第三條

本法第二十二條第一項第九款所稱資訊服務，指提供與電腦軟體或硬體有關之服務；包括整體規劃、系統整合、系統稽核、系統管理、網路管理、軟體開發、軟體驗證、軟體維護、硬體維護、硬體操作、機房設施管理、備援服務、網路服務、顧問諮詢、資料庫建置、資料處理、資料登錄或訓練推廣等服務。

第四條

機關辦理重大新興資訊業務或重大設備汰舊換新，得以整體委外服務方式，委託廠商提供電腦軟硬體、通信設施、人力及技術等之整體性資訊服務。

第五條

機關委託廠商承辦資訊服務，除法令另有規定者外，其招標文件得視個案特性及實際需要載明下列事項：

一　服務之項目及工作範圍。
二　廠商所應具備之電腦軟硬體、通信設施、資訊人力、經驗或實績等資格或資源及應檢附之文件。
三　機關現有資訊作業環境及相關電腦軟硬體或通信設施。
四　工作時程。
五　涉及材料、設備或成品之供應者，其規格。
六　驗收項目及標準。

七　計價及付款方式。

八　廠商應提出資訊服務建議書之內容。如主要工作項目之時程、數量、價格、計畫內容、章節次序或頁數限制等。

九　智慧財產權之歸屬。

十　廠商於評選時須提出簡報者，其進行方式。

十一　評審項目、評審標準及評選方式。

十二　與評選優勝廠商議價及決標原則。

十三　其他必要事項。

第六條

① 機關委託廠商承辦資訊服務採整體委外服務者，應審度業務需求，確立整體委外服務水準，並視個案特性及實際需要，於招標文件除載明前條所列事項外，應另行載明下列事項：

一　機關組織職掌及施政目標。

二　整體委外服務目標。

三　整體委外服務項目及範圍。

四　整體委外時程及契約期間。

五　整體委外服務需求：

　　㈠資訊及通信需求。

　　㈡作業功能需求。

　　㈢資訊安全及機密維護需求。

　　㈣變更處理需求。

　　㈤稽核作業需求。

　　㈥品質保證需求。

　　㈦其他重要需求事項。

六　整體委外作業服務水準：

　　㈠資訊系統運作服務水準。

　　㈡電腦軟硬體及通信設施維護服務水準。

　　㈢系統整體服務水準。

　　㈣變更服務水準。

　　㈤其他資訊作業服務水準。

七　整體委外服務提供方式。

八　績效衡量指標。

九　機關現有資訊作業環境及電腦軟硬體、通信設施及資訊人力等各項資源。

十　機關資訊人員轉任與權益保障。

十一　過渡作業計畫。

十二　廠商應提出資訊服務建議書之內容。如專業技術、服務水準、服務提供方式、機關資訊人員轉任及權益保障、專案組織及管理、財務安排、過渡作業計畫、計費方法、主要工作項目之時程、數量、價格、計畫內容、系統潛伏問題之處理、章節次序或頁數限制等。

十三　其他必要事項。

② 前項第四款整體委外時程及契約期間，最長不得逾十年。

③ 第一項第五款第四目變更處理需求，應含因政策或法規之變更或資訊科技之進展，而需變更服務內容或項目時之處理方式及計費原則。

④ 第一項第九款之機關現有電腦軟硬體及通信設施，其所有權將移轉予得標廠商者，前條第八款之價格應分別載該現有電腦軟硬體及通信設施之折價及契約期間之費用後綜合計算。

第七條 106

① 第五條第十一款評審項目，除法令另有規定者外，得視個案特性及實際需要載明下列事項：

一　廠商所具備或提供之電腦軟硬體、通信設施、資訊人力、經驗或實績等資源或資格。

二　廠商之專業技術能力。

三　廠商之品質保證能力。

四　計畫主持人及主要工作人員之經驗及能力。

五　廠商之資訊安全及機密維護能力。

六　如期履約能力。

七　廠商之支援及維護能力。

八　價格。

九　教育訓練之提供。

十　計畫執行方式。

十一　建議書之完整性、可行性及對服務事項之瞭解程度。

十二　其他必要事項。

② 機關採購軟體開發服務，前項第二款所定廠商之專業技術能力，得包括在零成本或低成本之前提下，提供可自由存取、使用、修改及散布之共通性應用程式介面開發或整合能力。

第八條

第五條第十一款評審項目，於資訊整體委外服務，除前條及法令另有規定者外，得視個案特性及實際需要於招標文件載明下列事項：

一　廠商之人力資源規劃與運用計畫。

二　廠商之專案計畫管理能力。

三　廠商之財務能力。

四　廠商過渡作業之計畫管理能力。

五　重大附加效益。

六　廠商誠信履約之風險評估。

第九條

① 機關公開徵選廠商承辦資訊服務之評選，其招標文件訂有廠商資格者，應先審查資格文件。資格不合於招標文件之規定者，其他部分不予審查。

② 機關評選結果應通知廠商，對未獲選者並應敘明其原因。

第一○條

① 採購評選委員會評選優勝廠商，得不以一家為限。

② 前項評選作業，準用本法有關最有利標之評選規定。

第一一條

機關與評選優勝廠商之議價及決標，應依下列方式之一辦理，並載明於招標文件：

一　優勝廠商為一者，以議價方式辦理。

二　優勝廠商在二家以上者，依優勝序位，自最優勝者起，依序以議價方式辦理。但有二家以上廠商為同一優勝序位者，以標價低者優先議價。

第一二條　105

① 前條決標，應依下列規定之一辦理：

一　招標文件已訂明固定服務費用或費率者，依該服務費用或費率決標。

二　招標文件未訂明固定服務費用或費率者，其超底價決標或廢標適用本法第五十三條第二項及第五十四條之規定。

② 機關依前項第二款訂定之底價，適用本法第四十六條規定。議價廠商之標價合理且在預算金額以內，無減價之需者，機關得依其標價訂定底價，照價決標。

第一三條

① 機關委託廠商承辦資訊服務，其服務費用之計算，應視資訊服務類別、性質、規模、工作範圍及工作期限，就下列方式擇符合需要者訂明於契約：

一　總包價法或單價計算法。

二　按月、按日或按時計酬法。

三　服務成本加公費法。

② 依前項計算之服務費用，應參酌一般收費情形核實議定。其必須核實另支費用者，應於契約內訂明項目及費用範圍；契約未規定者，不得另為任何給付。

第一四條

總包價法或單價計算法，適用於工作範圍及內容明確，服務費用之總價可以正確估計或可按服務項目之單價計算其總價者。

第一五條

① 按月、按日或按時計酬法，適用於工作範圍小，或工作範圍及內容無法明確界定，致總費用難以正確估計者。

② 前項服務費用，薪資之計算得為下列方式之一；薪資以外之其他費用，可另行計算給付。

一　採按月計酬法者，每月薪資可按契約所載工作人員月薪計算。

二　採按日計酬法者，每日薪資可按契約所載工作人員日薪計算。

三　採按時計酬法者，每時薪資可按契約所載工作人員時薪計

算。

第一六條 103

①服務成本加公費法，適用於計畫性質複雜，服務費用不易確實預估或履約成果不確定之服務案件。

②前項服務費用，得包括下列各款費用：

一　直接費用：

　　㈠直接薪資：包括直接從事資訊服務工作之專案經理、系統分析、程式設計、系統管理及機器操作人員之實際薪資，另加實際薪資之一定比率作為工作人員不扣薪假與特別休假之薪資費用；非經常性給與之獎金；及依法應由雇主負擔之勞工保險費、積欠工資墊償基金提繳費、全民健康保險費、勞工退休金。

　　㈡管理費用：包括未在直接薪資項下開支之管理及會計人員之薪資、保險費及退休金、辦公室費用、水電及冷暖氣費用、機器設備及傢俱等之折舊或租金、辦公事務費、機器設備之搬運費、郵電費、業務承攬費、廣告費、準備及結束工作所需費用、參加國內外資訊會議費用、業務及人力發展費用、研究費用或專業聯繫費用及有關之稅捐等。但全部管理費用不得超過直接薪資扣除非經常性給與之獎金後之百分之一百。

　　㈢其他直接費用：包括執行委辦案件工作時所需直接薪資以外之各項直接費用。如差旅費、加班費、資料收集費、專利費、操作及維護人員之代訓費、電腦軟硬體及通信設施之租費及製作程式費或圖表報告之複製印刷費及有關之各項稅捐、會計師簽證費用等。

二　公費：指廠商提供資訊服務所得之報酬，包括風險、利潤及有關之稅捐等。

三　營業稅。

③前項第一款第一目工作人員不扣薪假與特別休假之薪資費用，得由機關依實際需要於招標文件明定為實際薪資之一定比率及給付條件，免檢據核銷。但不得超過實際薪資之百分之十六。

④第二項第一款第一目非經常性給與之獎金，得由機關依實際需要於招標文件明定為實際薪資之一定比率及給付條件，檢據核銷。但不得超過實際薪資之百分之三十。

⑤第二項第一款第一目依法應由雇主負擔之勞工保險費、積欠工資墊償基金提繳費、全民健康保險費、勞工退休金，由機關核實給付。

⑥第二項第二款公費，應為定額，不得按直接薪資及管理費之金額依一定比率增加，且全部公費不得超過直接薪資扣除非經常性給與之獎金後與管理費用合計金額之百分之二十五。

第一七條

①機關委託廠商承辦資訊服務採服務成本加公費法者，得於招標文

件規定得標廠商服務費用降低或實際績效提高時，得依其情形給付廠商獎勵性報酬。

②前項獎勵性報酬之給付方式如下，由機關於招標文件中訂明：

一　屬服務費用降低者，為所減省之契約價金金額之一定比率。

二　屬實際績效提高者，依契約所載計算方式給付。

③前項第一款一定比率，以不逾百分之五十為限；第二款給付金額，以不逾契約價金總額或契約價金上限之百分之十為限。

第一八條 91

①機關採服務成本加公費法者，應於契約訂明下列事項：

一　廠商應記錄各項費用並提出憑證，機關並得至廠商處所辦理查核。

二　成本上限及逾上限時之處理。

②前項第一款憑證，應包括各項費用之發票、收據、紀錄或報表；除契約另有規定外，憑證得為影本。

第一九條

①廠商之服務費用，得於契約規定於訂約後預付一部分，其餘按月或分期支付。但各次付款金額及條件應予訂明。

②前項預付一部分者，以不逾契約價金總額或契約價金上限之百分之三十為原則。

第二○條

機關委託廠商承辦資訊服務，其履約期間在一年以上者，得於契約內訂明自第二年起得隨物價指數調整契約價金，並敘明其所適用之調整項目、調整方式及調整金額上限。

第二一條

①機關委託廠商承辦資訊服務，應於招標文件規定得標廠商資訊服務成果之智慧財產權歸屬及侵害第三人合法權益時由廠商負責處理並承擔一切法律責任。

②前項權利，機關得視需要取得部分或全部權利或取得授權。

第二二條

機關委託廠商承辦資訊服務，非依本法第二十二條第一項第九款辦理者，得準用本辦法之規定。

第二三條 91

①本辦法自中華民國八十八年五月二十七日施行。

②本辦法修正條文自發布日施行。

統包實施辦法

①民國 88 年 4 月 26 日行政院公共工程委員會令訂定發布全文 11 條；
並自 88 年 5 月 27 日起施行。
②民國 101 年 9 月 24 日行政院公共工程委員會令修正發布第 11 條條
文；刪除第 2 條條文；並自發布日施行。

第一條

本辦法依政府採購法（以下簡稱本法）第二十四條第三項規定訂
定之。

第二條 （刪除）101

第三條

機關以統包辦理招標，其併於同一採購契約辦理招標之範圍如
下：

一　工程採購，含細部設計及施工，並得包含基本設計、測試、
訓練、一定期間之維修或營運等事項。

二　財物採購，含細部設計、供應及安裝，並得包含基本設計、
測試、訓練、一定期間之維修或營運等事項。

第四條

①機關以統包辦理招標，應依其屬工程或財物之採購，於招標文件
規定投標廠商應符合下列情形之一：

一　屬負責細部設計及施工之廠商。

二　屬負責細部設計或施工之廠商。

三　屬負責細部設計、供應及安裝之廠商。

四　屬負責細部設計或供應及安裝之廠商。

②前項招標，機關得於招標文件中規定允許一定家數內之廠商共同
投標。

第五條

機關以統包辦理招標，得依實際需要，於招標文件中規定投標廠
商或其分包廠商關於設計之履約能力資格。

第六條

機關以統包辦理招標，除法令另有規定者外，應於招標文件載明
下列事項：

一　統包工作之範圍。

二　統包工作完成後所應達到之功能、效益、標準、品質或特
性。

三　設計、施工、安裝、供應、測試、訓練、維修或營運等所應
遵循或符合之規定、設計準則及時程。

四　主要材料或設備之特殊規範。

五　甄選廠商之評審標準。

六　投標廠商於投標文件須提出之設計、圖說、主要工作項目之時程、數量、價格或計畫內容等。

第七條

機關以統包辦理招標，招標文件所規定之評審標準，應包括廠商之技術能力、設計與計畫之完整性及可行性。

第八條

機關以統包辦理招標，應於招標文件規定下列事項：

一　得標廠商之設計應送機關或其指定機構審查後，始得據以施工或供應、安裝。

二　設計有變更之必要者，應經機關同意或依機關之通知辦理。其變更係不可歸責於廠商者，廠商得向機關請求償付履約所增加之必要費用。

三　設計結果不符合契約規定或無法依機關之通知變更者，機關得終止或解除契約。

第九條

①機關以統包辦理招標，應於招標文件規定得標廠商設計成果之智慧財產權歸屬及侵害第三人合法權益時由廠商負責處理並承擔一切法律責任。

②前項權利，機關得視需要取得部分或全部權利或取得授權。

第一〇條

機關以統包辦理招標並規定廠商於投標時提出設計圖者，得就審查達一定分數或名次之未得標廠商，依招標文件之規定，發給獎勵金。

第一一條　101

①本辦法自中華民國八十八年五月二十七日施行。

②本辦法修正條文自發布日施行。

共同投標辦法

① 民國 88 年 4 月 26 日行政院公共工程委員會令訂定發布全文 17 條；並自 88 年 5 月 27 日起施行。
② 民國 96 年 5 月 22 日行政院公共工程委員會令修正發布第 11、16 條條文。

第一條

本辦法依政府採購法（以下簡稱本法）第二十五條第六項規定訂定之。

第二條

① 共同投標，包括下列情形：
一　同業共同投標：參加共同投標之廠商均屬同一行業者。
二　異業共同投標：參加共同投標之廠商均為不同行業者。
② 參加共同投標之廠商有二家以上屬同一行業者，視同同業共同投標。

第三條

① 本法第二十五條第一項所稱個別採購之特性，為下列情形之一：
一　允許共同投標有利工作界面管理者。
二　允許共同投標可促進競爭者。
三　允許共同投標，以符合新工法引進或專利使用之需要者。
四　其他經主管機關認定者。
② 機關依前項採購之特性允許共同投標，其有同業共同投標之情形者，應符合本法第二十五條第四項之規定。

第四條

① 機關於招標文件中規定允許一定家數內之廠商共同投標者，以不超過五家為原則。機關並得就共同投標廠商各成員主辦事項之金額，於其共同投標協議書所載之比率下限予以限制。
② 機關於招標文件中規定允許共同投標時，應並載明廠商得單獨投標。

第五條

機關允許共同投標時，得於招標文件中規定共同投標廠商各成員及代表廠商之基本資格。

第六條

機關辦理特殊或巨額之採購，允許共同投標時，得於招標文件中規定共同投標廠商各成員及代表廠商之特定資格。

第七條

機關允許共同投標時，應於招標文件中規定共同投標廠商之成員，不得對同一採購另行提出投標文件或為另一共同投標廠商之

成員。但有下列情形之一者，不在此限：

一　該採購涉及專利或特殊之工法或技術，為使擁有此等專利或工法、技術之廠商得為不同共同投標廠商之成員，以增加廠商競爭者。

二　預估合於招標文件規定之投標廠商競爭不足，規定廠商不得為不同共同投標廠商之成員反不利競爭者。

三　其他經主管機關認定者。

第八條

機關允許共同投標時，應於招標文件中規定共同投標廠商之投標文件應由各成員共同具名，或由共同投標協議書指定之代表人簽署。投標文件之補充或更正及契約文件之簽訂、補充或更正，亦同。

第九條

機關允許共同投標時，應於招標文件中規定，由共同投標廠商共同繳納押標金及保證金，或由共同投標協議書所指定之代表廠商繳納。其並須提供擔保者，亦同。

第一〇條

①共同投標廠商於投標時應檢附由各成員之負責人或其代理人共同具名，且經公證或認證之共同投標協議書，載明下列事項，於得標後列入契約：

一　招標案號、標的名稱、機關名稱及共同投標廠商各成員之名稱、地址、電話、負責人。

二　共同投標廠商之代表廠商、代表人及其權責。

三　各成員之主辦項目及所占契約金額比率。

四　各成員於得標後連帶負履行契約責任。

五　契約價金請（受）領之方式、項目及金額。

六　成員有破產或其他重大情事，致無法繼續共同履約者，同意將其契約之一切權利義務由其他成員另覓之廠商或其他成員繼受。

七　招標文件規定之其他事項。

②前項協議書內容與契約規定不符者，以契約規定為準。

③第一項協議書內容，非經機關同意不得變更。

第一一條 96

有前條第一項第六款之情事者，共同投標廠商之其他成員得經機關同意，共同提出與該成員原資格條件相當之廠商，共同承擔契約之一切權利義務。機關非有正當理由，不得拒絕。

第一二條

機關允許共同投標時，應於招標文件中規定共同投標協議書以中文書寫。但招標文件規定允許廠商共同投標，且該採購係外國廠商得參與者，涉及外國廠商之共同投標協議書，得以外文書寫，附經公證或認證之中文譯本，並於招標文件中訂明。

第一三條

機關允許共同投標時，應於招標文件中規定其對共同投標廠商之代表人之通知，與對共同投標廠商所有成員之通知具同等效力。

第一四條

機關允許共同投標時，應於招標文件中規定共同投標廠商於投標文件敘明契約價金由代表廠商統一請（受）領，或由各成員分別請（受）領；其屬分別請（受）領者，並應載明各成員分別請（受）領之項目及金額。

第一五條

共同投標廠商得標後各成員之履約實績，依各成員於共同投標協議書所標示之主辦項目及金額認定之。但共同投標廠商於驗收後提出各成員實際履約實績者，得依其所提履約實績認定之。

第一六條 96

共同投標廠商之成員有本法第一百零一條第一項各款情形之一者，機關應視可歸責之事由，對各該應負責任之成員個別為通知。

第一七條

本辦法自中華民國八十八年五月二十七日施行。

政府採購公告及公報發行辦法

①民國88年4月26日行政院公共工程委員會令訂定發布全文20條；並自88年5月27日起施行。
②民國91年9月4日行政院公共工程委員會令修正發布全文23條；並自發布日施行。
③民國97年5月20日行政院公共工程委員會令修正發布第2、4、11、13、21條條文。

第一條

本辦法依政府採購法（以下簡稱本法）第二十七條第二項規定訂定之。

第二條 97

①政府採購公報（以下簡稱採購公報），由主管機關發行，並得以電子化方式為之。

②前項發行工作，主管機關得委託機關（構）或廠商辦理。

第三條

採購公報除星期例假日、放假日及特殊情形外，按日發行。

第四條 97

①下列政府採購資訊應刊登採購公報一日，並公開於主管機關之政府採購資訊網站（以下簡稱採購網站）：

一　本法第二十二條第一項第九款至第十一款、第十四款規定之公開評選、公開徵求或審查之公告。

二　本法第二十七條第一項規定之招標公告及辦理資格審查之公告。

三　本法第四十一條第二項規定之變更或補充招標文件內容之公告及必要之釋疑公告。

四　本法第六十一條規定之決標結果或無法決標之公告。

五　本法第七十五條第二項規定應另行辦理之變更或補充招標文件內容之公告。

六　本法第一百零二條第三項規定之廠商名稱與相關情形。

七　本法第一百零三條第一項規定之註銷公告。

八　本法第一百十一條第二項規定之年度重大採購事件之效益評估。

九　我國締結之條約或協定規定公告之事項。

十　前列各款之更正公告。

②前項第九款公告之事項，我國締結之條約或協定未規定應刊登採購公報者，得僅公開於採購網站。

第五條

下列政府採購資訊應公開於採購網站，必要時並得刊登採購公

報：

一　機關委託研究發展作業辦法第四條第二項規定之公告。

二　本法第三十四條第一項但書規定之公開說明或公開徵求廠商提供參考資料之公告。

三　本法第四十九條公開取得廠商書面報價或企劃書之公告。

四　本法第一百條第二項多餘不用堪用財物之無償讓與公告。

五　本法施行細則第二十一條第二項第二款邀請所有符合資格廠商投標之公告。

六　其他經主管機關指定者。

第六條

下列資訊得公開於採購網站，必要時並得刊登採購公報：

一　本法第八十二條第一項採購申訴審議委員會之審議判斷。

二　本法第八十五條之一採購申訴審議委員會之調解文書。

三　未達公告金額採購之決標公告。

四　與政府採購有關之法令、司法裁判、訴願決定、仲裁判斷或宣導資訊。

五　財物之變賣或出租公告。

六　須為公示送達而刊登之政府採購有關文書或其節本。

七　其他與政府採購有關之資訊。

第七條

依本法第二十七條第一項規定辦理之招標公告，應登載下列事項：

一　有案號者，其案號。

二　機關之名稱、地址、聯絡人（或單位）及聯絡電話。

三　招標標的之名稱及數量摘要。有保留未來後續擴充之權利者，其擴充之期間、金額或數量。

四　招標文件之領取地點、方式、售價及購買該文件之付款方式。

五　收受投標文件之地點及截止期限。

六　公開開標者，其時間及地點。

七　須押標金者，其額度。

八　履約期限。

九　投標文件應使用之文字。

十　招標與決標方式及是否可能採行協商措施。

十一　是否屬公告金額以上之採購。

十二　是否適用我國所締結之條約或協定。

十三　廠商資格條件摘要。

十四　財物採購，其性質係購買、租賃、定製或兼具二種以上之性質。

十五　是否屬公共工程實施技師簽證者。

十六　其他經主管機關指定者。

第八條

下列政府採購公告應登載之事項，準用前條之規定：

一　依本法第二十二條第一項第九款至第十一款規定辦理公開評

選或公開徵求之公告。

二　依本法第四十九條規定於採購公報公開邀請廠商提供書面報
　　價或企劃書之公告。

三　依本法施行細則第二十一條第二項第二款規定邀請所有符合
　　資格廠商投標之公告。

第九條

①依本法第二十七條第一項規定辦理資格審查之公告，以建立本法
第二十一條合格廠商名單者，應登載下列事項：

一　有案號者，其案號。

二　機關之名稱、地址、聯絡人（或單位）及聯絡電話。

三　擬建立名單之名稱及未來將對名單廠商邀標之標的名稱或其
　　類別。

四　辦理資格審查文件之領取地點、方式、售價及購買該文件之
　　付款方式。

五　收受資格文件之地點及截止期限。

六　名單之有效期限及展期手續。

七　資格文件應使用之文字。

八　廠商列入該等名單所應符合之條件及機關查證各項條件之方
　　法。

九　是否適用我國所締結之條約或協定。

十　是否屬公告金額以上之採購。

十一　是否屬公共工程實施技師簽證者。

十二　其他經主管機關指定者。

②前項名單有效期限內之預估採購總額，得於公告中一併公開。

第一〇條

依本法第二十七條第一項規定辦理資格審查之公告，以供個案採
購使用者，應登載下列事項：

一　有案號者，其案號。

二　機關之名稱、地址、聯絡人（或單位）及聯絡電話。

三　擬向合格廠商邀標之標的名稱及數量摘要。若有保留未來後
　　續擴充之權利者，其擴充之期間、金額或數量。

四　辦理資格審查文件之領取地點、方式、售價及購買該文件之
　　付款方式。

五　收受資格文件之地點及截止期限。

六　公開開標者，其時間及地點。

七　資格文件應使用之文字。

八　廠商資格條件摘要。

九　是否適用我國所締結之條約或協定。

十　是否屬公告金額以上之採購。

十一　其他經主管機關指定者。

第一一條 97

①機關依投標廠商資格與特殊或巨額採購認定標準第五條第三項規

定辦理者，應於招標公告或招標文件公開預算金額。

②機關辦理前項以外之公告金額以上採購，應於招標公告公開預算金額。但有下列情形之一者，不在此限：

一　轉售或供製造、加工後轉售之採購。

二　預算金額涉及商業機密。

三　機關認為不宜公開。

③前二項以外之採購之預算及預計金額，得於招標公告中一併公開。

第一二條

依本法第四十一條第二項規定辦理變更或補充招標文件內容之公告及必要之釋疑公告，或本法第七十五條第二項規定應另行辦理之變更或補充招標文件內容之公告，應登載下列事項：

一　有案號者，其案號。

二　機關之名稱、地址、聯絡人（或單位）及聯絡電話。

三　採購標的之名稱及數量摘要。

四　變更或補充文件及必要之釋疑文件之領取地點、方式、售價及購買該文件之付款方式。

五　原刊登採購公報日期。

六　變更、補充、釋疑事項或其摘要。

七　其他經主管機關指定者。

第一三條 97

①依本法第六十一條規定辦理決標結果之公告，應登載下列事項：

一　有案號者，其案號。

二　決標機關之名稱、地址、聯絡人（或單位）及聯絡電話。

三　決標標的之名稱及數量摘要。

四　決標日期。

五　得標廠商之名稱、地址及聯絡電話。

六　決標金額。以單價決標者，為單價乘以預估數量之總金額或預估採購總金額。

七　有底價或評審委員會建議之金額或預算金額，且應予公開者，其金額。不予公開者，其理由。

八　招標及決標方式。

九　有招標公告或辦理資格審查公告者，其刊登採購公報日期。

十　採限制性招標者，其依據之法條。

十一　採購金額。

十二　採最有利標或準用最有利標決標，得標廠商之總評分或總序位。

十三　其他經主管機關指定者。

②以轉售為目的之採購，其決標金額涉及商業機密者，得不公告決標金額，但應附記不公告之理由。

③採用複數決標之方式者，其每一次決標及不同標的或底價之項目，應分別刊登決標公告。

④ 未達公告金額採購之決標公告，準用前三項之規定。

第一四條

① 機關依本法第六十二條規定彙送至主管機關之決標資料，除前條第一項規定應登載之事項外，應另包含下列事項：

一　投標廠商家數及未得標廠商名稱。

二　屬公共工程實施技師簽證者，其簽證範圍、項目及承辦技師科別、姓名、執業執照字號。

三　預估分包予中小企業之金額。

四　得標廠商於投標時在我國境內員工總人數逾一百人者，其總人數、僱用身心障礙者及原住民之人數。

五　其他經主管機關指定者。

② 公告金額十分之一以下之採購，得不適用前項規定。

第一五條

① 依本法第六十一條規定辦理無法決標之公告，應登載下列事項：

一　有案號者，其案號。

二　機關之名稱、地址、聯絡人（或單位）及聯絡電話。

三　招標標的之名稱及數量摘要。

四　所使用之招標方式。

五　無法決標之事由。

六　未來是否繼續辦理採購。

七　原招標公告或辦理資格審查公告之刊登採購公報日期。

八　其他經主管機關指定者。

② 前項公告，應於廢標後、重行招標前刊登，並不得超過廢標後二星期。

③ 取消採購或未達公告金額採購無法決標之公告，準用前二項之規定。

④ 本法第二十二條第一項第九款至第十一款規定之公開評選或公開徵求而無法決標之公告，準用前三項之規定。

第一六條

依本法第一百零二條第三項規定辦理廠商名稱與相關情形之公告，應登載下列事項：

一　有案號者，其案號。

二　機關之名稱、地址、聯絡人（或單位）及聯絡電話。

三　採購標的摘要。

四　廠商名稱及地址。

五　符合本法第一百零一條第一項各款所列之情形。

六　本法第一百零三條第一項規定之期間。

七　其他經主管機關指定者。

第一七條

依本法第一百零三條第一項規定辦理註銷之公告，應登載下列事項：

一　有案號者，其案號。

二　機關之名稱、地址、聯絡人（或單位）及聯絡電話。

三　採購標的摘要。

四　廠商名稱及地址。

五　原刊登符合本法第一百零一條第一項各款所列之情形。

六　原刊登採購公報日期。

七　註銷之事由。

八　其他經主管機關指定者。

第一八條

依本法第一百十一條第二項規定辦理年度重大採購事件之效益評估公告，應登載下列事項：

一　有案號者，其案號。

二　機關之名稱、地址、聯絡人（或單位）及聯絡電話。

三　採購標的摘要。

四　廠商名稱及地址。

五　啟用日期。

六　使用年限。

七　機關之使用情形及其效益分析。

八　主管機關之效益評估。

九　其他經主管機關指定者。

第一九條

①依第四條第一項第九款辦理之公告，其屬招標公告或資格審查公告者，應另以英文刊登下列事項；其屬其他公告者，依條約或協定之規定。

一　有案號者，其案號。

二　機關之名稱、地址、聯絡人（或單位）及聯絡電話。

三　相關文件之領取地點、方式、售價及購買該文件之付款方式。

四　收受投標文件或資格文件之地點及截止期限。

五　標的摘要。

六　條約或協定規定之其他事項。

七　其他經主管機關指定者。

②前項規定於辦理更正公告時準用之。

第二〇條

①機關依第四條及第五條刊登採購公報之資訊及辦理主管機關指定蒐集或統計之採購資訊，應依一定格式及內容，傳送至主管機關指定之電腦資料庫；傳送資訊內容由機關自行檢核，如有錯誤，應辦理更正。電腦資料庫不提供網路傳輸功能之項目，機關應以電子數位資料方式提供。

②前項資訊傳送作業方式及駐國外機構辦理方式，由主管機關定之。

第二一條 97

①採購網站所蒐集之採購公告資訊，除有特殊情形經主管機關調整

者外，其刊登採購公報之時程如下：

一　星期一刊登上星期四下午及星期五上午所傳送之資料。

二　星期二刊登上星期五下午及本星期一上午所傳送之資料。

三　星期三刊登星期一下午及星期二上午所傳送之資料。

四　星期四刊登星期二下午及星期三上午所傳送之資料。

五　星期五刊登星期三下午及星期四上午所傳送之資料。

②前項刊登時程，遇假日、停止上班日或特殊情形無法發行採購公報者，順延之；以電子化方式發行採購公報者，得提前之。

③前項無法發行採購公報之情形係屬不可預見者，機關應視需要於恢復上班或特殊情形消失後，依前二項時程辦理更正公告。

④第一項傳送資料之時間，依採購網站所登錄之傳送時間認定。

第二二條

銷售採購公報及提供採購網站資訊服務，得向採購公報訂戶及資訊服務使用者收費；其收費標準，由主管機關定之。

第二三條

本辦法自發布日施行。

招標期限標準

① 民國 88 年 4 月 26 日行政院公共工程委員會令訂定發布全文 16 條；
並自 88 年 5 月 27 日起施行。
② 民國 91 年 5 月 8 日行政院公共工程委員會令修正發布全文 12 條；
並自發布日施行。
③ 民國 98 年 8 月 31 日行政院公共工程委員會令增訂發布第 4-1 條
文。

第一條

本標準依政府採購法（以下簡稱本法）第二十八條規定訂定之。

第二條

① 機關辦理公開招標，其公告自刊登政府採購公報日起至截止投標
日止之等標期，應視案件性質與廠商準備及遞送投標文件所需時
間合理訂定之。

② 前項等標期，除本標準或我國締結之條約或協定另有規定者外，
不得少於下列期限：

一　未達公告金額之採購：七日。
二　公告金額以上未達查核金額之採購：十四日。
三　查核金額以上未達巨額之採購：二十一日。
四　巨額之採購：二十八日。

③ 依本法第四十二條第二項規定辦理後續階段之邀標，其等標期由
機關視需要合理訂定之。但不得少於七日。

第三條

① 機關辦理選擇性招標之廠商資格預先審查，其公告自刊登政府採
購公報日起至截止收件日止之等標期，應視案件性質與廠商準備
及遞送資格文件所需時間合理訂定之。

② 前項等標期，除本標準或我國締結之條約或協定另有規定者外，
不得少於下列期限：

一　未達公告金額之採購：七日。
二　公告金額以上未達巨額之採購：十日。
三　巨額之採購：十四日。

③ 機關邀請第一項符合資格之廠商投標，其自邀標日起至截止投標
日止之等標期，準用前條第二項規定。

第四條

① 機關依本法第二十二條第一項第九款或第十款規定辦理公開評
選，其自公告日起至截止收件日止之等標期，準用第二條規定。

② 機關依本法第二十二條第一項第十一款規定辦理公開徵求，其自
公告日起至截止收件日止之等標期，應訂定十日以上之合理期

限。第二次以後公開徵求之期限，由機關視需要合理訂定之。但不得少於五日。

第四之一條 98

機關辦理公告金額以上之採購，因應緊急情事，依第二條至第四條所定期限辦理不符合實際需要者，等標期得予縮短。但縮短後不得少於十日；其併第九條規定情形縮短者，亦同。

第五條

機關依本法第四十九條之規定公開徵求廠商之書面報價或企劃書者，其自公告日起至截止收件日止之等標期，應訂定五日以上之合理期限。

第六條

機關辦理限制性招標，其未經公開評選或公開徵求程序者，等標期由機關視需要合理訂定之。

第七條

① 機關於等標期截止前變更或補充招標文件內容者，應視需要延長等標期。

② 前項變更或補充，其非屬重大改變，且於原定截止日前五日公告或書面通知各廠商者，得免延長等標期。

第八條

① 機關於等標期截止前取消或暫停招標，並於取消或暫停後六個月內重行或續行招標且招標文件內容未經重大改變者，重行或續行招標之等標期，得考量取消或暫停前已公告或邀標之日數，依原定期限酌予縮短。但重行或續行招標之等標期，未達公告金額之採購不得少於三日，公告金額以上之採購不得少於七日。

② 機關於等標期截止後流標、廢標、撤銷決標或解除契約，並於其後三個月內重行招標且招標文件內容未經重大改變者，準用前項之規定。

第九條

機關辦理採購，除我國締結之條約或協定另有規定者外，其等標期得依下列情形縮短之：

一　於招標前將招標文件稿辦理公開閱覽且招標文件內容未經重大改變者，等標期得縮短五日。但縮短後不得少於十日。

二　依本法第九十三條之一規定辦理電子領標並於招標公告敘明者，等標期得縮短三日。但縮短後不得少於五日。

三　依本法第九十三條之一規定辦理電子投標並於招標公告或招標文件敘明者，等標期得縮短二日。但縮短後不得少於五日。

第一〇條

機關辦理採購，除我國締結之條約或協定另有規定者外，有下列情形之一者，經機關首長或其授權人員核准，其等標期得視案件之特性及實際需要合理訂定之：

一　依本法第二十一條以預先建立之合格廠商名單，邀請符合資

格之廠商投標，於辦理廠商資格審查之文件中另有載明者。

二　公營事業為商業性轉售或用於製造產品、提供服務以供轉售目的所為之採購，基於採購案件之特性或實際需要，有縮短等標期之必要者。

三　採購原料、物料或農礦產品，其市場行情波動不定者。

四　採購標的屬廠商於市場普遍銷售且招標及投標文件內容簡單者。

第一一條

① 本標準所定等標期或截止收件期限，其敘明自公告日或邀標日起算者，應將公告或邀標之當日算入。

② 前項等標期或截止收件期限，招標文件規定之截止投標日或截止收件日，以當日下班時間為其截止投標或收件時間者，始算一日；未達下班時間者，該日不算入。

③ 截止投標日或截止收件日為星期例假日、國定假日或其他休息日者，以其休息日之次日代之。

④ 截止投標日或截止收件日為辦公日，而該日因故停止辦公致未達原定截止投標或收件時間者，以其次一辦公日之同一截止投標或收件時間代之。

⑤ 休息日在期間中而非末日者，算一日。

第一二條

本標準自發布日施行。

替代方案實施辦法

①民國 88 年 5 月 6 日行政院公共工程委員會令訂定發布全文 10 條；
並自 88 年 5 月 27 日起施行。
②民國 91 年 6 月 19 日行政院公共工程委員會令修正發布全文 15 條；
並自發布日施行。

第一條
本辦法依政府採購法（以下簡稱本法）第三十五條規定訂定之。

第二條
①機關於招標文件中規定允許投標廠商於截止投標期限前提出替代方案者，招標文件應明下列事項：
一　廠商得提出替代方案之技術、工法、材料或設備之項目。
二　替代方案應包括之內容。
三　替代方案標封於主方案經審查合於招標文件規定後，再予開封及審查。
四　替代方案不予審查之情形。
五　採用替代方案決標之條件。
六　以替代方案決標後得標廠商應遵循之事項。
七　得標廠商未能依替代方案履約之處置方式。
八　廠商提出替代方案應遵循之其他事項。
②前項招標之等標期，機關應視案件之性質及廠商準備替代方案所需時間合理訂定之。

第三條
廠商依前條規定提出替代方案者，替代方案應單獨密封，標封外標示其為替代方案，且每一項目以提出一個替代方案為限，並須依招標文件之規定提出主方案。

第四條
依第二條第一項第二款所定替代方案之內容，應包括下列事項：
一　替代方案之項目及其詳細說明。
二　替代方案與主方案差異之處。
三　替代方案確可縮減工期、減省經費或提高效率等效益之理由。
四　替代方案可能涉及之各種有利與不利情形及效益分析。
五　招標文件規定之其他事項。

第五條
依第二條第一項第四款所定替代方案不予審查之情形如下：
一　廠商未依招標文件之規定提出主方案者。
二　主方案經審查不合於招標文件之規定者。

三　廠商提出之替代方案與招標文件中規定允許提出替代方案之項目無關者。

四　廠商提出之替代方案不合規定程式者。

第六條

①依第二條第一項第五款採用替代方案決標者，應不降低招標文件所規定之原有功能條件，且與主方案比較結果確能縮減工期、減省經費或提高效率。

②替代方案有下列情形之一者，應不予採用。但招標文件規定得協商更改之項目或廠商提出之替代方案經綜合評估各有利不利情形，其總體效益更有利於機關者，不在此限。

一　降低招標文件所規定之原有功能條件。

二　延長主方案之工期。

三　增加主方案之經費。

四　降低主方案之效率。

五　對機關辦理之其他採購有造成類似前四款情形之一之虞。

六　替代方案可縮減工期、減省經費、提高效率或其他效益之情形，低於招標文件所定條件。

七　替代方案顯不可行。

③前項第三款經費之計算，應考量後續使用或營運成本、維修成本、殘值、報廢處理費用等。

第七條

依第二條第一項第六款採用替代方案決標者，廠商於決標後須提出之資料及提出時限，應預留機關所定審查作業之時間。廠商履行替代方案所需之調查、研究、試驗、設計等費用，由廠商負擔或包含於標價中。機關實施替代方案所增加之必要費用，亦同。

第八條

①得標廠商未能依投標時提出之替代方案履約，或履行替代方案有第六條第二項各款情形之一者，機關應撤銷決標、終止契約或解除契約，並得追償損失。但廠商願以替代方案之標價改以合於招標文件規定之主方案履約，且原決標係以合於招標文件規定之最低標方式辦理者，不在此限。

②前項改依主方案履約者，其履約期限之計算，應自原替代方案開始履約日起算，且不得扣除履行替代方案所費時間。

第九條

機關允許廠商於得標後提出替代方案者，招標文件應訂明下列事項：

一　替代方案應包括之內容。

二　替代方案不予審查之情形。

三　採用替代方案之條件。

四　採用替代方案後，廠商應遵循之事項。

五　廠商未能依替代方案履約之處置方式。

六　廠商提出替代方案應遵循之其他事項。

第一〇條

① 廠商依前條規定提出替代方案者，應於使用前提出，並預留機關所定審查作業所需時間。其提出、審查、採用或不採用替代方案所費時間，不得因而延長履約期限。

② 機關審查替代方案所需費用，由廠商負擔。

第一一條

依第九條第一款至第四款所定事項，準用第四條至第七條規定。

第一二條

① 廠商於得標後提出替代方案，而未能依替代方案履約，或履行替代方案有第六條第二項各款情形之一者，機關應終止或解除契約，並得追償損失。但廠商願改以合於招標文件規定之主方案或其他對機關更有利之方式履約者，不在此限。

② 前項改依主方案或其他方式履約者，機關為處理該方案所增加之必要費用，由廠商負擔。其履約期限之計算，應自原契約開始履約日起算，且不得扣除履行替代方案所費時間。

第一三條

機關於招標文件中規定允許廠商於得標後提出替代方案且定有獎勵措施者，其獎勵額度，以不逾所減省契約價金之百分之五十為限。所減省之契約價金，並應扣除機關為處理替代方案所增加之必要費用。

第一四條

機關審查替代方案，得視個案情形成立審查小組為之，並得邀請專家、學者、規劃設計者與會協助。必要時並得將替代方案之一部或全部委託審查。

第一五條

本辦法自發布日施行。

投標廠商資格與特殊或巨額採購認定標準

①民國 88 年 5 月 17 日行政院公共工程委員會令訂定發布全文 17 條；並自 88 年 5 月 27 日起施行。
②民國 90 年 8 月 8 日行政院公共工程委員會令修正發布第 3、4、5、10、16、17 條條文；並增訂第 7-1 條條文。
③民國 92 年 2 月 19 日行政院公共工程委員會令修正發布第 3、16 條條文。
④民國 97 年 3 月 5 日行政院公共工程委員會令修正發布第 5 條條文。
⑤民國 98 年 11 月 11 日行政院公共工程委員會令修正發布第 3、4、16 條條文。
⑥民國 104 年 10 月 29 日行政院公共工程委員會令修正發布第 3、5 條條文。

第一條

本標準依政府採購法（以下簡稱本法）第三十六條第四項規定訂定之。

第二條

機關辦理採購，得依採購案件之特性及實際需要，就下列事項訂定投標廠商之基本資格，並載明於招標文件：

一　與提供招標標的有關者。

二　與履約能力有關者。

第三條 104

①機關依前條第一款訂定與提供招標標的有關之基本資格時，得依採購案件之特性及實際需要，就下列事項擇定廠商應附具之證明文件：

一　廠商登記或設立之證明。如公司登記或商業登記證明文件、非屬營利事業之法人、機構或團體依法須辦理設立登記之證明文件、工廠登記證明文件、許可登記證明文件、執業執照、開業證明、立案證明或其他由政府機關或其授權機構核發該廠商係合法登記或設立之證明文件。

二　廠商納稅之證明。如營業稅或所得稅。

三　廠商依工業團體法或商業團體法加入工業或商業團體之證明。如會員證。

②前項第一款證明，廠商得以列印公開於目的事業主管機關網站之資料代之。廠商附具之證明文件，其內容與招標文件之規定有異，但截止投標前公開於目的事業主管機關網站之該廠商最新資料符合招標文件規定者，機關得允許廠商列印該最新資料代之。

③第一項第一款證照，依法令係按一定條件發給不同等級之證照或並定承包限額者，依其規定。

④第一項第一款登記或設立之證明，機關規定須具有特定營業項目方可參與投標者，其所規定之營業項目，不得不當限制競爭，並應以經濟部編訂之公司行號營業項目代碼表所列之大類、中類、小類或細類項目為基準。該特定營業項目非屬許可業務者，廠商所營事業之登記，如載明除許可業務外，得經營法令非禁止或限制之業務者，視為包括該特定營業項目。

⑤第一項第二款納稅證明，其屬營業稅繳稅證明者，為營業稅繳款書收據聯或主管稽徵機關收章之最近一期營業人銷售額與稅額申報書收執聯。廠商不及提出最近一期證明者，得以前一期之納稅證明代之。新設立且未屆第一期營業稅繳納期限者，得以營業稅主管稽徵機關核發之核准設立登記公函代之；經核定使用統一發票者，應一併檢附申領統一發票購票證相關文件。營業稅或所得稅之納稅證明，得以與上開最近一期或前一期證明相同期間內主管稽徵機關核發之無違章欠稅之查復表代之。

⑥第一項第三款加入工業或商業團體之證明，除法令另有規定外，不得限制由特定區域之團體出具；投標廠商為外國廠商者，得免附具。

第四條 98

①機關依第二條第二款訂定與履約能力有關之基本資格時，得依採購案件之特性及實際需要，就下列事項擇定廠商應附具之證明文件或物品：

一　廠商具有製造、供應或承做能力之證明。如曾完成與招標的類似之製造、供應或承做之文件、招標文件規定之樣品、現有或得標後可取得履約所需設備、技術、財力、人力或場所之說明或品質管制能力文件等。

二　廠商具有如期履約能力之證明。如迄投標日止正履行中之所有契約尚未完成部分之總量說明、此等契約有逾期履約情形者之清單、逾期情形及逾期責任之說明、律師所出具之迄投標日止廠商涉及賠償責任之訴訟中案件之清單及說明或廠商如得標則是否確可如期履約及如何能如期履約之說明等。

三　廠商或其受雇人、從業人員具有專門技能之證明。如政府機關或其授權機構核發之專業、專技或特許證書、執照、考試及格證書、合格證書、檢定證明或其他類似之文件。

四　廠商具有維修、維護或售後服務能力之證明。如維修人員經專業訓練之證明、設立或具有或承諾於得標後一定期間內建立自有或特約維修站或場所之證明等。

五　廠商信用之證明。如票據交換機構或受查詢之金融機構於截止投標日之前半年內所出具之非拒絕往來戶及最近三年內無退票紀錄證明、會計師簽證之財務報表或金融機構或徵信機構出具之信用證明等。

六　其他法令規定或經主管機關認定者。

②前項第三款證明，除依法令就一定專門技能人員之人數為規定者外，不得對其人數予以限制。

③第一項第五款無退票紀錄證明，如有退票但已辦妥清償註記者，視同無退票紀錄。機關有證據顯示廠商於截止投標期限前，係拒絕往來戶或有退票紀錄者，依證據處理。

第五條 104

①機關辦理特殊或巨額採購，除依第二條規定訂定基本資格外，得視採購案件之特性及實際需要，就下列事項擇定投標廠商之特定資格，並載明於招標文件：

一　具有相當經驗或實績者。其範圍得包括於截止投標日前五年內，完成與招標的同性質或相當之工程、財物或勞務契約，其單次契約金額或數量不低於招標的預算金額或數量之五分之二，或累計金額或數量不低於招標的預算金額或數量，並得含採購機關（構）出具之驗收證明或啟用後功能正常之使用情形證明。

二　具有相當人力者。其範圍得包括投標廠商現有與承包招標的有關之專業或一般人力證明。

三　具有相當財力者。其範圍得包括實收資本額不低於招標的預算金額之十分之一，或經會計師簽證或審計機關審定之上一會計年度或最近一年度財務報告及其所附報表，其內容合於下列規定者：

　　㈠權益不低於招標的預算金額十二分之一。

　　㈡流動資產不低於流動負債。

　　㈢總負債金額不超過權益四倍。但配合民營化政策之公營事業參加投標者，不在此限。

四　具有相當設備者。其範圍得包括完成與招標的同性質或相當之工程、財物或勞務所需之自有設備。其尚無自有者，得以租賃、租賃承諾證明或採購中或得標後承諾採購證明代之。

五　具有符合國際或國家品質管理之驗證文件者。

六　其他經主管機關認定者。

②前項第一款及第三款所定期間、數量、金額或比例，機關不得縮限。但得視採購之性質及需要予以放寬；第三款所稱實收資本額，於有限公司、無限公司或兩合公司指資本總額。第三款第三目之總負債金額，應扣除依其他法律政府獎勵民間投資金額。

③機關依第一項第一款及第三款以預算金額訂定資格條件者，應於招標公告或招標文件載明預算金額。履約期間逾一年之勞務採購，其以提供勞力為主，且工作內容重複者，以第一年之預算金額訂定資格條件。

第六條

工程採購有下列情形之一者，為特殊採購：

一　興建構造物，地面高度超過五十公尺或地面樓層超過十五層者。

二　興建構造物，單一跨徑在五十公尺以上者。

三　開挖深度在十五公尺以上者。

四　興建隧道，長度在一千公尺以上者。

五　於地面下或水面下施工者。

六　使用特殊施工方法或技術者。

七　古蹟構造物之修建或拆遷。

八　其他經主管機關認定者。

第七條

財物或勞務採購有下列情形之一，為特殊採購：

一　採購標的之規格、製程、供應或使用性質特殊者。

二　採購標的需要特殊專業或技術人才始能完成者。

三　採購標的需要特殊機具、設備或技術始能完成者。

四　藝術品或具有歷史文化紀念價值之古物。

五　其他經主管機關認定者。

第七條之一 90

採購兼有工程、財物或勞務二種以上性質，而以其中之一認定其歸屬者，其他性質符合前二條情形之一，得以該其他性質於該採購所占比例或相關部分訂定特定資格。

第八條

採購金額在下列金額以上者，為巨額採購：

一　工程採購，為新台幣二億元。

二　財物採購，為新台幣一億元。

三　勞務採購，為新台幣二千萬元。

第九條

機關採複數決標或分批辦理巨額採購，其個別項目或數量或分批採購之預算金額未達前條巨額採購認定標準者，不適用巨額採購有關廠商資格之規定。

第一〇條 90

①投標廠商應提出之資格證明文件，除招標文件另有規定者外，以影本為原則。但機關得通知投標廠商提出正本供查驗。

②前項影本之尺寸與正本不一致，或未載明與正本相符、未加蓋廠商印章等情事，而不影響辨識其內容或真偽者，機關不得拒絕。

③第一項證明文件，得以目的事業主管機關核准之電子資料替代。

第一一條

採購標的內之重要項目，有就該等項目訂定分包廠商資格之必要者，適用本法有關投標廠商資格之規定。

第一二條

機關辦理外國廠商得參與之採購，招標文件規定投標廠商應提出之資格文件，外國廠商依該國情形提出有困難者，得於投標文件內敘明其情形或以其所具有之相當資格代之。

第一三條
機關訂定投標廠商之特定資格時，應先評估可能符合特定資格之廠商家數，並檢討有無不當限制競爭之情形。

第一四條
廠商履行契約所必須具備之財務、商業或技術資格條件，應就廠商在我國或外國之商業活動為整體考量，不以其為政府機關、公立學校或公營事業所完成者為限。

第一五條
① 機關訂定招標文件，對於投標廠商之設立地或所在地，除其他法令另有規定者外，不應予以限制。
② 對於外國廠商之設立地或所在地之限制，應依本法第十七條規定辦理。

第一六條 98
依政府機關組織法律組成之非公司組織事業機構，依法令免申請核發許可登記證明文件、公司登記或商業登記證明文件、承攬或營業手冊、繳稅證明文件或加入商業團體者，參加投標時，得免繳驗該等證明文件。

第一七條 90
① 本標準自中華民國八十八年五月二十七日施行。
② 本標準修正條文自發布日施行。

國內廠商標價優惠實施辦法

民國 88 年 5 月 24 日行政院公共工程委員會、經濟部會銜訂定發布全文 9 條；並自 88 年 5 月 27 日起施行。

第一條

　　本辦法依政府採購法（以下簡稱本法）第四十四條第二項規定訂定之。

第二條

　　本法第四十四條第一項所稱特定之採購，指機關辦理公告金額以上之採購，招標文件載明採購標的中屬於本法第四十四條第二項適用範圍之項目，並附記依同條第一項規定得以較高標價優先決標予國內廠商者。

第三條

① 本法第四十四條第一項所稱外國廠商，指未取得我國國籍之自然人或依外國法律設立登記之法人、機構或團體。

② 允許廠商共同投標之特定採購，國內廠商與外國廠商共同投標，國內廠商符合第五條第三項規定者，該共同投標廠商得視同國內廠商。

第四條

① 本法第四十四條第二項所稱適用範圍，指經主管機關會同相關目的事業主管機關擇定，並公告於政府採購公報之工程、財物或勞務項目。

② 前項公告，應一併載明優惠比率與優惠期限之起始日及截止日。

③ 第一項經公告之工程、財物或勞務項目，擇定之機關應定期檢討。其於優惠期限截止日前有不符合我國所締結之條約或協定、國內產製加值未達百分之五十或不合於就業或產業發展政策者，由主管機關於政府採購公報公告註銷。

④ 機關將第一項公告項目納入招標文件，其於開標前有前項經公告註銷之情形者，應不予開標，於變更招標文件內容後再行招標。

第五條

① 機關辦理特定採購，應於招標文件中載明招標標的得適用標價優惠之項目，並規定各投標廠商均應於投標文件內就該等項目載明其標價。

② 外國廠商為最低標，且其標價符合本法第五十二條第一項最低標之決標原則者，國內廠商得適用之標價優惠，以該外國廠商前項得適用標價優惠之項目之標價乘以優惠比率計算之。但國內廠商該等項目之標價未逾該外國廠商相同項目之標價者，不適用此一

規定。

③前項情形，國內廠商之財物，屬於招標文件所載適用範圍之項目，其國內產製加值須達該項價格之百分之五十；工程或勞務，須為國內供應。

④第二項外國廠商標價以外國貨幣計者，依辦理決標前一辦公日台灣銀行外匯交易收盤即期賣出匯率折算為新台幣後，以新台幣計算得適用之標價優惠金額。

第六條

①機關辦理特定採購，應於招標文件中規定欲適用本法第四十四條第一項優惠措施之國內廠商，其投標文件應記載標價內屬於招標文件所載標價優惠之項目、國內產製加值達百分之五十或供應之事實、數量及價格，以供審查。

②前項國內產製加值達百分之五十或供應之事實，屬財物者，應證明確屬國內產製加值達百分之五十；屬工程或勞務者，應證明確屬國內供應。

第七條

①機關辦理特定採購，外國廠商為最低標，其標價符合本法第五十二條第一項最低標之決標原則，而國內廠商符合第五條第三項規定之最低標價逾該外國廠商標價之金額，在第五條第二項所定優惠金額以內者，決標予該國內廠商；逾優惠金額者，不予洽減，決標予該外國廠商。

②依前項規定計算得優先決標予國內廠商之標價，於訂有底價之採購，不得逾本法第五十三條第二項規定之超底價上限；於未訂底價之採購，不得逾本法第五十四條評審委員會建議之金額。

③前項決標價格，均不得逾預算金額。

第八條

①機關辦理特定採購，應於招標文件中規定以標價優惠得標之國內廠商，於履約期間應向機關提出與第六條有關之國內產製或供應證明文件，以供查核。

②依前項規定決標予國內廠商之契約並應訂明得標廠商未依契約規定提供國內產製或供應項目者，機關得採行下列措施。

一　終止契約。

二　解除契約。

三　追償決標價高於外國廠商標價之損失。

四　不發還履約保證金。

五　依本法第七十二條第一項規定通知廠商限期改善、拆除、重作、退貨或換貨。

六　依本法第一百零一條規定辦理。

七　契約規定之其他措施。

第九條

本辦法自中華民國八十八年五月二十七日施行。

最有利標評選辦法

①民國 88 年 5 月 17 日行政院公共工程委員會令訂定發布全文 21 條；
　並自 88 年 5 月 27 日起施行。
②民國 92 年 5 月 7 日行政院公共工程委員會令修正發布全文 24 條；
　並自發布日施行。
③民國 93 年 9 月 8 日行政院公共工程委員會令修正發布第 20 條條文。
④民國 94 年 1 月 3 日行政院公共工程委員會令修正發布第 20 條條文。
⑤民國 96 年 4 月 25 日行政院公共工程委員會令修正發布第 15、21 條
　條文；刪除第 2 條條文；並增訂第 15-1 條條文。
⑥民國 97 年 2 月 15 日行政院公共工程委員會令修正發布第 15 條條文。

第一條
本辦法依政府採購法（以下簡稱本法）第五十六條第四項規定訂
定之。

第二條 （刪除）96

第三條
①本辦法所稱總滿分，指招標文件所列各評選項目滿分之合計總分
數。
②本辦法所稱總評分，指採購評選委員會（以下簡稱評選委員會）
依招標文件所列評選項目之配分，評審廠商投標文件，核給各評
選項目之得分，再將各項得分合計後之分數。
③本辦法所稱序位，指評選委員會依招標文件所列評比項目之重要
性或權重，評審廠商投標文件後所核給之序位。

第四條
機關採最有利標決標者，除法令另有規定者外，應於招標文件載
明下列事項：
一　以合於招標文件規定之最有利標為得標廠商。
二　評選項目及評審標準。其有子項者，亦應載明。
三　評定最有利標之方式。
四　投標文件經審查合於招標文件規定者，始得為協商及評選之
　　對象。
五　得採行協商措施者，協商時得更改之項目。
六　有應予淘汰或不予評比之情形者，其情形。
七　投標文件有依評選項目分別標示及編頁之必要者，其情形。
八　其他必要事項。

第五條
最有利標之評選項目及子項，得就下列事項擇定之：
一　技術。如技術規格性能、專業或技術人力、專業能力、如期
　　履約能力、技術可行性、設備資源、訓練能力、維修能力、

施工方法、經濟性、標準化、輕薄短小程度、使用環境需求、環境保護程度、景觀維護、文化保存、自然生態保育、考量弱勢使用者之需要、計畫之完整性或對本採購之瞭解程度等。

二　品質。如品質管制能力、檢驗測試方法、偵錯率、操作容易度、維修容易度、精密度、安全性、穩定性、可靠度、美觀、使用舒適度、故障率、耐用性、耐久性或使用壽命等。

三　功能。如產能、便利性、多樣性、擴充性、相容性、前瞻性或特殊效能等。

四　管理。如組織架構、人員素質及組成、工作介面處理、期程管理、履約所需採購作業管理、工地管理、安全衛生管理、安全維護、會計制度、財務狀況、財務管理、計畫管理能力或分包計畫等。

五　商業條款。如履約期限、付款條件、廠商承諾給付機關情形、維修服務時間、售後服務、保固期或文件備置等。

六　過去履約績效。如履約紀錄、經驗、實績、法令之遵守、使用者評價、如期履約效率、履約成本控制紀錄、勞雇關係或人為災害事故等情形。

七　價格。如總標價及其組成之正確性、完整性、合理性、超預算或超底價情形、折讓、履約成本控制方式、後續使用或營運成本、維護成本、殘值、報廢處理費用或成本效益等。

八　財務計畫。如本法第九十九條開放廠商投資興建、營運案件之營運收支預估、資金籌措計畫、分年現金流量或投資效益分析等。

九　其他與採購之功能或效益相關之事項。

第六條

① 機關應依下列規定，擇定前條之評選項目及子項：

一　與採購目的有關。

二　與決定最有利標之目的有關。

三　與分辨廠商差異有關。

四　明確、合理及可行。

五　不重複擇定子項。

② 機關訂定評選項目、子項及其評審標準，不得以有利或不利於特定廠商為目的。

第七條

機關訂定評選項目及子項之配分或權重，應能適當反應該項目或子項之重要性。

第八條

① 機關辦理評選，對於評選項目及子項之計分，應符合下列規定；其訂有計分基準者，應載明於招標文件：

一　依差異情形區分級距計分者，每一計分級距所代表之差異應明確。

二 依廠商優劣情形計分者，優劣差異與計分高低應有合理之比例。

三 計分應具客觀性，不得與採購目的無關，並不得以部分或全部投標廠商之投標文件內容為計分基準。

②機關訂定評選項目及子項之序位評比方式，準用前項規定。

第九條

①招標文件未載明固定費用或費率，而由廠商於投標文件載明標價者，應規定廠商於投標文件內詳列報價內容，並納入評選。

②招標文件已載明固定費用或費率者，仍得規定廠商於投標文件內詳列組成該費用或費率之內容，並納入評選。

第一〇條

①評選最有利標，為利評選委員對廠商於各評選項目之表現為更深入之瞭解，得輔以廠商簡報及現場詢答。

②前項廠商簡報及現場詢答，應與評選項目有關；其列為評選項目者，所占配分或權重不得逾百分之二十。

③第一項簡報不得更改廠商投標文件內容。廠商另外提出變更或補充資料者，該資料應不納入評選。

④投標廠商未出席簡報及現場詢答者，不影響其投標文件之有效性。

第一一條

①機關評定最有利標，應依下列方式之一辦理，並載明於招標文件：

一 總評分法。

二 評分單價法。

三 序位法。

四 其他經主管機關認定之方式。

②前項評定方式，其分階段辦理評選及淘汰不合格廠商者，不得就分數或權重較低之階段先行評選；並以二階段為原則。

第一二條

採總評分法評定最有利標者，應依下列方式之一辦理，並載明於招標文件：

一 價格納入評分，以總評分最高，且經機關首長或評選委員會過半數之決定者為最有利標。

二 價格不納入評分，綜合考量廠商之總評分及價格，以整體表現經機關首長或評選委員會過半數決定最優者為最有利標。

三 依招標文件載明之固定價格給付，以總評分最高，且經機關首長或評選委員會過半數之決定者為最有利標。

第一三條

採評分單價法評定最有利標者，價格不納入評分，以價格與總評分之商數最低者為最有利標。

第一四條

依第十二條第一款、第三款或前條方式評定最有利標，總評分最

高或價格與總評分之商數最低之廠商，有二家以上相同，且均得為決標對象時，得以下列方式之一決定最有利廠商。但其綜合評選次數已達本法第五十六條規定之三次限制者，逕行抽籤決定之。

一 對總評分或商數相同廠商再行綜合評選一次，以總評分最高或價格與總評分之商數最低者決標。綜合評選後之總評分或商數仍相同者，抽籤決定之。

二 擇配分最高之評選項目之得分較高者決標。得分仍相同者，抽籤決定之。

第一五條 97

①採序位法評定最有利標者，應依下列方式之一辦理，並載明於招標文件：

一 價格納入評比，以序位第一，且經機關首長或評選委員會過半數之決定者為最有利標。

二 價格不納入評比，綜合考量廠商之評比及價格，以整體表現經機關首長或評選委員會過半數決定序位第一者為最有利標。

三 依招標文件載明之固定價格給付，以序位第一，且經機關首長或評選委員會過半數之決定者為最有利標。

②評選委員辦理序位評比，應就各評選項目分別評分後予以加總，並依加總分數高低轉換為序位。

③前項評選委員各評選項目之分項評分加總轉換為序位後，應彙整合計各廠商之序位，以合計值最低者為序位第一。

第一五條之一

依前條第一項第一款或第三款評定最有利標，序位第一之廠商有二家以上，且均得為決標對象時，得以下列方式之一決定最有利標廠商。但其綜合評選次數已達本法第五十六條規定之三次限制者，逕行抽籤決定之。

一 對序位合計值相同廠商再行綜合評選一次，以序位合計值最低者決標。綜合評選後之序位合計值仍相同者，抽籤決定之。

二 擇配分最高之評選項目之得分合計值較高者決標。得分仍相同者，抽籤決定之。

三 擇獲得評選委員評定序位第一較多者決標；仍相同者，抽籤決定之。

第一六條

①評定最有利標涉及評分者，招標文件應載明下列事項：

一 各評選項目之配分。其子項有配分者，亦應載明。

二 總滿分及其合格分數，或各評選項目之合格分數。

三 總評分不合格者，不得作為協商對象或最有利標。

②個別子項不合格即不作為協商對象或最有利標者，應於招標文件載明。

③價格納入評分者，其所占總滿分之比率，不得低於百分之二十，

且不得逾百分之五十。

第一七條

① 評定最有利標涉及序位評比者，招標文件應載明下列事項：
　一　各評比項目之權重。其子項有權重者，亦應載明。
　二　序位評比結果或各評選項目之評比結果合格或不合格情形。
　三　序位評比結果不合格者，不得作為協商對象或最有利標。

② 個別子項不合格即不得作為協商對象或最有利標者，應於招標文件載明。

③ 價格納入評比者，其所占全部評選項目之權重，不得低於百分之二十，且不得逾百分之五十。

第一八條

① 公開招標及限制性招標，評選項目及子項之配分或權重，應載明於招標文件。分段投標者，應載明於第一階段招標文件。

② 選擇性招標以資格為評選項目之一者，與資格有關部分之配分或權重，應載明於資格審查文件；其他評選項目及子項之配分或權重，應載明於資格審查後之下一階段招標文件。

第一九條

評選委員會評選最有利標，應依招標文件載明之評選項目、子項及其配分或權重辦理，不得變更。

第二〇條 94

① 機關評定最有利標後，應於決標公告公布最有利標之標價及總評分或序位評比結果，並於主管機關之政府採購資訊網站公開下列資訊：
　一　評選委員會全部委員姓名及職業。
　二　評選委員會評定最有利標會議之出席委員姓名。

② 評選委員會之會議紀錄及機關於委員評選後彙總製作之總表，除涉及個別廠商之商業機密者外，投標廠商並得申請閱覽、抄寫、複印或攝影。

③ 各出席委員之評分或序位評比表，除法令另有規定外，應保守秘密，不得申請閱覽、抄寫、複印或攝影。

④ 機關評定最有利標後，對於合於招標文件規定但未得標之廠商，應通知其最有利標之標價與總評分或序位評比結果及該未得標廠商之總評分或序位評比結果。

第二一條 96

① 依本法第五十六條第一項及第五十七條採行協商措施者，應就所有合於招標文件規定之投標廠商分別協商，並予參與協商之廠商依據協商結果，就協商項目於一定期間內修改該部分之投標文件重行遞送之機會。價格須依協商項目調整者，亦同。

② 前項重行遞送之投標文件，機關應再作綜合評選。但重行遞送之投標文件，有與協商無關或不受影響之項目者，該項目應不予評選，並以重行遞送前之內容為準。

③ 評選委員會辦理第二次綜合評選時，其未參與第一次綜合評選之

委員，不得參與。第三次綜合評選亦同。

④評選委員會辦理第二次綜合評選，應就廠商因協商而更改之項目重行評分（比），與其他未更改項目之原評分（比）結果，合併計算，以評定最有利標。第三次綜合評選亦同。

第二二條

機關採最有利標決標，以不訂底價為原則；其訂有底價，而廠商報價逾底價須洽減價者，於採行協商措施時洽減之，並適用本法第五十三條第二項之規定。

第二三條

①機關評選最有利標之過程中，各次會議均應作成紀錄，載明下列事項：

一　評選委員會之組成、協助評選之人員及其工作事項。

二　評選方式。

三　投標廠商名稱。

四　評選過程紀要。

五　各投標廠商評選結果。

六　有評定最有利標者，其理由。

七　個別委員要求納入紀錄之意見。

②有協商紀錄者，應附於評選紀錄中。

第二四條

本辦法自發布日施行。

採購契約要項

①民國 88 年 5 月 25 日行政院公共工程委員會函訂定發布全文 75 點。
②民國 91 年 11 月 4 日行政院公共工程委員會令修正發布第 1、2、32、43、44、70、71、75 點。
③民國 92 年 3 月 12 日行政院公共工程委員會令修正發布第 75 點。
④民國 93 年 9 月 24 日行政院公共工程委員會令修正發布第 58 點。
⑤民國 95 年 1 月 2 日行政院公共工程委員會令修正發布第 59 點；並自即日起生效。
⑥民國 99 年 12 月 29 日行政院公共工程委員會令修正發布第 1、23、32；並自即日生效。

壹、總　則

一　（訂定依據及目的）99

①本要項依政府採購法（以下簡稱本法）第六十三條第一項規定訂定之。

②本要項內容，由機關依採購之特性及實際需要擇訂於契約。

二　（契約得載明之事項）91

機關得視採購之特性及實際需要，就下列事項擇定後載明於契約：

㈠機關及廠商之名稱、地址及電話。
㈡機關及廠商聯絡人之姓名及職稱。
㈢契約所用名詞定義。
㈣契約所含文件。
㈤廠商工作事項或應給付標的。
㈥機關辦理事項。
㈦契約所用文字。
㈧度量衡制。
㈨簽約日期。
㈩得標廠商應自行履行之主要部分及分包事項。
(十一)履約標的之產地。
(十二)證照之取得。
(十三)履約場所管理、進度管理、環境保護、工作安全與衛生、工地環境清潔與維護、交通維持或工作界面配合等事項。
(十四)品質管理。
(十五)履約監督。
(十六)災害處理。
(十七)履約標的須標示之文字或符號。
(十八)履約處所或財物之收受地點及時間。

(十九)運輸方式。
(二十)包裝方式。
(二十一)當事人雙方通知方式。
(二十二)契約變更。
(二十三)契約之轉讓。
(二十四)查驗、測試或驗收之程序及期限。
(二十五)履約標的之項目、數量、單價、分項金額及總價。
(二十六)付款條件。
(二十七)廠商應提出之文件。
(二十八)保證金及其他擔保之種類、額度、繳納、不發還、退還及終止等事項。
(二十九)契約價金依物價指數調整。
(三十)稅捐、規費及關稅之負擔。
(三十一)履約期限。
(三十二)逾期違約金。
(三十三)保固或維修之期限及責任。
(三十四)零配件供應。
(三十五)權利及責任。
(三十六)保險之種類、額度、投保及理賠。
(三十七)契約之終止、解除或暫停執行。
(三十八)履約爭議之處理。
(三十九)準據法。
(四十)其他與履約有關之事項。

三 （契約文件）

①契約文件包括下列內容：
㈠契約本文及其變更或補充。
㈡招標文件及其變更或補充。
㈢投標文件及其變更或補充。
㈣契約附件及其變更或補充。
㈤依契約所提出之履約文件或資料。

②前項文件，包括以書面、錄音、錄影、照相、微縮、電子數位資料或樣品等方式呈現之原件或複製品。

四 （契約文件之效力及優先順序）

契約所包括之各種文件，應明定其效力及優先順序。

五 （契約文字）

契約文字應以中文書寫，其與外文文意不符者，除契約另有規定者外，以中文為準。但下列情形得以招標文件或契約所允許之外文為準：
㈠向國際組織、外國政府或其授權機構辦理之採購。
㈡特殊技術或材料之圖文資料。
㈢以限制性招標辦理之採購。
㈣依本法第一百零六條規定辦理之採購。

　　　㈤國際組織、外國政府或其授權機構、公會或商會所出具之文件。

　　　㈥其他經機關認定確有必要者。

六　（度量衡單位）

　　契約文件所使用之度量衡單位，除契約另有規定者外，以公制為原則。

七　（契約簽署）

①簽約日期，除招標文件另有規定者外，指雙方共同完成簽約之日。

②契約應備正本由機關與廠商各執乙份，並各依規定貼用印花稅票；副本若干份。

貳、履約管理

八　（分包廠商）

①廠商不得以不具備履行契約分包事項能力或未依法登記或設立之廠商為分包廠商。對於分包廠商履約之部分，得標廠商仍應負完全責任。分包契約報備於機關者，亦同。

②廠商擬分包之項目及分包廠商，機關得予審查。

九　（許可文件之取得）

　　採購標的之進出口、供應、興建或使用涉及政府規定之許可證、執照或其他許可文件者，依文件核發對象，由機關或廠商分別負責取得。但屬機關取得者，機關得於契約規定由廠商代為取得，並由機關負擔必要之費用。

一〇　（履約之協調配合）

①二以上得標廠商同時為機關履約，其履約事項互有關連或須互相配合者，各得標廠商應本合作精神協調配合，避免因一方之作為而對他方或整體履約進度造成不利影響。

②機關提供之履約場所，各得標廠商有共同使用之需要者，廠商不得拒絕其他廠商共同使用。

一一　（財物之保全）

　　機關將其所有之財物運交廠商處所加工、改善或維修者，該財物之滅失、減損或遭侵占時，廠商應負賠償責任。

一二　（廠商工安責任）

①廠商應對其工地作業及施工方法之適當性、可靠性及安全性負完全責任。

②廠商之工地作業有發生意外事件之虞時，廠商應立即採取防範措施。發生意外時，應立即採取搶救、復原、重建及對機關與第三人之賠償等措施。

一三　（保管責任）

①廠商於工程完成前應對進行中之該工程與其材料、施工機具及施工場所之設施負保管責任。

②工程進行中及竣工時，廠商應負責清理工地並清除施工所產生垃圾。

一四 （不適任人員之撤換）

廠商履約人員有不適任之情形者，機關得通知廠商撤換。廠商不得拒絕。

一五 （施工管理）

廠商履約施工時，應避免妨礙鄰近交通、占用道路、損害公私財物、污染環境或妨礙民眾生活安寧。其有違反致機關或其他第三人受有損害者，應由廠商負責賠償。

一六 （採購標的送達地點及時間）

① 採購標的之送達地點及履約處所，應於契約內訂明。

② 機關於前項送達地點收受採購標的之時間，應於契約內訂明。其未訂明者，應於機關上班時間為之。

一七 （包裝方式）

機關得視採購之特性及實際需要，就下列事項擇定採購標的之包裝方式，於契約內訂明：

　　㈠防潮、防水、防震、防破損、防變質、防鏽蝕、防曬、防鹽漬、防污或防碰撞等。

　　㈡恆溫、冷藏、冷凍或密封。

　　㈢每單位包裝之重量、體積或數量。

　　㈣包裝材料。

　　㈤包裝內外應標示之文字或標誌或應隨附之文件。

　　㈥其他必要之方式。

一八 （限期改善）

① 機關於廠商履約中，若可預見其履約瑕疵，或其有其他違反契約之情事者，得通知廠商限期改善。

② 廠商不於前項期限內，依照改善或履行者，機關得採行下列措施：

　　㈠使第三人改善或繼續其工作，其危險及費用，均由廠商負擔。

　　㈡終止或解除契約，並得請求損害賠償。

一九 （相互通知之方式）

① 機關與廠商相互間之通知，除契約另有規定者外，得以書面文件、信函、傳真或電子郵件方式送達他方所指定之人員或處所為之。

② 前項通知，於送達他方或通知所載生效日生效，並以二者中較後發生者為準。

參、契約變更

二〇 （機關通知廠商變更契約）

① 機關於必要時得於契約所約定之範圍內通知廠商變更契約。除契約另有規定外，廠商於接獲通知後應向機關提出契約標的、價金、履約期限、付款程序或其他契約內容須變更之相關文件。

② 廠商於機關接受其所提出須變更之相關文件前，不得自行變更契約。除機關另有請求者外，廠商不得因第一項之通知而遲延其履約責任。

③機關於接受廠商所提出須變更之事項前即請求廠商先行施作或供應，其後未依原通知辦理契約變更或僅部分辦理者，應補償廠商所增加之必要費用。

二一　（廠商要求變更契約）

契約約定之採購標的，其有下列情形之一者，廠商得敘明理由，檢附規格、功能、效益及價格比較表，徵得機關書面同意後，以其他規格、功能及效益相同或較優者代之。但不得據以增加契約價金。其因而減省廠商履約費用者，應自契約價金中扣除。

（一）契約原標示之廠牌或型號不再製造或供應。

（二）契約原標示之分包廠商不再營業或拒絕供應。

（三）因不可抗力原因必須更換。

（四）較契約原標示者更優或對機關更有利。

二二　（契約所定事項無效之處理）

①契約所定事項如有違反法令或無法執行之部分，該部分無效。但除去該部分，契約亦可成立者，不影響其他部分之有效性。

②前項無效之部分，機關及廠商必要時得依契約原定目的更正之。

二三　（契約之轉讓）99

廠商不得將契約之部分或全部轉讓予他人。但因公司分割、銀行或保險公司履行連帶保證、銀行因權利質權而生之債權或其他類似情形致有轉讓必要，經機關書面同意者，不在此限。

二四　（契約變更）

契約變更，非經機關及廠商雙方之合意，作成書面紀錄，並簽名或蓋章者，無效。

肆、查驗及驗收

二五　（查驗或驗收程序及期限）

①工程及財物採購契約，應訂明採購標的之查驗或驗收程序及期限。

②前項規定，於勞務採購契約準用之。

二六　（履約之查驗）

①工程採購契約應對重點項目訂定檢查程序及檢驗標準，廠商並應執行品質管理、環境保護、施工安全衛生之責任。

②財物或勞務採購需經一定履約過程，而非以現成財物或勞務供應者，準用前項之規定。

二七　（查驗作業方式及費用）

①契約應訂明機關或其指定之代表，就廠商履約情形，得辦理之查驗、測試或檢驗。

②契約得訂明廠商應免費提供機關依契約辦理查驗、測試或檢驗所必須之設備及資料。

③契約規定以外之查驗、測試或檢驗，其結果不符合契約規定者，由廠商負擔所生之費用；結果符合者，由機關負擔費用。

④查驗、測試或檢驗結果不符合契約規定者，機關得予拒絕，廠商應免費改善、拆除、重作、退貨或換貨。

⑤廠商不得因機關辦理查驗、測試或檢驗，而免除其依契約所應履行或承擔之責任，及費用之負擔。

⑥機關就廠商履約標的為查驗、測試或檢驗之權利，應不受該標的曾通過其他查驗、測試或檢驗之限制。

二八　（查驗設備或材料之檢查及保管）
機關提供設備或材料供廠商履約者，廠商應於收受時作必要之檢查。其經廠商收受後之滅失或減損，由廠商負責。

二九　（查驗或驗收前之測試）
①機關辦理查驗或驗收，得於契約規定廠商就履約標的於一定場所、期間及條件下之試車、試運轉或試用等測試程序，以作為查驗或驗收之用。

②前項試車、試運轉或試用所需費用，除契約另有規定外，由廠商負擔。

伍、契約價金

三〇　（契約價金之記載）
①契約應記載總價。無總價者應記載項目、單價及金額或數量上限。

②契約價金曾經減價而確定，其所組成之各單項價格未約定調整方式者，視同就各單項價格依同一減價比率調整。投標文件中報價之分項價格合計數額與總價不同者，亦同。

三一　（契約價金之給付）
契約價金之給付，得為下列方式之一，由機關載明於契約：
　㈠依契約總價給付。
　㈡依實際施作或供應之項目及數量給付。
　㈢部分依契約標示之價金給付，部分依實際施作或供應之項目及數量給付。
　㈣其他必要之方式。

三二　（契約價金之調整）99
契約價金係以總價決標，且以契約總價給付，而其履約有下列情形之一者，得調整之。但契約另有規定者，不在此限。
　㈠致增減履約項目或數量時，就變更之部分加減帳結算。
　㈡項目實作數量較契約所定數量增減達百分之五以上者，其逾百分之五之部分，變更設計增減契約價金。未達百分之五者，契約價金不予增減。
　㈢與前二款有關之稅捐、利潤或管理費等相關項目另列一式計價者，依結算金額與原契約金額之比率增減之。

三三　（工程數量清單之效用）
工程採購契約所附供廠商投標用之數量清單，其數量為估計數，不應視為廠商完成履約所須供應或施作之實際數量。

三四　（契約價金給付條件）
①下列契約價金給付條件，應載明於契約。

　　㈠廠商請求給付前應完成之履約事項。
　　㈡廠商應提出之文件。
　　㈢給付金額。
　　㈣給付方式。
　　㈤給付期限。
②契約價金依履約進度給付者，應訂明各次給付所應達成之履約進度及廠商應提出之履約進度報告，由機關核實給付。

三五　（廠商請領契約價金之文件）
　　機關得依採購之特性及實際需要，於契約中明定廠商請領契約價金時應提出之文件。

三六　（繳納預付款還款保證之情形）
　　機關得視需要，於契約中明定廠商得支領預付款之情形，廠商並應先提出預付款還款保證。

三七　（契約價金應含之稅捐、規費及強制性保險費）
　　機關得視需要，於契約中明定契約價金應含廠商及其人員依中華民國法令應繳納之稅捐、規費及強制性保險之保險費。但中華民國以外其他國家或地區之稅捐、規費或關稅，由廠商負擔。

三八　（契約價金因政府行為之調整）
①廠商履約遇有下列政府行為之一，致履約費用增加或減少者，契約價金得予調整：
　　㈠政府法令之新增或變更。
　　㈡稅捐或規費之新增或變更。
　　㈢政府管制費率之變更。
②前項情形，屬中華民國政府所為，致履約成本增加者，其所增加之必要費用，由機關負擔；致履約成本減少者，其所減少之部分，得自契約價金中扣除。
③其他國家政府所為，致履約成本增加或減少者，契約價金不予調整。

三九　（契約價金依物價指數調整）
　　契約價金依契約規定得依物價、薪資或其指數調整者，應於契約載明下列事項：
　　㈠得調整之項目及金額。
　　㈡調整所依據之物價、薪資或其指數及基期。
　　㈢得調整及不予調整之情形。
　　㈣調整公式。
　　㈤廠商應提出之調整數據及佐證資料。
　　㈥管理費及利潤不予調整。
　　㈦逾履約期限之部分，以契約規定之履約期限當時之物價、薪資或其指數為當期資料。但逾期履約係可歸責於機關者，不在此限。

四〇　（以成本加公費法計算契約價金）
　　契約價金以成本加公費法計算者，應於契約訂明下列事項：

㈠廠商應記錄各項費用並提出經機關認可之憑證，機關並得至
　廠商處所辦理查核。

㈡成本上限及逾上限時之處理。

四一 （期約、賄賂等不法給付之處理）

①廠商不得對機關人員或受機關委託之廠商人員給予期約、賄賂、
　佣金、比例金、仲介費、後謝金、回扣、餽贈、招待或其他不正
　利益。分包廠商亦同。

②違反前項規定者，機關得終止或解除契約，或將溢價及利益自契
　約價款中扣除。

四二 （第三人檢驗之費用）

契約規定廠商履約標的應經第三人檢驗者，其檢驗所需費用，除
契約另有規定外，由廠商負擔。

陸、履約期限

四三 （履約期限之訂定）91

履約期限之訂定，得為下列方式之一，由機關載明於契約：

㈠自決標日、簽約日或機關通知日之次日起一定期間內完成契
　約規定之事項。

㈡於預先訂明之期限前完成契約規定之事項。

㈢自廠商收到機關之信用狀、預付款或其他類似情形之次日起
　一定期間內完成契約規定之事項。

㈣就履約各重要階段或分批供應之部分分別訂明其期限。

㈤其他約定之方式。

四四 （履約期間之計算）91

①履約期間之計算，除契約另有規定者外，得為下列方式之一，由
　機關載明於契約：

㈠以限期完成者。星期例假日、國定假日或其他休息日均應計
　入。

㈡以日曆天計者。星期例假日、國定假日或其他休息日，是否
　計入，應於契約中明定。

㈢以工作天計者。星期例假日、國定假日或其他休息日，均應
　不計入。

②前項履約期間，因不可抗力或有不可歸責於廠商之事由者，得延
　長之；其事由未達半日者，以半日計；逾半日未達一日者，以一
　日計。

柒、遲　延

四五 （逾期違約金之計算）

①逾期違約金，為損害賠償額預定性違約金，以日為單位，擇下列
　方式之一計算，載明於契約，並訂明扣抵方式：

㈠定額。

㈡契約金額之一定比率。

②前項違約金，以契約價金總額之百分之二十為上限。

③第一項扣抵方式，機關得自應付價金中扣抵；其有不足者，得通知廠商繳納或自保證金扣抵。

四六 （不計逾期違約金之情形）

廠商履約有下列情形之一者，得檢具事證，以書面通知機關。機關得審酌其情形，延長履約期限，不計逾期違約金：

　　㈠屬不可抗力所致。

　　㈡不可歸責於廠商之契約變更或機關通知廠商停工。

　　㈢機關應提供予廠商之資料、器材、場所或應採行之審查或同意等配合措施，未依契約規定提供或採行。

　　㈣可歸責於與機關有契約關係之其他廠商之遲延。

　　㈤其他可歸責於機關或不可歸責於廠商之事由。

四七 （分段完工使用或移交之逾期違約金）

契約訂有分段進度及最後履約期限，屬分段完工使用或移交者，其逾期違約金之計算原則如下：

　　㈠未逾分段進度但逾最後履約期限者，扣除已分段完工使用或移交部分之金額，計算逾最後履約期限之違約金。

　　㈡逾分段進度但未逾最後履約期限者，計算逾分段進度之違約金。

　　㈢逾分段進度且逾最後履約期限者，分別計算違約金。但逾最後履約期限之違約金，應扣除已分段完工使用或移交部分之金額計算之。

　　㈣分段完工期限與其他採購契約之進行有關者，逾分段進度，得個別計算違約金，不受前款但書限制。

四八 （全部完工後使用或移交之逾期違約金）

契約訂有分段進度及最後履約期限，屬全部完工後使用或移交者，其逾期違約金之計算原則如下：

　　㈠未逾分段進度但逾最後履約期限者，計算逾最後履約期限之違約金。

　　㈡逾分段進度但未逾最後履約期限，其有逾分段進度已收取之違約金者，於未逾最後履約期限後發還。

　　㈢逾分段進度且逾最後履約期限，其有逾分段進度已收取之違約金者，於計算逾最後履約期限之違約金時應予扣抵。

　　㈣分段完工期限與其他採購契約之進行有關者，逾分段進度，得計算違約金，不受第二款及第三款之限制。

四九 （不可抗力原因）

機關及廠商因天災或事變等不可抗力或不可歸責於契約當事人之事由，致未能依時履約者，得展延履約期限；不能履約者，得免除契約責任。

捌、履約標的

五○ （履約所供應或完成之標的）

廠商履約所供應或完成之標的，應符合契約規定，無減少或減失價值或不適於通常或約定使用之瑕疵。

五一 （查驗或驗收有瑕疵時之處理）

①廠商履約結果經機關查驗或驗收有瑕疵者，機關得定相當期限，要求廠商改善、拆除、重作、退貨或換貨（以下簡稱改正），並得訂明逾期未改正應繳納違約金。

②廠商不於前項期限內改正、拒絕改正或其瑕疵不能改正者，機關得採行下列措施之一：

　㈠自行或使第三人改正，並得向廠商請求償還改正必要之費用。

　㈡解除契約或減少契約價金。但瑕疵非重要者，機關不得解除契約。

③因可歸責於廠商之事由，致履約有瑕疵者，機關除依前二項規定辦理外，並得請求損害賠償。

五二 （保固或瑕疵擔保期間之訂定）

①契約得訂明廠商保固或瑕疵擔保期間。

②前項期間內，採購標的因瑕疵致無法使用時，該期間得不予計入。

五三 （消耗性零配件之價格）

①機關得視採購性質及實際需要，於契約內訂明採購標的於使用期間所需消耗性零配件之單價，或附記其參考價格或價格調整方式。

②第一年使用期間所需消耗性零配件，以附於採購標的之合併採購為原則，並載明其單價。

五四 （維修服務契約）

①採購標的於使用期間有由原供應廠商提供維修服務之必要者，其第一年使用期間之維修服務，以附於採購標的之合併招標決標為原則，並得視案件性質及實際需要調整該一年使用期間。

②前項維修服務契約應訂明廠商須提供服務之事項、標價及價金給付方式。

③第一項維修服務，有於使用期間長期洽原供應廠商提供維修服務之必要者，得於契約訂明廠商每年提供此一服務之費用上限及廠商不得拒絕提供維修服務。

④第二項服務事項，得包括定期維護保養、零配件供應或故障修理等。

玖、權利及責任

五五 （廠商對於第三人主張權利之責任）

①得標廠商應擔保第三人就履約標的，對於機關不得主張任何權利。

②廠商履約，其有侵害第三人合法權益時，應由廠商負責處理並承擔一切法律責任。

五六 （智慧財產權之歸屬）

廠商履約結果涉及智慧財產權者，機關得視需要於契約規定取得部分或全部權利或取得授權。

五七 （第三人請求損害賠償之避免）

機關及廠商應採取必要之措施，以保障對方免於因本契約之履行而遭第三人請求損害賠償。其有致第三人損害者，應由造成損害原因之一方負責賠償。

五八 （損害賠償之請求）93

廠商應負責之損害賠償金額，機關得自應付價金中扣抵；其有不足者，得自保證金扣抵或通知廠商給付。

五九 （規劃、設計、監造或管理者之賠償責任）95

①委託規劃、設計、監造或管理之契約，廠商規劃設計錯誤、監造不實或管理不善，致機關遭受損害者，應負賠償責任。

②前項之損害，機關得視個案之特性及實際需要，於契約中明定其賠償之項目、範圍或上限，並得訂明其排除適用之情形。

六〇 （機關不負賠償責任之事項）

①機關對於廠商及其人員因履約所致之人體傷亡或財物損失，不負賠償責任。

②前項人體傷亡或財物損失之風險，廠商應投保必要之保險。

六一 （機關審查、認可或核准之效果）

廠商依契約規定應履行之責任，不因機關對於廠商履約事項之審查、認可或核准行為而減少或免除。

拾、保　險

六二 （保險之種類）

機關得視採購之特性及實際需要，就下列保險擇定廠商於履約期間應辦理之保險，並載明於契約：

　　㈠營造綜合保險，得包括第三人意外責任險。

　　㈡安裝綜合保險，得包括第三人意外責任險。

　　㈢雇主責任險。

　　㈣汽機車或航空器等之第三人責任險。

　　㈤營建機具綜合保險、機械保險、電子設備綜合保險或鍋爐保險。

　　㈥運輸險。

　　㈦專業責任險。

　　㈧其他必要之保險。

六三 （索賠所費時間）

廠商向保險人索賠所費時間，不得據以請求延長履約期限。

六四 （未保險之責任）

廠商未依契約規定辦理保險、保險範圍不足或未能自保險人獲得足額理賠者，其損失或損害賠償，由廠商負擔。

拾壹、契約終止解除或暫停執行

六五 （終止或解除契約之情形）

①契約得訂明機關得通知廠商終止或解除契約之情形。

②契約得訂明終止或解除契約，屬可歸責於廠商之情形者，機關得依其所認定之適當方式，自行或洽其他廠商完成被終止或解除之契約；其所增加之費用，由原契約廠商負擔。

六六 （因政策變更之終止或解除契約）

契約因政策變更，廠商依約繼續履行反而不符公共利益者，機關得報經上級機關核准，終止或解除部分或全部契約。但應補償廠商因此所生之損失。

六七 （終止契約後之契約價金給付）

依前條規定終止契約者，廠商於接獲機關通知前已完成且可使用之履約標的，依契約價金給付；僅部分完成尚未能使用之履約標的，機關得擇下列方式之一洽廠商為之：

　㈠繼續予以完成，依契約價金給付。

　㈡停止製造、供應或施作。但給付廠商已生之製造、供應或施作費用及合理之利潤。

六八 （暫停執行）

①契約得訂明廠商未依契約規定履約者，機關得隨時通知廠商部分或全部暫停執行，至情況改正後方准恢復履約。

②有前項情形者，契約應訂明廠商不得就暫停執行請求延長履約期限或增加契約價金。

六九 （暫停執行之補償）

①契約得訂明因非可歸責於廠商之情形，機關通知廠商部分或全部暫停執行，得補償廠商因此而增加之必要費用。

②前項暫停執行，機關得視情形，酌予延長履約期限。

拾貳、爭議處理

七〇 （履約爭議之處理）91

契約應訂明機關與廠商因履約而生爭議者，應依法令及契約規定，考量公共利益及公平合理，本誠信和諧，盡力協調解決之。其未能達成協議者，得以下列方式之一處理：

　㈠依本法第八十五條之一規定向採購申訴審議委員會申請調解。

　㈡符合本法第一百零二條規定情事，提出異議、申訴。

　㈢提付仲裁。

　㈣提起民事訴訟。

　㈤依其他法律申（聲）請調解。

　㈥依契約或雙方合意之其他方式處理。

七一 （受理履約爭議之機關）91

契約應訂明下列受理履約爭議之機關名稱、地址和電話：

㈠依本法第八十五條之一規定受理調解之採購申訴審議委員會。

㈡依本法第一百零二條規定受理申訴之採購申訴審議委員會。

七二　（爭議發生後之履約）

契約應訂明履約爭議發生後，關於履約事項之下列處理原則：

㈠與爭議無關或不受影響之部分應繼續履約。但經機關同意者不在此限。

㈡廠商因爭議而暫停履約，其經爭議處理結果被認定無理由者，不得就暫停履約之部分要求延長履約期限或免除契約責任。

七三　（訴訟）

契約應訂明以中華民國法律為準據法，並記載訴訟時以機關所在地之地方法院為第一審管轄法院。但有下列情形之一，無法徵得廠商同意者，得記載以外國法律為準據法或以外國法院為管轄法院：

㈠向國際組織、外國政府或其授權機構辦理之採購。

㈡以限制性招標辦理之採購。

㈢依本法第一百零六條規定辦裡之採購。

㈣其他經機關認定確有必要者。

七四　（仲裁）

契約得訂明其爭議得依仲裁法以仲裁方式處理，並約定仲裁處所。

拾參、附　則

七五　（繳納代金證明）92

①契約應訂明得標廠商其於國內員工總人數逾一百人，履約期間僱用身心障礙者及原住民人數各應達國內員工總人數百分之一，並均以整數為計算標準，未達整數部分不予計入。僱用不足依規定應繳納代金者，應分別依規定向所在地之直轄市或縣（市）勞工主管機關設立之身心障礙者就業基金專戶及原住民中央主管機關設立之原住民族就業基金專戶，繳納上月之代金；並不得僱用外籍勞工代替僱用不足額部分。

②招標機關應將前項國內員工總人數逾一百人之廠商資料，依政府採購公告及公報發行辦法第十四條規定彙送至主管機關之決標資料庫，以供勞工及原住民主管機關查核代金繳納情形。

工程施工查核小組作業辦法

①民國 91 年 8 月 21 日行政院公共工程委員會令訂定發布全文 12 條；
並自發布日施行。
②民國 92 年 9 月 10 日行政院公共工程委員會令修正發布全文 14 條；
並自發布日施行。
③民國 105 年 9 月 19 日行政院公共工程委員會令修正發布第 3、
8～10、13 條條文。

第一條
本辦法依政府採購法（以下簡稱本法）第七十條第四項規定訂定
之。

第二條
①工程施工查核小組（以下簡稱查核小組）進行查核時，應依行政
院頒公共工程施工品質管理制度、相關法令及工程契約規定，並
參照工程施工查核作業參考基準，查核工程品質及進度等事宜。
②前項參考基準，由主管機關定之。

第三條 105
①查核小組之主要查核項目，得包含：
一　機關之品質督導機制、監造計畫之審查紀錄、施工進度管理
　　措施及障礙之處理。
二　監造單位之監造組織、施工計畫及品質計畫之審查作業程
　　序、材料設備抽驗及施工抽查之程序及標準、品質稽核、文
　　件紀錄管理系統等監造計畫內容及執行情形；缺失改善追蹤
　　及施工進度監督等之執行情形。
三　廠商之品管組織、施工要領、品質管理標準、材料及施工檢
　　驗程序、自主檢查表、不合格品之管制、矯正與預防措施、
　　內部品質稽核、文件紀錄管理系統等品質計畫內容及執行情
　　形；施工進度管理、趕工計畫、安全衛生及環境保護措施等
　　之執行情形。
②查核小組發現有下列情形時，應加以記錄：
一　工程規劃設計、生態環保、材料設備、圖說規範、變更設計
　　等有缺失。
二　監造單位之建築師、技師、派駐現場人員，承攬廠商之專任
　　工程人員、工地主任或工地負責人、品質管理人員（以下簡
　　稱品管人員）及安全衛生人員等執行職務時，有違背相關法
　　令及契約規定。
③工程施工查核各項書表格式，由主管機關定之。

第四條

①查核小組每年應辦理工程查核之件數如下：

一　查核金額以上之標案，以不低於當年度執行工程標案之百分之二十為原則，且不得少於二十件；當年度執行工程標案未達二十件者，則全數查核。

二　新台幣一千萬元以上未達查核金額之標案，以十五件以上為原則；當年度執行工程標案未達十五件者，則全數查核。

三　公告金額以上未達新台幣一千萬元之標案，以二十件以上為原則；當年度執行工程標案未達二十件者，則全數查核。

②前項各款之查核件數，必要時得經查核小組設立機關首長核准予以調整，並報主管機關備查。

第五條

①查核小組應依前條規定之查核件數，視工程推動情形安排查核時機，定期辦理查核，並得不預先通知赴工地進行查核。

②查核委員赴工地查核時，應主動出示查核小組之書面通知及相關證明文件。

③查核小組辦理查核時，監造單位之建築師或技師及廠商之專任工程人員應配合到場說明。無故缺席，應按契約規定處理。

第六條

①查核小組辦理查核時，得通知機關就指定之工程項目進行檢驗、拆驗或鑑定。

②前項檢驗、拆驗或鑑定費用之負擔，依契約規定辦理。契約未規定，而檢驗、拆驗或鑑定結果與契約規定相符者，該費用由機關負擔；與規定不符者，該費用由廠商負擔。

第七條

①查核成績之計算，以各查核委員評分之總和平均計算之；九十分以上者為優等，八十分以上未達九十分者為甲等，七十分以上未達八十分者為乙等，未達七十分者為丙等。

②前項總和平均結果有小數時，採四捨五入進位方式，整數計算之。

第八條　105

①查核小組查核結果，有下列情況之一者，應列為丙等：

一　鋼筋混凝土結構鑽心試體試驗結果不合格。

二　路面工程瀝青混凝土鑽心試體試驗結果不合格。

三　路基工程壓實度試驗結果不合格。

四　主要結構與設計不符情節重大。

五　主要材料設備與設計不符情節重大。

六　其他缺失情節重大影響安全。

②前項各款規定涉及相關試驗之判定標準，依照國際標準或國家標準等相關法令或契約規定之設計標準辦理；試驗結果為不合格時，原查核成績已評定為七十分以上者，應改列為丙等，其成績以六十九分計算。

③受查核工程之機關或廠商對於依前項改列丙等結果如有不服，得

提出意見，其處理程序，由主管機關定之。

第九條 105

① 查核小組於查核時發現缺失，機關應督促監造單位及廠商限期改善，並將改善前、中、後之情形拍照留存；其應檢討改善者，機關應於期限內改善並審查完妥後，報查核小組備查。

② 查核小組查核紀錄應於七個工作天內送機關，並應將查核結果及處理情形登錄於主管機關指定之資訊網路系統列管追蹤，並得隨時派員複查。

第一〇條 105

① 機關得就查核小組之查核結果，依相關法令規定辦理相關人員之獎懲，並登錄於主管機關指定之資訊網路系統。

② 機關得將查核成績列為工程採購以最有利標或評分及格最低標決標之履約績效評選或評分項目參考。

③ 查核成績列為丙等者，機關除應依契約規定處理外，並應依個案缺失情節檢討人員之責任歸屬後，採取下列之處置：

一　對所屬人員依法令予懲戒、懲處或移送司法機關。

二　對負責該工程之建築師、技師、專任工程人員或工地主任，報請各該主管機關依相關法規予以懲處或移送司法機關。

三　廠商有本法第一百零一條第一項各款規定之情形者，依本法第一百零一條至第一百零三條規定處理。

四　通知監造單位撤換派駐現場人員。

五　通知廠商依契約撤換工地負責人或品管人員或安全衛生人員。

④ 缺失未於期限內改善完成且未經查核小組同意展期限者，機關除應依契約規定處理外，並依前項第四款或第五款規定辦理。

⑤ 機關未依前二項規定處置或處置不當，查核小組得通知機關或其上級機關另為適當之處置，並副知審計機關；必要時，得函送監察院。有犯罪嫌疑者，應移送該管司法機關處理。

第一一條

① 主管機關得辦理下列事項：

一　定期公告查核小組查核情形。

二　不定期派員查核各查核小組作業情形。

三　考核各查核小組之執行績效。

② 前項第三款查核小組執行績效之考核作業規定，由主管機關定之。

第一二條

查核小組得視工程性質與實際需求，另定查核補充規定。

第一三條 105

查核委員辦理查核時，應公正執行職權，不得有下列之情形：

一　假藉查核之名，妨礙機關、監造單位或廠商依法及契約辦理工程施工。

二　接受不當餽贈或招待。

三　藉查核之便，蒐集與查核無關之資訊或資料，或要求至受查之機關授課、擔任顧問，或為其他不當之要求。

四　洩漏應保密之查核時間、地點及對象。

五　洩漏因查核所獲應保密之資訊或資料。

六　未經查核小組指派，自行辦理查核監督。

七　有不能公正執行職務之情事。

第一四條

本辦法自發布日施行。

工程施工查核小組組織準則

民國 91 年 8 月 21 日行政院公共工程委員會令訂定發布全文 12 條；
並自發布日施行。

第一條

本準則依政府採購法（以下簡稱本法）第七十條第四項規定訂定
之。

第二條

①中央及直轄市、縣（市）政府工程施工查核小組（以下簡稱查核
小組）之設立機關如下：

一　中央政府查核小組：

　　㈠中央查核小組：本法主管機關（以下簡稱主管機關）。

　　㈡部會行處局署院查核小組：行政院所屬部會行處局署院。

二　直轄市政府查核小組：各直轄市政府。

三　縣（市）政府查核小組：各縣（市）政府。

②前項第一款第二目部會行處局署院查核小組，應冠以該部會行處
局署院之名稱。

第三條

查核小組查核工程之範圍如下：

一　中央查核小組：

　　㈠中央各機關辦理之工程。

　　㈡中央各機關補助或委託其他機關、法人或團體辦理之工
　　　程，而適用本法之規定者。

　　㈢地方機關辦理之工程。

二　部會行處局署院查核小組：

　　㈠該部會行處局署院及所屬各機關辦理之工程。

　　㈡該部會行處局署院及所屬各機關補助或委託其他機關、法
　　　人或團體辦理之工程，而適用本法之規定者。

三　直轄市政府查核小組：

　　㈠直轄市各機關辦理之工程。

　　㈡直轄市各機關補助或委託其他機關、法人或團體辦理之工
　　　程，而適用本法之規定者。

四　縣（市）政府查核小組：

　　㈠縣（市）及所轄鄉（鎮、市）各機關辦理之工程。

　　㈡縣（市）及所轄鄉（鎮、市）各機關補助或委託其他機
　　　關、法人或團體辦理之工程，而適用本法之規定者。

第四條

查核小組之任務，為辦理查核工程品質及進度等事宜。

第五條

①查核小組置召集人一人，綜理工程施工查核事宜，由設立機關首長或其指定之高級主管人員兼之。

②查核小組置查核委員若干人，於實施個案工程查核時派（聘）兼之，並於完成查核且無待處理事項後免兼。

③前項查核委員，除由設立機關指派機關具有工程專業知識人員擔任外，並由主管機關所建置之專家名單中遴選之，其中外聘之專家人數不得少於三分之一。但有特殊情形經報主管機關同意後，不在此限。

④前項專家名單，由主管機關公開於資訊網路。未能自該名單覓得適當人選者，得敘明理由，另行遴選後簽報機關首長核定。

第六條

查核小組置執行秘書一人，由設立機關就具有工程管理專門知識或相關工作經驗之人員派（聘）兼之，承召集人之命，處理查核小組日常事務；工作人員若干人，由設立機關派兼之，協辦施工查核小組業務。

第七條

有下列各款情形之一者，不得擔任查核委員：

一　犯刑法瀆職罪或貪污治罪條例規定之罪，經判刑確定者。

二　褫奪公權尚未復權者。

三　受破產宣告尚未復權者。

四　專門職業及技術人員已受停止執行業務或受撤銷執業執照或受撤銷開業證書之處分者。

第八條

查核委員辦理查核時之迴避，準用本法第十五條第二項及第三項之規定。

第九條

查核委員有第七條或不能公正執行職權者，設立機關應解除其職務；其為外聘專家時，並通知主管機關自專家名單中刪除之。

第一〇條

查核小組應於每年四月、七月、十月及次年一月底前，將最近一季查核結果彙送主管機關備查。

第一一條

查核小組發文，以設立機關名義行之。

第一二條

本準則自發布日施行。

共同供應契約實施辦法

①民國 88 年 5 月 17 日行政院公共工程委員會令訂定發布全文 16 條；
　並自 88 年 5 月 27 日起施行。
②民國 101 年 3 月 1 日行政院公共工程委員會令修正發布第 16 條條
　文；刪除第 13 條條文；並自發布日施行。

第一條

為辦理政府採購法（以下簡稱本法）第九十三條規定之共同供應
契約，特訂定本辦法。

第二條

①本法第九十三條所稱具有共通需求特性之財物或勞務，指該財物
　或勞務於二以上機關均有需求者。
②本法第九十三條所稱共同供應契約（以下簡稱本契約），指一機
　關為二以上機關具有共通需求特性之財物或勞務與廠商簽訂契約，
　使該機關及其他適用本契約之機關均得利用本契約辦理採購者。

第三條

①本辦法所稱訂約機關，指與廠商簽訂本契約之機關。
②本辦法所稱適用機關，指應依本契約辦理採購之機關。

第四條

機關辦理本契約之招標文件，除法令另有規定者外，應視需要載
明下列事項：

一　招標標的之名稱、技術規格、供應區域、預估採購總數量、
　　每次最低採購量、每次最高採購量、報價條件、通知得標廠
　　商供應之程序、廠商每次供應之履約期限、包裝、驗收、保
　　固、爭議處理或其他商業條款。

二　價格及履約期限得因地區而異者，其所適用之各個地區。

三　本契約之有效期及有效期屆滿或終止前發出之訂購通知均屬
　　有效。

四　廠商於本契約之有效期內對一般大眾之促銷或減讓活動，其
　　價格或條件優於本契約時，應一併適用於適用機關。

五　適用機關。

六　前款以外之機關，於徵得廠商同意後，得利用本契約辦理採
　　購。

七　本契約變更之程序及條件。

八　終止或解除本契約之條件。

九　訂約機關及廠商之名稱、地址、電話、電傳號碼及聯絡人
　　（或單位）等資料。

十　標明本契約係共同供應契約。

十一　其他必要事項。

第五條

前條第五款所稱適用機關，得為下列情形之一：

一　二以上機關共同協議由其中一機關訂約者，為參與協議之各機關。

二　由中央各部、會、行、處、局、署等機關或各直轄市、縣（市）政府指定機關訂約者，為指定機關及其所屬機關。

三　由主管機關指定機關訂約者，為中央機關。

第六條

①適用機關應利用本契約辦理採購，並於辦理採購時通知訂約機關。但本契約另有規定者，從其規定。

②前項適用機關有正當理由者，得不利用本契約，並應將其情形通知訂約機關。

第七條

本契約應公開於主管機關指定之資訊網站，供各機關利用。

第八條

①適用機關利用本契約辦理採購之程序，應由訂約機關於本契約內訂明；其方式得為下列情形之一：

一　經由訂約機關為之。

二　逕與廠商為之，並副知訂約機關。

三　本契約規定之其他程序。

②適用機關辦理驗收及付款事宜，以逕與廠商為之為原則。

第九條

本契約應明定訂約廠商於本契約有效期內，以更優惠之價格或條件供應本契約之標的於適用機關或他人者，訂約機關得與廠商協議變更本契約。廠商無合理事由而不減價者，訂約機關得終止契約。

第一〇條

本契約應明定廠商對適用本契約之機關，為無正當理由之差別待遇，或有可歸責於廠商之事由而未能供應時，訂約機關得終止契約，並得請求損害賠償。

第一一條

適用機關利用本契約採購之期間，最長以二年為限。

第一二條

本契約關於統計資料之蒐集與彙報及依本法第一百零一條所為之通知等事項，由訂約機關統一處理為原則。

第一三條　（刪除）101

第一四條

適用機關之駐國外機構辦理採購，得不適用本辦法之規定。

第一五條

訂約機關為辦理本契約，得向適用機關收取必要之費用。

第一六條　101

①本辦法自中華民國八十八年五月二十七日施行。

②本辦法修正條文自發布日施行。

電子採購作業辦法

民國 91 年 7 月 17 日行政院公共工程委員會令訂定發布全文 25 條；並自發布日施行。

第一章　總　則

第一條

本辦法依政府採購法（以下簡稱本法）第九十三條之一第二項規定訂定之。

第二條

本辦法用詞定義如下：

一　政府採購卡：指信用卡業務機構發給機關，用以支付政府採購價金之信用卡、轉帳卡或儲值卡。

二　電子憑據：指具有數位簽章，作為收受電子招標文件、領標、收受電子投標文件、電子押標金保證書、電子保證金保證書、開標、決標、訂購及付款等之憑據。

三　電子押標金保證書：指由銀行以電子簽章、簽證所出具作為押標金用途之電子文件。

四　電子保證金保證書：指由銀行以電子簽章、簽證所出具作為保證金用途之電子文件。

第三條

機關及廠商以電子化方式辦理採購（以下簡稱電子採購），依規定應簽名或蓋章者，應以電子簽章為之。

第四條

機關及廠商辦理電子採購，應向主管機關指定之憑證機構申請憑證。

第五條

機關及廠商辦理電子採購，應利用主管機關指定之資訊系統，並登錄必要之資料。

第二章　招標決標

第六條

① 機關利用主管機關指定之資訊系統辦理招標文件之公開發給、發售或公開閱覽，得免另備書面文件。

② 機關允許廠商以電子化方式辦理領標（以下簡稱電子領標）或以電子化方式辦理投標（以下簡稱電子投標）者，應於招標公告及

招標文件中訂明。

第七條

機關提供電子招標文件，得向廠商收取必要之成本費用，其金額由招標機關定之。其另有書面文件者，不得高於書面文件發售費用。

第八條

機關之電子招標文件，廠商不得任意重製、轉載或篡改。但經招標機關同意者，不在此限。

第九條

機關得將電子招標文件檔案之全部或一部，轉換為一或數個自動解壓縮檔。該檔經解壓縮還原後，其內容應與壓縮轉換前相同。

第一○條

①機關得於招標文件中規定廠商電子投標使用之檔案格式，或廠商列印電子招標文件投標之格式。但廠商之檔案格式或列印格式不影響讀取、辨識或使用者，機關不得拒絕。

②前項機關規定之檔案格式或列印格式不應限制廠商之競爭。

第一一條

①機關允許廠商電子投標者，得於招標文件中規定，以電子投標文件簽約，或於決標後於期限內以書面文件辦理簽約。

②前項書面文件內容應與電子投標文件相同。其不同者，以後者為準。

第一二條

廠商電子投標者，應於投標截止期限前將所有電子投標文件均傳輸至主管機關指定之資訊系統。

第一三條

①廠商辦理電子投標，其依本法第三十條或第三十七條第二項規定繳納押標金、保證金或提供擔保，得以銀行開具之電子押標金保證書或電子保證金保證書為之。

②前項保證書格式由主管機關公開於指定之資訊系統。

第一四條

廠商之電子投標文件不得含有電腦病毒並能正常開啟而不影響讀取、辨識或使用。

第一五條

①機關允許廠商電子投標者，得辦理電子開標及電子決標。

②前項開標及決標得免公開為之，並得不通知投標廠商到場。其監辦並方式得由監辦單位採書面審核監辦。

第一六條

①電子招標文件及電子投標文件，其以文字或圖形檔處理有困難者，得以掃描電子文件代之。

②電子投標文件中含有掃描文件者，機關得通知廠商提出書面文件供查驗。

第一七條

機關辦理採購，其與廠商間之通知、說明、減價、比減價格、協商、更改原報內容、重新報價，得以電子資料傳輸方式辦理。

第一八條

機關辦理電子採購，主管機關指定之資訊系統因故暫停服務時，其處理規定如下：

一　招標及詢價階段：機關待系統恢復後再行傳輸電子招標文件。

二　領標階段：廠商以招標文件規定之其他方式領標或待系統恢復後再行電子領標。機關得視個案受影響情形，公告延長等標期。

三　報價投標階段：廠商以招標文件規定之其他方式投標或待系統恢復後再行電子投標。機關得視個案受影響情形，公告延長等標期。

四　開標階段：機關待系統恢復後再行開標，或延期開標。但確知無電子投標文件者，不在此限。

第三章　付　款

第一九條

機關支付採購價金，得以政府採購卡為之。

第二〇條

機關與發卡機構簽訂之契約，應載明下列事項：

一　政府採購卡之樣式。

二　使用政府採購卡支付外幣者，其匯率之計算方式。

三　帳款疑義之處理。

四　政府採購卡遺失或毀損時之掛失、補發或換發程序及雙方之權利義務。

五　政府採購卡不得預借現金或融資。

六　政府採購卡信用額度。

七　持卡人辦理公務採購，其使用政府採購卡之相關紀錄，與持卡人個人信用無關。

八　機關免除付款責任之事由。

九　其他經主管機關認定者。

第二一條

①政府採購卡之持卡人由機關指定，持卡人於持卡期間內應善盡保管責任。

②持卡人資格經取消者，機關應通知發卡機構註銷其持卡，原持卡人並應於機關首長或其授權人員指定期間內，辦理結報。

第二二條

①機關得依持卡人及其採購標的之性質、對象及金額，設定政府採購卡之使用權限。

②前項權限之設定，應經機關首長或其授權人員之核准。

第二三條

① 政府採購卡持卡人於使用權限內得以該卡支付採購價金。

② 持卡人於收到發卡機構之對帳單後，應併相關採購文件，並於憑證上註明「以政府採購卡支付」之字樣後辦理結報。

③ 前項文件經機關主（會）計單位覆核及機關首長或其授權人員核准後，進行付款程序。

第四章　附　則

第二四條

① 主管機關得向電子採購資訊系統之使用者收費；其收費基準，由主管機關關定之。

② 主管機關於必要時得將電子採購資訊系統委託廠商經營。

第二五條

本辦法自發布日施行。

採購評選委員會組織準則

①民國88年5月21日行政院公共工程委員會令訂定發布全文10條；並自88年5月27日起施行。
②民國88年9月28日行政院公共工程委員會令修正發布第4、10條條文；並自發布日起施行。
③民國90年6月20日行政院公共工程委員會令修正發布第3、4、6條條文。
④民國92年6月25日行政院公共工程委員會令修正發布第4、6、7、7條條文；並增訂第4-1條條文。
⑤民國93年10月27日行政院公共工程委員會令修正發布第4條條文。
⑥民國94年7月13日行政院公共工程委員會令修正發布第8條條文。
⑦民國96年7月20日行政院公共工程委員會令修正發布第8條條文。
⑧民國99年5月12日行政院公共工程委員會令修正發布第4、4-1條條文。

第一條

本準則依政府採購法（以下簡稱本法）第九十四條第二項規定訂定之。

第二條

機關為辦理下列事項，應就各該採購案成立採購評選委員會（以下簡稱本委員會）：

一　本法第二十二條第一項第九款或第十款規定之評選優勝者。

二　本法第五十六條規定之評定最有利標或向機關首長建議最有利標。

第三條 90

①本委員會應於招標前成立，並於完成評選事宜且無待處理事項後解散，其任務如下：

一　訂定或審定招標文件之評選項目、評審標準及評定方式。

二　辦理廠商評選。

三　協助機關解釋與評審標準、評選過程或評選結果有關之事項。

②前項第一款之評選項目、評審標準及評定方式有前例或條件簡單者，得由機關自行訂定或審定，免於招標前成立本委員會為之。但本委員會仍應於開標前成立。

第四條 99

①本委員會置委員五人至十七人，就具有與採購案相關專門知識之人員派兼或聘兼之，其中外聘專家、學者人數不得少於三分之一。

②前項人員為無給職；聘請國外專家或學者來臺參與評選者，得依規定支付相關費用。

③第一項外聘專家、學者，由機關需求或承辦採購單位參考主管機關同教育部、考選部及其他相關機關所建立之建議名單，列出遴選名單，簽報機關首長或其授權人員核定。簽報及核定，均不受建議名單之限制。

④前項建議名單，由主管機關公開於資訊網路。

⑤第三項擬外聘之專家、學者，應經其同意後，由機關首長聘兼之。

第四條之一 99

機關遴選本委員會委員，不得有下列情形。

一　接受請託或關說。

二　接受舉薦自己為委員者。

三　為特定廠商利益而為遴選。

四　遴選不具有與採購案相關專門知識者。

五　明知操守不正仍為遴選。

六　其他經主管機關認定者。

第五條

有下列各款情形之一者，不得遴選為本委員會委員：

一　犯貪污或瀆職之罪，經判刑確定者。

二　褫奪公權尚未復權者。

三　受破產宣告確定尚未復權者。

四　專門職業人員已受停止執行業務或撤銷執業執照之處分者。

第六條 92

①本委員會委員名單，於開始評選前應予保密。但經本委員會全體委員同意於招標文件中公告委員名單者，不在此限。

②本委員會招標名單，於評選出優勝廠商或最有利標後，應予解密；其經評選而無法評選出優勝廠商或最有利標致廢標者，亦同。

第七條 92

①本委員會置召集人一人，綜理評選事宜；副召集人一人，襄助召集人處理評選事宜。

②召集人、副召集人均為委員，由機關首長或其授權人員指定委員擔任，或由委員互選產生之；召集人由機關內部人員擔任者，應由一級主管以上人員任之。

③本委員會會議，由召集人召集之，並為主席；召集人未能出席或因故出缺時，由副召集人代理之。

第八條 96

①機關應於本委員會成立時，一併成立三人以上之工作小組，協助本委員會辦理與評選有關之作業，其成員由機關首長或其授權人員指定機關人員或專業人士擔任，且至少應有一人具有採購專業人員資格。

②本委員會開會時，機關辦理評選作業之承辦人員應全程出席，並得邀請有關機關人員、學者或專家列席，協助評選。

③前二項協助評選人員，均為無給職。

④第一項及第二項協助評選人員之迴避，準用採購評選委員會審議

　規則第十四條規定。

第九條

　本委員會如有對外行文之需要，應以成立機關名義行之。

第一〇條

①本準則自中華民國八十八年五月二十七日施行。

②本準則修正條文自發布日施行。

採購評選委員會審議規則

① 民國 88 年 5 月 21 日行政院公共工程委員會令訂定發布全文 16 條；並自 88 年 5 月 27 日起施行。
② 民國 89 年 4 月 18 日行政院公共工程委員會令修正發布第 9、16 條條文。
③ 民國 92 年 6 月 25 日行政院公共工程委員會令修正發布第 6、9、10、13、14 條條文；並增訂第 6-1、14-1 條條文。
④ 民國 93 年 9 月 8 日行政院公共工程委員會令修正發布第 6-1 條條文。
⑤ 民國 94 年 1 月 3 日行政院公共工程委員會令修正發布第 6-1 條條文。
⑥ 民國 94 年 7 月 13 日行政院公共工程委員會令修正發布第 3、5、7 條條文；並刪除第 4 條條文。
⑦ 民國 96 年 4 月 25 日行政院公共工程委員會令修正發布第 6、9 條條文；並增訂第 3-1 條條文。
⑧ 民國 97 年 4 月 28 日行政院公共工程委員會令修正發布第 14 條條文。

第一條
本規則依政府採購法（以下簡稱本法）第九十四條第二項規定訂定之。

第二條
採購評選委員會（以下簡稱本委員會）得視案件性質，由召集人或委員會議決定每位委員之分工及應評選之項目。

第三條 94
機關成立之工作小組應依據評選項目或本委員會指定之項目，就受評廠商資料擬具初審意見，載明下列事項，連同廠商資料送本委員會供選評參考：
一 採購案名稱。
二 工作小組人員姓名、職稱及專長。
三 受評廠商於各評選項目所報內容是否符合招標文件規定。
四 受評廠商於各評選項目之差異性。

第三條之一 96
① 本委員會辦理廠商評選，應就各評選項目、受評廠商資料及工作小組初審意見，逐項討論後為之。
② 本委員會或個別委員評選結果與工作小組初審意見有異時，應由本委員會或該個別委員敘明理由，並列入會議紀錄。

第四條 （刪除）94

第五條 94
① 本委員會於作成決議前得指定委員就工作小組所擬具之初審意見內容預先審查，其審查意見應送本委員會參考。

②委員認有調查或實地勘驗之必要時，得經本委員會決議後實施調查或勘驗。

第六條 96

①委員應公正辦理評選。評選及出席會議，應親自為之，不得代理，且應參與評分（比）。

②不同委員之評選結果有明顯差異時，召集人應提交本委員會議決或依本委員會決議辦理複評。複評結果仍有明顯差異時，由本委員會議決之。

③本委員會依前項規定，得作成下列議決或決議：

一 維持原評選結果。

二 除去個別委員評選結果，重計評選結果。

三 廢棄原評選結果，重行提出評選結果。

四 無法評定最有利標。

第六條之一 94

①委員辦理評選，應於機關備具之評分（比）表逐項載明各受評廠商之評分或序位，並簽名或蓋章。

②機關於委員評選後，應彙整製作總表，載明下列事項，由參與評選全體委員簽名或蓋章。其內容有修正者，應經修正人員簽名或蓋章：

一 採購案。

二 各受評廠商名稱及標價。

三 本委員會全部委員姓名、職業、評選優勝廠商或評定最有利標會議之出席委員姓名。

四 各出席委員對於各受評廠商之評分或序位評比結果。

五 全部出席委員對各受評廠商之總評選結果。

③前項第四款，各受評廠商之評分或序位評比結果，其所標示之各出席委員姓名，得以代號代之。

第七條 94

①工作小組擬具初審意見及本委員會審查、議決等評選作業，以記名方式秘密為之為原則。

②評選結果應通知投標廠商，對不合格或未獲選之廠商，並應敘明其原因。

第八條

本委員會或工作小組辦理評選，其於通知廠商說明、減價、協商、更改原報內容或重新報價時，應個別洽廠商為之，並予保密。

第九條 96

①本委員會議，應有委員總額二分之一以上出席，其決議應經出席委員過半數之同意行之。出席委員中之外聘專家、學者人數應至少二人且不得少於出席人數之三分之一。

②本委員會委員有第十四條情形或其他原因未能繼續擔任委員，致委員總額或專家、學者人數未達本法第九十四條第一項關於人數

之規定者，應另行遴選委員補足之。

③第一項會議表決時，主席得命本委員會以外之人員退席。但不包括應全程出席之承辦人員。

④第一項會議，應作成紀錄，由出席委員全體簽名。

第一〇條 92

本委員會會議進行中，出席委員人數不符合前條第一項規定者，議案不得提付表決。

第一一條

①本委員會會議紀錄，應記載下列事項：

一　採購案名稱。

二　會議次別。

三　會議時間。

四　會議地點。

五　主席姓名。

六　出席及請假委員姓名。

七　列席人員姓名。

八　記錄人員姓名。

九　報告事項之案由及決定。

十　討論事項之案由及決議。

十一　臨時動議之案由及決議。

十二　其他應行記載之事項。

②前項會議紀錄至遲應於下次開會時分送各出席委員，並予確認。如有遺漏或錯誤，得於紀錄宣讀後，提請主席裁定更正。最後一次會議紀錄應於當次會議結束前作成並予確認。

第一二條

本委員會委員對於會議之決議有不同意見者，得要求將不同意見載入會議紀錄或將意見書附於會議紀錄，以備查考。本委員會不得拒絕。

第一三條 92

①本委員會委員及參與評選工作之人員對於受評廠商之資料，除供公務上使用或法令另有規定外，應保守秘密。評選後亦同。

②得標廠商受評選之樣品或模型，機關得於決標後公開；未得標廠商之樣品或模型，機關得於決標後發還。

第一四條 97

本委員會委員有下列情形之一者，應即辭職或予以解聘：

一　就案件涉及本人、配偶、三親等以內血親或姻親，或同財共居親屬之利益。

二　本人或其配偶與受評選之廠商或其負責人間現有或三年內曾有僱傭、委任或代理關係。

三　委員認為本人或機關認其有不能公正執行職務之虞。

四　有其他情形足使受評選之廠商認其有不能公正執行職務之虞，經受評選之廠商以書面敘明理由，向機關提出，經本委

員會作成決定。

第一四條之一 92

本委員會委員自接獲評選有關資料之時起，不得就該採購案參加投標、作為投標廠商之分包廠商或擔任工作成員。其有違反者，機關應不決標予該廠商。

第一五條

關於本委員會評選廠商之文書，應由承辦人員就每一採購案分別編訂卷宗。

第一六條

① 本規則自中華民國八十八年五月二十七日施行。

② 本規則修正條文自發布日施行。

採購專業人員資格考試訓練發證及管理辦法

① 民國 92 年 1 月 29 日行政院公共工程委員會令訂定發布全文 23 條。
民國 92 年 10 月 29 日行政院公共工程委員會令發布定自 93 年 1 月 1 日起施行。
② 民國 93 年 11 月 17 日行政院公共工程委員會令修正發布第 11 條之附表；並自 94 年 1 月 1 日起施行。
③ 民國 98 年 1 月 15 日行政院公共工程委員會令修正發布第 5、6、15、12 條條文；並自發布日施行。
④ 民國 100 年 1 月 5 日行政院公共工程委員會令修正發布第 6、11、12、15、16 條條文及第 11 條之附表；並刪除第 13、18 條條文。
⑤ 民國 106 年 1 月 24 日行政院公共工程委員會令修正發布第 10 條條文。

第一章 總 則

第一條

本辦法依政府採購法（以下簡稱本法）第九十五條第二項規定訂定之。

第二條

機關辦理採購，其訂定招標文件、招標、決標、訂約、履約管理、驗收及爭議處理，宜由採購專業人員承辦或經採購專業人員審核、協辦或會審。

第三條

本辦法所稱採購專業人員，指取得採購專業人員基本資格或進階資格者。

第二章 資 格

第四條

① 符合下列情形之一之人員，取得採購專業人員基本資格：

一 參加主管機關或其委託之機關或學術機構（以下簡稱機關（構））依本辦法辦理之基礎訓練，經考試及格，領有及格證書者。

二 本法施行後至本辦法施行前，辦理採購期間在一年以上，無重大違反本法情形，且曾參與主管機關、上級機關或任職機關辦理與本法有關之訓練或講習課程，時數在二十小時以上，領有及格或結訓證明，經上級機關核定者。

三 其他經主管機關認定者。

② 前項第二款，上級機關得洽請主管機關舉辦考試，及格者發給及

格證書。

第五條 98

①符合下列情形之一之人員，取得採購專業人員進階資格：

一 已取得採購專業人員基本資格，參加主管機關或其委託之機關（構）依本辦法辦理之進階訓練，經考試及格，領有及格證書者。

二 符合前條第一項第二款規定之人員，於本法發布後至本辦法施行前，擔任採購單位主管職務，期間在六個月以上，且無重大違反本法情形，經上級機關核定者。

三 其他經主管機關認定者。

②前項第二款所稱採購單位，指專責採購業務之股、課、科、室、組、處或其他相當者。

第六條 100

①採購單位主管人員宜取得採購專業人員進階資格，採購單位非主管人員宜取得採購專業人員基本資格。

②前項主管及非主管人員，宜於其就（到）職之日起一年內，取得採購專業人員基本資格；主管人員並宜於其就（到）職之日起二年內，取得採購專業人員進階資格。

③前項人員，逾期未取得採購專業人員資格者，機關宜命其參加訓練；其情形並列入年終考核獎懲參考。

第七條

機關採購專業人員調任其他機關辦理採購，其採購專業人員資格不受影響。

第八條

採購專業人員因職務異動不辦理採購，其採購專業人員資格得予保留。

第九條

採購專業人員辭職後五年內回任機關採購職務者，仍具採購專業人員資格。

第一〇條 106

①採購專業人員有下列情形之一者，喪失其採購專業人員資格：

一 辦理採購業務，涉嫌不法行為，經有罪判決者。但經判決無罪確定者，予以回復。

二 因辦理採購業務違反法令情節重大而受免除職務、撤職、剝奪、減少退休（職、伍）金、休職、降級、減俸、罰款、記過懲戒處分之判決者。但經再審撤銷原判決更為判決，致無上述情形者，予以回復。

②符合前項第一款情形者，並註銷其及格證書。

③第一項第二款情形，與操守無關，係偶發情形，且可改善者，經主管機關核准，得免喪失採購專業人員資格。

第三章 考試訓練及發證

第一一條 100

① 採購專業人員訓練，分下列二種：

一　基礎訓練：以培養擔任採購單位人員一般所需之政府採購法令及實務之基本智識為主。

二　進階訓練：以培養擔任採購單位主管所需之廣泛且深入之政府採購法令及實務知識為主。

② 前項訓練，其參訓人員分別以未取得採購專業人員基本或進階資格之採購人員或即將辦理採購業務之人員為優先。未取得採購專業人員基本資格者，不得參加進階訓練。

③ 第一項訓練之課程、時數及考試方式如附表。

④ 前項訓練，除當面授課方式外，得以視訊或網路教學方式為之。考試，得以筆試或電子化方式為之。

第一二條 100

① 採購專業人員訓練由主管機關舉辦，並得委託其他機關（構）辦理。其出勤考核及考試，由訓練機關（構）辦理；試題由主管機關或授權訓練機關（構）命製；主管機關得派員監試。

② 前項受委託之機關（構）於考試結束後，應將各參加訓練人員缺課、考試成績、違規及得否發證等情形通知主管機關，以備發證。

第一三條 （刪除）100

第一四條

機關（構）辦理基礎與進階訓練及考試，得收取必要之費用。

第一五條 100

① 參加訓練，缺課時數逾全部課程十分之一者，不得參加考試。

② 考試成績以總滿分得分百分之七十以上為及格。但依課程分別辦理考試者，個別課程不得有零分之情形。

③ 考試成績不及格者，得申請補考，無次數限制。

④ 前項規定，於本辦法一百年一月五日修正施行前，考試成績不及格而達總滿分得分百分之五十以上，尚未依修正前規定於接獲不及格通知次日起一年內完成補考者，亦適用之。

第一六條 100

① 考試及格者，由主管機關發給考試及格證書，並得以電子文件代之。

② 其遺失補發者，發給考試及格證明。

③ 及格證書格式，由主管機關定之。

第一七條

① 應考人有下列各款情形之一，不予發證：

一　冒名頂替者。

二　偽造或變造應考證件者。

三　不具備應考資格者。

四　以詐術或其他不正當方法，使考試發生不正確之結果者。

②前項不予發證之情形，於發證後發現者，撤銷其資格，並註銷其及格證書。

第一八條 （刪除）100

第一九條

應人得於收受考試成績通知之次日起七日內向辦理考試機關（構）申請複查。

第四章 管 理

第二〇條

機關對其採購專業人員，應列冊送上級機關，並以電子資料方式傳輸至主管機關指定之資料庫。異動時，亦同。

第二一條

機關採購專業人員以專任為原則，並應避免頻繁異動。

第二二條

主管機關、直轄市及縣（市）政府得視需要調集採購專業人員實施在職訓練。其調訓範圍如下：

一 主管機關：中央及地方各機關之採購專業人員。

二 直轄市政府：直轄市各機關之採購專業人員。

三 縣（市）政府：縣（市）及所轄鄉（鎮、市）各機關之採購專業人員。

第五章 附 則

第二三條 98

①本辦法施行日期，由主管機關定之。

②本辦法修正條文自發布日施行。

附表 採購專業人員訓練課程及考試方式

訓練種類	訓練課程及最低上課時數	考試方式
基礎訓練	政府採購法規概要（二十三小時）、最有利標及評選優勝廠商（六小時）、工程及技術服務採購實務（六小時）、財物及勞務採購實務（六小時）、底價及價格分析（三小時）、投標須知及招標文件製作（四小時）、採購契約（四小時）、電子採購實務（六小時）、爭議處理（四小時）、道德規範及違法處置（二小時）、錯誤採購態樣（二小時）、考試（四小時），合計七十小時。	試題型態包括是非題及選擇題。其中是非題所占分數比重不逾百分之五十。考試時得由訓練機關（構）提供採購法令供參考。
進階訓練	採購程序及實務研討（六小時）、工程及技術服務採購實務研討（六小時）、財物及勞務採購實務研討（六小時）、採購契約研討（六小時）、協商及溝通技巧（四小時）、採購談判及協定（四小時）、採購處理研討（四小時）、採購問題與對策（六小時）、採購行為及當事人法律責任（四小時）、考試（四小時），合計五十小時。	試題型態包括是非題及選擇題。其中是非題所占分數比重不逾百分之三十。考試時不得翻閱參考書籍。

| 附　記 | 一、主管機關必要時得通知訓練機關（構）調整課程及上課時數，或增加其他必要之課程及上課時數。
二、訓練機關（構）得自行增加上課時數及其他必要之課程。
三、參訓人員未能於一期內修畢全部課程者，得分期選課。 | 一、考試得依課程分別辦理。
二、試題內容應包括所有訓練課程，並以測驗對法規之瞭解程度及實際作業能力為主。 |

機關優先採購環境保護產品辦法

①民國 88 年 5 月 26 日行政院公共工程委員會、環境保護署令會銜訂定發布全文 17 條；並自 88 年 5 月 27 日起施行。
②民國 90 年 1 月 15 日行政院公共工程委員會、環境保護署令會銜修正發布第 7、12、17 條條文；並自發布日起施行。

第一條

本辦法依政府採購法（以下簡稱本法）第九十六條第三項規定訂定之。

第二條

本法第九十六條之用詞定義如下：

一　效能相同或相似之產品，指環境保護產品之效能經招標機關認定與招標文件之規定相同或相似者。

二　再生材質，指回收材質經由再製過程，製成最終產品或產品之組件。

三　可回收，指產品或其組件於廢棄後可經由收集、處理而轉變為原物料或產品。

四　低污染，指產品或其材料之設計、製造或使用，具有減少產生有害或有毒物質之功能者。

五　省能源，指產品或其材料之使用，具有減少能源消耗之功能者。

六　增加社會利益或減少社會成本，指產品或其材料之設計、製造或使用，具有降低對有限資源之依賴、減少資源之消耗、開發新種資源之使用或其他類似情形者。

第三條

本法第九十六條第一項所稱政府認可之環境保護標章（以下簡稱環保標章）使用許可之產品，指該產品屬環保署公告之環保標章產品項目，且符合下列情形之一者（以下簡稱第一類產品）：

一　取得行政院環境保護署（以下簡稱環保署）認可之環保標章使用許可。

二　取得與我國達成相互承認協議之外國環保標章使用許可。

第四條

本法第九十六條第一項所稱產品或其原料之製造、使用過程及廢棄物處理，符合再生材質、可回收、低污染或省能源者，指非屬環保署公告之環保標章產品項目之產品，經環保署認定符合此等條件，並發給證明文件者（以下簡稱第二類產品）。

第五條

已取得外國環保標章使用許可，而不及於投標前取得前二條環保

標章使用許可或證明文件者，得於投標文件內先行提出經公證或認證之外國環境標章使用許可證明影本，並於招標文件規定之期限內取得前二條環境標章使用許可或證明文件。

第六條

本法第九十六條第二項所稱增加社會利益或減少社會成本之產品，指該產品經相關目的事業主管機關認定符合此等條件，並發給證明文件者（以下簡稱第三類產品）。

第七條 90

①第二類及第三類產品之認定，由申請廠商向環保署或相關目的事業主管機關提出符合各該類產品之說明及下列證明文件供審查：

一　申請日前一年內，未曾受到各級環境保護機關按日連續處罰、停工、停業、勒令歇業、撤銷、廢止許可證或移送刑罰處分。

二　產品已訂有國家標準者，符合國家標準。

三　品質及安全性符合相關法規規定。

②前項申請案之受理及審查，得委託民間機構辦理。

第八條

本辦法所稱環境保護產品（以下簡稱環保產品），指第一類至第三類產品。

第九條

本辦法不適用下列採購：

一　依我國締結之條約或協定所辦理之採購。

二　招標標的僅部分屬環保產品者。

第一〇條

機關依本辦法之規定辦理採購，應於招標文件中規定欲適用優惠措施之廠商須於投標文件內檢附下列資料供審查：

一　產品係屬第一類、第二類或第三類產品及其證明文件影本。

二　產品效能與招標文件之規定相同或相似之比較及其說明或證明資料。

三　允許價差優惠之採購，廠商之產品屬省能源、增加社會利益或減少社會成本者，其省能源、增加社會利益或減少社會成本之總金額及計算方式。

四　其他必要資料。

第一一條

①機關依本辦法之規定優先採購環保產品，並允許價差優惠者，其優惠比率由機關視個別採購之特性及預算金額訂定之，並載明於招標文件。但不得逾百分之十。

②前項優惠比率，於可量化之情形下，得以投標廠商之環保產品於招標文件所定使用期間內，就預估較非環保產品省能源、增加社會利益或減少社會成本之總金額，除以非環保產品中合於招標文件規定之最低價格，並以其商數之百分數為實際優惠比率。

③前項實際優惠比率逾招標文件所定優惠比率者，以招標文件所定

優惠比率計；未逾者，以實際優惠比率計。

④第二項可量化之情形，欲適用價差優惠之廠商應於投標文件內敘明其產品預估省能源、增加社會利益或減少社會成本之總金額及其計算方式。

第一二條 90

①機關依本法第九十六條第一項優先採購環保產品者，得擇下列方式之一辦理，並載明於招標文件：

一 非環保產品廠商為最低標，且其標價符合本法第五十二條第一項最低標之決標原則者，得以該標價優先決標予環保產品廠商。

二 非環保產品廠商為最低標，其標價符合本法第五十二條第一項最低標之決標原則，而環保產品廠商之最低標價逾該非環保產品廠商標價之金額，在招標文件所定價差優惠比率以內者，決標予環保產品廠商；逾價差優惠比率者，不予洽減，決標予該非環保產品廠商。

②依前項規定計算得優先決標予環保產品廠商之標價，其超底價決標或廢標，適用本法第五十三條第二項及第五十四條之規定。

第一三條

①前條第一項第一款環保產品廠商僅一家者，機關得洽該廠商減價至最低標之標價決標；在二家以上者，機關得自標價低者起，依序洽各該環保產品廠商減價一次，由最先減至最低標之標價者得標。

②機關依前項規定依序洽各環保產品廠商減價時，應優先洽第一類及第二類產品廠商減價，無法決標時再洽第三類產品廠商減價。

③前條第一項第二款，招標文件所定價差優惠比率以內之環保產品廠商家數在二家以上者，機關應優先決標予第一類及第二類產品廠商，且不以第三類產品之標價是否低於第一類及第二類產品之標價為條件。

第一四條

決標依本法第五十二條第一項第三款規定辦理者，得將廠商供應環保產品之情形，納入評定最有利標之評選項目。

第一五條

①機關依本辦法規定優先採購環保產品，應於招標文件規定以環保產品得標之廠商，應於履約期間向機關提出與該產品有關之證明文件，以供查核。

②前項招標文件並應規定以環保產品得標之廠商，其於履約期間未依契約規定提供該產品時，機關得採行下列措施：

一 終止契約。

二 解除契約。

三 追償價差優惠損失。

四 不發還履約保證金。

五 依本法第七十二條第一項規定通知廠商限期改善、拆除、重

　　作、退貨或換貨。

六　依本法第一百零一條規定辦理。

七　契約規定之其他措施。

第一六條

　主管機關對於採購環保產品績效卓著或有創新措施之機關或個人，得會同環保署及相關目的事業主管機關予以獎勵。

第一七條 90

①本辦法自中華民國八十八年五月二十七日施行。

②本辦法修正條文自發布日施行。

扶助中小企業參與政府採購辦法

①民國88年4月26日行政院公共工程委員會令訂定發布全文10條；
並自88年5月27日起施行。
②民國91年4月24日行政院公共工程委員會令修正發布第1、2、10
條條文；並自發布日施行。

第一條 91
本辦法依政府採購法（以下簡稱本法）第九十七條第二項規定訂
定之。

第二條 91
本法第九十七條第一項所稱中小企業，其認定依中小企業發展條
例之規定。

第三條
①機關辦理採購，於不違反法令或我國所締結之條約或協定之情形
下，得視案件性質及採購規模，規定投標廠商須為中小企業，或
鼓勵廠商以中小企業為分包廠商。
②未達公告金額之採購，除中小企業無法承做、競爭度不足、標價
不合理或有本法第二十二條第一項各款、第一百零四條第一項第
一款與第三款及第一百零五條第一項各款情形者外，以向中小企
業採購為原則。

第四條
①主管機關應會同經濟部於每一會計年度開始後二個月內，與國民
大會、總統府、國家安全會議、五院及院屬各一級機關與直轄市
及縣（市）政府會商後，訂定各該機關及其所屬機關該年度之採
購由中小企業承包或分包之目標金額比率，並刊登於政府採購公
報。
②前項所稱目標金額比率，得依機關之性質分別訂定之。

第五條
①機關辦理採購，應規定投標廠商於投標文件中敘明其是否係屬中
小企業；非屬中小企業者，並應敘明預計分包予中小企業之項目
及金額。
②機關於必要時得查證廠商是否係中小企業。經濟部就機關查詢事
項，應提供必要之協助。

第六條
①機關傳輸決標結果之資訊予主管機關時，應標示得標廠商是否係
屬中小企業。非屬中小企業者，應標示得標廠商預計分包予中小
企業之金額。

②機關向中小企業採購，而未能依前項規定傳輸決標資訊予主管機關者，至遲應於每一會計年度終了後一個月內向主管機關彙報。

第七條

得標廠商於履約期間新增或減少分包予中小企業之金額，得由機關於每一會計年度終了後一個月內向主管機關彙報，以調整當年度內由中小企業分包之金額。

第八條

共同投標廠商之成員有中小企業者，其由中小企業承包之金額，以該中小企業主辦項目之金額認定之。

第九條

①主管機關應會同經濟部於每一會計年度終了後二個月內，於政府採購公報刊登該年度內國民大會、總統府、國家安全會議、五院及院屬各一級機關與直轄市及縣（市）政府及其所屬機關之採購總金額，及該總金額中由中小企業承包或分包之總金額及所占比率。

②前項比率未達第四條所定目標金額比率之機關，應檢討改進。

第一〇條 91

①本辦法自中華民國八十八年五月二十七日施行。

②本辦法修正條文自發布日施行。

機關堪用財物無償讓與辦法

民國 88 年 4 月 26 日行政院公共工程委員會令訂定發布全文 10 條；
並自 88 年 5 月 27 日起施行。

第一條

①為建立政府採購法第一百條第二項機關堪用財物無償讓與制度，促進堪用財物流通，減少政府支出，特訂定本辦法。

②機關堪用財物之無償讓與，除法令另有規定外，依本辦法之規定辦理。

第二條

機關多餘不用之堪用財物，應隨時檢討處理，以期物盡其用。

第三條

本辦法所稱財物，包括機械及設備、交通及運輸設備、什項設備、材料、文具、書籍文物或消耗品等。

第四條

機關得依下列方式之一，將多餘不用之堪用財物無償讓與其他政府機關或公立學校（以下簡稱受讓機關）：

一　將堪用財物之資訊傳送至主管機關指定之電腦資料庫，公開於資訊網路，並得刊登於政府採購公報。

二　自行覓妥受讓機關。

第五條

前條第一款堪用財物之資訊，包括名稱、數量、主要規格、尺寸、重量、瑕疵情形、廠牌、製造或購置年份、原價、估計現值、所在地、申請受讓期限、聯絡人（或單位）及聯絡電話等。

第六條

申請受讓機關為瞭解堪用財物之現況，得向讓與機關申請現場查看。受讓後應自行辦理領取及運輸等事宜。

第七條

無償讓與之堪用財物尚未達使用年限者，其賸餘期間由受讓機關承受。有未完成之折舊率及殘餘價值者，亦同。

第八條

機關受讓之財物依規定必須辦理過戶登記或財產登記及管理者，出讓機關應將有關憑證及文件交付受讓機關，受讓機關並應依規定辦理過戶登記或財產登記及管理。

第九條

機關讓與或受讓財物，依法令規定應報上級機關核准或有其他報核程序者，依其規定。

第一〇條

本辦法自中華民國八十八年五月二十七日施行。

特殊軍事採購適用範圍及處理辦法

①民國88年5月17日行政院公共工程委員會、國防部令會銜訂定發布全文9條；並自88年5月27日起施行。
②民國93年9月8日行政院公共工程委員會、國防部令會銜修正發布第3、9條條文；並自發布日施行。

第一條

本辦法依政府採購法（以下簡稱本法）第一百零四條第二項規定訂定之。

第二條

①本法第一百零四條第一項但書所稱武器，指機關槍、衝鋒槍、卡柄槍、步槍、自動步槍、手槍、光學與化學武器、飛彈系統、戰車、砲車、裝甲車系統、步兵多人操作武器系統、電子作戰系統、艦艇、水下武器系統、潛艦、航空或相關武器系統、高性能偵照系統、衛星系統、自動化武器系統及其他可發射金屬、子彈或火焰且具有殺傷力之各式槍砲。

②本法第一百零四條第一項但書所稱彈藥，指前項武器所使用之各類型彈藥及其他具有殺傷力或破壞性之各類炸彈或爆裂物。

③本法第一百零四條第一項但書所稱作戰物資，指雷達、通訊器材、資訊設備及相關軟體、化學品、陸上、海上或空中之運輸與輸送工具、燃料及潤滑劑、糧秣、被服、裝載夾具、陣營具、醫療器材及藥品、淨水設備、地圖影像、照片、模型儀器及文書圖表、建築工程與材料、製造或使用武器、彈藥或作戰物資所需之材料或設備及其他足以影響戰備之物資。

④本法第一百零四條第一項但書所稱與國家安全或國防目的有關之採購，指為抵禦或防範外來之侵略、情報活動、顛覆或破壞等行為，必須辦理之採購。

第三條 93

①本法第一百零四條第一項第一款所稱國家面臨戰爭、戰備動員或發生戰爭，指國家遭遇明顯武力威脅、封鎖或敵國已有具體攻擊行動，國防部依戰備規定發布應急戰備或依實際需要動員後備部隊者。

②本法第一百零四條第一項第二款所稱機密或極機密，指依國家機密保護法或軍事機密與國防秘密種類範圍等級劃分準則列為機密、極機密或絕對機密等級者。

③本法第一百零四條第一項第三款所稱時效緊急，有危及重大戰備任務之虞者，指在經常戰備期間，因武器、彈藥或作戰物資屆臨時偶發事件，致經常戰備有所缺失，不立即採購有影響應急戰備任

務之虞者。

第四條

軍事機關辦理本法第一百零四條第一項第一款之採購，而不適用本法規定時，由國防部發布命令，並副知主管機關；其命令應記載不適用之條文，未記載者，仍應適用本法之規定。

第五條

軍事機關辦理前條採購，應符合下列規定：

一　辦理採購前，應經機關首長或其授權人員核准確有依前條命令辦理採購之必要。

二　以限制性招標方式辦理者，除獨家製造、供應或承做者外，以邀請二家以上廠商比價為原則。

三　不及與廠商簽訂契約者，應先有書面、電報或傳真協議。

四　不及與廠商確定契約總價者，應先確定單價及契約總價上限。

五　付款條件應能維護公款支用之安全性。

六　作業文件應加註「政府採購法第一百零四條第一項第一款戰爭採購」字樣。

七　依本法第六十二條彙送之決標資料，應敘明係屬本法第一百零四條第一項第一款辦理之採購。

第六條

軍事機關辦理本法第一百零四條第一項第二款之採購，應符合下列規定：

一　查核金額以上之採購，應報經國防部核准。

二　應邀請所有經資格審查合格之廠商投標。

三　參與投標廠商均須簽具保密切結書，得標商須簽具保密合約。

四　秘密開標。

五　作業文件應加註「政府採購法第一百零四條第一項第二款秘密採購」字樣，各級作業單位應實施全程保密，並訂定解密條件或日期。

六　依本法第六十二條彙送之決標資料，應敘明係屬本法第一百零四條第一項第二款辦理之採購。

第七條

軍事機關辦理本法第一百零四條第一項第三款之採購，應符合下列規定：

一　查核金額以上之採購，應報經國防部或其授權機關核准。

二　招標規格、廠商資格、等標期或辦理資格審查之期限，得依採購案件之特性及實際需要訂定之。

三　作業文件應加註「政府採購法第一百零四條第一項第三款緊急採購」字樣。

第八條

軍事機關之採購兼有本法第一百零四條第一項二款以上情形者，

　應一併適用本辦法相關之規定。

第九條 93

①本辦法自中華民國八十八年五月二十七日施行。

②本辦法修正條文自發布日施行。

特別採購招標決標處理辦法

①民國 88 年 4 月 26 日行政院公共工程委員會令訂定發布全文 9 條；
並自 88 年 5 月 27 日起施行。
②民國 89 年 1 月 10 日行政院公共工程委員會令修正發布名稱及第 3、
9 條條文；增訂第 6-1、8-1 條條文；並自發布日起施行（原名稱：
特殊採購招標決標處理辦法）。
③民國 98 年 8 月 27 日行政院公共工程委員會令修正發布第 6 條條文。

第一條

本辦法依政府採購法（以下簡稱本法）第一百零五條第二項規定
訂定之。

第二條

本法第一百零五條第一項所得不適用之本法招標及決標規定，
指本法第二章及第三章之規定。但不包括本法第三十四條、第五
十條及第五十八條至第六十二條之規定。

第三條 89

本法第一百零五條第一項第三款所稱公務機關，指政府機關；所
稱雙方直屬上級機關，指雙方分別隸屬之上級機關。

第四條

①機關辦理本法第一百零五條第一項第一款之採購，應先確認國家
遇有戰爭、天然災害、癘疫或財政經濟上有重大變故，總統業依
憲法發布緊急命令，且該採購業經機關首長或其授權人員核准確
有緊急處置之必要。

②前項核准文件應記載本法招標及決標規定中因緊急處置得不適用
之條文；其未記載者，仍應適用本法之規定。

第五條

①機關辦理本法第一百零五條第一項第二款之採購，應先確認人民
之生命、身體、健康或財產遭遇緊急危難，且該採購業經機關首
長或其授權人員核准確有緊急處置之必要。

②前項核准文件應記載本法招標及決標規定中因緊急處置得不適用
之條文；其未記載者，仍應適用本法之規定。

第六條 98

機關依本法第一百零五條第一項第一款及第二款辦理採購之決
標，應符合下列原則：

一　不及與廠商簽訂契約者，應先有書面、電報或傳真協議。

二　不及與廠商確定契約總價者，應先確定單價及工作範圍。

三　付款條件應能維護公款支用之安全性。

第六條之一 89

公務機關間財物或勞務之取得，依本法第一百零五條第一項第三款辦理者，應符合下列情形之一：

一　非屬一般廠商所能製造或供應者。

二　於國家安全或機密有必要者。

三　依本法辦理公告結果，無廠商投標或提供書面報價或企劃書者。

四　未達公告金額之採購。

五　其他經主管機關認定者。

第七條

機關依本法第一百零五條辦理之採購，應將其所依據之情形記載於依本法第六十一條刊登之決標公告及依本法第六十二條彙送之決標資料。

第八條

①公務機關依本法第一百零五條第一項第三款提供財物或勞務予其他機關之年度總額達巨額採購金額，且占該公務機關年收入之百分之五十以上者，其上級機關應檢討該公務機關年度內提供財物或勞務予其他機關之成本效益。

②前項成本效益分析結果欠佳，且有其他廠商能以更優惠之價格或條件提供相同或更佳之財物或勞務者，上級機關應避免核准所屬公務機關依本法第一百零五條第一項第三款辦理採購。

第八條之一 89

公立學校及公營事業向政府機關採購財物或勞務，得準用本辦法之規定。

第九條 89

①本辦法自中華民國八十八年五月二十七日施行。

②本辦法修正條文自發布日施行。

採購稽核小組作業規則

①民國 88 年 5 月 17 日行政院公共工程委員會令訂定發布全文 12 條；並自 88 年 5 月 27 日起施行。
②民國 89 年 10 月 16 日行政院公共工程委員會令修正發布第 2、8、12 條條文；並自發布日起施行。

第一條
本規則依政府採購法（以下簡稱本法）第一百零八條第二項規定訂定。

第二條 89
①採購稽核小組（以下簡稱稽核小組）得就機關辦理採購之書面、資訊網路或其他有關之資訊、資料，辦理稽核監督。
②稽核小組為辦理前項事宜，得向相關機關調閱有關資料；被請求機關不得拒絕。但法律另有規定者，不在此限。

第三條
①稽核小組發現機關辦理採購有重大異常情形者，得經召集人指定稽核委員組成專案小組，對機關進行稽核監督。
②主管機關或設立機關發現機關辦理採購有重大異常情形者，亦得經召集人為前項之指定。
③稽核小組進行稽核監督時，得不預先通知機關。

第四條
稽核委員辦理稽核監督，應公正行使職權，不得有下列情形：
一　假稽核監督之名，妨礙機關依法辦理採購。
二　接受不當餽贈或招待。
三　代採購機關訂定底價、審查投標文件、評選廠商或其他類似情形。
四　藉稽核監督之便，蒐集與稽核監督無關之資訊或資料，或為其他不當之要求。
五　洩漏應保密之稽核監督所獲資訊或資料。
六　洩漏應保密之稽核監督時間、地點及對象。
七　未經稽核小組指派，自行辦理稽核監督。
八　從事足以影響稽核委員尊嚴或使一般人認其有不能公正執行職務之事務或活動。

第五條
①稽核小組辦理稽核監督，採購機關應予協助或配合。
②稽核委員至採購機關辦理稽核監督時，應主動出示稽核小組之書面通知及身分證明。

第六條

① 稽核小組稽核監督採購，必要時得以書面通知機關對採購標的進行檢驗、拆驗、化驗或鑑定。

② 前項檢驗、拆驗、化驗或鑑定所生費用，於檢驗、拆驗、化驗或鑑定結果與契約規定相符者，由稽核小組之設立機關負擔；與契約規定不符者，由採購機關依招標文件或契約規定辦理。

第七條

專案小組辦理稽核監督，應於完成後十五日內向稽核小組提出稽核監督報告，經核定後函送採購機關。

第八條 89

① 稽核小組認採購機關有違反本法之情形者，除應依本法規定處理外，應函知機關採行改正措施，並副知其上級機關及審計機關。

② 前項違反本法之情形，其情節重大者，得另通知機關追究相關人員責任，有犯罪嫌疑者，應移送該管司法機關處理。

③ 稽核小組對於前二項執行情形，應予追蹤管制。

第九條

① 稽核委員辦理稽核監督，除涉及本人目前或過去三年內任職機關之採購事項應行迴避外，其迴避準用本法第十五條之規定。

② 有前項應行迴避之情事而未依規定迴避者，稽核小組召集人應令其迴避，並另行指定稽核委員。

第一〇條

稽核小組及專案小組得視業務需要，邀請有關機關人員或學者、專家提供諮詢意見；必要時，並得委託專業人士協助稽核。

第一一條

稽核小組發文，以設立機關名義行之。

第一二條 89

① 本規則自中華民國八十八年五月二十七日施行。

② 本規則修正條文自發布日施行。

採購稽核小組組織準則

①民國 88 年 5 月 17 日行政院公共工程委員會令訂定發布全文 8 條；
　並自 88 年 5 月 27 日起施行。
②民國 90 年 12 月 28 日行政院公共工程委員會令修正發布全文 8 條；
　並自發布日施行。
③民國 100 年 10 月 27 日行政院公共工程委員會令修正發布第 6 條條
　文。

第一條

本準則依政府採購法（以下簡稱本法）第一百零八條第二項規定
訂定之。

第二條

①中央及直轄市、縣（市）政府採購稽核小組（以下簡稱採購稽核
小組）之設立機關如下：

一　中央政府採購稽核小組：

　㈠中央採購稽核小組：本法之主管機關。

　㈡部會署採購稽核小組：附屬機關較多之行政院所屬各部會
　署。

二　直轄市政府採購稽核小組：各直轄市政府。

三　縣（市）政府採購稽核小組：各縣（市）政府。

②前項第一款第二目部會署採購稽核小組，由主管機關就行政院所
屬各部會署附屬機關較多者，報請行政院核定設立；該採購稽核
小組並冠以該會署之名稱。

第三條

採購稽核小組稽核監督之範圍如下：

一　中央採購稽核小組：

　㈠設立採購稽核小組之部會署與所屬機關所辦理之採購，或
　其補助或委託地方機關、法人或團體辦理之採購，有重大
　異常者。

　㈡設立採購稽核小組之部會署及所屬機關以外之中央各機關
　所辦理之採購，或其補助或委託地方機關、法人或團體辦
　理之採購。

　㈢地方機關所辦理之採購，有重大異常者。

二　部會署採購稽核小組：

　㈠該部會署及所屬各機關所辦理之採購。

　㈡該部會署及所屬機關補助或委託地方機關、法人或團體辦
　理之採購。

三　直轄市政府採購稽核小組：

（一）直轄市各機關所辦理之採購。

（二）直轄市各機關補助或委託法人或團體辦理之採購。

四　縣（市）政府採購稽核小組：

（一）縣（市）及所轄鄉（鎮、市）各機關所辦理之採購。

（二）縣（市）及所轄鄉（鎮、市）各機關補助或委託法人或團體辦理之採購。

第四條

① 採購稽核小組之任務為稽核監督機關辦理採購有無違反政府採購法令。

② 各部會署及地方採購稽核小組應將每月辦理結果，向本法主管機關彙報，以供考核。

第五條

① 採購稽核小組置召集人一人，綜理稽核監督事宜；副召集人一人，襄助召集人處理稽核監督事宜；均由設立機關首長或其指定之高級人員兼任。

② 置稽核委員若干人，由設立機關首長就具有採購相關專門知識之人員派（聘）兼之；任期二年，期滿時得續派（聘）之。

③ 前項人員均為無給職。但非由本機關人員兼任者，得依規定支給交通費。

第六條 100

① 採購稽核小組置執行秘書一人，由設立機關就其高級人員中具有採購相關專門知識之人員派兼之，承召集人之命，綜理採購稽核小組日常事務；稽查人員若干人，由設立機關就具有採購相關專門知識之人員派（聘）兼之，協辦採購稽核小組業務。

② 前項派（聘）兼人員均為無給職。但非由本機關人員兼任者，得依規定支給交通費。

第七條

① 有下列各款情形之一者，不得擔任採購稽核小組之成員：

一　犯貪污或瀆職之罪，經判刑確定者。

二　褫奪公權尚未復權者。

三　受破產宣告確定尚未復權者。

四　專門職業人員已受停止執行業務或撤銷執業執照之處分者。

五　未成年人。

② 稽核委員有前項情形或未能依採購稽核小組作業規則第四條之規定公正行使職權者，設立機關應解除其職務。

第八條

本準則自發布日施行。

採購人員倫理準則

民國 88 年 4 月 26 日行政院公共工程委員會令訂定發布全文 15 條；
並自 88 年 5 月 27 日起施行。

第一條

本準則依政府採購法（以下簡稱本法）第一百十二條規定訂定之。

第二條

① 本準則所稱採購人員，指機關辦理本法採購事項之人員。

② 辦理本法第四條、第五條、第三十九條或第六十三條第二項規定事項之廠商人員，於辦理該等事項時，準用本準則之規定。

第三條

採購人員應致力於公平、公開之採購程序，提升採購效率與功能，確保採購品質，並促使採購制度健全發展。

第四條

採購人員應依據法令，本於良知，公正執行職務，不為及不受任何請託或關說。

第五條

① 採購人員辦理採購應努力發現真實，對機關及廠商之權利均應注意維護。

② 對機關及廠商有利及不利之情形均應仔細查察，務求認事用法允妥，以昭公信。

第六條

採購人員應廉潔自持，重視榮譽，言詞謹慎，行為端莊。

第七條

採購人員不得有下列行為：

一　利用職務關係對廠商要求、期約或收受賄賂、回扣、餽贈、優惠交易或其他不正利益。

二　接受與職務有關廠商之食、宿、交通、娛樂、旅遊、冶遊或其他類似情形之免費或優惠招待。

三　不依法令規定辦理採購。

四　妨礙採購效率。

五　浪費國家資源。

六　未公正辦理採購。

七　洩漏應守秘密之採購資訊。

八　利用機關場所營私或公器私用。

九　利用職務關係募款或從事商業活動。

十　利用職務所獲非公開資訊圖私人不正利益。

十一　於機關任職期間同時為廠商所僱用。

十二　於公務場所張貼或懸掛廠商廣告物。

十三　利用職務關係媒介親友至廠商處所任職。

十四　利用職務關係與廠商有借貸或非經公開交易之投資關係。

十五　要求廠商提供與採購無關之服務。

十六　為廠商請託或關說。

十七　意圖為私人不正利益而高估預算、底價或應付契約價金，或為不當之規劃、設計、招標、審標、決標、履約管理或驗收。

十八　藉婚喪喜慶機會向廠商索取金錢或財物。

十九　從事足以影響採購人員尊嚴或使一般人認其有不能公正執行職務之事務或活動。

二十　其他經主管機關認定者。

第八條

①採購人員不接受與職務或利益有關廠商之下列餽贈或招待，反不符合社會禮儀或習俗者，得予接受，不受前條之限制。但以非主動求取，且係偶發之情形為限。

一　價值在新台幣五百元以下之廣告物、促銷品、紀念品、禮物、折扣或服務。

二　價值在新台幣五百元以下之飲食招待。

三　公開舉行且邀請一般人參加之餐會。

四　其他經主管機關認定者。

②前項第一款，價值逾新台幣五百元，退還有困難者，得於獲贈或知悉獲贈日起七日內付費收受、歸公或轉贈慈善機構。

③餽贈或招待係基於家庭及私人情誼所為者，不適用前二項規定。

第九條

①採購人員不接受與職務有關廠商之下列招待，反有礙業務執行者，得予接受，不受第七條之限制。

一　於無適當食宿場所之地辦理採購業務，由廠商於其場所提供與一般工作人員同等之食宿。

二　於交通不便之地辦理採購業務，須使用廠商提供之交通工具。

三　廠商因公務目的於正當場所開會並附餐飲，邀請機關派員參加。

四　其他經主管機關認定者。

②前項第一款及第二款，契約規定應由廠商提供者，從其規定；契約未規定者，廠商得向機關請求支付其提供食宿或交通工具所生之必要費用。

第一○條

採購人員發現有違反政府採購法令之情事時，應即採取改正措施或以書面向有關單位陳述意見。

第一一條

機關首長或其指定人員或政風人員應隨時注意採購人員之操守，對於有違反本準則之虞者，應即採取必要之導正或防範措施。

第一二條

①機關發現採購人員有違反本準則之情事者，應審酌其情狀，並給予申辯機會後，迅速採取下列必要之處置：

　一　依公務員服務法、公務員懲戒法、公務人員考績法及其他相關規定處置。其觸犯刑事法令者，應移送司法機關處理。

　二　調離與採購有關之職務。

　三　施予與採購有關之訓練。

②採購人員違反本準則，其情節重大者，機關於作成前項處置前，應先將其調離與採購有關之職務。

③機關未依前二項規定處置或處置不當者，主管機關得通知該機關或其上級機關另為適當之處置。

第一三條

採購人員有違反本準則之行為，其主管知情不予處置者，應視情節輕重，依法懲處。

第一四條

採購人員操守堅正或致力提升採購效能著有貢獻者，其主管得列舉事實，陳報獎勵。

第一五條

本準則自中華民國八十八年五月二十七日施行。

採購評選委員會委員須知

①民國93年2月3日行政院公共工程委員會令訂定發布全文12點。
②民國93年9月8日行政院公共工程委員會函增訂發布第12點，原第12點遞改爲第13點。
③民國94年1月3日行政院公共工程委員會函修正發布第2、12點。
④民國95年5月5日行政院公共工程委員會函修正發布第6點。
⑤民國97年7月7日行政院公共工程委員會函修正發布第11點。

一　爲確保依政府採購法第九十四條規定成立之採購評選委員會委員（以下簡稱委員）公正辦理評選，避免爭議，特訂定本須知。

二　委員應知其所擔任之工作爲無給職，不以獲取報酬爲目的。

三　委員自接獲評選有關資料之時起，不得就該採購案參加投標、作爲投標廠商之分包廠商或擔任工作成員。
　　委員對於所知悉之招標資訊，應予保密。
　　委員不得與所辦採購案有利益關係之廠商私下接洽與該採購案有關之事務。

四　委員應依據法令，本於專業及良知，公正執行職務，不爲及不受任何請託或關說。

五　委員不得有採購人員倫理準則第七條規定之行爲。
　　機關發現委員有前項行爲者，應予解聘。其屬自主管機關會同教育部、考選部及其他相關機關之建議名單遴選者，並應通知主管機關，以作爲將其自名單除名之依據。
　　機關對於主動求取擔任委員事宜之人員應不遴選其擔任委員。

六　委員於被遴選前或同意擔任委員後，如有下列不得被遴選爲委員或有應辭職之情形，應主動通知機關或由機關予以解聘：
　　㈠犯貪污或瀆職之罪，經判刑確定者。
　　㈡褫奪公權尚未復權者。
　　㈢受破產宣告確定尚未復權者。
　　㈣專門職業人員已受停止執行業務或撤銷執業執照之處分者。
　　㈤就案件涉及本人、配偶、三親等以內血親或姻親，或同財共居親屬之利益者。
　　㈥本人或其配偶與受評選之廠商或其負責人間現有或三年內曾有僱傭、委任或代理關係者。
　　㈦委員認爲本人或機關認其有不能公正執行職務之虞者。
　　㈧有其他情形足使受評選之廠商認其有不能公正執行職務之虞，經受評選之廠商以書面敘明理由，向機關提出，經採購評選委員會作成決定者。

七　委員訂定、審定評選項目及其配分或權重，不應以有利或不利於特定廠商為目的。

八　委員評選及出席會議，應全程參與並親自為之，不得代理，避免遲到早退。

九　委員辦理評選，應依招標文件之評選項目、子項及其配分或權重辦理，不得變更或補充。其有輔以廠商簡報或現場詢答者，廠商簡報及委員詢問事項，應與評選項目有關；廠商另外提出變更或補充資料者，該資料應不納入評選考量。

前項簡報及現場詢答，非屬採行協商措施性質，不應要求廠商更改投標文件內容。

委員對於不同廠商之詢問及態度，不得為無正當理由之差別待遇。

委員評選後，應於機關備具之評分（比）表逐項載明各受評廠商之評分或序位，並簽名或蓋章。

一○　不同委員之評選結果有明顯差異時，召集委員應提交採購評選委員會議決或依採購評選委員會決議辦理複évl. 複議。

一一　委員對於受評廠商之投標文件內容及資料，除供公務上使用或法令另有規定外，應保守秘密，並不得挪作他用。評選後亦同。

廠商之投標文件應於評選後由機關收回保存。未收回者，由委員自行銷毀並負保密之責。

一二　機關於評定最有利標後，將於主管機關之政府採購資訊網站公開全部委員姓名、職業及評定最有利標會議之出席委員姓名。

採購評選委員會之會議紀錄及機關於委員評選後彙總製作之總表，除涉及個別廠商之商業機密者外，機關將允許投標廠商申請閱覽、抄寫、複印或攝影。

機關對於各出席委員之評分或序位評比表，除法令另有規定外，應保守秘密，不得允許申請閱覽、抄寫、複印或攝影。

一三　本須知由成立採購評選委員會之機關於通知委員派兼或聘兼事宜時一併附於通知書中。

政府採購錯誤行為態樣

①民國 92 年 6 月 5 日行政院公共工程委員會令修正發布。
②民國 105 年 4 月 18 日行政院公共工程委員會令修正發布；並自即日生效。

序號		錯誤行為態樣	依據法令
一、準備招標文件	（一）	擅改法律文字，例如：更改或增列政府採購法（以下簡稱採購法）第三十一條第二項、第一百零一條、第一百零三條之文字。	採購法第三條。
	（二）	漏記法規規定，例如：漏記採購法第六十三條第二項、第七十條第一項、採購法施行細則（以下簡稱採購施行細則）第三十八條等應於招標文件載明之規定。	
	（三）	曲解法規規定，例如：曲解採購法第五十八條之執行程序。	
	（四）	違反法規規定，例如：對於機關之決定不得異議。	採購法第七十四條、第七十五條。
	（五）	不當增列法規所無之規定，例如於招標文件規定廠商之投標文件有下列情形之一者，為不合格標：標封封口未黏貼騎縫章；投標文件未逐頁蓋章；投標文件未檢附電子領標憑據；投標文件之編排、字體大小、裝訂方式或份數與招標文件規定不符。	採購法第六條，工程會九十六年五月八日工程企字第 0960018 2560 號令。
	（六）	依採購法第二十二條第一項第九款、第十款及第五十六條辦理評選（不論金額大小），未於開標前成立評選委員會。評選委員由代理人出席會議。	採購評選委員會組織準則第四條，採購評選委員會審議規則第六條第一項。
	（七）	評選優勝者或評定最有利標之評審項目，除非是固定費率或公布決標價格者外，未將價格納入；或雖將價格納入，但卻單以比較廠商標價之高低為評分基礎，未分析各該廠商標價相對於其他項目評分之合理性。	最有利標評選辦法。
	（八）	評選優勝者或評定最有利之評審項目不當或配分過重要性不平衡，例如：規定廠商簡報，十分鐘之簡報，其配分即占 20%。	
	（九）	招標文件中之資料錯誤，例如：數量或數據有誤；前後矛盾；引用過時或失效之資料。	行政疏失。
	（十）	招標文件中之履約條款違反公平合理原則，例如：履約期限過短；逾期違約之金額過高。	採購法第六條。
	（一十一）	招標文件過簡，例如：未載明終止或解除契約條件、查驗或驗收條件；未載明依政府採購法令辦理。	採購法第二十九條第三項。
	（十二）	未預為防範問題之發生，例如：履約期限為日曆天者未載明特定假日是否計入；未規定廠商投保必要之保險。	行政疏失。
	（十三）	意圖規避法規之適用而將案件化整為零招標。	採購法第十四條，中央機關未達公告金額採購招標辦法第六條。
	（十四）	認定採購金額之方式錯誤，例如：分批辦理採購，未依各批合計總金額認定其採購金額；未將含有選購或後續擴充項目金額計入。	施行細則第六條。

	（十五）	不當限制競爭，例如：限廠商代表於開標當時必須攜帶與投標文件所用相同之印鑑，否則無權出席。	採購法第六條、第二十五條、第二十六條、第二十八條、第三十七條等。
	（十六）	製造不必要之陷阱，例如：可在標價欄位印上「整」字卻不印，而規定廠商未寫「整」字即爲無效標。	
	（十七）	未使用工會之範本，致錯漏頻生。	行政疏失、採購契約要項第一點。
	（十八）	以單價決標者，未載明預估數量或採購金額上限；標的二項以上未採分項決標者，未以分項單價乘以預估數量後之總和決定最低價。	施行細則第六條第一項第五款、第六十四條之一。
	（十九）	辦理巨額採購，招標前未簽准預期使用情形、效益目標及效益分析指標、預計採購期程、開始使用日期及使用年限。	採購法第一百十一條、機關提報巨額採購使用情形及效益分析作業規定第二點。
二、資格限制競爭	（一）	訂定之廠商資格為「投標廠商資格與特殊或巨額採購認定標準」（以下簡稱資格標準）所無或違反或較該標準更嚴格之規定。	採購法第三十六條、第三十七條、資格標準。
	（二）	非特殊或巨額採購卻規定特定資格。	採購法第三十六條第二項、資格標準第五條。
	（三）	訂定特定資格未依該標準評估廠商家數及檢討有無限制競爭。	資格標準第十三條。
	（四）	過當之資格，例如：乙等營造業承攬限額內之工程卻限甲等營造業方可投標。	採購法第三十七條第一項、資格標準第三條第三項。
	（五）	限非屬法規規定之團體之會員方可投標，例如：某協會之會員。	採購法第三十七條第一項、資格標準第三條至第五條。
	（六）	限公部門（政府機關、公營事業、公立學校）之實績。	資格標準第十四條。
	（七）	限國內之實績。	
	（八）	限特定地區公會之會員。	採購法第三十七條第一項、資格標準第三條第一項第三款、第六項。
	（九）	不當限制特定公會之會員方可投標。	
	（十）	繳納營業稅證明限當期者。	資格標準第三條第五項。
	（十一）	信用證明限公告日後所取得者。	資格標準第四條第一項第五款。
	（十二）	資本額限公告日前者。	資格標準第五條第一項第三款。
	（十三）	非屬特殊或巨額採購，限取得 ISO9000 系列驗證者。	資格標準第五條第一項第五款。
	（十四）	投標當時即必須於指定地區設有分公司或維護站。	資格標準第四條第一項第四款。
	（十五）	限定投標廠商之所在地。	資格標準第十五條。
	（十六）	投標當時即必須備有指定之設備。	資格標準第五條第一項第四款。
	（十七）	不考慮資格文件之性質而規定廠商檢附正本。	資格標準第十條第一項。
	（十八）	限開標當時必須攜帶資格文件正本。	
	（十九）	以已停止使用之投標比價證明書爲廠商資格文件。	非屬資格標準第二條至第五條規定範圍。
	（二十）	投標須檢附原廠製造證明、原廠代理證明、原廠願意供應證明、原廠品質保證書。	非屬資格標準第二條至第五條規定範圍、採購法第三十七條。

	(二十一)	以小綁大，例如：規定重要項目之分包廠商必須具備某一特定之資格條件，而具備該資格條件之分包廠商甚少；規定投標廠商投標時須取得特定材料供應商之授權同意書。	採購法第六條、第三十七條。
	(二十二)	規定之資格與履約能力無關。	採購法第三十七條。
	(二十三)	限定國內廠商投標時須檢附與國外廠商技術合作之證明。（註：招標文件如未作強制規定，而係由投標廠商自行決定之合作，非屬此一情形。）	採購法第三十七條第一項，資格標準第三條至第五條。
三、規格限制競爭	(一)	抄襲特定廠商之規格資料。	採購法第二十六條。
	(二)	超出需求或與需求無關之規格。	
	(三)	公告金額以上之採購指定特定廠牌之規格或型號或特定國家或協會之標準而未允許同等品。	採購法第二十六條，施行細則第二十五條。
	(四)	型錄須蓋代理廠商之章。	採購法第六條、第二十六條。
	(五)	型錄須為正本。	
	(六)	限型錄上之規格必須與招標規格一字不差。	
	(七)	不論產品大小都要有型錄，或未具體載明需要提出型錄之項目。	
	(八)	非屬必要卻限不同組件須由相同廠牌所組成。	採購法第二十六條，工程會九十年十一月九日工程企字第90043793號令。
	(九)	限取得正字標記而未允許同等品競標，或以ISO9000系列驗證證書作為產品規範。	採購法第二十六條，工程會八十八年九月十四日工程企字第8814260號函釋、八十八年十一月二十七日工程企字第8816968號函釋。
	(十)	所標示參考之廠牌不具普遍性或競爭性，例如：同一代理商代理，雖由不同代理商代理而該等代理商間因屬家族或關係企業而不具競爭性；已不製造；參考之廠牌空有其名而無法供給，致生同等品爭議。	採購法第二十六條，施行細則第二十五條。
	(十一)	公告金額以上之採購指定進口品。	採購法第六條、第二十六條。
	(十二)	公告金額以上之採購，無條約協定關係卻指定特定國家之進口品。	
	(十三)	引用已停止使用之內政部七十一台內營字第七七六七九號函及七十四台內營字第三五七四三八號函「有關建材同等品之定義及使用時機案」之規定。	採購法第三條。
四、押標金保證金	(一)	違反採購法第三十條第二項規定限制押標金保證金之繳納方式。	採購法第三十條第二項。
	(二)	押標金金額逾規定上限。	押標金保證金暨其他擔保作業辦法（以下簡稱押保辦法）第九條。
	(三)	拒絕接受未載明受款人之銀行支票。	押保辦法第七條第一項。
	(四)	未規定廠商以現金繳納押標金者，應於截止投標期限前繳納至機關指定之收受處所或帳戶。	押保辦法第六條第一項。
	(五)	截止投標期限後允許廠商補繳納押標金。	
	(六)	未依採購法第三十一條第二項及招標文件之規定不發還及追繳押標金。	採購法第三十一條第二項、工程會一百零四年七月十七日工程企字第10400225210號令。

五、決定招標方式	（一）	公告金額以上之工程採購，涉及營造或土木包工業者，採選擇性招標建立一合格廠商名單用於所有不同性質之工程案。	採購法第六條，工程會八十九年一月十九日工程企字第88022422號函釋例及一百零三年十月二十日工程企字第10300366250號函釋例。
	（二）	自創法規所無之招標方式，例如：以公開招標方式評選優勝廠商議價；以公開評選方式評選廠商後辦理比價。	採購法第十八條至第二十三條。
	（三）	誤用招標方式，例如：採公開招標卻就資格標單獨招標。	採購法第十八條至第二十三條，施行細則第四十四條第一項。
	（四）	圖特定廠商利益而以議價或比價方式辦理。	採購法第二十二條、第二十三條。
	（五）	未達公告金額而逾公告金額十分之一之採購，通案以議價或比價方式辦理，未公開取得報價單。	採購法第四十九條，中央機關未達公告金額招標辦法第二條第一項。
	（六）	決標原則不適宜，例如：宜採最有利標者卻採最低標；宜採複數決標者卻未採行。	採購法第六條。
	（七）	濫用採購法第一百零五條除外規定。	採購法第一百零五條，特別採購招標決標處理辦法。
六、刊登招標公告	（一）	漏刊公告，例如：依採購法第二十二條第一項第九款至第十一款辦理限制性招標，未刊登政府採購公報。	採購法第二十七條、政府採購公告及公報發行辦法（以下簡稱公報發行辦法）第四條。
	（二）	誤刊公告，例如：招標公告誤將公開徵求廠商提供參考資料公告；公開招標公告誤刊「公開取得報價單或企劃書」公告；公告金額以上之案件誤登未達公告金額且未刊登政府採購公報；未達公告金額之採購，以「公開取得」三家廠商之書面報價或企劃書方式辦理者，於辦理公告上網作業時，誤上「公開招標」之網頁。	採購法第二十七條，公報發行辦法。
	（三）	採購案之屬性歸　錯誤（故意或過失），例如：工程保險誤登為工程案，藉以避開較高之查核或巨額採購金額，或使廠商遭漏參與機會。	採購法第七條。
	（四）	公告內容未完全符合政府採購公告及公報發行辦法之規定，例如：漏填、錯填、未詳實填寫（以「詳招標文件」一語帶過）。	採購法第二十七條，公報發行辦法。
	（五）	等標期違反規定，例如：未考慮案件之複雜度逕依等標期法定下限訂定等標期。	採購法第二十八條，招標期限標準。
	（六）	招標文件有保留增購權利卻未於招標公告載明。	採購法第二十二條第一項第七款。
	（七）	流標或廢標後大幅修改招標文件重行招標，卻仍依本法第四十八條第二項規定以第二次招標處理。	施行細則第五十六條。
	（八）	公告內容與招標文件之內容不一致，例如：截止投標期限不一致。	行政疏失。
	（九）	上網傳輸公告未確認傳輸成功致實際傳輸失敗未刊登公告。	採購法第二十七條，公報發行辦法。

七、領標投標程序	(一)	招標文件未能自公告當日至截止投標期限期間供廠商親自及郵遞領取，例如：延後開始領標時間；縮短領標時間；限親自領取；限親自及郵遞領取；對親自及郵遞領取訂定不同之截止期限。	採購法第二十九條第一項。
	(二)	僅提供領標投標之郵政信箱。	
	(三)	限使用機關之標封否則投標無效。	採購法第六條、第三十三條第一項，施行細則第二十九條。
	(四)	招標文件索價過高。	施行細則第二十八條之一。
	(五)	允許廠商於開標前領回投標文件或開啟標封更改其內容。	採購法第三十一條第二項第四款，施行細則第三十二條。
	(六)	詢問領標廠商名稱或索取名片。	採購法第二十九條第一項。
	(七)	以招標文件售罄為由妨礙廠商領標。	
	(八)	招標公告上之廠商資格內容過簡，致廠商誤付費領標，而機關拒退費，例如：僅填寫「詳招標文件」。	採購法第六條、工程會八十九年六月十八日工程企字第89014544號函釋例。
八、開標程序	(一)	誤解開標之意義為開價格標。	採購法第四十五條，施行細則第四十八條。
	(二)	開標前之應辦程序未辦妥，例如：漏通知上級機關監辦；底價尚未訂定；無人主持。	採購法第三條。
	(三)	開標前當場宣布補充規定或變更招標文件內容。	採購法第二十七條、第四十一條。
	(四)	開標後更改底價。	採購法第四十六條第二項。
	(五)	開標時間未到即先開啟廠商標封審標。	採購法第四十五條，施行細則第四十八條第一項。
	(六)	截止投標時間與開標時間相隔天數過長。	施行細則第四十九條。
	(七)	開標紀錄記載不全。	施行細則第五十一條。
	(八)	廠商未依通知出席開標即視為無效標。	採購法第五十條、第六十條。
	(九)	採分段開標，卻先辦理價格標後再審查資格或規格標。	施行細則第四十四條。
	(十)	訂定底價時機不符合規定，例如：議價前未參考該議價廠商之報價或估價即訂定底價。	採購法第四十六條，施行細則第五十四條。
	(十一)	對於監辦人員提出之正確意　不予理會。	施行細則第十一條第三項，機關主計及有關單位會同監辦採購辦法第七條第二項。
	(十二)	監辦人員逾越監辦職權提出不妥適之意見。	採購法第三條。
	(十三)	未依採購法第五十條第一款規定秘密開標審標。	採購法第五十七條第一款。
九、審標程序	(一)	未依招標文件之規定逐項確實審查，先以嚴苛之規定排除競爭者，再故意放水或護航讓不合規定者通過審查。	採購法第六條、第五十條、第五十一條。
	(二)	對於圍標事證缺乏警覺性。	採購法第三十一條第二項、第四十八條第一項、第五十一條第一項、第八十七條、第一百零一條。

	（三）	不必公開審標卻公開審標，致洩漏個別廠商資料。	採購法第三十四條第四項。
	（四）	誤以爲開標當日必須審標完畢。	誤解。
	（五）	誤以爲審標結果必須有三家廠商合格方得決標。	採購法第四十八條第一項，施行細則第五十五條。
	（六）	對於僞造外國廠商簽名、變造外國廠商文件缺乏警覺性。	採購法第三十條第二項、第五十條第一項、第一百零一條。
	（七）	資格文件之中文譯文雖符合招標文件規定，但未注意原文不符合招標文件規定。	施行細則第三十七條。
	（八）	投標文件審查結果，未通知投標廠商。	採購法第五十一條第二項，施行細則第六十一條。
	（九）	私下洽投標廠商協助審查其他廠商之投標文件。	採購法第三十四條、第五十一條。
	（十）	允許投標廠商查看其他廠商之投標文件。	採購法第三十四條第四項。
	（十一）	決標程序錯亂，例如：決標後，方審查投標時提出之樣本規格或投標文件所載廠牌設備、材料之規格。	採購法第五十二條、施行細則第四十四條。
	（十二）	評選委員會未依採購法第九十四條規定組成或開會。	採購法第九十四條，採購評選委員會審議規則，採購評選委員會組織準則。
	（十三）	評選委員未親自辦理評選或未依規定迴避。	採購評選委員會審議規則第六條第一項、第十四條。
十、決標程序	（一）	未依採購法第六十一條及第六十二條刊登或傳輸決標資訊，或傳輸之資料錯誤或不完整，例如：以單價決標時未傳輸估總價；未登載廠商是否爲中小企業；採限制性招標於決標後未依採購法第六十一條及第六十二條刊登或傳輸決標資訊；未登載限制性招標所依據之法條；得標廠商爲外國廠商卻登載我國之中小企業；未公告底價或未敘明不公開底價之理由；未依規定公告決標金額；未登載決標原則。	採購法第六十一條、第六十二條，施行細則第八十四條，公報發行辦法第十三條至第十五條。
	（二）	未保留至少一份未得標廠商已開標之文件。	施行細則第五十七條。
	（三）	未保留至少一份得標廠商遞送之資格文件影本。	
	（四）	除應保留之投標文件外，拒絕發還其他投標資料。	
	（五）	不同數量之二分之以上標的，以單價和決標。	施行細則第六十四條之一。
	（六）	不考慮廠商單價是否合理而強以機關預算單價調整廠商單價。	施行細則第六條，第五十八條。
	（七）	標價偏低，未經分析逕行決標，或未通知廠商說明即逕通知繳納差額保證金，或未繳納差額保證金前即決標而於決標後通知繳納差額保證金。	採購法第五十八條，工程會訂頒之「依政府採購法第五十八條處理總標價偏低於底價百分之八十案件之執行程序」。
	（八）	標價偏低，通知廠商提出繳納差額保證金時，允許以押標金或將繳納之 結書代替繳納行爲。	採購法第五十八條，押保辦法第三十條。

	(九)	標價偏低，通知廠商提出說明時，未注意該廠商與其他廠商間是否有異常或不正當之行為，而給予與次低標 通之可乘之機。	採購法第五十八條，工程會訂頒之「依政府採購法第五十八條處理總標價低於底價百分之八十案件之執行程序」。
	(十)	對於廠商自稱報價錯誤之處置失當，例如：廠商只含糊自稱報價錯誤，機關未探究錯誤之情形是否屬實及是否有採購法第五十八條之情形，逕不決標予該廠商，予以肯商轉手予次低標價獲取利差之機會。	
	(十一)	規定決標後樣品驗收不合格不發還押標金。	採購法第三十一條第二項。
	(十二)	使用工程會之招標投標簽約三用格式，卻規定廠商決標後須至機關簽約。	誤解。
	(十三)	議價案未於議價前參考廠商之報價或估價單定底價。	施行細則第五十四條第三項。
	(十四)	決定最有利標後再洽廠商減價。	採購法第五十六條，最有利標評選辦法。
	(十五)	決定最有利標時未經評選委員會過半數之決定或機關首長之決定。	採購法第五十六條第一項，採購評選委員會審議規則第九條。
	(十六)	訂有底價之採購，廠商報價已在底價之內（包括平底價），機關未予決標，而要求廠商減價。	採購法第五十二條，施行細則第六十九條，第七十二條第二項。
	(十七)	未更改招標文件內容而重行訂定之底價，除有正當理由外（例如匯率大幅波動影響底價之訂定），較廢標前合格廠商之最低標價為高。	採購法第六條、第四十六條第一項。
	(十八)	決標紀載不全。	施行細則第六十八條。
十一、可能有圍標之嫌或宜注意之現象	(一)	不肖人士蒐集領標廠商名稱。	採購法第二十九條，第三十四條第二項。
	(二)	領標投標期間於機關門口有不明人士徘徊。	採購法第二十九條，第三十四條第二項，第八十七條。
	(三)	繳納押標金之票據連號、所繳納之票據雖不連號卻由同一家銀行開具、押標金退還後流入同一戶頭、投標文件同一處郵局寄出、掛號信連號、投標文件筆跡雷同、投標文件內容同。	採購法第四十八條第一項、第五十條第一項，工程會九十一年十一月二十七日工程企字第09100516820號令。
	(四)	以不具經驗之新手出席減價會議。	
	(五)	代表不同廠商出席會議之人員為同一廠商之人員。	採購法第四十八條第一項、第五十條第一項，工程會九十一年十一月二十七日工程企字第09100516820號令，工程會九十七年二月十四日工程企字第09700060670號令。
	(六)	偽造外國廠商簽名。	採購法第三十一條第二項、第五十條第一項、第一百零一條。
	(七)	變造外國廠商文件。	
	(八)	不同投標廠商提出由同一廠商具名之文件，例如授權各該不同廠商對同一案件投標。部分投標廠商未繳押標金。	採購法第四十八條第一項、第五十條第一項。
	(九)	廠商標封內為空白文件、無關文件或空無一物。	
	(十)	明顯不符合資格條件之廠商參與投標。	

	(十一)	廠商間相互約束活動之行爲，例如：彼此協議投標價格、限制交　地區、分配工程、提高標價造成廢標、不爲投標、不越區競標、訂定違規制裁手段、爲獲得分包機會而陪標。	
	(十二)	廠商間彼此製造競爭假象，誤導招標機關而取得交易機會。	
十二、履約程序	(一)	未確實辦理履約管理，例如：廠商使用非法運輸工具；使用非法外勞；未落實勞工安全；亂倒廢棄物；不宜雨天施工者未予制止。	採購法第三條、第六十三條、第七十條。
	(二)	查驗或驗收作業不實，例如：依廠商建議之區域鑽心取樣。	採購法第六十三條、第七十條、第七十二條。
	(三)	有採購法第一百零一條第一項各款情形之一而未通知廠商將刊登政府採購公報，或通知時未附記救濟程序及期限或附記錯誤；或答復異議時未附記救濟程序及期限。	採購法第一百零一條、第一百零二條，施行細則第一百零九條之一。
	(四)	未將國內員工總人數逾一百人之廠商資料彙送至主管機關決標資料庫。	公報發行辦法第十四條。
	(五)	對於轉包行爲視若無睹。	採購法第六十五條、第六十六條、第一百零一條第一項第十一款。
	(六)	代表廠商出席會議之人員爲未得標廠商之人員。	採購法第五十條第一項、第六十五條、第六十六條、第八十七條、第一百零一條。
	(七)	刁難廠商使用同等品。	採購法第二十六條、第八十八條，施行細則第二十五條，採購契約要項第二十一點，工程會九十年一月九日工程企字第90043793號令。
	(八)	未規定主要部分卻刁難廠商分包。	採購法第六十五條、第六十七條，施行細則第八十七條。
	(九)	任意允許廠商辦理契約變更。	採購法第六條、採購契約要項第二十一點，工程會九十一年三月二十九日工程企字第91012359號令。
	(十)	全部不發還保證金之情形過當。	押保辦法第二十條。
	(十一)	補助或委託機關未盡到監督法人或團體依採購法辦理之責任。	採購法第四條、第五條，施行細則第二條至第四條。
	(十二)	未依規定期限驗收或付款。	採購法第六條、第七十一條第一項、第七十三條之一，施行細則第九十二條至第九十五條。
十三、其他不法不當行爲	(一)	利用職務關係向廠商要求、期約或收受賄賂、回扣、餽贈、優惠交易或其他不正利益。	採購人員倫理準則（以下簡稱倫理準則）第七條第一款。
	(二)	接受與職務有關廠商之食、宿、交通、娛樂、旅遊、冶遊或其他類似情形之免費或優惠招待。	倫理準則第七條第二款。
	(三)	不依法令規定辦理採購。	採購法第三條，倫理準則第七條第三款至第五款。

（四）	妨礙採購效率（例如一再開標流標廢標不知檢討）。	
（五）	浪費國家資源（例如呆料、存貨過多仍繼續採購；為消化預算而辦理不必要之採購）。	
（六）	未公正辦理採購（例如未執行利益迴避）。	採購法第六條、第十五條、採購評選委員會審議規則第十四條、倫理準則第七條第六款。
（七）	洩漏應保守秘密之採購資訊。	採購法第三十四條，倫理準則第七條第七款。
（八）	利用機關場所營私或公器私用。	倫理準則第七條第八款。
（九）	利用職務關係募款或從事商業活動。	倫理準則第七條第九款。
（十）	利用職務所獲非公開資訊圖私人不正利益。	倫理準則第七條第十款。
（十一）	於機關任職期間同時為廠商所僱用。	倫理準則第七條第十一款。
（十二）	於公務場所張貼或懸掛廠商廣告物。	倫理準則第七條第十二款。
（十三）	利用職務關係媒介親友至廠商處所任職。	倫理準則第七條第十三款。
（十四）	利用職務關係與廠商有借貸或非經公開交易之投資關係。	倫理準則第七條第十四款。
（十五）	要求廠商提供與採購無關之服務。	倫理準則第七條第十五款。
（十六）	為廠商請託或關說，或接受請託或關說。	採購法第十六條，倫理準則第四款第、第七條第十六款。
（十七）	意圖為私人不正利益而高估預算、底價或應付契約價金，或為不當之規劃、設計、招標、審標、決標、履約管理或驗收。	採購法第六條、第四十六條，倫理準則第七條第十七款。
（十八）	藉婚喪喜慶機會向廠商索取金錢或財物。	倫理準則第七條第十八款。
（十九）	從事足以影響採購人員尊嚴或使一般人認有其不能公正執行職務之事務或活動。（例如與廠商人員結伴出國旅遊。）	倫理準則第七條第十九款。
（二十）	以不具專業採購能力或經驗之人員辦理採購。	採購法第九十五條。
（二十一）	遇有犯採購法第八十七條至第九十二條罪之嫌者未通知檢調單位。	採購法第三條、第八十七條至第九十二條。
（二十二）	未依工程會、上級機關或監辦單位之通知改正錯誤。	採購法第三條。
（二十三）	漠視廠商之異議或合理、善意之建議。	採購法第七十五條、第八十四條，施行細則第一百零五條之一。
（二十四）	適用促進民間參與公共建設法（以下簡稱促參法）之案件，誤用採購法辦理。	促參法第二條、第四十八條、採購法第二條、第三條、第七條、第九十九條。

機關傳輸政府採購資訊錯誤行為態樣

民國 94 年 3 月 4 日行政院公共工程委員會函訂頒。

序號		錯誤行為態樣	疏失性質／依據法令
一、招標公告常見疏失情形	（一）	採購金額、預算金額、預計金額、日期時間等傳輸錯誤，例如漏列一位數、多列一位數、金額數字排列前後錯置、省略萬位數或千位數以下零星數字、誤植年份月份等。	行政疏失
	（二）	未公開預算金額及預計金額者，誤以○填列。	行政疏失
	（三）	誤繕〔標的名稱〕或〔標的分類〕或〔依據法條〕等無法更正公告情形。	行政疏失
	（四）	誤點選〔屬共同應契約採購〕或〔屬公共工程實施技師簽證範圍〕情形，未及時於等標期內更正。	行政疏失
	（五）	採購公告之決標方式與招標文件不一致，例如採複數決標者，傳輸公告誤點為非複數決標；採最有利標者，誤點選為最低標；採最高標決標者，誤點選為最低標；採最低標者，誤點選為最有利標。	行政疏失
	（六）	因應物價波動或外幣費率調漲，致有追加預算金額情形，未及時於等標期內更正。	行政疏失
	（七）	招標文件載明投標廠商報價應含稅，傳輸之預算金額或採購金額卻未含稅。	行政疏失
	（八）	誤刊公告網頁： 1.依政府採購法（以下簡稱採購法）第 49 條辦理者刊載於公開招標或公告徵求廠商提供參考資料網頁。 2.依採購法第 22 條第 1 項辦理限制性招標公開評選或公開徵求者，刊載於公開招標網頁。選擇性招標於供個案採購使用辦理資格審查者刊載於建立合格廠商名單資格審查網頁。 4.物品之變賣或出租公告刊載於採購招標網頁（例如公開招標或選擇性招標）。	政府採購公告及公報發行辦法（以下簡稱公報辦法）
	（九）	招標公告未傳輸成功誤以為完成傳輸，並如期開標。	公報辦法
	（十）	招標公告未依法令詳實填列，誤以為傳輸成功即未違反法令。	公報辦法
二、招標公告違反法令情形	（一）	以單價決標者，其採購金額及預算金額未將單價預算金額乘以預估需求數量。	採購法施行細則第 6 條及第 26 條
	（二）	「廠商資格條件摘要」欄，其訂定具有相當經驗或實績或財力之廠商特定資格者，有關期間、數量、金額或比例之計算，限縮或逾規定之下限值。	投標廠商資格與特殊或巨額採購認定標準（以下簡稱資格認定標準）第 5 條第 1 項第 1 款、第 3 款、第 2 項及第 3 項
	（三）	以建立合格廠商名單方式辦理選擇性招標，其後續以公告方式遴選之預算金額，未以邀請當次之採購預算金額認定。	採購法施行細則第 6 條及第 26 條
	（四）	以預算金額訂定「實績」及「財力」特定資格條件者，未於招標文件載明預算金額，或誤以商業性轉售目的為理由由不載明預算金額。	公報辦法第 11 條第 1 項及資格認定標準第 5 條第 3 項

	（五）	查核金額以上非以轉售為目的之採購或未涉及商業機密者，未公開預算金額。	公報辦法第 11 條第 2 項
	（六）	招標公告已載明後續擴充情形，採購金額未將預估選購或擴充項目所需金額計入；或將預算金額誤以採購金額列列。	採購法施行細則第 6 條第 3 款及第 26 條
	（七）	〔履約期限〕、〔廠商資格條件摘要〕等必填之欄位，以「詳招標文件」略過。	公報辦法第 7 條至第 10 條
	（八）	故意點選較低之採購金額級距，藉以達到縮短等標期之目的。	招標期限標準第 2 條至第 4 條及採購法施行細則第 6 條
三、決標公告及定期彙送違反法令情形	（一）	以單價決標者，其底價及決標金額未將單價乘以預估需求數量。以百分比或折扣數決標者，未換算成決標金額填列。	公報辦法第 13 條第 1 項第 6 款
	（二）	非屬採購法第 61 條及其施行細則第 84 條規定特殊之情形而未公開底價金額及決標金額。	採購法第 61 條及其施行細則第 84 條
	（三）	採用複數決標者，其分次決標及不同標的或底價之項目，未分別傳輸決標資料。	公報辦法第 13 條第 3 項
	（四）	採用複數決標者傳輸部分決標資料時，任意更改預算金額致與招標公告之預算金額不同。	採購法施行細則第 26 條
	（五）	採建立合格廠商名單方式辦理選擇性招標，其後續邀標之決標公告或定期彙送，預算金額未以邀請當次之採購預算金額認定之。	採購法施行細則第 6 及第 26 條
	（六）	辦理契約變更追加價款逾 10 萬元者，或以限制性招標未經公開評選或公開徵求者，未逐次辦理決標公告或決標資料定期彙送。	採購法第 61 條、62 條
	（七）	依採購法第 5 條或第 40 條委託辦之勞務採購，未辦理決標公告或決標定期彙送。	採購法第 61 條、62 條
	（八）	採限制性招標未經公開評選或公開徵求者，決標公告傳輸之依據條文有誤。	公報辦法第 13 條第 1 項第 10 款
	（九）	底價或建議金額未依採購法第 46 條及第 47 條訂定，致有逾預算金額情形。	採購法第 46 條、第 47 條、第 53 條及第 54 條
	（十）	傳輸決標資料，未詳實填列「投標廠商家數」。	行政疏失

附註：
按「預算金額」，依採購法施行細則第 26 條規定，為該採購得用以支付得標廠商契約價金之 預算金額，且屬於政府採購資訊公告系統必填之欄位，機關辦理採購應依上開規定於招標前確認，並於傳輸招標公告時填列正確預算金額。除以最高標或最有利標之收益對價外，決標金額均不得大於預算金額。

最有利標錯誤行為態樣

①民國 94 年 3 月 3 日行政院公共工程委員會函訂頒。
②民國 104 年 10 月 19 日行政院公共工程委員會修正發布。

類別及序號		錯誤行為態樣	依 據
一、準備事項	(一)	機關依政府採購法（以下簡稱採購法）第 52 條第 1 項第 3 款採最有利標決標原則採購者，未報經上級機關核准。	採購法第 56 條第 3 項
	(二)	採最有利標決標者，除採購法第 52 條第 3 項規定者外，未於招標前確認其標的屬異質之工程、財物或勞務，不宜以採購法第 52 條第 1 項第 1 款或第 2 款之最低標決標方式辦理。	採購法第 52 條第 2 項
	(三)	誤用採購法第 22 條第 1 項第 9 款及第 10 款評選優勝廠商之評選規定，例如：辦理統包工程，依機關委託專業服務廠商評選及計費辦法辦理。	機關委託專業服務廠商評選及計費辦法第 3 條、機關委託技術服務廠商評選及計費辦法第 3 條、機關委託資訊服務廠商評選及計費辦法第 3 條、機關辦理設計競賽廠商評選及計費辦法第 3 條
二、採購評選委員會及工作小組之成立	(一)	招標文件之評選項目、評審標準及評定方式，除有前例或條件簡單者外，未由採購評選委員會訂定或審定。	採購評選委員會組織準則第 3 條
	(二)	採購評選委員會成立時點違反規定，例如：除評選項目、評審標準及評定方式有前例或條件簡單者，未於招標前成立；評選項目、評審標準及評定方式有前例或條件簡單者，未於開標前成立。	採購評選委員會組織準則第 3 條
	(三)	採購評選委員會組成不符合規定，例如：委員未具備與採購案相關之專門知識；委員人數不符合 5 人至 17 人之規定或其中外聘專家學者人數少於三分之一；召集人由機關內部人員擔任者，未由一級主管以上人員任之；未經當事人同意，即將欲遴選之委員納入採購評選委員會。	採購評選委員會組織準則第 4 條第 1 項、第 7 條第 2 項
	(四)	遴聘評選委員時，為特定廠商利益而為遴選。	採購評選委員會組織準則第 4 條之 1
	(五)	工作小組成立時點違反規定，例如：未於採購評選委員會成立時一併成立工作小組。	採購評選委員會組織準則第 8 條第 1 項
	(六)	工作小組組成不符合規定，例如：工作小組人數未達三人；其成員未由機關首長或其授權人員指定擔任；其成員不符合至少應有一人具有採購專業人員資格之規定。	採購評選委員會組織準則第 8 條第 1 項
三、招標文件	(一)	未於招標文件載明評選之相關事項，例如：招標文件未訂明固定費用或費率，而由廠商於投標文件載明價格；未規定廠商於投標文件內須詳列報價內容，並納入評審；個別子項配分或權重者，或不合格即不得作為協商對象或最有利標者，未於招標文件載明。	最有利標評選辦法第 9 條第 1 項、第 16 條、第 17 條

	(二)	對於同分、同商數、同名次之處理違反規定，例如：依機關委託專業服務廠商評選及計費辦法辦理者，其處理方式未依該辦法第 8 條第 2 款，卻依最有利標評選辦法第 14 條、第 15 條之 1 規定辦理。	機關委託專業服務廠商評選及計費辦法第 8 條第 2 款、最有利標評選辦法第 14 條、第 15 條之 1
	(三)	招標文件載明之評選相關事項不明確，例如：未明定最有利標係由採購評選委員會過半數決定，或由機關首長決定。	最有利標評選辦法第 12 條、第 15 條
	(四)	評選項目及子項之配分或權重載明於招標文件之時點不符合規定，例如：選擇性招標以資格為評選項目之一者，與資格有關部分之配分或權重，未載明於資格審查文件。	最有利標評選辦法第 18 條
	(五)	於招標文件規定，投標廠商若僅有一家並經資格審查合格時，提高合格分數門檻。	採購法第 6 條第 1 項。
四、評選項目及子項	(一)	評選項目及子項之擇定不符合規定，例如：與採購標的無關；重複擇定子項。	最有利標評選辦法第 6 條第 1 項
	(二)	以有利或不利於特定廠商為目的而訂定評選項目、子項及其評審標準。	最有利標評選辦法第 6 條第 2 項
	(三)	評選項目及子項之配分或權重與其重要性不平衡，例如：10 分鐘之簡報，其配分即占 20%；不論廠商性質為何，皆規定廠商須作簡報，並給予配分或權重。	最有利標評選辦法第 7 條、第 10 條
	(四)	評選項目之配分或權重不符合規定，例如：簡報及詢答配分或權重逾 20%；非採固定費用或費率決標，價格納入評選項目者，其配分或權重低於 20%，或逾 50%。	最有利標評選辦法第 10 條第 2 項、第 16 條第 3 項、第 17 條第 3 項
五、評定最有利標之方式		評定最有利標之方式違反法令規定，例如：分階段辦理評選及淘汰不合格廠商，就分數或權重較低之階段先行評選，或不符合二階段原則之規定；自創法規所無之評定方式。	最有利標評選辦法第 11 條至第 15 條
六、底價	(一)	採最有利標決標，如訂有底價，評選出超底價之最有利廠商後無法減價決標。	最有利標評選辦法第 22 條
	(二)	準用最有利標辦理評選優勝廠商者，後續洽優勝廠商議價，未於評選優勝廠商後議價前參考廠商之報價訂底價；其採不訂底價者，未成立評審委員會（得以採購評選委員會代之）辦理提出建議金額事宜。	採購法施行細則第 54 條第 3 項、第 74 條、第 75 條
	(三)	準用最有利標辦理評選優勝廠商者，如訂定底價，對於不同優勝序位之廠商，未分別訂定底價。	採購法第 46 條、施行細則第 54 條第 3 項
七、開標與審標	(一)	未依招標文件規定審標，例如：招標文件訂有廠商基本資格或特定資格者，機關人員未先予審查投標文件。	採購法第 51 條
	(二)	誤以為須有 3 家以上合格廠商投標方可開標，例如：為特定個案辦理選擇性招標者，1 家廠商投標亦可開標，誤以為應建立 6 家以上合格廠商名單方可開標；限制性招標之公開評選亦無家數之限制，誤以為須有 3 家以上合格廠商投標方可開標。	採購法施行細則第 55 條
八、評選	(一)	採購評選委員會開會時，機關辦理評選作業之承辦人員未全程出席。	採購評選委員會組織準則第 8 條第 2 項
	(二)	採購評選委員為違反法令之決定，機關未予制止。	採購法第 3 條、第 6 條、採購人員倫理準則

（三）	採購評選委員之決議，不符合委員總額二分之一以上出席、出席委員過半數之同意行之及出席委員中之外聘專家學者人數應至少二人且不得少於出席委員人數之三分之一之規定；會議進行中，出席委員人數不符合上揭規定時，議案仍然提付表決；委員有因故未能繼續擔任委員，致委員總額或專家、學者人數未達採購法第94條第1項關於人數之規定者，未另行遴選委員補足之。	採購評選委員會審議規則第9條、第10條	
（四）	出席之評選委員遲到早退，未全程參與，或由他人代理。	採購評選委員會審議規則第6條第1項	
（五）	評選時允許廠商於簡報時更改投標文件內容；又廠商另外提出變更或補充資料者，亦將該資料納入評選。	最有利標評選辦法第10條第3項	
（六）	評選時如規定廠商作簡報及詢答，於投標廠商未出席簡報及現場詢答時，即判定其為無效標。	最有利標評選辦法第10條第4項	
（七）	廠商須報價格者，僅比較不同廠商價格高低為計分基準，未考量該價格相對於該廠商所提供之品質等非價格項目，是否合理、完整，以作為評分或決定最有利標之依據。	最有利標評選辦法第8條第1項第3款	
（八）	未依評選標準評分、評比，而以某一投標廠商之表現或取各廠商平均值作為比較各廠商優劣之評分、評比基礎。	最有利標評選辦法第8條第1項	
（九）	同一評選項目，不同委員之評選結果有明顯之差異時，召集人未提交評選委員會議決或依委員會決議辦理複評，逕採去頭（不計最高分）或去尾（不計最低分）之計分方式辦理。	採購評選委員會審議規則第6條第2項	
（十）	評選委員於評選時，任意變更招標文件之評選規定，例如：變更配分或權重；變更評選項目或子項。	最有利標評選辦法第19條	
（十一）	委員辦理評選，未於機關備具之評分（比）表逐項載明各受評廠商之評分或序位，並簽名或蓋章；機關於委員評選後，未彙整製作總表，載明相關內容。	採購評選委員會審議規則第6條之1	
（十二）	機關於委員有應辭職或予以解聘之情形時，未依規定辦理。	採購評選委員會審議規則第14條	
（十三）	委員自接獲評選有關資料之時起，仍就該採購案參加投標、作為投標廠商之分包廠商或擔任工作成員，而機關未發現或發現時不決將予該廠商。	採購評選委員會審議規則第14條之1	
（十四）	已訂定由評選委員會過半數之決定評定最有利標者，機關首長仍變更該評選結果。	採購法第56條	
（十五）	機關人員對評選委員明示或暗示特定屬意之廠商。	採購法第6條、採購人員倫理準則第7條第6款及第16款	
（十六）	工作小組未依據評選項目或評選委員會指定之項目，就受評廠商資料擬具初審意見；或工作小組擬具之初審意見內容未符規定，例如：未載明採購案名稱，未載明工作小組人員姓名、職稱及專長，未載明受評廠商於各評選項目所報內容是否符合招標文件規定，未載明受評廠商於各評選項目之差異性。	採購評選委員會審議規則第3條	
（十七）	工作小組就受評廠商資料擬具之初審意見內容過簡，例如：初審意見內容於各評選項目僅載明「符合」、「尚可」或投標文件內容之摘要，而未載明受評廠商於各評選項目之「差異性」；或僅載明投標文件之頁面。	採購評選委員會審議規則第3條第4款	

	(十八)	評選委員會辦理廠商評選，未就各評選項目、受評廠商資料及工作小組初審意見，逐項討論後爲之。	採購評選委員會審議規則第3條之1第1項
	(十九)	評選委員或個別委員評選結果與工作小組初審意見有異時，未由評選委員或該個別委員敘明理由，並列入會議紀錄。	採購評選委員會審議規則第3條之1第2項
九、協商	(一)	機關依招標文件規定採行協商措施，卻未依規定對於開標、投標、審標程序及內容採取保密措施。	採購法第57條第1款
	(二)	機關依招標文件規定採行協商措施時未平等對待廠商，例如：只與第一名廠商而非與所有合於招標文件規定之廠商協商。	採購法第57條第2款
	(三)	機關評選結果無法評定最有利標時，於招標文件未規定得採行協商措施，且未標示得協商項目之情形下，仍於評選過程中進行協商措施，而未予廢標。	採購法第57條第3款
	(四)	機關採最有利標決標，於評定最有利標後要求廠商減價。	最有利標評選辦法第22條
十、決標程序	(一)	決標程序違反規定，例如：以公開招標或選擇性招標採最有利標決標辦理者，於評定最有利標後，再洽該廠商議價；以限制性招標之公開評選準則及最有利標評選規定辦理者，於評定優勝廠商後，未再洽優勝廠商議價；未達公告金額取最有利標精神符合需要者，於擇定符合需要者後未再洽其議價或比價。	採購法第56條、最有利標評選辦法第12條至第15條、採購法第22條第1項第9款及第10款、中央機關未達公告金額採購招標辦法
十一、決標之資訊公開	(一)	機關依招標文件規定條件審查廠商投標文件內容，對於不合於招標文件規定之廠商，未通知其原因；評定最有利標後，對於合於招標文件規定但未得標之廠商，未通知其最有利標廠商之標價與總評分或序位評比結果及該未得標廠商之總評分或序位評比結果。	採購法第51條、最有利標評選辦法第20條第2項
	(二)	評選委員會之會議紀錄及機關於採購評選委員會評選後彙總製作之總表，除涉及個別廠商之商業機密者外，不允許投標廠商申請閱覽、抄寫、複印或攝影。	最有利標評選辦法第20條第1項
	(三)	評選委員會委員名單，於評選出最有利標後或經評選而無法評選出最有利標致廢標者，未予解密。	採購評選委員會組織準則第6條第2項
	(四)	公告金額以上之決標公告未登載最有利標之標價及總評分或序位評比結果。	最有利標評選辦法第20條第1項
十二、其他	(一)	評選委員會名單除經該委員會全體委員同意於招標文件公告者外，未於開始評選前保密，例如：評選委員建議名單簽報機關首長或其授權人員核定之公文未以密件處理，發函聘（派）兼採購評選委員會委員、開會通知單及會議紀錄未註明爲密件。	採購評選委員會組織準則第6條第1項

評分及格最低標錯誤行為態樣

民國 105 年 9 月 10 日行政院公共工程委員會函訂頒。

類別及序號		錯誤行為態樣	相關法令／須知／釋例
招標準備作業	（一）	涉及審查委員會委員名單之簽辦公文及開會通知單，未註明為密件或分繕發文。	政府採購法施行細則（以下簡稱本細則）第 64 條之 2 第 2 項第 3 款、採購評選委員會組織準則（以下簡稱本準則）第 6 條第 1 項，及行政院公共工程委員會（以下簡稱本會）97.8.5 工程企字第 09700319460 號函頒採購評選委員會委員名單保密措施一覽表
	（二）	未成立工作小組，或成員人數未達 3 人，或成員中未包括一位具採購專業人員資格者；部分工作小組成員同時兼任審查委員會委員。	本細則第 64 條之 2 第 2 項第 3 款、本準則第 8 條第 1 項及本會 95.2.20 工程企字第 09500060030 號函附會議紀錄第陸點之八
	（三）	審查委員會主席未由委員擔任。	本細則第 64 條之 2 第 2 項第 3 款及本準則第 7 條第 2 項、第 3 項
	（四）	招標文件所訂評定合格廠商之程序不符規定，例如價格標開標對象數平均前 3 名之合格廠商；已達及格分數之廠商尚須過半數審查委員會委員評定方屬符合其價格標；招標文件未明定採分段評選。	本細則第 64 條之 2 第 1 項及第 2 項第 1 款
資格規格審查作業	（一）	工作小組未擬具初審意見，或初審意見應記載事項有遺漏或內容有欠覈實。	本細則第 64 條之 2 第 2 項第 3 款及採購評選委員會審議規則（以下簡稱本規則）第 3 條
	（二）	審查委員會辦理廠商資格與規格審查，未就各審查項目、廠商資料及工作小組初審意見，逐項討論後為之。	本細則第 64 條之 2 第 2 項第 3 款及本規則第 3 條之 1 第 1 項
	（三）	審查委員會委員出席會議，未親自為之，或雖出席但未參與評分。	本細則第 64 條之 2 第 2 項第 3 款及本規則第 6 條第 1 項
	（四）	審查委員未逐項評分。	本細則第 64 條之 2 第 2 項第 3 款及本規則第 6 條第 1 第 1 項
	（五）	將廠商投標標價納入審查評分項目。	本細則第 64 條之 2 第 2 項第 2 款
	（六）	審查委員會或個別審查結果與工作小組初審意見有異時，未由委員或該個別委員敘明理由，或未提交委員會召集人處理，並列入會議紀錄。	本細則第 64 條之 2 第 2 項第 3 款及本規則第 3 條之 1 第 2 項
	（七）	不同委員之審查結果有明顯差異者，未提交委員會召集人處理，並列入會議紀錄。	本細則第 64 條之 2 第 2 項第 3 款及本規則第 6 條第 2 項及第 3 項
	（八）	辦理審查作業之承辦人員未全程出席審查會議。	本細則第 64 條之 2 第 2 項第 3 款及本準則第 8 條第 2 項
	（九）	辦理資格及規格審查會議未製作紀錄。	本細則第 64 條之 2 第 2 項第 3 款及本規則第 9 條第 4 項

價格標開標決標作業	（一）	未依資格、規格（資格及規格可合併為一段或分為二段）及價格之順序分段開標。	本細則第64條之2第2項第1款
	（二）	訂定底價作業或時機不符規定，例如公開招標未於開標前定之，而於開標後參考審查合格廠商之標價訂定底價。	政府採購法第46條第2項及本細則第54條第1項
	（三）	公告金額以上之採購，除有特殊情形者外，機關主（會）計及有關單位未會同監辦各階段開標。	政府採購法第13條第1項

政府採購法第 22 條第 1 項各款執行錯誤態樣

民國 99 年 6 月 23 日行政院公共工程委員會函修正發布。

款次／序號		錯誤態樣	相關法令、函釋或說
第1款	（一）	招標內容及條件經重大改變，例如廠商資格的放寬、技術規格的放寬、數量的明顯變更（增加或減少）、預算金額的提高。	
	（二）	未留意有廠商異議或申訴向在處理中。	政府採購法（下稱採購法）施行細則第22條第1項。
	（三）	誤以為須經公告流標 2 次始得依本款採限制性招標。	
	（四）	超底價廢標後，改依本款辦理。	
第2款	（一）	屬專屬權利、獨家製造或供應、藝術品、秘密諮詢，但仍有其他合適之替代標的。	
	（二）	誤以為獨家代理商或獨家經銷商就是專屬權利或獨家製造或供應。	
	（三）	以不具本款之事由為依據，例如甲場所設施為 A 廠商設計，依本款續洽 A 廠商辦理乙場所設施之設計。	
第3款	（一）	以上級機關核定計畫遲延，招標時間不足為由而依本款辦理。	
	（二）	以流廢標且年度預算執行期限將屆為由而依本款辦理。	
	（三）	招標時間充裕，仍以本款辦理。	
	（四）	非屬緊急事故，卻以須緊急處理為由而依本款辦理。	
	（五）	緊急事故發生後至簽辦採購、核准採購、決標、簽約，時間相隔甚久，或訂定寬鬆之履約期限。	
	（六）	依本款辦理緊急採購，卻與廠商簽訂長期合約。	
第4款	（一）	原有採購之後續擴充，並無必須向原供應廠商採購之理由，卻以本款逕由辦理。	
	（二）	依本款辦理所增加之金額偏高不合理。	
	（三）	原有採購之後續擴充標的，並非原供應廠商之專業能力範圍。	
	（四）	未向原供應廠商（包含原訂約廠商、原製造廠商或分包廠商）採購。	
	（五）	以不具相容或互通性之理由，洽原供應廠商採購，例如更換廠商將延誤工期。	

第5款	（一）	國內廠商已有原型或製造、供應之標的。	
	（二）	對於原型或首次製造、供應之標的，基於商業目的或為回收研究發展、實驗或開發成本所為之大量生產或供應之採購。	採購法施行細則第22條第3項。
	（三）	未針對個案調查、評估具備履行約能力之廠商家數是否僅有一家，即以議價方式辦理。	採購法施行細則第23條之1。工程會89年3月24日(89)工程企字第89007836號函。
第6款	（一）	非屬「因未能預見之情形」，例如因故減項辦理招標，履約期間方向有預算而逕依本款向得標廠商辦理契約變更，採購原減項內容。	
	（二）	原約項目數量之增加或原契約項目規格之變更，其增加之契約金額，未列入追加累計金額。	採購法施行細則第22條第4項。
	（三）	非屬「原招標目的範圍內」，例如契約標的為A區域之地下管線工程，卻追加至B區域。	
	（四）	洽原廠商追加契約以外之「財物」。	
	（五）	誤以為追加減合計後之累計金額未逾原主契約金額之50%。	採購法施行細則第22條第4項。
	（六）	未分析「另行招標，確有產生重大不便及技術或經濟上困難之虞」之情形。	
	（七）	洽其他廠商辦理亦可符合機關需求，卻仍以本款辦理。	
	（八）	誤以為追加金額逾50%，係以單次金額計。	
	（九）	誤以為只要追加金額未逾50%即符合本款規定。	
	（十）	追加金額逾原主契約金額之50%。	
第7款（原有採購招標階段）	（一）	未於原招標公告及招標文件載明後續擴充之期間、金額或數量。例如僅於招標文件載明。	工程會96年8月29日工程企字第09600351690號函。
	（二）	於招標公告刊載保留未來增購權利，惟後續擴充情形之內容過簡，未敘明擴充之期間、金額或數量。例如僅敘明詳如招標文件某條款。	同上採購法施行細則第6條第3款。
	（三）	招標公告已載明後續擴充情形，計算採購金額時未將預估後續擴充項目所需金額計入，或招標公告預算金額誤以採購金額登載。	採購評選委員會組織準則第6條第2項。
	（四）	招標公告及招標文件標示之後續擴充期間、金額或數量，明顯過長、過大，顯不合理。例如原有採購清潔服務1年，後續擴充4年。	

第7款（原有採購後續擴充階段）	（一）	原招標公告及招標文件未分別敘明後續擴充情形，卻依本款洽原得標廠商採限制性招標辦理。	工程會96年8月29日工程企字第09600351690號函。
	（二）	機關於招標公告及招標文件已敘明後續擴充情形，惟其後續擴充須徵得廠商同意者，強迫廠商辦理後續擴充，否則以違約或採購法第101條至第102條規定處理。	同上
	（三）	後續擴充之總價逾原載明後續擴充期間、金額或數量之上限，或違反採購時依採購法施行細則第6條於招標前所計算之採購金額。	採購法施行細則第6條。
第8款	（一）	採購標的非屬「財物」。	
	（二）	誤解「集中交易或公開競價市場」之意義，例如於菜市場採購食品。	
第9款、第10款	（一）	誤用第9款辦理工程或財物採購。	
	（二）	誤刊登公開招標公告或公開取得書面報價或企劃書公告。	
	（三）	第1次公告，誤以為投標廠商須3家以上方能開標。	採購法施行細則第55條。工程會91年7月24日工程企字第09100312010號函。
	（四）	評選或決標程序違反規定，例如於評選出優勝廠商後，未再洽優勝廠商議價；未依法將廠商報價納為評選項目；評選出優勝廠商後才開價格標。	
	（五）	對於同分、同商數、同名次，但報價不同之優勝廠商，未洽標價低者優先議價。例如逕以比價方式辦理，或以抽籤決定議價順序，或再行綜合評選，或擇配分最高之評選項目之得分較高者議價。	
	（六）	未依規定組成採購評選委員會，或誤以為未達公告金額採購，無需組成採購評選委員會。	採購法第94條及採購評選委員會組織準則第2條。
第11款	（一）	第1次公告，誤以為須有3家以上合格廠商投標始得開標。	採購法施行細則第55條。工程會91年7月24日工程企字第09100312010號函。
	（二）	誤以為承租辦公廳舍非屬「機關指定地區採購房地產作業辦法」之適用範圍。	採購法第2條、第7條。
	（三）	未先編擬計畫依規定層報核定。	機關指定地區採購房地產作業辦法（下稱房地產辦法）第3條。
	（四）	未敘明採購房地產及指定地區採購之理由及其必要性。	房地產辦法第3條。
	（五）	未參照政府公定或評定價格及附近買賣實例或其他徵信資料，詳估採購金額及其效益。	房地產辦法第3條。
	（六）	未將公開徵求房地產之公告刊登於政府採購公報並公開於資訊網路。	房地產辦法第5條。

	(七)	機關洽廠商議價或協商時，未規定廠商代表攜帶身分證、印鑑、產權憑證正本及其他相關資料親自出席或委託代理人出席。	房地產辦法第13條
	(八)	以正進行建造中，且尚未取得使用執照及權利書狀之房地，為徵選之標的。	
第12款	(一)	未考慮廠商之性質。例如廠商為公司組織。	
	(二)	未考慮所採購標的之性質。例如採購的屬「工程」性質；採購標的屬營利產品或勞務。	
第13款	(一)	採購標的非屬科技、技術引進、行政或學術研究發展。	
	(二)	委託在專業領域內居先地位之自然人辦研究發展，於議價決標後，卻未以該自然人為研究計畫之主持人。	機關委託研究發展作業辦法（下稱研究辦法）第3條第2項。
	(三)	邀請對象並非公開於工程會資訊網路之評鑑名單者內者。	研究辦法第4條。
第14款	(一)	所邀請或委託之文化、藝術專業人士、機構或團體，並非經營或從事文化藝術獎助條例第2條各款事務之一，且具有相關專業知識、能力、造詣或技藝者。	機關邀請或委託文化藝術專業人士機構團體表演或參與文藝活動作業辦法（下稱文藝辦法）第3條。
	(二)	採不經公告審查程序辦理者，未於簽辦公文中敘明邀請或委託對象之名稱、具專業素養、特質之情形或不經公告審查程序逕行邀請或委託之理由。	文藝辦法第4條。
	(三)	僅標的名稱涉及文化藝術相關名稱，但辦理事項則非表演或參與文藝活動，例如對於文化創意產業之研究調查、文化創意商品之設計製作。	
	(四)	招標文件所定廠商資格，未考慮文化、藝術專業人士、機構或團體之特性，要求提供一般營利事業之相關資格文件，例如納稅證明、公會會員證等。	採購法第36條、第37條及文藝辦法第6條第1項第2款。
	(五)	採公告審查程序辦理者，未於政府採購資訊公告系統傳輸招標公告並刊登政府採購公報。	文藝辦法第6條第1項第1款。
	(六)	採公告審查程序辦理者，未成立5人以上之審查委員會，或其成員對於文化藝術未具有專門知識。	文藝辦法第6條第1項第4款、第5款。
第15款	(一)	非公營事業，卻誤用本款。	
	(二)	非屬以供轉售為目的所為之採購。	
	(三)	未分析不適宜以公開招標或選擇性招標方式辦理之理由。	
第16款	(一)	公告金額以上採購，未於招標前報經主管機關認定。	
	(二)	公告金額以上採購，誤認為經上級機關核准即可辦理。	
	(三)	公告金額以上採購，誤認為簽報機關首長或其授權人員核准即可辦理。	

	（四）	未達公告金額採購，其金額逾公告金額十分之一者，未簽經機關首長或其授權人員核准；或通案簽經機關首長或其授權人員核准。	中央機關未達公告金額採購招標辦法第 2 條。
	（五）	未達公告金額採購，其金額逾公告金額十分之一者，未就個案敘明不採公告方式辦理及邀請指定廠商比價或議價之適當理由。	同上。
	（六）	未達公告金額採購，其金額逾公告金額十分之一者，採本款辦理之比率偏高，上級機關未加強查核監督，或未訂定較嚴格之適用規定或授權條件。	同上。
各款	（一）	得以比價方式辦理者，未優先以比價方式辦理。	採購法施行細則第 23 條之 1。
	（二）	未依採購法施行細則第 23 條之 1 第 1 項規定：「由需求、使用或承辦採購單位，就個案敘明符合各款之情形，簽報機關首長或其授權人員核准」，僅照錄各款文字。	

機關依政府採購法第 22 條第 1 項第 7 款辦理採購常見錯誤態樣

民國 96 年 8 月 29 日行政院公共工程委員會函訂頒。

類別及序號		錯誤態樣	依　據
一、原有採購招標階段	(一)	未於原招標公告及招標文件載明後續擴充之期間、金額或數量。例如僅於招標文件載明。	政府採購法（以下簡稱本法）第 22 條第 1 項第 7 款。
	(二)	於招標公告刊載保留未來增購權利，惟後續擴充情形之內容過簡，未敘明擴充之期間、金額或數量。例如僅敘明詳如招標文件某條款。	本法第 22 條第 1 項第 7 款。
	(三)	招標公告已載明後續擴充情形，計算採購金額時未將預估後續擴充項目所需金額計入，或招標公告預算金額誤以採購金額登載。	本法施行細則第 6 條第 3 款。
二、原有採購後續擴充階段	(一)	原招標公告及招標文件未分別敘明後續擴充情形，卻依本法第 22 條第 1 項第 7 款洽原得標廠商採限制性招標辦理。	本法第 22 條第 1 項第 7 款。
	(二)	機關於招標公告及招標文件已敘明後續擴充情形，惟其後續擴充須徵得廠商同意者，強迫廠商辦理後續擴充，否則以違約或本法第 101 條至第 102 條規定處理。	本法第 6 條第 1 項。

採購申訴審議規則

① 民國 88 年 4 月 30 日行政院公共工程委員會令訂定發布全文 32 條；並自 88 年 5 月 27 日起施行。
② 民國 89 年 6 月 29 日行政院公共工程委員會令修正發布第 22、32 條條文；並自發布日起施行。
③ 民國 91 年 9 月 4 日行政院公共工程委員會令修正發布第 2、7、9、11、17、20、22、27、30 條條文；刪除第 12、19、23 條條文；並增訂第 27-1 條條文。
④ 民國 101 年 9 月 4 日行政院公共工程委員會令修正發布第 22 條條文。

第一條

本規則依政府採購法（以下簡稱本法）第八十條第五項規定訂定之。

第二條 91

① 廠商對於公告金額以上採購異議之處理結果不服，或招標機關逾本法第七十五條第二項所定期限不為處理者，得於收受異議處理結果或處理期限屆滿之次日起十五日內，依其屬中央機關或地方機關辦理之採購，以書面分別向主管機關、直轄市或縣（市）政府所設採購申訴審議委員會（以下簡稱申訴會）申訴。

② 廠商對機關依本法第一百零二條第一項異議之處理結果不服，或機關逾收受異議之次日起十五日期限不為處理者，無論該事件是否逾公告金額，得於收受異議處理結果或處理期限屆滿之次日起十五日內，以書面向該管申訴會申訴。

③ 直轄市或縣（市）政府未設申訴會而委請主管機關處理者，廠商得向主管機關所設申訴會申訴。

第三條

廠商申訴應具申訴書，載明下列事項，由申訴廠商簽名或蓋章：

一 申訴廠商之名稱、地址、電話及負責人之姓名、性別、出生年月日、住所或居所。

二 原受理異議之機關。

三 申訴之事實及理由。

四 證據。

五 申訴之年、月、日。

第四條

申訴書應以中文繕具，其附有外文資料者，應就申訴有關之部分備具中文譯本。但申訴會得視需要，通知其檢具其他部分之中文譯本。

第五條

①申訴得委任代理人為之。代理人應提出委任書，載明其姓名、性別、出生年月日、職業、電話、住所或居所。

②申訴廠商在我國無住所、事務所或營業所者，應委任在我國有住所、事務所或營業所之代理人為之。

第六條

①申訴事件之代理人就其受委任事件，有為一切申訴行為之權。但撤回申訴及選任代理人，非受特別委任，不得為之。

②對前項代理權加以限制者，應於委任書內表明。

第七條 91

①廠商提出申訴，應同時繕具副本，連同相關文件送招標機關。

②招標機關應自收受申訴書副本之次日起十日內，以書面向該管申訴會陳述意見，並檢附相關文件。

第八條

申訴會對於招標機關接受申訴書副本未依規定期限向其陳述意見者，得予函催或逕為審議。

第九條 91

①廠商誤向非管轄之機關申訴者，以該機關收受之日，視為提起申訴之日。

②前項收受之機關應於收受之次日起三日內，將申訴事件移送有管轄權之申訴會，並副知申訴廠商。

第一〇條

①對於申訴事件，應先為程序審查，其無不受理之情形者，再進而為實體審查。

②前項程序審查，發現有程式不合其情形可補正者，應酌定相當期間通知廠商補正。

第一一條 91

申訴事件有下列情形之一者，應提申訴會委員會議為不受理之決議：

一　採購事件未達公告金額者。但第二條第二項事件，不在此限。

二　申訴逾越法定期間者。

三　申訴不合法定程式不能補正，或經通知限期補正屆期未補正者。

四　申訴事件不屬收受申訴書之申訴會管轄而不能依第九條規定移送者。

五　對於已經審議判斷或已經撤回之申訴事件復為同一之申訴者。

六　招標機關自行依申訴廠商之請求，撤銷或變更其處理結果者。

七　申訴廠商不適格者。

八　採購履約爭議提出申訴，未申請改行調解程序者。

九　非屬政府採購事件者。

　　十　其他不予受理之情事者。

第一二條 （刪除）91

第一三條

申訴事件經依第十一條審查無不受理之情形者，由申訴會主任委員指定委員一人至三人為預審委員，進行實體審查。

第一四條

申訴會於審議時得按事件需要，選任諮詢委員一人至三人，以備諮詢。

第一五條

申訴會得依職權或申請，通知廠商、機關到指定場所陳述意見。

第一六條

①申訴會於審議時，得囑託具專門知識經驗之機關、學校、團體或人員鑑定，並得邀請學者、專家或相關人士到場說明，或請機關、廠商提供相關文件、資料。

②前項學者、專家之迴避，準用採購申訴審議委員會組織準則關於申訴會委員迴避之規定。

第一七條 91

預審委員審議申訴事件，認為有必要者，經提報申訴會委員會議決議後，得通知招標機關暫停採購程序。但預審委員認時間急迫，應及時處理者，申訴會得以書面徵詢全體委員之意見，獲過半數委員之書面同意後暫停之。

第一八條

預審委員應就申訴事件作成預審意見，載明處理經過，並檢具相關卷證文件，提申訴會委員會議審議。

第一九條 （刪除）91

第二〇條 91

①申訴會應按委員會議決議製作審議判斷書原本，載明下列事項：

　一　申訴廠商之名稱、住、居所或事務所或營業所及管理人或代表人之姓名、住、居所。

　二　有代理人者，其代理人之姓名、住、居所。

　三　招標機關。

　四　主文、事實及理由。其係不受理之審議判斷，得不記載事實。

　五　年、月、日。

②前項審議判斷書應於完成審議後十日內作成正本，送達於申訴廠商及招標機關。

第二一條

①前條審議判斷書，應指明招標機關原採購行為有無違反法令之處；其有違反者，並得建議招標機關處置方式。

②申訴會為前項之建議或依第十七條為通知時，應考量公共利益、相關廠商利益及其他有關情況。

第二二條 101

①審議判斷書應附記如不服審議判斷，得於審議判斷書送達之次日起二個月內，向行政法院提起行政訴訟。

②審議判斷書未依前項規定為附記或附記錯誤者，準用訴願法第九十一條及第九十二條規定。

第二三條 （刪除）91

第二四條

審議判斷書有誤寫、誤算或其他類此之顯然錯誤者，申訴會得隨時或依申請更正之；其正本與原本不符者，亦同。

第二五條

本法第七十八條第二項所定完成審議期限，如申訴書尚待補正者，自補正之次日起算；申訴廠商於審議期限內續補具理由者，自最後補具理由之次日起算。

第二六條

申訴事件經依本法第八十一條規定撤回者，申訴會應即終結審議程序，並通知申訴廠商及招標機關。

第二七條 91

廠商對於採購履約爭議事件誤提起申訴者，得申請改行調解程序。廠商未申請者，申訴會應告知得為申請。

第二七條之一 91

廠商或利害關係人不服申訴會於審議程序中所為程序上處置者，僅得於對審議判斷聲明不服時一併聲明之。

第二八條

申訴事件之文書，應就每一事件編訂卷宗。

第二九條

申訴會委員、執行秘書、工作人員、諮詢委員及學者、專家因經辦、參與申訴事件，知悉他人職務上、業務上之秘密或其他涉及個人隱私之事項，應保守秘密。

第三○條 91

①審議判斷書，採用郵務送達者，應使用申訴郵務送達證書。

②申訴文書之送達，除前項規定外，準用行政程序法關於送達之規定。

第三一條

本規則有關之書表格式，由主管機關定之。

第三二條

①本規則自中華民國八十八年五月二十七日施行。

②本規則修正條文自發布日施行。

採購申訴審議收費辦法

①民國88年4月30日行政院公共工程委員會令訂定發布全文9條；
　並自88年5月27日起施行。
②民國91年9月4日行政院公共工程委員會令修正發布全文9條；
　並自發布日施行。
③民國96年3月13日行政院公共工程委員會令修正發布第6條條文。

第一條
本辦法依政府採購法（以下簡稱本法）第八十條第四項規定訂定之。

第二條
採購申訴審議委員會（以下簡稱申訴會）依本法第六章及第一百零二條規定處理廠商之採購申訴（以下簡稱申訴）事件，依本辦法之規定收費。

第三條
廠商提出申訴時，應繳納審議費。其未繳納者，由申訴會通知限期補繳；逾期未補繳者，不受理其申請。

第四條
前條審議費，每一申訴事件為新台幣三萬元，由申訴廠商以現金、公庫支票、郵政匯票、金融機構簽發之即期本票、支票或保付支票繳納。

第五條
採購履約爭議事件誤提起申訴，經廠商申請改行調解程序者，廠商已繳納之審議費轉為調解費用，並依採購履約爭議調解收費辦法規定計算，與原繳納金額相抵後，多退少補。

第六條 96
申訴事件經申訴會為不受理之決議者，免予收費。已繳費者，申訴會無息退還所繳審議費之全額。但已通知預審會議期日者，收取審議費新臺幣五千元。

第七條
鑑定費及其他必要之費用，由申訴會通知當事人繳納。

第八條
①廠商撤回申訴者，已繳審議費用不予退還。但於第一次預審會議期日前撤回者，無息退還二分之一。
②前條廠商已繳納而尚未發生之鑑定費及其他必要費用，應予退還。

第九條
本辦法自發布日施行。

採購申訴審議委員會組織準則

①民國 88 年 4 月 30 日行政院公共工程委員會令訂定全文 15 條；並自 88 年 5 月 27 日起施行。
②民國 91 年 9 月 4 日行政院公共工程委員會令修正發布第 2～4、6、15 條條文；並自發布日施行。
③民國 105 年 5 月 25 日行政院公共工程委員會令修正發布第 3、4 條條文。

第一條
本準則依政府採購法（以下簡稱本法）第八十六條第二項規定訂定之。

第二條 91
①主管機關及直轄市、縣（市）政府分別設採購申訴審議委員會（以下簡稱申訴會），掌理下列事項：
一 關於本法第七十六條廠商申訴之處理。
二 關於本法第八十五條之一履約爭議之調解。
三 關於本法第一百零二條廠商申訴之處理。
四 其他與廠商申訴及履約爭議調解相關之事項。
②直轄市、縣（市）政府未設申訴會者，得依本法第七十六條規定委請主管機關申訴會辦理前項業務。

第三條 105
①申訴會置主任委員一人，綜理會務，由主管機關或直轄市、縣（市）政府就本機關副秘書長以上或相當人員派兼之；並得置副主任委員一人，襄理會務。
②前項副主任委員，由主管機關或直轄市、縣（市）政府就本機關高級人員或具有法律或採購相關專門知識之公正人士派（聘）兼之。

第四條 105
①申訴會置委員七人至三十五人，除主任委員、副主任委員為當然委員外，由主管機關或直轄市、縣（市）政府就本機關高級人員或具有法律或採購相關專門知識之公正人士派（聘）兼之。
②前項委員，由本機關高級人員兼任者最多三人，且不得超過全體委員人數五分之一。
③第一項聘任之委員，任期二年；期滿得續聘之。

第五條
前條第一項公正人士，應具備下列資格之一：
一 曾任實任法官、檢察官或行政法院評事者。
二 曾執行律師、會計師、建築師、技師或其他與政府採購有關

之專門職業人員業務五年以上者。

三　曾任教育部認可之國內、外大專校院副教授以上職務三年以上，且教授法律或採購相關專門學科者。

四　具有與政府採購相關領域之專門知識或技術，並在該領域服務五年以上者。

第六條 91

① 申訴會委員會議由主任委員召集之，並為主席；主任委員未能出席時，由副主任委員代理之；無副主任委員或副主任委員未能出席者，由主任委員指定委員一人代理之。

② 申訴會委員會議之決議，應有二分之一以上委員出席，出席委員過半數同意行之。可否同數時，由主席裁決之。

③ 不同意見之委員得提意見書附於申訴委員會議紀錄，以備查考。

第七條

申訴會委員應超然、公正行使職權，並親自出席會議。

第八條

申訴會審議採購申訴事件或調解履約爭議事件時，主任委員得指定委員一人至三人預審或調解之。

第九條

申訴會對外行文，以本機關名義行之。

第一〇條

申訴會置執行秘書一人，由主管機關或直轄市、縣（市）政府就其高級人員具法制長者派兼之，承主任委員之命，處理日常事務。所需工作人員，就其法定員額內派充之，並得分科（股）辦事。

第一一條

主管機關及直轄市、縣（市）政府得視業務需要，遴聘學者、專家為申訴會諮詢委員，聘期一年，連聘得連任。

第一二條

申訴會委員、諮詢委員均為無給職。但得依規定支給兼職酬勞。

第一三條

① 申訴會委員、諮詢委員、執行秘書及工作人員就採購申訴或履約爭議事件有下列各款情形之一者，應行迴避：

一　該事件涉及本人、配偶、三親等以內血親或姻親或同財共居親屬之利益者。

二　曾為該採購之承辦或監辦人員。

三　曾參與該事件之異議處理者。

四　本人或其配偶與機關、廠商或其負責人間現有或三年內曾有僱傭、委任或代理關係者。

五　有其他情形足認其有不能公正執行職務之虞者。

② 前項人員應行迴避而未迴避者，當事人得申請其迴避或由主任委員令其迴避。

第一四條

① 直轄市、縣（市）政府應於每年一月及七月，將前半年辦理採購申訴審議及履約爭議調解業務狀況，彙報主管機關。

② 主管機關得視需要邀集直轄市、縣（市）政府，就採購申訴審議及履約爭議調解業務召開檢討會。

第一五條 91

① 本準則自中華民國八十八年五月二十七日施行。

② 本準則修正條文自發布日施行。

採購履約爭議調解規則

①民國 91 年 9 月 4 日行政院公共工程委員會令訂定發布全文 25 條；
並自發布日施行。
②民國 97 年 4 月 22 日行政院公共工程委員會令修正發布第 9、10、
15、18、20 條條文；並增訂第 20-1 條條文。

第一章　　總　　則

第一條

本規則依政府採購法（以下簡稱本法）第八十五條之一第四項規
定訂定之。

第二條

①調解事件屬中央機關之履約爭議者，應向主管機關所設採購申訴
審議委員會（以下簡稱申訴會）申請；其屬地方機關之履約爭議
者，應向直轄市、縣（市）政府所設申訴會申請。

②直轄市、縣（市）政府未設申訴會而委請主管機關處理者，得向
主管機關所設申訴會申請。

第三條

申請人誤向非管轄之申訴會申請調解者，該申訴會應即移送有管
轄權之申訴會辦理，並副知申請人及他造當事人。

第四條

①對於調解事件，應先為程序審查；其無程序不合法之情形者，再
進行實體審查。

②前項程序審查，發現有程式不合而其情形可補正者，應酌定相當
期間通知申請人補正。

第五條

申訴會對於調解事件之文書，應就每一事件編訂卷宗。

第二章　　調解程序

第六條

①申請調解應具申請書，載明下列事項，由申請人或代理人簽名或
蓋章，並按他造人數分送副本：

一　申請人之姓名、出生年月日、電話及住、居所。如係法人或
　　其他設有管理人或代表人之團體，其名稱、事務所或營業所
　　及管理人或代表人之姓名、出生年月日、電話、住、居所。

二　有代理人者，其姓名、出生年月日、電話及住、居所。

三　他造當事人之名稱。

四　請求調解之事項、調解標的之法律關係、爭議情形及證據。

五　附屬文件及其件數。

六　年、月、日。

②調解申請書應以中文繕具，其附有外文資料者，應就調解有關之部分備具中文譯本。但申訴會得視需要通知其檢具其他部分之中文譯本。

第七條

①申請調解得委任代理人為之。代理人應提出委任書，載明其姓名、出生年月日、職業、電話、住、居所。

②申請人在我國無住所、事務所或營業所者，應委任在我國有住所、事務所或營業所之代理人為之。

第八條

①調解代理人就其受委任事件，有為一切行為之權。但捨棄、認諾、撤回、和解及選任代理人，非受特別委任不得為之。

②對前項代理權加以限制者，應於委任書表明。

第九條 97

①他造當事人應自收受調解申請書副本之次日起十五日內，以書面向申訴會陳述意見，並同時繕具副本送達於申請人。

②調解過程中，任一造當事人向申訴會提出之文書，應同時繕具副本送達於他造。

第一〇條 97

申請調解事件有下列情形之一者，應提申訴會委員會議為不受理之決議。但其情形可補正者，應酌定相當期間命其補正：

一　當事人不適格。

二　已提起仲裁、申（聲）請調解或民事訴訟。但其程序已依法合意停止者，不在此限。

三　曾經法定機關調解未成立。

四　曾經法院判決確定。

五　申請人係無行為能力或限制行為能力人，未由法定代理人合法代理。

六　由代理人申請調解，其代理權有欠缺。

七　申請調解不合程式。

八　經限期補繳調解費，屆期未繳納。

九　廠商不同意調解。

十　送達於他造當事人之通知書，應為公示送達或於外國為送達。

十一　非屬政府採購事件。

十二　其他應不予受理之情事。

第一一條

①調解事件經審查無前條各款應不受理之情形者，由申訴會主任委員指定委員一人至三人為調解委員，進行調解程序，並應速定調解期日，通知當事人或代理人到場。

②前項調解之進行，申訴會得按事件需要，指定諮詢委員若干人，以備諮詢。

第一二條

①調解程序於申訴會行之；必要時，亦得於其他適當處所行之。

②前項調解，以不公開為原則。

第一三條

①申訴會於調解時，得囑託具專門知識經驗之機關、學校、團體或人員鑑定，並得邀請學者或專家諮詢、通知相關人士說明或請當事人提供相關文件、資料。

②前項鑑定人員及諮詢學者、專家之迴避，準用採購申訴審議委員會組織準則第十三條關於申訴會委員迴避之規定。

第一四條

就調解事件有法律上利害關係之第三人，調解委員得依職權審酌通知其參加調解程序。

第一五條 97

①調解委員行調解時，為審究事件之法律關係及兩造當事人爭議之所在，得聽取當事人、具有專門知識經驗或知悉事件始末之人或其他關係人之陳述，察看現場或標的物之狀況；於必要時，得調查證據。

②當事人無正當理由拒絕陳述、提供資料，調解委員得就現有資料採為出具調解建議之參考。

第一六條

調解時應本和平懇切之態度，對當事人為適當勸導，就調解事件酌擬平允之解決辦法，力謀雙方之和諧。

第一七條

當事人兩造或一造於調解期日未到場者，調解委員得斟酌其情形，視為調解不成立或另定調解期日予以調解。

第一八條 97

①調解過程中，調解委員於審酌當事人提出之所有資料後，本於第十六條酌擬平允之解決辦法，以申訴會名義提出書面調解建議，並酌定相當期間命當事人為同意與否之意思表示。

②機關不同意調解建議者，應先報請上級機關核定後，於前項指定期間內以書面向申訴會及廠商說明理由。廠商為政府機關、公立學校或公營事業時，亦同。

③當事人未於第一項限內為同意與否之意思表示，經申訴會再酌定一定期間命其為同意與否之意思表示，逾期仍未回復者，得以該當事人不同意調解建議處理。

第一九條

①調解事件應作調解會議紀錄，記載調解之經過、結果與期日之延展及附記事項。

②調解委員應就調解事件作成調解成立書、調解方案通知書或調解不成立證明書，載明調解經過，並檢具相關卷證文件，提申訴會

委員會議審議。

③調解成立書、調解方案通知書及調解不成立證明書，應於申訴會委員會議決議通過之次日起十日內，以正本送達於當事人及參加調解之利害關係人。

第二〇條 97

①調解事件應自收受調解申請書之次日起四個月內完成調解程序。但經雙方同意延長者，得延之。

②前項調解期間，於調解申請書尚未補正或調解費尚未補繳者，自收受補正文件或補繳調解費之次日起算；當事人於調解期間內，續以書面補具理由、陳報資料，或擴張請求而有補繳調解費之必要者，自最後收受補具理由書、陳報資料或補繳調解費之次日起算。

第二〇條之一 97

①調解程序，得經當事人向申訴會以書面陳明合意停止，並以一次為限。當事人於調解會議期日當場以言詞向調解委員陳明合意停止者，應記明於會議紀錄。

②合意停止調解程序之任一造當事人，均得以書面向申訴會申請續行調解程序。

③當事人自陳明合意停止之次日起，四個月內未申請續行調解程序者，視為申請人撤回調解之申請。

④第一項情形，申訴會認有維護公益之必要者，得於四個月內續行調解程序。

第二一條

①調解之申請經撤回者，視為未申請調解。

②前項撤回，申訴會應通知他造當事人。

第三章 附 則

第二二條

申訴會委員、執行秘書、工作人員、諮詢委員及學者、專家，因經辦、參與調解事件，知悉他人職務上、業務上之秘密或其他涉及個人隱私之事項，應保守秘密。

第二三條

①調解成立書、調解不成立證明書或調解方案通知書，採用郵務送達者，應使用調解文書郵務送達證書。

②調解成立書、調解不成立證明書或調解方案通知書之送達，除前項規定外，準用民事訴訟法關於送達之規定。

第二四條

本規則有關之書表格式，由主管機關定之。

第二五條

本規則自發布日施行。

採購履約爭議調解收費辦法

①民國 91 年 9 月 4 日行政院公共工程委員會令訂定發布全文 16 條；並自發布日施行。
②民國 96 年 3 月 6 日行政院公共工程委員會令修正發布第 10、14 條條文。
③民國 101 年 8 月 3 日行政院公共工程委員會令修正發布第 14 條條文。

第一條

本辦法依政府採購法（以下簡稱本法）第八十五條之二規定訂定之。

第二條

採購申訴審議委員會（以下簡稱申訴會）依本法第八十五條之一規定處理機關及廠商之履約爭議調解（以下簡稱調解）事件，依本辦法之規定收費。

第三條

前條費用，應由當事人以現金、公庫支票、郵政匯票、金融機構簽發之即期本票、支票或保付支票繳納。

第四條

申請調解者，應繳納調解費。其未繳納者，由申訴會通知限期補繳；屆期未繳納者，其申請不予受理。

第五條

①以請求或確認金額為調解標的者，其調解費如下：

一　金額未滿新臺幣二百萬元者，新臺幣二萬元。

二　金額在新臺幣二百萬元以上，未滿五百萬元者，新臺幣三萬元。

三　金額在新臺幣五百萬元以上，未滿一千萬元者，新臺幣六萬元。

四　金額在新臺幣一千萬元以上，未滿三千萬元者，新臺幣十萬元。

五　金額在新臺幣三千萬元以上，未滿五千萬元者，新臺幣十五萬元。

六　金額在新臺幣五千萬元以上，未滿一億元者，新臺幣二十萬元。

七　金額新臺幣一億元以上，未滿三億元者，新臺幣三十五萬元。

八　金額新臺幣三億元以上，未滿五億元者，新臺幣六十萬元。

九　金額新臺幣五億元以上者，新臺幣一百萬元。

②前項調解標的之金額以外幣計算者，按申訴會收件日前一交易日

台灣銀行外匯小額交易收盤買入匯率折算之。

第六條

非以請求或確認金額為調解標的者，其調解費為新台幣三萬元。但調解標的得直接以金額計算者，其調解費依前條規定計算。

第七條

以一履約爭議調解申請書主張數項調解標的者，其調解費依下列方式計算：

一　就一契約並主張前二條之調解標的者，其調解費依前二條規定分別計算後累計。

二　就一契約主張數項第五條之調解標的者，其調解費按請求總金額計算。

三　就一契約主張數項前條之調解標的者，其調解費分別計算後累計。

四　就一契約主張之數項調解標的互相競合或應為選擇者，其調解費依其中金額最高者計算。

五　就二個以上之契約事件申請調解者，其調解費按每一契約分別計算後累計。

第八條

應屬履約爭議事件，申請人誤提起申訴，而經申請人申請改行調解程序者，依本辦法之規定重新計算其調解費，與原繳審議費相抵後，多退少補。

第九條

調解程序進行中，因請求事項變更或追加，應加收調解費時，依第五條至第七條規定計算追繳之。

第一〇條 96

調解申請不予受理者，免予收費。已繳費者，無息退還所繳調解費之全額。但已通知調解期日者，收取新臺幣五千元。

第一一條

機關申請調解時，廠商從未於調解期日到場，經調解委員酌量情形視為調解不成立者，其調解費無息退還機關二分之一。

第一二條

鑑定費及其他必要之費用，由申訴會通知當事人繳納。

第一三條

申訴會囑託鑑定時，應由該受託機關、學校、團體或人員於鑑定前提出總費用額之請求，由調解委員視調解事件之繁簡酌定之。

第一四條 101

①申請人撤回調解之申請者，所繳調解費不予退還。但申請人於第一次調解期日之次日起十日內以書面撤回調解者，無息退還所繳調解費二分之一，未退還之調解費逾新臺幣二十萬元者，以新臺幣二十萬元為收費上限。

②前項情形，當事人已繳納而尚未發生之鑑定費及其他必要費用，應無息退還。

第一五條

① 調解成立者，調解費、鑑定費及其他必要費用之數額及負擔，應記明於調解成立書。

② 調解不成立時，調解費、鑑定費及其他必要費用由已繳費之當事人負擔。

第一六條

本辦法自發布日施行。

貳、爭議處理及
　　相關救濟規範

行政程序法

① 民國 88 年 2 月 3 日總統令制定公布全文 175 條。
② 民國 89 年 12 月 27 日總統令增訂公布第 174-1 條條文；並自 90 年 1 月 1 日施行。
③ 民國 90 年 6 月 20 日總統令修正公布第 174-1 條條文。
④ 民國 90 年 12 月 28 日總統令修正公布第 174-1 條條文。
⑤ 民國 94 年 12 月 18 日總統令公布刪除第 44、45 條條文。
⑥ 民國 102 年 5 月 22 日總統令修正公布第 131 條條文。
⑦ 民國 104 年 12 月 30 日總統令修正公布第 127、175 條條文；並自公布日施行。

第一章 總　則

第一節 法　例

第一條　（立法目的）

　　為使行政行為遵循公正、公開與民主之程序，確保依法行政之原則，以保障人民權益，提高行政效能，增進人民對行政之信賴，特制定本法。

第二條　（行政程序與行政機關之定義）

① 本法所稱行政程序，係指行政機關作成行政處分、締結行政契約、訂定法規命令與行政規則、確定行政計畫、實施行政指導及處理陳情等行為之程序。

② 本法所稱行政機關，係指代表國家、地方自治團體或其他行政主體表示意思，從事公共事務，具有單獨法定地位之組織。

③ 受託行使公權力之個人或團體，於委託範圍內，視為行政機關。

第三條　（適用範圍）

① 行政機關為行政行為時，除法律另有規定外，應依本法規定為之。

② 下列機關之行政行為，不適用本法之程序規定：

一　各級民意機關。

二　司法機關。

三　監察機關。

③ 下列事項，不適用本法之程序規定：

一　有關外交行為、軍事行為或國家安全保障事項之行為。

二　外國人出、入境、難民認定及國籍變更之行為。

三　刑事案件犯罪偵查程序。

四　犯罪矯正機關或其他收容處所為達成收容目的所為之行為。

五　有關私權爭執之行政裁決程序。

六　學校或其他教育機構為達成教育目的之內部程序。

七　對公務員所為之人事行政行為。

八　考試院有關考選命題及評分之行為。

第四條　（一般法律原則）

行政行為應受法律及一般法律原則之拘束。

第五條　（行政行為之內容）

行政行為之內容應明確。

第六條　（行政行為之平等原則）

行政行為，非有正當理由，不得為差別待遇。

第七條　（行政行為之比例原則）

行政行為，應依下列原則為之：

一　採取之方法應有助於目的之達成。

二　有多種同樣能達成目的之方法時，應選擇對人民權益損害最
　　少者。

三　採取之方法所造成之損害不得與欲達成目的之利益顯失均
　　衡。

第八條　（行政行為之誠信原則）

行政行為，應以誠實信用之方法為之，並應保護人民正當合理之
信賴。

第九條　（行政程序對當事人有利及不利之情形）

行政機關就該管行政程序，應於當事人有利及不利之情形，一律
注意。

第一〇條　（行政裁量之界限）

行政機關行使裁量權，不得逾越法定之裁量範圍，並應符合法規
授權之目的。

第二節　管　轄

第一一條　（行政機關之管轄權及管轄權不得隨意設定或變更）

①行政機關之管轄權，依其組織法規或其他行政法規定之。

②行政機關之組織法規變更管轄權之規定，而相關行政法規所定管
轄機關尚未一併修正時，原管轄機關得會同組織法規變更後之管
轄機關公告或遴由其共同上級機關公告變更管轄之事項。

③行政機關經裁併者，前項公告得僅由組織法規變更後之管轄機關
為之。

④前二項公告事項，自公告之日起算至第三日起發生移轉管轄權之
效力。但公告特定有生效日期者，依其規定。

⑤管轄權非依法規不得設定或變更。

第一二條　（管轄權之補充規定）

不能依前條第一項定土地管轄權者，依下列各款順序定之：

一　關於不動產之事件，依不動產之所在地。

二　關於企業之經營或其他繼續性事業之事件，依經營企業或從
　　事事業之處所，或應經營或應從事之處所。

三 其他事件，關於自然人者，依其住所地，無住所或住所不明
者，依其居所地，無居所或居所不明者，依其最後之所在地。
關於法人或團體者，依其主事務所或會址所在地。

四 不能依前三款之規定定其管轄權或有急迫情形者，依事件發
生之原因定之。

第一三條 （行政機關管轄權競合時之解決方法）

①同一事件，數行政機關依前二條之規定均有管轄權者，由受理在
先之機關管轄，不能分別受理之先後者，由各該機關協議定之，
不能協議或有統一管轄之必要時，由其共同上級機關指定管轄。
無共同上級機關時，由各該上級機關協議定之。

②前項機關於必要之情形時，應為必要之職務行為，並即通知其他
機關。

第一四條 （行政機關管轄權爭議之解決方法）

①數行政機關於管轄權有爭議時，由其共同上級機關決定之，無共
同上級機關時，由各該上級機關協議定之。

②前項情形，人民就其依法規申請之事件，得向共同上級機關申請
指定管轄，無共同上級機關者，得向各該上級機關之一為之。受
理申請之機關應自請求到達之日起十日內決定之。

③在前二項情形未經決定前，如有導致國家或人民難以回復之重大
損害之虞時，該管轄權爭議之一方，應依當事人申請或依職權為
緊急之臨時處置，並應層報共同上級機關及通知他方。

④人民對行政機關依本條所為指定管轄之決定，不得聲明不服。

第一五條 （行政機關權限委託或委任其他機關）

①行政機關得依法規將其權限之一部分，委任所屬下級機關執行
之。

②行政機關因業務上之需要，得依法規將其權限之一部分，委託不
相隸屬之行政機關執行之。

③前二項情形，應將委任或委託事項及法規依據公告之，並刊登政
府公報或新聞紙。

第一六條 （行政機關將權限委託民間或個人處理）

①行政機關得依法規將其權限之一部分，委託民間團體或個人辦
理。

②前項情形，應將委託事項及法規依據公告之，並刊登政府公報或
新聞紙。

③第一項委託所需費用，除另有約定外，由行政機關支付之。

第一七條 （行政機關對管轄權之有無之處置）

①行政機關對事件管轄權之有無，應依職權調查；其認無管轄權
者，應即移送有管轄權之機關，並通知當事人。

②人民於法定期間內提出申請，依前項規定移送有管轄權之機關
者，視同已在法定期間內向有管轄權之機關提出申請。

第一八條 （管轄權變更之處理）

行政機關因法規或事實之變更而喪失管轄權時，應將案件移送有

管轄權之機關，並通知當事人。但經當事人及有管轄權機關之同意，亦得由原管轄機關繼續處理該案件。

第一九條 （執行職權時得請求其他機關協助及有不同意見之解決方法）

① 行政機關為發揮共同一體之行政機能，應於其權限範圍內互相協助。

② 行政機關執行職務時，有下列情形之一者，得向無隸屬關係之其他機關請求協助：

一 因法律上之原因，不能獨自執行職務者。

二 因人員、設備不足等事實上之原因，不能獨自執行職務者。

三 執行職務所必要認定之事實，不能獨自調查者。

四 執行職務所必要之文書或其他資料，為被請求機關所持有者。

五 由被請求機關協助執行，顯較經濟者。

六 其他職務上有正當理由須請求協助者。

③ 前項請求，除緊急情形外，應以書面為之。

④ 被請求機關於有下列情形之一者，應拒絕之：

一 協助之行為，非其權限範圍或依法不得為之者。

二 如提供協助，將嚴重妨害其自身職務之執行者。

⑤ 被請求機關認有正當理由不能協助者，得拒絕之。

⑥ 被請求機關認為無提供行政協助之義務或有拒絕之事由時，應將其理由通知請求協助機關。請求協助機關對此有異議時，由其共同上級機關決定之，無共同上級機關時，由被請求機關之上級機關決定之。

⑦ 被請求機關得向請求協助機關要求負擔行政協助所需費用。其負擔金額及支付方式，由請求協助機關及被請求機關以協議定之；協議不成時，由其共同上級機關定之。

第三節 當事人

第二○條 （當事人之範圍）

本法所稱之當事人如下：

一 申請人及申請之相對人。

二 行政機關所為行政處分之相對人。

三 與行政機關締結行政契約之相對人。

四 行政機關實施行政指導之相對人。

五 對行政機關陳情之人。

六 其他依本法規定參加行政程序之人。

第二一條 （行政程序當事人之範圍）

有行政程序之當事人能力者如下：

一 自然人。

二 法人。

三 非法人之團體設有代表人或管理人者。

　　四　行政機關。

　　五　其他依法律規定得為權利義務之主體者。

第二二條　（得為有效行政程序行為之資格）

①有行政程序之行為能力者如下：

　　一　依民法規定，有行為能力之自然人。

　　二　法人。

　　三　非法人之團體由其代表人或管理人為行政程序行為者。

　　四　行政機關由其首長或其代理人、授權之人為行政程序行為者。

　　五　依其他法律規定者。

②無行政程序行為能力者，應由其法定代理人代為行政程序行為。

③外國人依其本國法律無行政程序之行為能力，而依中華民國法律有行政程序之行為能力者，視為有行政程序之行為能力。

第二三條　（通知參加為當事人）

因程序之進行將影響第三人之權利或法律上利益者，行政機關得依職權或依申請，通知其參加為當事人。

第二四條　（委任代理）

①當事人得委任代理人。但依法規或行政程序之性質不得授權者，不得為之。

②每一當事人委任之代理人，不得逾三人。

③代理權之授與，及於該行政程序有關之全部程序行為。但申請之撤回，非受特別授權，不得為之。

④行政程序代理人應於最初為行政程序行為時，提出委任書。

⑤代理權授與之撤回，經通知行政機關後，始對行政機關發生效力。

第二五條　（單獨代理原則）

①代理人有二人以上者，均得單獨代理當事人。

②違反前項規定而為委任者，其代理人仍得單獨代理。

③代理人經本人同意得委任他人為複代理人。

第二六條　（代理權之效力）

代理權不因本人死亡或其行政程序行為能力喪失而消滅。法定代理有變更或行政機關經裁併或變更者，亦同。

第二七條　（當事人之選定或指定）

①多數有共同利益之當事人，未共同委任代理人者，得選定其中一人至五人為全體為行政程序行為。

②未選定當事人，而行政機關認有礙程序之正常進行者，得定相當期限命其選定；逾期未選定者，得依職權指定之。

③經選定或指定為當事人者，非有正當理由不得辭退。

④經選定或指定當事人者，僅得由該當事人為行政程序行為，其他當事人脫離行政程序。但申請之撤回、權利之拋棄或義務之負擔，非經全體有共同利益之人同意，不得為之。

第二八條　（選定或指定當事人單獨行使職權）

選定或指定當事人有二人以上時，均得單獨為全體為行政程序行

為。

第二九條 （選定或指定當事人之更換或增減）

①多數有共同利益之當事人於選定或經指定當事人後，仍得更換或增減之。

②行政機關對於其指定之當事人，為共同利益之權益，必要時，得更換或增減之。

③依前二項規定喪失資格者，其他被選定或指定之人得為全體為行政程序行為。

第三〇條 （選定、指定、更換或增減當事人之生效要件）

①當事人之選定、更換或增減，非以書面通知行政機關不生效力。

②行政機關指定、更換或增減當事人者，非以書面通知全體有共同利益之當事人，不生效力。但通知顯有困難者，得以公告代之。

第三一條 （輔佐人之規定）

①當事人或代理人經行政機關之許可，得偕同輔佐人到場。

②行政機關認為必要時，得命當事人或代理人偕同輔佐人到場。

③前二項之輔佐人，行政機關認為不適當時，得撤銷其許可或禁止其陳述。

④輔佐人所為之陳述，當事人或代理人未立即提出異議者，視為其所自為。

第四節　迴　避

第三二條 （公務員應自行迴避之事由）

公務員在行政程序中，有下列各款情形之一者，應自行迴避：

一　本人或其配偶、前配偶、四親等內之血親或三親等內之姻親或曾有此關係者為事件之當事人時。

二　本人或其配偶、前配偶，就該事件與當事人有共同權利人或共同義務人之關係者。

三　現為或曾為該事件當事人之代理人、輔佐人者。

四　於該事件，曾為證人、鑑定人者。

第三三條 （當事人申請公務員迴避之理由及其相關）

①公務員有下列各款情形之一者，當事人得申請迴避：

一　有前條所定之情形而不自行迴避者。

二　有具體事實，足認其執行職務有偏頗之虞者。

②前項申請，應舉其原因及事實，向該公務員所屬機關為之，並應為適當之釋明；被申請迴避之公務員，對於該申請得提出意見書。

③不服行政機關之駁回決定者，得於五日內提請上級機關覆決，受理機關除有正當理由外，應於十日內為適當之處置。

④被申請迴避之公務員在其所屬機關就該申請事件為准許或駁回之決定前，應停止行政程序。但有急迫情形，仍應為必要處置。

⑤公務員有前條所定情形不自行迴避，而未經當事人申請迴避者，應由該公務員所屬機關依職權命其迴避。

第五節　程序之開始

第三四條　（行政程序之開始）

行政程序之開始，由行政機關依職權定之。但依本法或其他法規之規定有開始行政程序之義務，或當事人已依法規之規定提出申請者，不在此限。

第三五條　（當事人向行政機關提出申請之方式）

當事人依法向行政機關提出申請者，除法規另有規定外，得以書面或言詞為之。以言詞為申請者，受理之行政機關應作成紀錄，經向申請人朗讀或使閱覽，確認其內容無誤後由其簽名或蓋章。

第六節　調查事實及證據

第三六條　（行政機關應依職權調查證據）

行政機關應依職權調查證據，不受當事人主張之拘束，對當事人有利及不利事項一律注意。

第三七條　（當事人得自行提出證據及向行政機關申請調查）

當事人於行政程序中，除得自行提出證據外，亦得向行政機關申請調查事實及證據。但行政機關認為無調查之必要者，得不為調查，並於第四十三條之理由中敘明之。

第三八條　（行政機關調查後得製作書面紀錄）

行政機關調查事實及證據，必要時得據實製作書面紀錄。

第三九條　（行政機關得通知相關人到場陳述）89

行政機關基於調查事實及證據之必要，得以書面通知相關之人陳述意見。通知書中應記載詢問目的、時間、地點、得否委託他人到場及不到場所生之效果。

第四〇條　（行政機關得要求提供文書、資料或物品）

行政機關基於調查事實及證據之必要，得要求當事人或第三人提供必要之文書、資料或物品。

第四一條　（選定鑑定人）

①行政機關得選定適當之人為鑑定。

②以書面為鑑定者，必要時，得通知鑑定人到場說明。

第四二條　（行政機關得實施勘驗）

①行政機關為瞭解事實真相，得實施勘驗。

②勘驗時應通知當事人到場。但不能通知者，不在此限。

第四三條　（行政機關採證之法則）

行政機關為處分或其他行政行為，應斟酌全部陳述與調查事實及證據之結果，依論理及經驗法則判斷事實之真偽，並將其決定及理由告知當事人。

第七節　資訊公開

第四四條　（刪除）94

第四五條 （刪除）94

第四六條 （申請閱覽卷宗）

①當事人或利害關係人得向行政機關申請閱覽、抄寫、複印或攝影有關資料或卷宗。但以主張或維護其法律上利益有必要者為限。

②行政機關對前項之申請，除有下列情形之一者外，不得拒絕：

一　行政決定前之擬稿或其他準備作業文件。

二　涉及國防、軍事、外交及一般公務機密，依法規規定有保密之必要者。

三　涉及個人隱私、職業秘密、營業秘密，依法規規定有保密之必要者。

四　有侵害第三人權利之虞者。

五　有嚴重妨礙有關社會治安、公共安全或其他公共利益之職務正常進行之虞者。

③前項第二款及第三款無保密必要之部分，仍應准許閱覽。

④當事人就第一項資料或卷宗內容關於自身之記載有錯誤者，得檢具事實證明，請求相關機關更正。

第四七條 （公務員與當事人進行行政程序外接觸）

①公務員在行政程序中，除基於職務上之必要外，不得與當事人或代表其利益之人為行政程序外之接觸。

②公務員與當事人或代表其利益之人為行政程序外之接觸時，應將所有往來之書面文件附卷，並對其他當事人公開。

③前項接觸非以書面為之者，應作成書面紀錄，載明接觸對象、時間、地點及內容。

第八節　期日與期間

第四八條 （期間之計算）

①期間以時計算者，即時起算。

②期間以日、星期、月或年計算者，其始日不計算在內。但法律規定即日起算者，不在此限。

③期間不以星期、月或年之始日起算者，以最後之星期、月或年與起算日相當日之前一日為期間之末日。但以月或年定期間，而於最後之月無相當日者，以其月之末日為期間之末日。

④期間之末日為星期日、國定假日或其他休息日者，以該日之次日為期間之末日；期間之末日為星期六者，以其次星期一上午為期間末日。

⑤期間涉及人民之處罰或其他不利行政處分者，其始日不計時刻以一日論；其末日為星期日、國定假日或其他休息日者，照計。但依第二項、第四項規定計算，對人民有利者，不在此限。

第四九條 （郵送期間之扣除）

基於法規之申請，以掛號郵寄方式向行政機關提出者，以交郵當日之郵戳為準。

第五〇條 （回復原狀之申請）

① 因天災或其他不應歸責於申請人之事由，致基於法規之申請不能於法定期間內提出者，得於其原因消滅後十日內，申請回復原狀。如該法定期間少於十日者，於相等之日數內得申請回復原狀。

② 申請回復原狀，應同時補行期間內應為之行政程序行為。

③ 遲誤法定期間已逾一年者，不得申請回復原狀。

第五一條 （行政機關對人民申請之處理期間）

① 行政機關對於人民依法規之申請，除法規另有規定外，應按各事項類別，訂定處理期間公告之。

② 未依前項規定訂定處理期間者，其處理期間為二個月。

③ 行政機關未能於前二項所定期間內處理終結者，得於原處理期間之限度內延長之，但以一次為限。

④ 前項情形，應於原處理期間屆滿前，將延長之事由通知申請人。

⑤ 行政機關因天災或其他不可歸責之事由，致事務之處理遭受阻礙時，於該項事由終止前，停止處理期間之進行。

第九節　費　用

第五二條 （行政程序所生費用之負擔）

① 行政程序所生之費用，由行政機關負擔。但專為當事人或利害關係人利益所支出之費用，不在此限。

② 因可歸責於當事人或利害關係人之事由，致程序有顯著之延滯者，其因延滯所生之費用，由其負擔。

第五三條 （證人或鑑定人得請求給付費用）

① 證人或鑑定人得向行政機關請求法定之日費及旅費，鑑定人並得請求相當之報酬。

② 前項費用及報酬，得請求行政機關預行酌給之。

③ 第一項費用，除法規另有規定外，其標準由行政院定之。

第十節　聽證程序

第五四條 （適用聽證程序）

依本法或其他法規舉行聽證時，適用本節規定。

第五五條 （聽證之通知及公告）

① 行政機關舉行聽證前，應以書面記載下列事項，並通知當事人及其他已知之利害關係人，必要時並公告之：

一　聽證之事由與依據。

二　當事人之姓名或名稱及其住居所、事務所或營業所。

三　聽證之期日及場所。

四　聽證之主要程序。

五　當事人得選任代理人。

六　當事人依第六十一條所得享有之權利。

七　擬進行預備程序者，預備聽證之期日及場所。

八　缺席聽證之處理。

九　聽證之機關。

②依法規之規定，舉行聽證應預先公告者，行政機關應將前項所列各款事項，登載於政府公報或以其他適當方法公告之。

③聽證期日及場所之決定，應視事件之性質，預留相當期間，便利當事人或其代理人參與。

第五六條　（變更聽證期日或場所）

①行政機關得依職權或當事人之申請，變更聽證期日或場所，但以有正當理由為限。

②行政機關為前項之變更者，應依前條規定通知並公告。

第五七條　（聽證之主持人）

聽證，由行政機關首長或其指定人員為主持人，必要時得由律師、相關專業人員或其他熟諳法令之人員在場協助之。

第五八條　（聽證之預備程序）

①行政機關為使聽證順利進行，認為必要時，得於聽證期日前，舉行預備聽證。

②預備聽證得為下列事項：

一　議定聽證程序之進行。

二　釐清爭點。

三　提出有關文書及證據。

四　變更聽證之期日、場所與主持人。

③預備聽證之進行，應作成紀錄。

第五九條　（聽證公開之原則及例外）

①聽證，除法律另有規定外，應公開以言詞為之。

②有下列各款情形之一者，主持人得依職權或當事人之申請，決定全部或一部不公開：

一　公開顯然有違背公益之虞者。

二　公開對當事人利益有造成重大損害之虞者。

第六〇條　（聽證之開始）

①聽證以主持人說明案由為始。

②聽證開始時，由主持人或其指定之人說明事件之內容要旨。

第六一條　（聽證當事人之權利）

當事人於聽證時，得陳述意見、提出證據，經主持人同意後並得對機關指定之人員、證人、鑑定人、其他當事人或其代理人發問。

第六二條　（聽證主持人之職權）

①主持人應本中立公正之立場，主持聽證。

②主持人於聽證時，得行使下列職權：

一　就事實或法律問題，詢問當事人、其他到場人，或促其提出證據。

二　依職權或當事人之申請，委託相關機關為必要之調查。

三　通知證人或鑑定人到場。

四　依職權或申請，通知或允許利害關係人參加聽證。

五　許可當事人及其他到場人之發問或發言。

六　為避免延滯程序之進行，禁止當事人或其他到場之人發言；有妨礙聽證程序而情節重大者，並得命其退場。

七　當事人一部或全部無故缺席者，逕行開始、延期或終結聽證。

八　當事人曾於預備聽證中提出有關文書者，得以其所載內容視為陳述。

九　認為有必要時，於聽證期日結束前，決定繼續聽證之期日及場所。

十　如遇天災或其他事故不能聽證時，得依職權或當事人之申請，中止聽證。

十一　採取其他為順利進行聽證所必要之措施。

③主持人依前項第九款決定繼續聽證之期日及場所者，應通知未到場之當事人及已知之利害關係人。

第六三條　（當事人申明異議）

①當事人認為主持人於聽證程序進行中所為之處置違法或不當者，得即時聲明異議。

②主持人認為異議有理由者，應即撤銷原處置，認為無理由者，應即駁回異議。

第六四條　（聽證紀錄之作成及內容）

①聽證，應作成聽證紀錄。

②前項紀錄，應載明到場人所為陳述或發問之要旨及其提出之文書、證據，並記明當事人於聽證程序進行中聲明異議之事由及主持人對異議之處理。

③聽證紀錄，得以錄音、錄影輔助之。

④聽證紀錄當場製作完成者，由陳述或發問人簽名或蓋章；未當場製作完成者，由主持人指定日期、場所供陳述或發問人閱覽，並由其簽名或蓋章。

⑤前項情形，陳述或發問人拒絕簽名、蓋章或未於指定日期、場所閱覽者，應記明其事由。

⑥陳述或發問人對聽證紀錄之記載有異議者，得即時提出。主持人認異議有理由者，應予更正或補充；無理由者，應記明其異議。

第六五條　（聽證之終結）

主持人認當事人意見業經充分陳述，而事件已達可為決定之程度者，應即終結聽證。

第六六條　（行政機關得再為聽證）

聽證終結後，決定作成前，行政機關認為必要時，得再為聽證。

第十一節　送　達

第六七條　（送達由行政機關為之）

送達，除法規另有規定外，由行政機關依職權為之。

第六八條 （送達方式及送達人）

① 送達由行政機關自行或交由郵政機關送達。

② 行政機關之文書依法規以電報交換、電傳文件、傳真或其他電子文件行之者，視為自行送達。

③ 由郵政機關送達者，以一般郵遞方式為之。但文書內容對人民權利義務有重大影響者，應以掛號。

④ 文書由行政機關自行送達者，以承辦人員或辦理送達事務人員為送達人；其交郵政機關送達者，以郵務人員為送達人。

⑤ 前項郵政機關之送達準用依民事訴訟法施行法第三條訂定之郵政機關送達訴訟文書實施辦法。

第六九條 （對無行為能力人之送達）

① 對於無行政程序之行為能力人為送達者，應向其法定代理人為之。

② 對於機關、法人或非法人之團體為送達者，應向其代表人或管理人為之。

③ 法定代理人、代表人或管理人有二人以上者，送達得僅向其中之一人為之。

④ 無行政程序之行為能力人為行政程序之行為，未向行政機關陳明其法定代理人者，於補正前，行政機關得向該無行為能力人為送達。

第七○條 （對外國法人之送達）

① 對於在中華民國有事務所或營業所之外國法人或團體為送達者，應向其在中華民國之代表人或管理人為之。

② 前條第三項規定，於前項送達準用之。

第七一條 （對代理人之送達）

行政程序之代理人受送達之權限未受限制者，送達應向該代理人為之。但行政機關認為必要時，得送達於當事人本人。

第七二條 （送達之處所）

① 送達，於應受送達人之住居所、事務所或營業所為之。但在行政機關辦公處所或他處會晤應受送達人時，得於會晤處所為之。

② 對於機關、法人、非法人之團體之代表人或管理人為送達者，應向其機關所在地、事務所或營業所行之。但必要時亦得於會晤之處所或其住居所行之。

③ 應受送達人有就業處所者，亦得向該處所為送達。

第七三條 （補充送達及留置送達）

① 於應送達處所不獲會晤應受送達人時，得將文書付與有辨別事理能力之同居人、受雇人或應送達處所之接收郵件人員。

② 前項規定於前項人員與應受送達人在該行政程序上利害關係相反者，不適用之。

③ 應受送達人或其同居人、受雇人、接收郵件人員無正當理由拒絕收領文書時，得將文書留置於應送達處所，以為送達。

第七四條 （寄存送達）

① 送達，不能依前二條規定為之者，得將文書寄存送達地之地方自治或警察機關，並作送達通知書兩份，一份黏貼於應受送達人住居所、事務所、營業所或其就業處所門首，另一份交由鄰居轉交或置於該送達處所信箱或其他適當位置，以為送達。

② 前項情形，由郵政機關為送達者，得將文書寄存於送達地之郵政機關。

③ 寄存機關自收受寄存文書之日起，應保存三個月。

第七五條 （對不特定人之送達方式）

行政機關對於不特定人之送達，得以公告或刊登政府公報或新聞紙代替之。

第七六條 （送達證書之製作及附卷）

① 送達人因證明之必要，得製作送達證書，記載下列事項並簽名：

一 交送達之機關。

二 應受送達人。

三 應送達文書之名稱。

四 送達處所、日期及時間。

五 送達方法。

② 除電子傳達方式之送達外，送達證書應由收領人簽名或蓋章；如拒絕或不能簽名或蓋章者，送達人應記明其事由。

③ 送達證書，應提出於行政機關附卷。

第七七條 （對第三人送達之處理方式）

送達係由當事人向行政機關申請對第三人為之者，行政機關應將已為送達或不能送達之事由，通知當事人。

第七八條 （公示送達之原因與方式）

① 對於當事人之送達，有下列各款情形之一者，行政機關得依申請，准為公示送達：

一 應為送達之處所不明者。

二 於有治外法權人之住居所或事務所為送達而無效者。

三 於外國或境外為送達，不能依照第八十六條之規定辦理或預知雖依該規定辦理而無效者。

② 前項所列各款之情形而無人為公示送達之申請者，行政機關為避免行政程序遲延，認為有必要時，得依職權命為公示送達。

③ 當事人變更其送達之處所而不向行政機關陳明，致有第一項之情形者，行政機關得依職權命為公示送達。

第七九條 （行政機關依職權之公示送達）

依前條規定為公示送達後，對於同一當事人仍應為公示送達者，依職權為之。

第八○條 （公示送達之方式）

公示送達應由行政機關保管送達之文書，而於行政機關公告欄黏貼公告，告知應受送達人得隨時領取；並得由行政機關將文書或其節本刊登政府公報或新聞紙。

第八一條 （公示送達之生效日期）
公示送達自前條公告之日起，其刊登政府公報或新聞紙者，自最後刊登之日起，經二十日發生效力；於依第七十八條第一項第三款為公示送達者，經六十日發生效力。但第七十九條之公示送達，自黏貼公告欄翌日起發生效力。

第八二條 （公示送達證書之附卷）
為公示送達者，行政機關應製作記載該事由及年、月、日、時之證書附卷。

第八三條 （送達代收人之送達）
①當事人或代理人經指定送達代收人，向行政機關陳明者，應向該代收人為送達。
②郵寄方式向行政機關提出者，以交郵地無住居所、事務所及營業所者，行政機關得命其於一定期間內，指定送達代收人。
③如不於前項期間指定送達代收人並陳明者，行政機關得將應送達之文書，註明該當事人或代理人之住居所、事務所或營業所，交付郵政機關掛號發送，並以交付文書時，視為送達時。

第八四條 （得為送達之時間）
送達，除第六十八條第一項規定交付郵政機關或依第二項之規定辦理者外，不得於星期日或其他休息日或日出前、日沒後為之。但應受送達人不拒絕收領者，不在此限。

第八五條 （不能為送達時之處理方式）
不能為送達者，送達人應製作記載該事由之報告書，提出於行政機關附卷，並繳回應送達之文書。

第八六條 （於外國或境外送達之方式）
①於外國或境外為送達者，應囑託該國管轄機關或駐在該國之中華民國使領館或其他機構、團體為之。
②不能依前項規定為送達者，得將應送達之文書交郵政機關以雙掛號發送，以為送達，並將掛號回執附卷。

第八七條 （對駐外人員之送達）
對於駐在外國之中華民國大使、公使、領事或其他駐外人員為送達者，應囑託外交部為之。

第八八條 （對現役軍人之送達）
對於在軍隊或軍艦服役之軍人為送達者，應囑託該管軍事機關或長官為之。

第八九條 （對在監所人之送達）
對於在監所人為送達者，應囑託該監所長官為之。

第九〇條 （對有治外法權人之送達）
於有治外法權人之住居所或事務所為送達者，得囑託外交部為之。

第九一條 （對囑託送達結果通知之處理）
受囑託之機關或公務員，經通知已為送達或不能為送達者，行政機關應將通知書附卷。

第二章 行政處分

第一節 行政處分之成立

第九二條 （行政處分與一般處分之定義）

① 本法所稱行政處分，係指行政機關就公法上具體事件所為之決定或其他公權力措施而對外直接發生法律效果之單方行政行為。

② 前項決定或措施之相對人雖非特定，而依一般性特徵可得確定其範圍者，為一般處分，適用本法有關行政處分之規定。有關公物之設定、變更、廢止或其一般使用者，亦同。

第九三條 （行政處分附款之容許性及種類）

① 行政機關作成行政處分有裁量權時，得為附款。無裁量權者，以法律有明文規定或為確保行政處分法定要件之履行而以該要件為附款內容者為限，始得為之。

② 前項所稱之附款如下：

一 期限。

二 條件。

三 負擔。

四 保留行政處分之廢止權。

五 保留負擔之事後附加或變更。

第九四條 （行政處分附款之限制）

前條之附款不得違背行政處分之目的，並應與該處分之目的具有正當合理之關聯。

第九五條 （行政處分之方式）

① 行政處分除法規另有要式之規定者外，得以書面、言詞或其他方式為之。

② 以書面以外方式所為之行政處分，其相對人或利害關係人有正當理由要求作成書面時，處分機關不得拒絕。

第九六條 （書面行政處分之應記載事項）

① 行政處分以書面為之者，應記載下列事項：

一 處分相對人之姓名、出生年月日、性別、身分證統一號碼、住居所或其他足資辨別之特徵；如係法人或其他設有管理人或代表人之團體，其名稱、事務所或營業所，及管理人或代表人之姓名、出生年月日、性別、身分證統一號碼、住居所。

二 主旨、事實、理由及其法令依據。

三 有附款者，附款之內容。

四 處分機關及其首長署名、蓋章，該機關有代理人或受任人者，須同時於其下簽名。但以自動機器作成之大量行政處分，得不經署名，以蓋章為之。

五 發文字號及年、月、日。

六 表明其為行政處分之意旨及不服行政處分之救濟方法、期間

及其受理機關。

②前項規定於依前條第二項作成之書面，準用之。

第九七條 （書面行政處分得不記明理由之情形）

書面之行政處分有下列各款情形之一者，得不記明理由：

一 未限制人民之權益者。

二 處分相對人或利害關係人無待處分機關之說明已知悉或可知悉作成處分之理由者。

三 大量作成之同種類行政處分或以自動機器作成之行政處分依其狀況無須說明理由者。

四 一般處分經公告或刊登政府公報或新聞紙者。

五 有關專門知識、技能或資格所為之考試、檢定或鑑定等程序。

六 依法律規定無須記明理由者。

第九八條 （告知救濟期間錯誤之處理及未告知救濟期間或告知錯誤）

①處分機關告知之救濟期間有錯誤時，應由該機關以通知更正之，並自通知送達之翌日起算法定期間。

②處分機關告知之救濟期間較法定期間為長者，處分機關雖以通知更正，如相對人或利害關係人信賴原告知之救濟期間，致無法於法定期間內提起救濟，而於原告知之期間內為之者，視為於法定期間內所為。

③處分機關未告知救濟期間或告知錯誤未為更正，致相對人或利害關係人遲誤者，如自處分書送達後一年內聲明不服時，視為於法定期間內所為。

第九九條 （未告知受理聲明不服之管轄機關或告知錯誤）

①對於行政處分聲明不服，因處分機關未為告知或告知錯誤致向無管轄權之機關為之者，該機關應於十日內移送有管轄權之機關，並通知當事人。

②前項情形，視為自始向有管轄權之機關聲明不服。

第一〇〇條 （行政處分之通知）

①書面之行政處分，應送達相對人及已知之利害關係人；書面以外之行政處分，應以其他適當方法通知或使其知悉。

②一般處分之送達，得以公告或刊登政府公報或新聞紙代替之。

第一〇一條 （行政處分之更正）

①行政處分如有誤寫、誤算或其他類此之顯然錯誤者，處分機關得隨時或依申請更正之。

②前項更正，附記於原處分書及其正本，如不能附記者，應製作更正書，以書面通知相對人及已知之利害關係人。

第二節 陳述意見及聽證

第一〇二條 （作成限制或剝奪人民自由或權利之行政處分前給

　　　予相對人）

　　行政機關作成限制或剝奪人民自由或權利之行政處分前，除已依第三十九條規定，通知處分相對人陳述意見，或決定舉行聽證者外，應給予該處分相對人陳述意見之機會。但法規另有規定者，從其規定。

第一○三條 （無須給予相對人陳述意見之情形）

有下列各款情形之一者，行政機關得不給予陳述意見之機會：

一　大量作成同種類之處分。

二　情況急迫，如予陳述意見之機會，顯然違背公益者。

三　受法定期間之限制，如予陳述意見之機會，顯然不能遵行者。

四　行政強制執行時所採取之各種處置。

五　行政處分所根據之事實，客觀上明白足以確認者。

六　限制自由或權利之內容及程度，顯屬輕微，而無事先聽取相對人意見之必要者。

七　相對人於提起訴願前依法律應向行政機關聲請再審查、異議、復查、重審或其他先行程序者。

八　為避免處分相對人隱匿、移轉財產或潛逃出境，依法律所為保全或限制出境之處分。

第一○四條 （通知相對人陳述意見之方式）

①行政機關依第一百零二條給予相對人陳述意見之機會時，應以書面記載下列事項通知相對人，必要並公告之：

一　相對人及其住居所、事務所或營業所。

二　將為限制或剝奪自由或權利行政處分之原因事實及法規依據。

三　得依第一百零五條提出陳述書之意旨。

四　提出陳述書之期限及不提出之效果。

五　其他必要事項。

②前項情形，行政機關得以言詞通知相對人，並作成紀錄，向相對人朗讀或使閱覽後簽名或蓋章；其拒絕簽名或蓋章者，應記明其事由。

第一○五條 （陳述書內容及不提出陳述書效果）

①行政處分之相對人依前條規定提出之陳述書，應為事實上及法律上陳述。

②利害關係人亦得提出陳述書，為事實上及法律上陳述，但應釋明其利害關係之所在。

③不於期間內提出陳述書者，視為放棄陳述之機會。

第一○六條 （相對人或利害關係人得以言詞代替陳述書）

①行政處分之相對人或利害關係人得於第一百零四條第一項第四款所定期限內，以言詞向行政機關陳述意見代替陳述書之提出。

②以言詞陳述意見者，行政機關應作成紀錄，經向陳述人朗讀或使閱覽確認其內容無誤後，由陳述人簽名或蓋章；其拒絕簽名或蓋章者，應記明其事由。陳述人對紀錄有異議者，應更正之。

第一〇七條 （聽證之範圍）

行政機關遇有下列各款情形之一者，舉行聽證：

一　法規明文規定應舉行聽證者。

二　行政機關認為有舉行聽證之必要者。

第一〇八條 （經聽證作成處分應斟酌之事項）

①行政機關作成經聽證之行政處分時，除依第四十三條之規定外，並應斟酌全部聽證之結果。但法規明定應依聽證紀錄作成處分者，從其規定。

②前項行政處分應以書面為之，並通知當事人。

第一〇九條 （不服經聽證作成處分之救濟）

不服依前條作成之行政處分者，其行政救濟程序，免除訴願及其先行程序。

第三節　行政處分之效力

第一一〇條 （行政處分之效力）

①書面之行政處分自送達相對人及已知之利害關係人起；書面以外之行政處分自以其他適當方法通知或使其知悉時起，依送達、通知或使知悉之內容對其發生效力。

②一般處分自公告日或刊登政府公報、新聞紙最後登載日起發生效力。但處分另訂不同日期者，從其規定。

③行政處分未經撤銷、廢止，或未因其他事由而失效者，其效力繼續存在。

④無效之行政處分自始不生效力。

第一一一條 （行政處分無效之判斷標準）

行政處分有下列各款情形之一者，無效：

一　不能由書面處分中得知處分機關者。

二　應以證書方式作成而未給予證書者。

三　內容對任何人均屬不能實現者。

四　所要求或許可之行為構成犯罪者。

五　內容違背公共秩序、善良風俗者。

六　未經授權而違背法規有關專屬管轄之規定或缺乏事務權限者。

七　其他具有重大明顯之瑕疵者。

第一一二條 （行政處分一部無效之效力範圍）

行政處分一部分無效者，其他部分仍為有效。但除去該無效部分，行政處分不能成立者，全部無效。

第一一三條 （行政處分無效之確認程序）

①行政處分之無效，行政機關得依職權確認之。

②行政處分之相對人或利害關係人有正當理由請求確認行政處分無效時，處分機關應確認其為有效或無效。

第一一四條 （瑕疵行政處分之補正）

①違反程序或方式規定之行政處分，除依第一百十一條規定而無效

者外，因下列情形而補正：

一　須經申請始得作成之行政處分，當事人已於事後提出者。

二　必須記明之理由已於事後記明者。

三　應給予當事人陳述意見之機會已於事後給予者。

四　應參與行政處分作成之委員會已於事後作成決議者。

五　應參與行政處分作成之其他機關已於事後參與者。

②前項第二款至第五款之補正行為，僅得於訴願程序終結前為之；得不經訴願程序者，僅得於向行政法院起訴前為之。

③當事人因補正行為致未能於法定期間內聲明不服者，其期間之遲誤視為不應歸責於該當事人之事由，其回復原狀期間自該瑕疵補正時起算。

第一一五條　（違反土地管轄之效果）

行政處分違反土地管轄之規定者，除依第一百十一條第六款規定而無效者外，有管轄權之機關如就該事件仍應為相同之處分時，原處分無須撤銷。

第一一六條　（違法行政處分之轉換）

①行政機關得將違法行政處分轉換為與原處分具有相同實質及程序要件之其他行政處分。但有下列各款情形之一者，不得轉換：

一　違法行政處分，依第一百十七條但書規定，不得撤銷者。

二　轉換不符作成原行政處分之目的者。

三　轉換法律效果對當事人更為不利者。

②羈束處分不得轉換為裁量處分。

③行政機關於轉換前應給予當事人陳述意見之機會。但有第一百零三條之事由者，不在此限。

第一一七條　（行政處分之撤銷及其限制）

違法行政處分於法定救濟期間經過後，原處分機關得依職權為全部或一部之撤銷；其上級機關，亦得為之。但有下列各款情形之一者，不得撤銷：

一　撤銷對公益有重大危害者。

二　受益人無第一百十九條所列信賴不值得保護之情形，而信賴授予利益之行政處分，其信賴利益顯然大於撤銷所欲維護之公益者。

第一一八條　（行政處分撤銷之效力）

違法行政處分經撤銷後，溯及既往失其效力。但為維護公益或為避免受益人財產上之損失，為撤銷之機關得另定失其效力之日期。

第一一九條　（信賴不值得保護之情形）

受益人有下列各款情形之一者，其信賴不值得保護：

一　以詐欺、脅迫或賄賂方法，使行政機關作成行政處分者。

二　對重要事項提供不正確資料或為不完全陳述，致使行政機關依該資料或陳述而作成行政處分者。

三　明知行政處分違法或因重大過失而不知者。

第一二〇條 （違法授益處分經撤銷後信賴補償）

① 授予利益之違法行政處分經撤銷後，如受益人無前條所列信賴不值得保護之情形，其因信賴該處分致遭受財產上之損失者，為撤銷之機關應給予合理之補償。

② 前項補償額度不得超過受益人因該處分存續可得之利益。

③ 關於補償之爭議及補償之金額，相對人有不服者，得向行政法院提起給付訴訟。

第一二一條 （撤銷權之除斥期間與受益人信賴補償請求權之時效）

① 第一百十七條之撤銷權，應自原處分機關或其上級機關知有撤銷原因時起二年內為之。

② 前條之補償請求權，自行政機關告知其事由時起，因二年間不行使而消滅；自處分撤銷時起逾五年者，亦同。

第一二二條 （非授益處分之廢止）

非授予利益之合法行政處分，得由原處分機關依職權為全部或一部之廢止。但廢止後仍應為同一內容之處分或依法不得廢止者，不在此限。

第一二三條 （授益處分之廢止）

授予利益之合法行政處分，有下列各情形之一者，得由原處分機關依職權為全部或一部之廢止：

一 法規准許廢止者。

二 原處分機關保留行政處分之廢止權者。

三 附負擔之行政處分，受益人未履行該負擔者。

四 行政處分所依據之法規或事實事後發生變更，致不廢止該處分對公益將有危害者。

五 其他為防止或除去對公益之重大危害者。

第一二四條 （行使廢止權之除斥期間）

前條之廢止，應自廢止原因發生後二年內為之。

第一二五條 （行政處分廢止之效力）

合法行政處分經廢止後，自廢止時或自廢止機關所指定較後之日時起，失其效力。但受益人未履行負擔致行政處分受廢止者，得溯及既往失其效力。

第一二六條 （廢止授益處分之信賴補償）

① 原處分機關依第一百二十三條第四款、第五款規定廢止授予利益之合法行政處分者，對受益人因信賴該處分致遭受財產上之損失，應給予合理之補償。

② 第一百二十條第二項、第三項及第一百二十一條第二項之規定，於前項補償準用之。

第一二七條 104

① 授予利益之行政處分，其內容係提供一次或連續之金錢或可分物之給付者，經撤銷、廢止或條件成就而有溯及既往失效之情形時，受益人應返還因該處分所受領之給付。其行政處分經確認無

效者，亦同。

②前項返還範圍準用民法有關不當得利之規定。

③行政機關依前二項規定請求返還時，應以書面行政處分確認返還範圍，並限期命受益人返還之。

④前項行政處分未確定前，不得移送行政執行。

第一二八條 （申請撤銷、廢止或變更處分之要件與期間）

①行政處分於法定救濟期間經過後，具有下列各款情形之一者，相對人或利害關係人得向行政機關申請撤銷、廢止或變更之。但相對人或利害關係人因重大過失而未能在行政程序或救濟程序中主張其事由者，不在此限：

一　具有持續效力之行政處分所依據之事實事後發生有利於相對人或利害關係人之變更者。

二　發生新事實或發現新證據者，但以如經斟酌可受較有利益之處分者為限。

三　其他具有相當於行政訴訟法所定再審事由且足以影響行政處分者。

②前項申請，應自法定救濟期間經過後三個月內為之；其事由發生在後或知悉在後者，自發生或知悉時起算。但自法定救濟期間經過後已逾五年者，不得申請。

第一二九條 （申請撤銷、廢止或變更原處分之處置）

行政機關認前條之申請為有理由者，應撤銷、廢止或變更原處分；認申請為無理由或雖有重新開始程序之原因，如認為原處分為正當者，應駁回之。

第一三〇條 （證書與物品之繳還）

①行政處分經撤銷或廢止確定，或因其他原因失其效力後，而有收回因該處分而發給之證書或物品之必要者，行政機關得命所有人或占有人返還之。

②前項情形，所有人或占有人得請求行政機關將該證書或物品作成註銷之標示後，再予發還。但依物之性質不能作成註銷標示，或註銷標示不能明顯而持續者，不在此限。

第一三一條 （公法上請求權之時效與中斷）102

①公法上之請求權，於請求權人為行政機關時，除法律另有規定外，因五年間不行使而消滅；於請求權人為人民時，除法律另有規定外，因十年間不行使而消滅。

②公法上請求權，因時效完成而當然消滅。

③前項時效，因行政機關為實現該權利所作成之行政處分而中斷。

第一三二條 （時效不中斷）

行政處分因撤銷、廢止或其他事由而溯及既往失效時，自該處分失效時起，已中斷之時效視為不中斷。

第一三三條 （時效之重行起算）

因行政處分而中斷之時效，自行政處分不得訴請撤銷或因其他原因失其效力後，重行起算。

第一三四條 （重行起算之時效期間）

因行政處分而中斷時效之請求權，於行政處分不得訴請撤銷後，其原有時效期間不滿五年者，因中斷而重行起算之時效期間為五年。

第三章　行政契約

第一三五條 （行政契約的容許性）

公法上法律關係得以契約設定、變更或消滅之。但依其性質或法規規定不得締約者，不在此限。

第一三六條 （締結和解契約之特別要件）

行政機關對於行政處分所依據之事實或法律關係，經依職權調查仍不能確定者，為有效達成行政目的，並解決爭執，得與人民和解，締結行政契約，以代替行政處分。

第一三七條 （雙務契約之特別要件）

①行政機關與人民締結行政契約，互負給付義務者，應符合下列各款之規定：

一　契約中應約定人民給付之特定用途。

二　人民之給付有助於行政機關執行其職務。

三　人民之給付與行政機關之給付應相當，並具有正當合理之關聯。

②行政處分之作成，行政機關無裁量權時，代替該行政處分之行政契約所約定之人民給付，以依第九十三條第一項規定得為附款者為限。

③第一項契約應載明人民給付之特定用途及僅供該特定用途使用之意旨。

第一三八條 （締約前之公告與意見表示）

行政契約當事人之一方為人民，依法應以甄選或其他競爭方式決定該當事人時，行政機關應事先公告應具之資格及決定之程序。決定前，並應予參與競爭者表示意見之機會。

第一三九條 （締結行政契約之方式）

行政契約之締結，應以書面為之。但法規另有其他方式之規定者，依其規定。

第一四〇條 （行政契約之特別生效要件）

①行政契約依約定內容履行將侵害第三人之權利者，應經該第三人書面之同意，始生效力。

②行政處分之作成，依法規之規定應經其他行政機關之核准、同意或會同辦理者，代替該行政處分而締結之行政契約，亦應經該行政機關之核准、同意或會同辦理，始生效力。

第一四一條 （行政契約無效之原因）

①行政契約準用民法規定之結果為無效者，無效。

②行政契約違反第一百三十五條但書或第一百三十八條之規定者，無效。

第一四二條 （代替行政處分之行政契約構成無效原因之特別規定）

代替行政處分之行政契約，有下列各款情形之一者，無效：

一　與其內容相同之行政處分為無效者。

二　與其內容相同之行政處分，有得撤銷之違法原因，並為締結雙方所明知者。

三　締結之和解契約，未符合第一百三十六條之規定者。

四　締結之雙務契約，未符合第一百三十七條之規定者。

第一四三條 （行政契約之一部無效）

行政契約之一部無效者，全部無效。但如可認為欠缺該部分，締約雙方亦將締結契約者，其他部分仍為有效。

第一四四條 （行政機關之指導與協助）

行政契約當事人之一方為人民者，行政機關得就相對人契約之履行，依書面約定之方式，為必要之指導或協助。

第一四五條 （契約外公權力行使之損失補償）

①行政契約當事人之一方為人民者，其締約後，因締結機關所屬公法人之其他機關於契約關係外行使公權力，致相對人履行契約義務時，顯增費用或受其他不可預期之損失者，相對人得向締結機關請求補償其損失。但公權力之行使與契約之履行無直接必要之關聯者，不在此限。

②締約機關應就前項請求，以書面並敘明理由決定之。

③第一項補償之請求，應自相對人知有損失時起一年內為之。

④關於補償之爭議及補償之金額，相對人有不服者，得向行政法院提起給付訴訟。

第一四六條 （行政機關單方調整或終止契約之權利）

①行政契約當事人之一方為人民者，行政機關為防止或除去對公益之重大危害，得於必要範圍內調整契約內容或終止契約。

②前項之調整或終止，非補償相對人因此所受之財產上損失，不得為之。

③第一項之調整或終止及第二項補償之決定，應以書面敘明理由為之。

④相對人對第一項之調整難為履行者，得以書面敘明理由終止契約。

⑤相對人對第二項補償金額不同意時，得向行政法院提起給付訴訟。

第一四七條 （情事變更後契約之調整或終止）

①行政契約締結後，因有情事重大變更，非當時所得預料，而依原約定顯失公平者，當事人之一方得請求他方適當調整契約內容。如不能調整，得終止契約。

②前項情形，行政契約當事人之一方為人民時，行政機關為維護公益，得於補償相對人之損失後，命其繼續履行原約定之義務。

③第一項之請求調整或終止與第二項補償之決定，應以書面敘明理

④相對人對第二項補償金額不同意時，得向行政法院提起給付訴訟。

第一四八條 （自願接受執行之約定）

①行政契約約定自願接受執行時，債務人不為給付時，債權人得以該契約為強制執行之執行名義。

②前項約定，締約之一方為中央行政機關時，應經主管院、部或同等級機關之認可；締約之一方為地方自治團體之行政機關時，應經該地方自治團體行政首長之認可；契約內容涉及委辦事項者，並應經委辦機關之認可，始生效力。

③第一項強制執行，準用行政訴訟法有關強制執行之規定。

第一四九條 （行政契約準用民法之相關規定）

行政契約，本法未規定者，準用民法相關之規定。

第四章　法規命令及行政規則

第一五○條 （法規命令之定義）

①本法所稱法規命令，係指行政機關基於法律授權，對多數不特定人民就一般事項所作抽象之對外發生法律效果之規定。

②法規命令之內容應明列其法律授權之依據，並不得逾越法律授權之範圍與立法精神。

第一五一條 （法規命令程序之適用範圍）

①行政機關訂定法規命令，除關於軍事、外交或其他重大事項而涉及國家機密或安全者外，應依本法所定程序為之。但法律另有規定者，從其規定。

②法規命令之修正、廢止、停止或恢復適用，準用訂定程序之規定。

第一五二條 （法規命令之提議）

①法規命令之訂定，除由行政機關自行草擬者外，並得由人民或團體提議為之。

②前項提議，應以書面敘明法規命令訂定之目的、依據及理由，並附具相關資料。

第一五三條 （法規命令提議之處理原則）

受理前條提議之行政機關，應依下列情形分別處理：

一　非主管之事項，依第十七條之規定予以移送。

二　依法不得以法規命令規定之事項，附述理由通知原提議者。

三　無須訂定法規命令之事項，附述理由通知原提議者。

四　有訂定法規命令之必要者，著手研擬草案。

第一五四條 （法規命令之預告程序）

①行政機關擬訂法規命令時，除情況急迫，顯然無法事先公告周知者外，應於政府公報或新聞紙公告，載明下列事項：

一　訂定機關之名稱，其依法應由數機關會同訂定者，各該機關名稱。

二 訂定之依據。

三 草案全文或其主要內容。

四 任何人得於所定期間內向指定機關陳述意見之意旨。

②行政機關除為前項之公告外，並得以適當之方法，將公告內容廣泛周知。

第一五五條 （行政機關得依職權舉行聽證）

行政機關訂定法規命令，得依職權舉行聽證。

第一五六條 （聽證前應行預告之事項及內容）

行政機關為訂定法規命令，依法舉行聽證者，應於政府公報或新聞紙公告，載明下列事項：

一 訂定機關之名稱，其依法應由數機關會同訂定者，各該機關之名稱。

二 訂定之依據。

三 草案之全文或其主要內容。

四 聽證之日期及場所。

五 聽證之主要程序。

第一五七條 （法規命令之發布）

①法規命令依法應經上級機關核定者，應於核定後始得發布。

②數機關會同訂定之法規命令，依法應經上級機關或共同上級機關核定者，應於核定後始得會銜發布。

③法規命令之發布，應刊登政府公報或新聞紙。

第一五八條 （法規命令無效之事由及一部無效之處理原則）

①法規命令，有下列情形之一者，無效：

一 牴觸憲法、法律或上級機關之命令者。

二 無法律之授權而剝奪或限制人民之自由、權利者。

三 其訂定依法應經其他機關核准，而未經核准者。

②法規命令之一部分無效者，其他部分仍為有效。但除去該無效部分，法規命令顯失規範目的者，全部無效。

第一五九條 （行政規則之定義）

①本法所稱行政規則，係指上級機關對下級機關，或長官對屬官，依其權限或職權為規範機關內部秩序及運作，所為非直接對外發生法規範效力之一般、抽象之規定。

②行政規則包括下列各款之規定：

一 關於機關內部之組織、事務之分配、業務處理方式、人事管理等一般性規定。

二 為協助下級機關或屬官統一解釋法令、認定事實、及行使裁量權，而訂頒之解釋性規定及裁量基準。

第一六〇條 （行政規則之下達與發布）

①行政規則應下達下級機關或屬官。

②行政機關訂定前條第二項第二款之行政規則，應由其首長簽署，並登載於政府公報發布之。

第一六一條 （行政規則之效力）

有效下達之行政規則，具有拘束訂定機關、其下級機關及屬官之效力。

第一六二條 （行政規則之廢止）

行政規則得由原發布機關廢止之。行政規則之廢止，適用第一百六十條規定。

第五章　行政計畫

第一六三條 （行政計畫之定義）

本法所稱行政計畫，係指行政機關為將來一定期限內達成特定之目的或實現一定之構想，事前就達成該目的或實現該構想有關之方法、步驟或措施等所為之設計與規劃。

第一六四條 （行政計畫確定程序之適用範圍及程序）

①行政計畫有關一定地區土地之特定利用或重大公共設施之設置，涉及多數不同利益之人及多數不同行政機關權限者，確定其計畫之裁決，應經公開及聽證程序，並得有集中事權之效果。

②前項行政計畫之擬訂、確定、修訂及廢棄之程序，由行政院另定之。

第六章　行政指導

第一六五條 （行政指導之定義）

本法所稱行政指導，謂行政機關在其職權或所掌事務範圍內，為實現一定之行政目的，以輔導、協助、勸告、建議或其他不具法律上強制力之方法，促請特定人為一定作為或不作為之行為。

第一六六條 （行政指導之原則）

①行政機關為行政指導時，應注意有關法規規定之目的，不得濫用。

②相對人明確拒絕指導時，行政機關應即停止，並不得據此對相對人為不利之處置。

第一六七條 （行政指導明示之方法）

①行政機關對相對人為行政指導時，應明示行政指導之目的、內容、及負責指導者等事項。

②前項明示，得以書面、言詞或其他方式為之。如相對人請求交付文書時，除行政上有特別困難外，應以書面為之。

第七章　陳　情

第一六八條 （陳情之定義）

人民對於行政興革之建議、行政法令之查詢、行政違失之舉發或行政上權益之維護，得向主管機關陳情。

第一六九條 （陳情之方式）

①陳情得以書面或言詞為之；其以言詞為之者，受理機關應作成紀錄，並向陳情人朗讀或使閱覽後命其簽名或蓋章。

②陳情人對紀錄有異議者，應更正之。

第一七〇條 （陳情案件之處理原則）

①行政機關對人民之陳情，應訂定作業規定，指派人員迅速、確實處理之。

②人民之陳情有保密必要者，受理機關處理時，應不予公開。

第一七一條 （陳情案件之處理方式）

①受理機關認為人民之陳情有理由者，應採取適當之措施；認為無理由者，應通知陳情人，並說明其意旨。

②受理機關認為陳情之重要內容不明確或有疑義者，得通知陳情人補陳之。

第一七二條 （行政機關的告知義務）

①人民之陳情應向其他機關為之者，受理機關應告知陳情人。但受理機關認為適當時，應即移送其他機關處理，並通知陳情人。

②陳情之事項，依法得提起訴願、訴訟或請求國家賠償者，受理機關應告知陳情人。

第一七三條 （對人民陳情案件得不處理情形）

人民陳情案有下列情形之一者，得不予處理：

一　無具體之內容或未具真實姓名或住址者。

二　同一事由，經予適當處理，並已明確答覆後，而仍一再陳情者。

三　非主管陳情內容之機關，接獲陳情人以同一事由分向各機關陳情者。

第八章　附　則

第一七四條 （不服行政機關之行政程序行為之救濟方法）

當事人或利害關係人不服行政機關於行政程序中所為之決定或處置，僅得於對實體決定聲明不服時一併聲明之。但行政機關之決定或處置得強制執行或本法或其他法規另有規定者，不在此限。

第一七四條之一 （職權命令）90

本法施行前，行政機關依中央法規標準法第七條訂定之命令，須以法律規定或以法律明列其授權依據者，應於本法施行後二年內，以法律規定或以法律明列其授權依據後修正或訂定；逾期失效。

第一七五條 104

①本法自中華民國九十年一月一日施行。

②本法修正條文自公布日施行。

行政執行法

①民國 21 年 12 月 28 日國民政府制定公布全文 12 條。
②民國 32 年 12 月 1 日國民政府修正公布第 5 條條文。
③民國 36 年 11 月 11 日國民政府修正公布第 5 條條文。
④民國 87 年 11 月 11 日總統令修正公布全文 44 條。
　民國 89 年 10 月 17 日行政院令發布定自 90 年 1 月 1 日起施行。
⑤民國 89 年 6 月 21 日總統令修正公布第 39 條條文。
　民國 89 年 10 月 17 日行政院令發布定自 90 年 1 月 1 日起施行。
⑥民國 94 年 6 月 22 日總統令修正公布第 17、19 條條文。
　民國 94 年 7 月 15 日行政院令發布定自 94 年 7 月 28 日施行。
⑦民國 96 年 3 月 21 日總統令修正公布第 7 條條文。
　民國 96 年 4 月 16 日行政院令發布定自 96 年 5 月 1 日施行。
⑧民國 98 年 4 月 29 日總統令修正公布第 17 條條文。
　民國 98 年 5 月 15 日行政院令發布定自 98 年 6 月 1 日施行。
⑨民國 98 年 12 月 30 日總統令修正公布第 24、44 條條文；並自 98 年
　11 月 23 日施行。
⑩民國 99 年 2 月 3 日總統令修正公布第 17 條條文；並增訂第 17-1
　條條文。
　民國 99 年 5 月 10 日行政院令發布第 17 條定自 99 年 5 月 10 日施行。
　民國 99 年 6 月 3 日行政院令發布第 17-1 條定自 99 年 6 月 3 日施行。
　民國 100 年 12 月 16 日行政院公告第 4 條第 1、2 項、第 11 條第 1
　項、第 12 條、第 13 條第 1 項、第 14～16 條、第 17 條第 1、3、
　6～10 項、第 17-1 條第 1、3～6 項、第 18 條、第 19 條第 1～4 項、
　第 20 條第 1 項、第 21～23、34 條、第 42 條第 2 項所列屬「行政
　執行處」之權責事項，自 101 年 1 月 1 日起改由「行政執行分署」
　管轄。

第一章　總　則

第一條　（適用範圍）

行政執行，依本法之規定；本法未規定者，適用其他法律之規定。

第二條　（種類）

本法所稱行政執行，指公法上金錢給付義務、行為或不行為義務之強制執行及即時強制。

第三條　（原則及限度）

行政執行，應依公平合理之原則，兼顧公共利益與人民權益之維護，以適當之方法為之，不得逾達成執行目的之必要限度。

第四條　（執行機關）

①行政執行，由原處分機關或該管行政機關為之。但公法上金錢給付義務逾期不履行者，移送法務部行政執行署所屬行政執行處執

行之。

②法務部行政執行署及其所屬行政執行處之組織，另以法律定之。

第五條 （執行時間之限制）

①行政執行不得於夜間、星期日或其他休息日為之。但執行機關認為情況急迫或徵得義務人同意者，不在此限。

②日間已開始執行者，得繼續至夜間。

③執行人員於執行時，應對義務人出示足以證明身分之文件；必要時得命義務人或利害關係人提出國民身分證或其他文件。

第六條 （執行機關得請求其他機關協助之情形）

①執行機關遇有下列情形之一者，得於必要時請求其他機關協助之：

一　須在管轄區域外執行者。

二　無適當之執行人員者。

三　執行時有遭遇抗拒之虞者。

四　執行目的有難於實現之虞者。

五　執行事項涉及其他機關者。

②被請求協助機關非有正當理由，不得拒絕；其不能協助者，應附理由即時通知請求機關。

③被請求協助機關因協助執行所支出之費用，由請求機關負擔之。

第七條 （執行期間之限制）96

①行政執行，自處分、裁定確定之日或其他依法令負有義務經通知限期履行之文書所定期間屆滿之日起，五年內未經執行者，不再執行；其於五年期間屆滿前已開始執行者，仍得繼續執行。但自五年期間屆滿之日起已逾五年尚未執行終結者，不得再執行。

②前項規定，法律有特別規定者，不適用之。

③第一項所稱已開始執行，如已移送執行機關者，係指下列情形之一：

一　通知義務人到場或自動清繳應納金額、報告其財產狀況或為其他必要之陳述。

二　已開始調查程序。

④第三項規定，於本法中華民國九十六年三月五日修正之條文施行前移送執行尚未終結之事件，亦適用之。

第八條 （得終止執行之情形）

①行政執行有下列情形之一者，執行機關應依職權或因義務人、利害關係人之申請終止執行：

一　義務已全部履行或執行完畢者。

二　行政處分或裁定經撤銷或變更確定者。

三　義務之履行經證明為不可能者。

②行政處分或裁定經部分撤銷或變更確定者，執行機關應就原處分或裁定經撤銷或變更部分終止執行。

第九條 （對執行行為聲明異議）

①義務人或利害關係人對執行命令、執行方法、應遵守之程序或其

他侵害利益之情事，得於執行程序終結前，向執行機關聲明異議。

②前項聲明異議，執行機關認其有理由者，應即停止執行，並撤銷或更正已為之執行行為；認其無理由者，應於十日內加具意見，送直接上級主管機關於三十日內決定之。

③行政執行，除法律另有規定外，不因聲明異議而停止執行。但執行機關因必要情形，得依職權或申請停止之。

第一○條 （涉國家賠償情事得請求賠償）

行政執行，有國家賠償法所定國家應負賠償責任之情事者，受損害人得依該法請求損害賠償。

第二章　公法上金錢給付義務之執行

第一一條 （義務人逾期不履行公法上金錢給付義務之處置）

①義務人依法令或本於法令之行政處分或法院之裁定，負公法上金錢給付義務，有下列情形之一，逾期不履行，經主管機關移送者，由行政執行處就義務人之財產執行之：

一　其處分文書或裁定書定有履行期間或有法定履行期間者。

二　其處分文書或裁定書未定履行期間，經以書面限期催告履行者。

三　依法令負有義務，經以書面通知限期履行者。

②法院依法律規定就公法上金錢給付義務為假扣押、假處分之裁定經主管機關移送者，亦同。

第一二條 （公法上金錢給付義務執行事件之辦理）

公法上金錢給付義務之執行事件，由行政執行處之行政執行官、執行書記官督同執行員辦理之，不受非法或不當之干涉。

第一三條 （移送行政執行處應檢附之文件）

①移送機關於移送行政執行處執行時，應檢附下列文件：

一　移送書。

二　處分文書、裁定書或義務人依法令負有義務之證明文件。

三　義務人之財產目錄。但移送機關不知悉義務人之財產者，免予檢附。

四　義務人經限期履行而逾期仍不履行之證明文件。

五　其他相關文件。

②前項第一款移送書應載明義務人姓名、年齡、性別、職業、住居所，如係法人或其他設有管理人或代表人之團體，其名稱、事務所或營業所，及管理人或代表人之姓名、性別、年齡、職業、住居所；義務發生之原因及日期；應納金額。

第一四條 （為辦理執行事件得為之之行為）

行政執行處為辦理執行事件，得通知義務人到場或自動清繳應納金額、報告其財產狀況或為其他必要之陳述。

第一五條 （對義務人遺產強制執行）

義務人死亡遺有財產者，行政執行處得逕對其遺產強制執行。

第一六條 （再行查封財產之限制）

執行人員於查封前，發見義務人之財產業經其他機關查封者，不得再行查封。行政執行處已查封之財產，其他機關不得再行查封。

第一七條 （得命義務人提供擔保並限制住居之情形）99

① 義務人有下列情形之一者，行政執行處得命其提供相當擔保，限期履行，並得限制其住居：

一　顯有履行義務之可能，故不履行。

二　顯有逃匿之虞。

三　就應供強制執行之財產有隱匿或處分之情事。

四　於調查執行標的物時，對於執行人員拒絕陳述。

五　經命其報告財產狀況，不為報告或為虛偽之報告。

六　經合法通知，無正當理由而不到場。

② 前項義務人有下列情形之一者，不得限制住居：

一　滯欠金額合計未達新臺幣十萬元。但義務人已出境達二次者，不在此限。

二　已按其法定應繼分繳納遺產稅款、罰鍰及加徵之滯納金、利息。但其繼承所得遺產超過法定應繼分，而未按所得遺產比例繳納者，不在此限。

③ 義務人經行政執行處依第一項規定命其提供相當擔保，限期履行，屆期不履行亦未提供相當擔保，有下列情形之一，而有強制其到場之必要者，行政執行處得聲請法院裁定拘提之：

一　顯有逃匿之虞。

二　經合法通知，無正當理由而不到場。

④ 法院對於前項聲請，應於五日內裁定；其情況急迫者，應即時裁定。

⑤ 義務人經拘提到場，行政執行官應即訊問其人有無錯誤，並應命義務人據實報告其財產狀況或為其他必要調查。

⑥ 行政執行官訊問義務人後，認有下列各款情形之一，而有管收必要者，行政執行處應自拘提時起二十四小時內，聲請法院裁定管收之：

一　顯有履行義務之可能，故不履行。

二　顯有逃匿之虞。

三　就應供強制執行之財產有隱匿或處分之情事。

四　已發見之義務人財產不足清償其所負義務，於審酌義務人整體收入、財產狀況及工作能力，認有履行義務之可能，別無其他執行方法，而拒絕報告其財產狀況或為虛偽之報告。

⑦ 義務人經通知或自行到場，經行政執行官訊問後，認有前項各款情形之一，而有聲請管收必要者，行政執行處得將義務人暫予留置；其訊問及暫予留置時間合計不得逾二十四小時。

⑧ 拘提、管收之聲請，應向行政執行處所在地之地方法院為之。

⑨ 法院受理管收之聲請後，應即訊問義務人並為裁定，必要時得通

知行政執行處指派執行人員到場為一定之陳述或補正。

⑩行政執行處或義務人不服法院關於拘提、管收之裁定者，得於十日內提起抗告；其程序準用民事訴訟法有關抗告程序之規定。

⑪抗告不停止拘提或管收之執行。但准拘提或管收之原裁定經抗告法院裁定廢棄者，其執行應即停止，並將被拘提或管收人釋放。

⑫拘提、管收，除本法另有規定外，準用強制執行法、管收條例及刑事訴訟法有關訊問、拘提、羈押之規定。

第一七條之一 （禁奢條款）99

①義務人為自然人，其滯欠合計達一定金額，已發現之財產不足清償其所負義務，且生活逾越一般人通常程度者，行政執行處得依職權或利害關係人之申請對其核發下列各款之禁止命令，並通知應予配合之第三人：

一　禁止購買、租賃或使用一定金額以上之商品或服務。

二　禁止搭乘特定之交通工具。

三　禁止為特定之投資。

四　禁止進入特定之高消費場所消費。

五　禁止贈與或借貸他人一定金額以上之財物。

六　禁止每月生活費用超過一定金額。

七　其他必要之禁止命令。

②前項所定一定金額，由法務部定之。

③行政執行處依第一項規定核發禁止命令前，應以書面通知義務人到場陳述意見。義務人經合法通知，無正當理由而不到場者，行政執行處關於本條之調查及審核程序不受影響。

④行政執行處於審究義務人之生活有無逾越一般人通常程度而核發第一項之禁止命令時，應考量其滯欠原因、滯欠金額、清償狀況、移送機關之意見、利害關係人申請事由及其他情事，為適當之決定。

⑤行政執行處於執行程序終結時，應解除第一項之禁止命令，並通知應配合之第三人。

⑥義務人無正當理由而違反第一項之禁止命令者，行政執行處得限期命其清償適當之金額，或命其報告一定期間之財產狀況、收入及資金運用情形；義務人不為清償、不為報告或為虛偽之報告者，視為其顯有履行義務之可能而故不履行，行政執行處得依前條規定處理。

第一八條 （行政執行處得逕就擔保人之財產執行之情形）

擔保人於擔保書狀載明義務人逃亡或不履行義務由其負清償責任者，行政執行處於義務人逾前條第一項之限期仍不履行時，得逕就擔保人之財產執行之。

第一九條 （拘提管收）94

①法院為拘提之裁定後，應將拘票交由行政執行處派執行員執行拘提。

②拘提後，有下列情形之一者，行政執行處應即釋放義務人：

一　義務已全部履行。

二　義務人就義務之履行已提供相當擔保。

三　不符合聲請管收之要件。

③法院為管收之裁定後，應將管收票交由行政執行處派執行員將被管收人送交管收所；法院核發管收票時義務人不在場者，行政執行處得派執行員持管收票強制義務人同行並送交管收所。

④管收期限，自管收之日起算，不得逾三個月。有管收新原因發生或停止管收原因消滅時，行政執行處仍得聲請該管法院裁定再行管收。但以一次為限。

⑤義務人所負公法上金錢給付義務，不因管收而免除。

第二○條　（被管收人之提詢及送返程式）

①行政執行處應隨時提詢被管收人，每月不得少於三次。

②提詢或送返被管收人時，應以書面通知管收所。

第二一條　（不得管收及停止管收之情形）

義務人或其他依法得管收之人有下列情形之一者，不得管收；其情形發生管收後者，行政執行處應以書面通知管收所停止管收：

一　因管收而其一家生計有難以維持之虞者。

二　懷胎五月以上或生產後二月未滿者。

三　現罹疾病，恐因管收而不能治療者。

第二二條　（應釋放被管收人之情形）

有下列情形之一者，行政執行處應即以書面通知管收所釋放被管收人：

一　義務已全部履行或執行完畢者。

二　行政處分或裁定經撤銷或變更確定致不得繼續執行者。

三　管收期限屆滿者。

四　義務人就義務之履行已提供確實之擔保者。

第二三條　（應提報告之執行行為）

行政執行處執行拘提管收之結果，應向裁定法院提出報告。提詢、停止管收及釋放被管收人時，亦同。

第二四條　（適用義務人拘提管收等規定之人）98

關於義務人拘提管收及應負義務之規定，於下列各款之人亦適用之：

一　義務人為未成年人或受監護宣告之人者，其法定代理人。

二　商號之經理人或清算人；合夥之執行業務合夥人。

三　非法人團體之代表人或管理人。

四　公司或其他法人之負責人。

五　義務人死亡者，其繼承人、遺產管理人或遺囑執行人。

第二五條　（執行費用）

有關本章之執行，不徵收執行費。但因強制執行所支出之必要費用，由義務人負擔之。

第二六條　（強制執行法之準用）

關於本章之執行，除本法另有規定外，準用強制執行法之規定。

第三章　行為或不行為義務之執行

第二七條 （限期履行行為或不行為義務）

①依法令或本於法令之行政處分，負有行為或不行為義務，經於處分書或另以書面限定相當期間履行，逾期仍不履行者，由執行機關依間接強制或直接強制方法執行之。

②前項文書，應載明不依限履行時將予強制執行之意旨。

第二八條 （間接強制方法及直接強制方法）

①前條所稱之間接強制方法如下：

　一　代履行。

　二　怠金。

②前條所稱之直接強制方法如下：

　一　扣留、收取交付、解除占有、處置、使用或限制使用動產、不動產。

　二　進入、封閉、拆除住宅、建築物或其他處所。

　三　收繳、註銷證照。

　四　斷絕營業所必須之自來水、電力或其他能源。

　五　其他以實力直接實現與履行義務同一內容狀態之方法。

第二九條 （代為履行行為義務及代履行費用）

①依法令或本於法令之行政處分，負有行為義務而不為，其行為能由他人代為履行者，執行機關得委託第三人或指定人員代履行之。

②前項代履行之費用，由執行機關估計其數額，命義務人繳納；其繳納數額與實支不一致時，退還其餘額或追繳其差額。

第三○條 （不為且不能代為履行之義務，處以怠金）

①依法令或本於法令之行政處分，負有行為義務而不為，其行為不能由他人代為履行者，依其情節輕重處新台幣五千元以上三十萬元以下怠金。

②依法令或本於法令之行政處分，負有不行為義務而為之者，亦同。

第三一條 （連續處以怠金）

①經依前條規定處以怠金，仍不履行其義務者，執行機關得連續處以怠金。

②依前項規定，連續處以怠金前，仍應依第二十七條之規定以書面限期履行。但法律另有特別規定者，不在此限。

第三二條 （得直接強制執行之情況）

經間接強制不能達成執行目的，或因情況急迫，如不及時執行，顯難達成執行目的時，執行機關得依直接強制方法執行之。

第三三條 （物之交付義務之強制執行）

關於物之交付義務之強制執行，依本章之規定。

第三四條 （逾期未繳代行費用或怠金）

代行費用或怠金，逾期未繳納者，移送行政執行處依第二章之

規定執行之。

第三五條　（本章準用之規定）

強制執行法第三章、第四章之規定於本章準用之。

第四章　即時強制

第三六條　（即時強制之時機及方法）

①行政機關為阻止犯罪、危害之發生或避免急迫危險，而有即時處置之必要時，得為即時強制。

②即時強制方法如下：

- 一　對於人之管束。
- 二　對於物之扣留、使用、處置或限制其使用。
- 三　對於住宅、建築物或其他處所之進入。
- 四　其他依法定職權所為之必要處置。

第三七條　（對於人之管束之限制）

①對於人之管束，以合於下列情形之一者為限：

- 一　瘋狂或酗酒泥醉，非管束不能救護其生命、身體之危險，及預防他人生命、身體之危險者。
- 二　意圖自殺，非管束不能救護其生命者。
- 三　暴行或鬥毆，非管束不能預防其傷害者。
- 四　其他認為必須救護或有害公共安全之虞，非管束不能救護或不能預防危害者。

②前項管束，不得逾二十四小時。

第三八條　（危險物之扣留）

①軍器、凶器及其他危險物，為預防危害之必要，得扣留之。

②扣留之物，除依法應沒收、沒入、毀棄或應變價發還者外，其扣留期間不得逾三十日。但扣留之原因未消失時，得延長之，延長期間不得逾兩個月。

③扣留之物無繼續扣留必要者，應即發還；於一年內無人領取或無法發還者，其所有權歸屬國庫；其應變價發還者，亦同。

第三九條　（得使用、處置或限制使用土地等之情形）89

遇有天災、事變或交通上、衛生上或公共安全上有危害情形，非使用或處置其土地、住宅、建築物、物品或限制其使用，不能達防護之目的時，得使用、處置或限制其使用。

第四○條　（對於進入建物等處所之限制）

對於住宅、建築物或其他處所之進入，以人民之生命、身體、財產有迫切之危害，非進入不能救護者為限。

第四一條　（即時強制而致損失得請求補償）

①人民因執行機關依法實施即時強制，致其生命、身體或財產遭受特別損失時，得請求補償。但因可歸責於該人民之事由者，不在此限。

②前項損失補償，應以金錢為之，並以補償實際所受之特別損失為限。

③對於執行機關所為損失補償之決定不服者，得依法提起訴願及行政訴訟。

④損失補償，應於知有損失後，二年內向執行機關請求之。但自損失發生後，經過五年者，不得為之。

第五章 附 則

第四二條 （本法修正後之適用）

①法律有公法上金錢給付義務移送法院強制執行之規定者，自本法修正條文施行之日起，不適用之。

②本法修正施行前之行政執行事件，未經執行或尚未執行終結者，自本法修正條文施行之日起，依本法之規定執行之；其為公法上金錢給付義務移送法院強制執行之事件，移送該管行政執行處繼續執行之。

③前項關於第七條規定之執行期間，自本法修正施行日起算。

第四三條 （施行細則之訂定）

本法施行細則，由行政院定之。

第四四條 （施行日期）98

①本法自公布日施行。

②本法修正條文之施行日期，由行政院以命令定之。但中華民國九十八年十二月十五日修正之條文，自九十八年十一月二十三日施行。

行政執行法施行細則

①民國 89 年 1 月 12 日行政院令訂定發布全文 43 條；並自 90 年 1 月 1 日起施行。
②民國 90 年 9 月 19 日行政院令修正發布第 43 條條文；增訂第 6-1 條條文；並自發布日施行。
③民國 95 年 1 月 6 日行政院令修正發布第 29 條條文。
④民國 99 年 6 月 15 日行政院令修正發布第 20、28、29 條條文。
民國 100 年 12 月 16 日行政院公告第 6-1 條、第 10 條第 2 項、第 19 條、第 20 條第 1～3 項、第 21～28 條、第 29 條第 1、2 項、第 42 條所列屬「行政執行處」之權責事項，自 101 年 1 月 1 日起改由「行政執行分署」管轄。

第一條

本細則依行政執行法（以下簡稱本法）第四十三條規定訂定之。

第二條

本法第二條所稱公法上金錢給付義務如下：

一 稅款、滯納金、滯報費、利息、滯報金、怠報金及短估金。
二 罰鍰及怠金。
三 代履行費用。
四 其他公法上應給付金錢之義務。

第三條

本法第三條所定以適當之方法為之，不得逾達成執行目的之必要限度，指於行政執行時，應依下列原則為之：

一 採取之執行方法須有助於執行目的之達成。
二 有多種同樣能達成執行目的之執行方法時，應選擇對義務人、應受執行人及公眾損害最少之方法為之。
三 採取之執行方法所造成之損害不得與欲達成執行目的之利益顯失均衡。

第四條

本法第四條第一項所稱原處分機關，其認定以實施行政處分時之名義為準。但上級機關本於法定職權所為之行政處分，交由下級機關執行者，以該上級機關為原處分機關。

第五條

本法第四條第一項所稱該管行政機關，指相關法令之主管機關或依法得為即時強制之機關。

第六條

本法第四條第一項所定之原處分機關或該管行政機關經裁撤或改組時，以承受其業務之機關為執行機關；無承受其業務之機關者，以其上級機關為執行機關。

第六條之一

法務部行政執行署所屬行政執行處為執行本法第四條第一項之公法上金錢給付義務事項，得將權限之一部分委託民間團體或個人辦理。

第七條

本法第五條第一項所稱其他休息日，指應放假之紀念日及其他由中央人事主管機關規定應放假之日。

第八條

本法第五條第一項及第二項所稱夜間，指日出前、日沒後。

第九條

行政執行應作成執行筆錄。但直接強制或即時強制，因情況急迫或其他原因，不能作成執行筆錄者，得以報告書代之。

第一○條

① 行為或不行為義務之執行及即時強制之執行筆錄，應載明下列事項：

一 執行所依據之行政處分或法令規定及其內容。

二 義務人或應受執行人之姓名、性別、出生年月日、國民身分證統一編號、職業及居住所；其為法人或其他設有負責人、管理人或代表人之團體者，其名稱、事務所或營業所，及負責人、管理人或代表人之姓名、性別、出生年月日、國民身分證統一編號、職業及住居所。

三 應執行標的所在地、種類、數量、品質及其他應記明事項。

四 執行方法。轉換執行方法或終止執行者，其事由。

五 聲明異議者，異議人之姓名、關係、異議事由及對聲明異議之處置。

六 請求協助執行者，其事由及被請求協助機關名稱。

七 執行人員及在場之人簽名。在場之人拒簽者，其事由。

八 執行處所及執行之年、月、日、時。

② 公法上金錢給付義務逾期不履行，經移送行政執行處執行者，其執行筆錄應記載之事項，準用強制執行法有關規定。

第一一條

執行機關依本法第五條第一項但書規定於夜間、星期日或其他休息日執行者，應將情況急迫或徵得義務人同意之情形，記明於執行筆錄或報告書。

第一二條

執行人員於行為或不行為義務之強制執行及即時強制時，應由義務人或可為其代表之人在場；如無此等人在場時，得由鄰居或就近自治團體之職員在場。

第一三條

執行機關為依本法第六條規定於必要時請求其他機關協助執行，得視事實需要會商相關機關訂定協調聯繫注意事項。

第一四條

① 執行機關執行時，應依職權調查有無本法第八條第一項各款所定情形。

② 行政執行有本法第八條第一項各款所定情形之一者，義務人或利害關係人得陳明理由並檢附有關文件，申請執行機關終止執行。

③ 執行機關終止執行時，應通知義務人及利害關係人。

第一五條

義務人或利害關係人依本法第九條第一項規定聲明異議者，應以書面為之。但執行時得當場以言詞為之，並由執行人員載明於執行筆錄。

第一六條

本法第九條第二項所稱直接上級主管機關，於公法上金錢給付義務執行事件，係指法務部行政執行署。

第一七條

① 直接上級主管機關對於執行機關依本法第九條第二項規定送請決定之聲明異議事件，認其異議有理由者，應命執行機關停止執行，並撤銷或更正已為之執行行為；認其異議無理由者，應附理由駁回之。

② 前項決定，應以書面通知原執行機關及異議人。

③ 不服中央各院之行政執行而聲明異議，經各該院認其異議無理由者，由該院附具理由駁回之，並以書面通知異議人。

第一八條

公法上金錢給付義務之執行事件，第三人就執行標的物認有足以排除執行之權利時，得於執行程序終結前，依強制執行法第十五條規定向管轄法院提起民事訴訟。

第一九條

公法上金錢給付義務事件移送行政執行處執行前，除法令另有規定或以執行憑證移送執行者外，宜由原處分機關或該管行政機關儘量催繳。

第二〇條 99

① 公法上金錢給付義務之執行，應以執行標的物所在地之該管行政執行處為執行機關；其不在同一行政執行處轄區者，得向其中任一行政執行處為之。

② 應執行之標的物所在地不明者，由義務人之住居所、公務所、事務所或營業所所在地之行政執行處管轄。

③ 受理公法上金錢給付義務執行事件之行政執行處，須在他行政執行處轄區內為執行行為時，應囑託該他行政執行處為之。

第二一條

行政執行處依本法第十一條第一項規定，對於主管機關移送之公法上金錢給付義務執行事件，就義務人財產為執行時，移送機關應指派熟諳業務法令之人員協助配合執行。

第二二條

公法上金錢給付義務執行事件移送該管行政執行處時，應以一執行名義為一案，並以一案為一號。

第二三條

移送機關移送行政執行處執行之移送書及相關文件之格式，由法務部行政執行署定之。

第二四條

公法上金錢給付義務執行事件移送該管行政執行處後，移送機關得於執行終結前撤回之。但於拍定後拍賣物所有權移轉前撤回者，應得拍定人之同意。

第二五條

行政執行處就已查封之財產不再繼續執行時，如有執行法院函送併辦之事件，應維持已實施之執行程序原狀，並依強制執行法第三十三條之一第三項規定將有關卷宗送由執行法院繼續執行。

第二六條

行政執行處依強制執行法第三十三條之二第一項規定將執行事件函送執行法院併辦時，應敘明如執行法院就已查封之財產不再繼續執行時，應依同條第二項規定維持已實施之執行程序原狀，並將有關卷宗送由行政執行處繼續執行之意旨。

第二七條

義務人依其經濟狀況或因天災、事變致遭受重大財產損失，無法一次完納公法上金錢給付義務者，行政執行處於徵得移送機關同意後，得酌核准其分期繳納。經核准分期繳納，而未依限繳納者，行政執行處得廢止之。

第二八條 99

行政執行處依本法第十七條第一項規定限制義務人之住居者，應通知義務人及有關機關。

第二九條 99

① 行政執行處依本法第十七條第三項、第六項規定向法院聲請拘提、管收，應具聲請書及聲請拘提、管收所必要之相關證明文件影本，並釋明之。

② 行政執行處向法院聲請管收時，應將被聲請管收人一併送交法院。

第三〇條

拍賣、鑑價、估價、查詢、登報、保管及其他因強制執行所支出之必要費用，移送機關應代為預納，並依本法第二十五條但書規定向義務人取償。

第三一條

執行機關依本法第二十八條第二項第二款規定執行封閉時，應派員將處分文書及封閉範圍之圖說明顯揭示於該封閉處所，並於各出入口設置障礙物。

第三二條

執行機關依本法第二十九條第一項規定，委託第三人或指定人員代履行時，應以文書載明下列事項，送達於義務人：

一　執行機關及義務人。

二　受委託之第三人或指定之人員。

三　代履行之標的。

四　代履行費用之數額、繳納處所及期限。

五　代履行之期日。

第三三條

受委託之第三人於代履行時，有本法第六條第一項第三款至第五款規定情事者，應即通知執行機關。

第三四條

執行機關依本法第三十條或第三十一條規定處以怠金時，應以文書載明下列事項送達於義務人：

一　執行機關及義務人。

二　應履行之行為或不行為義務與其依據及履行期限。

三　處以怠金之事由及金額。

四　怠金之繳納期限及處所。

五　不依限繳納時將予強制執行之意旨。

第三五條

依本法第三十七條執行對於人之管束時，執行人員應即將管束原因及概略經過報告主管長官；執行機關並應儘速將管束原因，告知本人及其配偶、法定代理人、指定之親友或其他適當之機關（構）。但不能告知者，不在此限。

第三六條

對於人之管束，應注意其身體及名譽。執行人員以強制力實施者，不得逾必要之程度。

第三七條

① 依本法第三十八條執行物之扣留時，執行機關應製作收據，詳載扣留物之名稱、數量，付與所有人、持有人或保管人。

② 前項扣留物不便保管或搬運者，得予封存，命所有人、持有人或保管人出據看守或保管。

第三八條

① 扣留之物，依法應沒收、沒入、毀棄或應變價發還者，執行機關應即自行或移送有關機關依相關法令規定程序辦理，並通知所有人、持有人或保管人。

② 扣留之物，依本法第三十八條第二項但書規定延長扣留期間者，應將其原因通知所有人、持有人或保管人。

第三九條

扣留之物，依本法第三十八條第三項規定應發還或變價發還者，執行機關應以書面通知所有人、持有人或保管人出據具領；其經封存者，應予啟封。

第四〇條

依本法第四十一條請求，特別損失之補償時，請求人或其代理人應以書面載明下列事項，並於簽名或蓋章後，向執行機關提出：

一　請求人之姓名、性別、出生年月日、國民身分證統一編號、職業及住居所。

二　有代理人者，其姓名、性別、出生年月日、國民身分證統一編號、職業及住居所或事務所。

三　請求補償之原因事實、理由及證據。

四　請求補償之金額。

五　執行機關。

六　年、月、日。

第四一條

①執行機關對於特別損失補償之請求，應於收到請求書後三十日內決定之。

②執行機關為補償之決定者，應以書面載明補償之金額，通知請求人或其代理人出據具領；為不予補償之決定者，應以書面載明理由，通知請求人或其代理人。

第四二條

本法修正施行前之公法上金錢給付義務強制執行事件，於本法修正施行後尚未移送法院強制執行者，由主管機關移送該管行政執行處依本法規定執行之；其已移送法院強制執行尚未終結者，繫屬之法院應維持已實施之執行程序原狀，並將有關卷宗送由該管行政執行處依本法規定繼續執行之。

第四三條

①本細則自本法修正條文施行之日施行。

②本細則修正條文自發布日施行。

行政罰法

①民國 94 年 2 月 5 日總統令制定公布全文 46 條；並自公布後一年施行。

②民國 100 年 11 月 23 日總統令修正公布第 26、27、32、45、46 條條文；並自公布日施行。

第一章　法　例

第一條　（立法目的）

違反行政法上義務而受罰鍰、沒入或其他種類行政罰之處罰時，適用本法。但其他法律有特別規定者，從其規定。

第二條　（其他種類行政罰之要件）

本法所稱其他種類行政罰，指下列裁罰性之不利處分：

一　限制或禁止行為之處分：限制或停止營業、吊扣證照、命令停工或停止使用、禁止行駛、禁止出入港口、機場或特定場所、禁止製造、販賣、輸出入、禁止申請或其他限制或禁止為一定行為之處分。

二　剝奪或消滅資格、權利之處分：命令歇業、命令解散、撤銷或廢止許可或登記、吊銷證照、強制拆除或其他剝奪或消滅一定資格或權利之處分。

三　影響名譽之處分：公布姓名或名稱、公布照片或其他相類似之處分。

四　警告性處分：警告、告誡、記點、記次、講習、輔導教育或其他相類似之處分。

第三條　（行為人之定義）

本法所稱行為人，係指實施違反行政法上義務行為之自然人、法人、設有代表人或管理人之非法人團體、中央或地方機關或其他組織。

第四條　（處罰法定主義）

違反行政法上義務之處罰，以行為時之法律或自治條例有明文規定者為限。

第五條　（從新從輕原則）

行為後法律或自治條例有變更者，適用行政機關最初裁處時之法律或自治條例。但裁處前之法律或自治條例有利於受處罰者，適用最有利於受處罰者之規定。

第六條　（行為地或結果地之效力）

①在中華民國領域內違反行政法上義務應受處罰者，適用本法。

②在中華民國領域外之中華民國船艦、航空器或依法得由中華民國

行使管轄權之區域內違反行政法上義務者，以在中華民國領域內違反論。

③違反行政法上義務之行為或結果，有一在中華民國領域內者，為在中華民國領域內違反行政法上義務。

第二章 責 任

第七條 （有責任始有處罰原則）

①違反行政法上義務之行為非出於故意或過失者，不予處罰。

②法人、設有代表人或管理人之非法人團體、中央或地方機關或其他組織違反行政法上義務者，其代表人、管理人、其他有代表權之人或實際為行為之職員、受僱人或從業人員之故意、過失，推定為該等組織之故意、過失。

第八條 （排除卸責藉口）

不得因不知法規而免除行政處罰責任。但按其情節，得減輕或免除其處罰。

第九條 （責任能力）

①未滿十四歲人之行為，不予處罰。

②十四歲以上未滿十八歲人之行為，得減輕處罰。

③行為時因精神障礙或其他心智缺陷，致不能辨識其行為違法或欠缺依其辨識而行為之能力者，不予處罰。

④行為時因前項之原因，致其辨識行為違法或依其辨識而行為之能力，顯著減低者，得減輕處罰。

⑤前二項規定，於因故意或過失自行招致者，不適用之。

第一〇條 （防止之義務）

①對於違反行政法上義務事實之發生，依法有防止之義務，能防止而不防止者，與因積極行為發生事實者同。

②因自己行為致有發生違反行政法上義務事實之危險者，負防止其發生之義務。

第一一條 （職務命令）

①依法令之行為，不予處罰。

②依所屬上級公務員職務命令之行為，不予處罰。但明知職務命令違法，而未依法定程序向該上級公務員陳述意見者，不在此限。

第一二條 （正當防衛或防衛過當）

對於現在不法之侵害，而出於防衛自己或他人權利之行為，不予處罰。但防衛行為過當者，得減輕或免除其處罰。

第一三條 （緊急避難）

因避免自己或他人生命、身體、自由、名譽或財產之緊急危難而出於不得已之行為，不予處罰。但避難行為過當者，得減輕或免除其處罰。

第三章 共同違法及併同處罰

第一四條 （故意共同違法）

① 故意共同實施違反行政法上義務之行為者，依其行為情節之輕重，分別處罰之。

② 前項情形，因身分或其他特定關係成立之違反行政法上義務行為，其無此身分或特定關係者，仍處罰之。

③ 因身分或其他特定關係致處罰有重輕或免除時，其無此身分或特定關係者，仍處以通常之處罰。

第一五條 （私法人違法之處罰）

① 私法人之董事或其他有代表權之人，因執行其職務或為私法人之利益為行為，致使私法人違反行政法上義務應受處罰者，該行為人如有故意或重大過失時，除法律或自治條例另有規定外，應並受同一規定罰鍰之處罰。

② 私法人之職員、受僱人或從業人員，因執行其職務或為私法人之利益為行為，致使私法人違反行政法上義務應受處罰者，私法人之董事或其他有代表權之人，如對該行政法上義務之違反，因故意或重大過失，未盡其防止義務時，除法律或自治條例另有規定外，應並受同一規定罰鍰之處罰。

③ 依前二項並受同一規定處罰之罰鍰，不得逾新台幣一百萬元。但其所得之利益逾新台幣一百萬元者，得於其所得利益之範圍內裁處之。

第一六條 （私法組織違法之準用）

前條之規定，於設有代表人或管理人之非法人團體，或法人以外之其他私法組織，違反行政法上義務者，準用之。

第一七條 （公法組織之處罰）

中央或地方機關或其他公法組織違反行政法上義務者，依各該法律或自治條例規定處罰之。

第四章　裁處之審酌加減及擴張

第一八條 （裁處罰鍰之審酌、加減及期間）

① 裁處罰鍰，應審酌違反行政法上義務行為應受責難程度、所生影響及因違反行政法上義務所得之利益，並得考量受處罰者之資力。

② 前項所得之利益超過法定罰鍰最高額者，得於所得利益之範圍內酌量加重，不受法定罰鍰最高額之限制。

③ 依本法規定減輕處罰時，裁處之罰鍰不得逾法定罰鍰最高額之二分之一，亦不得低於法定罰鍰最低額之二分之一；同時有免除處罰之規定者，不得逾法定罰鍰最高額之三分之一，亦不得低於法定罰鍰最低額之三分之一。但法律或自治條例另有規定者，不在此限。

④ 其他種類行政罰，其處罰定有期間者，準用前項之規定。

第一九條 （不處罰之要件及處理）

① 違反行政法上義務應受法定最高額新台幣三千元以下罰鍰之處

罰，其情節輕微，認以不處罰為適當者，得免予處罰。

②前項情形，得對違反行政法上義務者施以糾正或勸導，並作成紀錄，命其簽名。

第二○條 （不當得利之追繳）

①為他人利益而實施行為，致使他人違反行政法上義務應受處罰者，該行為人因其行為受有財產上利益而未受處罰時，得於其所受財產上利益價值範圍內，酌予追繳。

②行為人違反行政法上義務應受處罰，他人因該行為受有財產上利益而未受處罰時，得於其所受財產上利益價值範圍內，酌予追繳。

③前二項追繳，由為裁處之主管機關以行政處分為之。

第二一條 （沒入物之所有人）

沒入之物，除本法或其他法律另有規定外，以屬於受處罰者所有為限。

第二二條 （沒入之裁處）

①不屬於受處罰者所有之物，因所有人之故意或重大過失，致使該物成為違反行政法上義務行為之工具者，仍得裁處沒入。

②物之所有人明知該物得沒入，為規避沒入之裁處而取得所有權者，亦同。

第二三條 （沒入物價額或減損差額之追徵）

①得沒入之物，受處罰者或前條物之所有人於受裁處沒入前，予以處分、使用或以他法致不能裁處沒入者，得裁處沒入其物之價額；其致物之價值減損者，得裁處沒入其物及減損之差額。

②得沒入之物，受處罰者或前條物之所有人於受裁處沒入後，予以處分、使用或以他法致不能執行沒入者，得追徵其物之價額；其致物之價值減損者，得另追徵其減損之差額。

③前項追徵，由為裁處之主管機關以行政處分為之。

第五章　單一行為及數行為之處罰

第二四條 （一行為違反數個行政法上義務規定而應處罰鍰之法律效果）

①一行為違反數個行政法上義務規定而應處罰鍰者，依法定罰鍰額最高之規定裁處。但裁處之額度，不得低於各該規定之罰鍰最低額。

②前項違反行政法上義務行為，除應處罰鍰外，另有沒入或其他種類行政罰之處罰者，得依該規定併為裁處。但其處罰種類相同，如從一重處罰已足以達成行政目的者，不得重複處罰。

③一行為違反社會秩序維護法及其他行政法上義務規定而應受處罰，如已裁處拘留者，不再受罰鍰之處罰。

第二五條 （分別處罰）

數行為違反同一或不同行政法上義務之規定者，分別處罰之。

第二六條 （一行為同時違反刑事法律及行政法上義務規定之處罰及適用範圍）100

① 一行為同時觸犯刑事法律及違反行政法上義務規定者，依刑事法律處罰之。但其行為應處以其他種類行政罰或得沒入之物而未經法院宣告沒收者，亦得裁處之。

② 前項行為如經不起訴處分、緩起訴處分確定或為無罪、免訴、不受理、不付審理、不付保護處分、免刑、緩刑之裁判確定者，得依違反行政法上義務規定裁處之。

③ 第一項行為經緩起訴處分或緩刑宣告確定且經命向公庫或指定之公益團體、地方自治團體、政府機關、政府機構、行政法人、社區或其他符合公益目的之機構或團體，支付一定之金額或提供義務勞務者，其所支付之金額或提供之勞務，應於依前項規定裁處之罰鍰內扣抵之。

④ 前項勞務扣抵罰鍰之金額，按最初裁處時之每小時基本工資乘以義務勞務時數核算。

⑤ 依第二項規定所為之裁處，有下列情形之一者，由主管機關依受處罰者之申請或依職權撤銷之，已收繳之罰鍰，無息退還：

一 因緩起訴處分確定而為之裁處，其緩起訴處分經撤銷，並經判決有罪確定，且未受免刑或緩刑之宣告。

二 因緩刑裁判確定而為之裁處，其緩刑宣告經撤銷確定。

第六章　時　效

第二七條 （行政罰裁處權之時效）100

① 行政罰之裁處權，因三年期間之經過而消滅。

② 前項期間，自違反行政法上義務之行為終了時起算。但行為之結果發生在後者，自該結果發生時起算。

③ 前條第二項之情形，第一項期間自不起訴處分、緩起訴處分確定或無罪、免訴、不受理、不付審理、不付保護處分、免刑、緩刑之裁判確定日起算。

④ 行政罰之裁處因訴願、行政訴訟或其他救濟程序經撤銷而須另為裁處者，第一項期間自原裁處被撤銷確定之日起算。

第二八條 （裁處權時效之停止）

① 裁處權時效，因天災、事變或依法律規定不能開始或進行裁處時，停止其進行。

② 前項時效停止，自停止原因消滅之翌日起，與停止前已經過之期間一併計算。

第七章　管轄機關

第二九條 （主管管轄機關）

① 違反行政法上義務之行為，由行為地、結果地、行為人之住所、居所或營業所、事務所或公務所所在地之主管機關管轄。

② 在中華民國領域外之中華民國船艦或航空器內違反行政法上義務

者，得由船艦本籍地、航空器出發地或行為後在中華民國領域內最初停泊地或降落地之主管機關管轄。

③在中華民國領域外之外國船艦或航空器於依法得由中華民國行使管轄權之區域內違反行政法上義務者，得由行為後其船艦或航空器在中華民國領域內最初停泊地或降落地之主管機關管轄。

④在中華民國領域內依法得由中華民國行使管轄權之區域內違反行政法上義務者，不能依前三項規定定其管轄機關時，得由行為人所在地之主管機關管轄。

第三〇條 （主管機關之共同管轄權）

故意共同實施違反行政法上義務之行為，其行為地、行為人之住所、居所或營業所、事務所或公務所所在地不在同一管轄區內者，各該行為地、住所、居所或所在地之主管機關均有管轄權。

第三一條 （管轄權競合之處理方式及移送管轄）

①一行為違反同一行政法上義務，數機關均有管轄權者，由處理在先之機關管轄。不能分別處理之先後者，由各該機關協議定之；不能協議或有統一管轄之必要者，由其共同上級機關指定之。

②一行為違反數個行政法上義務而應處罰鍰，數機關均有管轄權者，由法定罰鍰額最高之主管機關管轄。法定罰鍰額相同者，依前項規定定其管轄。

③一行為違反數個行政法上義務，應受沒入或其他種類行政罰者，由各該主管機關分別裁處。但其處罰種類相同者，如從一重處罰已足以達成行政目的者，不得重複裁處。

④第一項及第二項情形，原有管轄權之其他機關於必要之情形時，應為必要之職務行為，並將有關資料移送於裁處之機關；為裁處之機關應於調查終結前，通知原有管轄權之其他機關。

第三二條 （案件之移送）100

①一行為同時觸犯刑事法律及違反行政法上義務規定者，應將涉及刑事部分移送該管司法機關。

②前項移送案件，司法機關就刑事案件為不起訴處分、緩起訴處分確定或為無罪、免訴、不受理、不付審理、不付保護處分、免刑、緩刑、撤銷緩刑之裁判確定，或撤銷緩起訴處分後經判決有罪確定者，應通知原移送之行政機關。

③前二項移送案件及業務聯繫之辦法，由行政院會同司法院定之。

第八章　裁處程序

第三三條 （行政機關執行職務時應有之作為）

行政機關執行職務之人員，應向行為人出示有關執行職務之證明文件或顯示足資辨別之標誌，並告知其所違反之法規。

第三四條 （現行違反行政法上義務之行為人得為之處置）

①行政機關對現行違反行政法上義務之行為人，得為下列之處置：

一　即時制止其行為。

二　製作書面紀錄。

三 為保全證據之措施。遇有抗拒保全證據之行為且情況急迫者，得使用強制力排除其抗拒。

四 確認其身分。其拒絕或規避身分之查證，經勸導無效，致確實無法辨認其身分且情況急迫者，得令其隨同到指定處所查證身分；其不隨同到指定處所接受身分查證者，得會同警察人員強制為之。

②前項強制，不得逾越保全證據或確認身分目的之必要程度。

第三五條 （行為人對強制到指定處所處置之救濟）

①行為人對於行政機關依前條所為之強制排除抗拒保全證據或強制到指定處所查證身分不服者，得向該行政機關執行職務之人員，當場陳述理由表示異議。

②行政機關執行職務之人員，認前項異議有理由者，應停止或變更強制排除抗拒保全證據或強制到指定處所查證身分之處置；認無理由者，得繼續執行。經行為人請求者，應將其異議要旨製作紀錄交付之。

第三六條 （可為證據之物之扣留）

①得沒入或可為證據之物，得扣留之。

②前項可為證據之物之扣留範圍及期間，以供檢查、檢驗、鑑定或其他為保全證據之目的所必要者為限。

第三七條 （強制扣留）

對於應扣留物之所有人、持有人或保管人，得要求其提出或交付；無正當理由而拒絕提出、交付或抗拒扣留者，得用強制力扣留之。

第三八條 （扣留紀錄及收據）

①扣留，應作成紀錄，記載實施之時間、處所、扣留物之名目及其他必要之事項，並由在場之人簽名、蓋章或按指印；其拒絕簽名、蓋章或按指印者，應註明其事由。

②扣留物之所有人、持有人或保管人在場或請求時，應製作收據，記載扣留物之名目，交付之。

第三九條 （扣留物之安全、拍賣、毀棄）

①扣留物，應加封緘或其他標識，並為適當之處置；其不便搬運或保管者，得命人看守或交由所有人或其他適當之人保管。得沒入之物，有毀損之虞或不便保管者，得拍賣或變賣而保管其價金。

②易生危險之扣留物，得毀棄之。

第四○條 （扣留物之發還）

①扣留物於案件終結前無留存之必要，或案件為不予處罰或未為沒入之裁處者，應發還之；其經依前條規定拍賣或變賣而保管其價金或毀棄者，發還或償還其價金。但應沒入或為調查他案應留存者，不在此限。

②扣留物之應受發還人所在不明，或因其他事故不能發還者，應公告之；自公告之日起滿六個月，無人申請發還者，以其物歸屬公庫。

第四一條　（扣留之救濟程序）

①物之所有人、持有人、保管人或利害關係人對扣留不服者，得向扣留機關聲明異議。

②前項聲明異議，扣留機關認有理由者，應發還扣留物或變更扣留行為；認無理由者，應加具意見，送直接上級機關決定之。

③對於直接上級機關之決定不服者，僅得於對裁處案件之實體決定聲明不服時一併聲明之。但第一項之人依法不得對裁處案件之實體決定聲明不服時，得單獨對第一項之扣留，逕行提起行政訴訟。

④第一項及前項但書情形，不影響扣留或裁處程序之進行。

第四二條　（不給予陳述意見機會之例外情形）

行政機關於裁處前，應給予受處罰者陳述意見之機會。但有下列情形之一者，不在此限：

一　已依行政程序法第三十九條規定，通知受處罰者陳述意見。

二　已依職權或依第四十三條規定，舉行聽證。

三　大量作成同種類之裁處。

四　情況急迫，如給予陳述意見之機會，顯然違背公益。

五　受法定期間之限制，如給予陳述意見之機會，顯然不能遵行。

六　裁處所根據之事實，客觀上明白足以確認。

七　法律有特別規定。

第四三條　（舉行聽證及其例外情形）

行政機關為第二條第一款及第二款之裁處前，應依受處罰者之申請，舉行聽證。但有下列情形之一者，不在此限：

一　有前條但書各款情形之一。

二　影響自由或權利之內容及程度顯屬輕微。

三　經依行政程序法第一百零四條規定，通知受處罰者陳述意見，而未於期限內陳述意見。

第四四條　（裁處書之送達）

行政機關裁處行政罰時，應作成裁處書，並為送達。

第九章　附　則

第四五條　（裁處權之時效）100

①本法施行前違反行政法上義務之行為應受處罰而未經裁處，於本法施行後裁處者，除第十五條、第十六條、第十八條第二項、第二十條及第二十二條規定外，均適用之。

②前項行政罰之裁處權時效，自本法施行之日起算。

③本法中華民國一百年十一月八日修正之第二十六條第三項至第五項規定，於修正施行前違反行政法上義務之行為同時觸犯刑事法律，經緩起訴處分確定，應受行政罰之處罰而未經裁處者，亦適用之；曾經裁處，因訴願、行政訴訟或其他救濟程序經撤銷，而於修正施行後為裁處者，亦同。

④本法中華民國一百年十一月八日修正施行前違反行政法上義務之
行為同時觸犯刑事法律，於修正施行後受免刑或緩刑之裁判確定
者，不適用修正後之第二十六條第二項至第五項、第二十七條第
三項及第三十二條第二項之規定。

第四六條 （施行日）100

①本法自公布後一年施行。

②本法修正條文自公布日施行。

請願法

① 民國 43 年 12 月 18 日總統令制定公布全文 11 條。
② 民國 58 年 12 月 18 日總統令修正公布全文 12 條。

第一條 （適用範圍）

人民請願，依本法之規定。

第二條 （得請願之事項及受理機關）

人民對國家政策、公共利害或其權益之維護，得向職權所屬之民意機關或主管行政機關請願。

第三條 （請願事項不得牴觸憲法或干預審判）

人民請願事項，不得牴觸憲法或干預審判。

第四條 （應提起訴訟或訴願事項不得請願）

人民對於依法應提起訴訟或訴願之事項，不得請願。

第五條 （請願書之應記載事項）

人民請願應備具請願書，載明左列事項，由請願人或請願團體及其負責人簽章：

一　請願人之姓名、性別、年齡、籍貫、職業、住址；請願人為團體時，其團體之名稱、地址及其負責人。

二　請願所基之事實、理由及其願望。

三　受理請願之機關。

四　中華民國年、月、日。

第六條 （集體請願之陳述應推代表為之）

人民集體向各機關請願，面遞請願書，有所陳述時，應推代表為之；其代表人數，不得逾十人。

第七條 （受理機關得通知請願人前來答詢）

各機關處理請願案件時，得通知請願人或請願人所推代表前來，以備答詢；其代表人數，不得逾十人。

第八條 （請願案件之結果應通知請願人）

各機關處理請願案件，應將其結果通知請願人；如請願事項非其職掌，應將所當投遞之機關通知請願人。

第九條 （對請願人不得脅迫或歧視）

受理請願機關或請願人所屬機關之首長，對於請願人不得有脅迫行為或因其請願而有所歧視。

第一〇條 （民意機關代表請願時之準用規定）

地方民意機關代表人民向有關民意機關請願時，準用本法之規定。

第一一條 （請願時不得有暴行等不法行為）

人民請願時，不得有聚眾脅迫、妨害秩序、妨害公務或其他不法情事；違者，除依法制止或處罰外，受理請願機關得不受理其請願。

第一二條 （施行日）

本法自公布日施行。

訴願法

①民國 19 年 3 月 24 日國民政府制定公布全文 14 條。
②民國 26 年 1 月 8 日國民政府修正公布全文 13 條。
③民國 59 年 12 月 23 日總統令修正公布全文 28 條。
④民國 68 年 12 月 7 日總統令修正公布第 26 條條文。
⑤民國 84 年 1 月 16 日總統令修正公布第 26 條條文。
⑥民國 87 年 10 月 28 日總統令修正公布全文 101 條。
　民國 88 年 7 月 31 日行政院令發布定自 89 年 7 月 1 日起施行。
⑦民國 89 年 6 月 14 日總統令修正公布第 4、9、41 條條文；並自 89 年 7 月 1 日起施行。
⑧民國 101 年 6 月 27 日總統令修正公布第 90 條條文。
　民國 101 年 7 月 12 日行政院令發布定自 101 年 9 月 6 日施行。

第一章　總　則

第一節　訴願事件

第一條　（認為違法或不當之行政處分得提起訴願）

①人民對於中央或地方機關之行政處分，認為違法或不當，致損害其權利或利益者，得依本法提起訴願。但法律另有規定者，從其規定。

②各級地方自治團體或其他公法人對上級監督機關之行政處分，認為違法或不當，致損害其權利或利益者，亦同。

第二條　（對申請案件應作為而不作為得提起訴願）

①人民因中央或地方機關對其依法申請之案件，於法定期間內應作為而不作為，認為損害其權利或利益者，亦得提起訴願。

②前項期間，法令未規定者，自機關受理申請之日起為二個月。

第三條　（行政處分）

①本法所稱行政處分，係指中央或地方機關就公法上具體事件所為之決定或其他公權力措施而對外直接發生法律效果之單方行政行為。

②前項決定或措施之相對人雖非特定，而依一般性特徵可得確定其範圍者，亦為行政處分。有關公物之設定、變更、廢止或一般使用者，亦同。

第二節　管　轄

第四條　（訴願之管轄）89

訴願之管轄如左：

一　不服鄉（鎮、市）公所之行政處分者，向縣（市）政府提起

　　　訴願。

二　不服縣（市）政府所屬各級機關之行政處分者，向縣（市）
　　政府提起訴願。

三　不服縣（市）政府之行政處分者，向中央主管部、會、行、
　　處、局、署提起訴願。

四　不服直轄市政府所屬各級機關之行政處分者，向直轄市政府
　　提起訴願。

五　不服直轄市政府之行政處分者，向中央主管部、會、行、
　　處、局、署提起訴願。

六　不服中央各部、會、行、處、局、署所屬機關之行政處分
　　者，向各部、會、行、處、局、署提起訴願。

七　不服中央各部、會、行、處、局、署之行政處分者，向主管
　　院提起訴願。

八　不服中央各院之行政處分者，向原院提起訴願。

第五條　（提起訴願應按管轄等級為之）

① 人民對於前條以外之中央或地方機關之行政處分提起訴願時，應
按其管轄等級，比照前條之規定為之。

② 訴願管轄，法律另有規定依其業務監督定之者，從其規定。

第六條　（為共為行政處分之不同機關提起訴願）

對於二以上不同隸屬或不同層級之機關共為之行政處分，應向其
共同之上級機關提起訴願。

第七條　（對原委託機關提起訴願）

無隸屬關係之機關辦理受託事件所為之行政處分，視為委託機關
之行政處分，其訴願之管轄，比照第四條之規定，向原委託機關
或其直接上級機關提起訴願。

第八條　（對受委任機關提起訴願）

有隸屬關係之下級機關依法辦理上級機關委任事件所為之行政處
分，為受委任機關之行政處分，其訴願之管轄，比照第四條之規
定，向受委任機關或其直接上級機關提起訴願。

第九條　（對委辦機關之上級機關提起訴願）89

直轄市政府、縣（市）政府或其所屬機關及鄉（鎮、市）公所依
法辦理上級政府或其所屬機關委辦事件所為之行政處分，為受委
辦機關之行政處分，其訴願之管轄，比照第四條之規定，向受委
辦機關之直接上級機關提起訴願。

第一〇條　（向原委託機關提起訴願）

依法受中央或地方機關委託行使公權力之團體或個人，以其團體
或個人名義所為之行政處分，其訴願之管轄，向原委託機關提起
訴願。

第一一條　（向承受業務機關提起訴願）

原行政處分機關裁撤或改組，應以承受其業務之機關視為原行政
處分機關，比照前七條之規定，向承受其業務之機關或其直接上
級機關提起訴願。

第一二條 （管轄權爭議之確定）

①數機關於管轄權有爭議或因管轄不明致不能辨明有管轄權之機關者，由其共同之直接上級機關確定之。

②無管轄權之機關就訴願所為決定，其上級機關應依職權或依申請撤銷之，並命移送於有管轄權之機關。

第一三條 （原行政處分機關之設定）

原行政處分機關之認定，以實施行政處分時之名義為準。但上級機關本於法定職權所為之行政處分，交由下級機關執行者，以該上級機關為原行政處分機關。

第三節　期日及期間

第一四條 （訴願之提起限期）

①訴願之提起，應自行政處分達到或公告期滿之次日起三十日內為之。

②利害關係人提起訴願者，前項期間自知悉時起算。但自行政處分達到或公告期滿後，已逾三年者，不得提起。

③訴願之提起，以原行政處分機關或受理訴願機關收受訴願書之日期為準。

④訴願人誤向原行政處分機關或受理訴願機關以外之機關提起訴願者，以該機關收受之日，視為提起訴願之日。

第一五條 （訴願人遲誤訴願期間得申請回復原狀）

①訴願人因天災或其他不歸責於己之事由，致遲誤前條之訴願期間者，於其原因消滅後十日內，得以書面敍明理由向受理訴願機關申請回復原狀。但遲誤訴願期間已逾一年者，不得為之。

②申請回復原狀，應同時補行期間內應為之訴願行為。

第一六條 （在途期間之扣除）

①訴願人不在受理訴願機關所在地住居者，計算法定期間，應扣除其在途期間。但有訴願代理人住居受理訴願機關所在地，得為期間內應為之訴願行為者，不在此限。

②前項扣除在途期間辦法，由行政院定之。

第一七條 （期間之計算）

期間之計算，除法律另有規定外，依民法之規定。

第四節　訴願人

第一八條 （提起訴願）

自然人、法人、非法人之團體或其他受行政處分之相對人及利害關係人得提起訴願。

第一九條 （訴願能力）

能獨立以法律行為負義務者，有訴願能力。

第二○條 （法定代理）

①無訴願能力人應由其法定代理人代為訴願行為。

②地方自治團體、法人、非法人之團體應由其代表人或管理人為訴

願行為。

③關於訴願之法定代理，依民法規定。

第二一條 （共同提起訴願）

①二人以上得對於同一原因事實之行政處分，共同提起訴願。

②前項訴願之提起，以同一機關管轄者為限。

第二二條 （共同提起訴願得選定代表人）

①共同提起訴願，得選定其中一人至三人為代表人。

②選定代表人應於最初為訴願行為時，向受理訴願機關提出文書證明。

第二三條 （未選定代表人）

共同提起訴願，未選定代表人者，受理訴願機關得限期通知其選定；逾期不選定者，得依職權指定之。

第二四條 （代表人代表全體為訴願行為）

代表人經選定或指定後，由其代表全體訴願人為訴願行為。但撤回訴願，非經全體訴願人書面同意，不得為之。

第二五條 （代表人之更換或增減）

①代表人經選定或指定後，仍得更換或增減之。

②前項代表人之更換或增減，非以書面通知受理訴願機關，不生效力。

第二六條 （二人以上之代表人）

代表人有二人以上者，均得單獨代表共同訴願人為訴願行為。

第二七條 （代表權）

代表人之代表權不因其他共同訴願人死亡、喪失行為能力或法定代理變更而消滅。

第二八條 （與訴願人利害關係相同之人得參加）

①與訴願人利害關係相同之人，經受理訴願機關允許，得為訴願人之利益參加訴願。受理訴願機關認有必要時，亦得通知其參加訴願。

②訴願決定因撤銷或變更原處分，足以影響第三人權益者，受理訴願機關應於作成訴願決定之前，通知其參加訴願程序，表示意見。

第二九條 （申請參加訴願應以書面為之）

①申請參加訴願，應以書面向受理訴願機關為之。

②參加訴願應以書面記載左列事項：

　一　本訴願及訴願人。

　二　參加人與本訴願之利害關係。

　三　參加訴願之陳述。

第三○條 （通知參加訴願）

①通知參加訴願，應記載訴願意旨、通知參加之理由及不參加之法律效果，送達於參加人，並副知訴願人。

②受理訴願機關為前項之通知前，得通知訴願人或得參加訴願之第三人以書面陳述意見。

第三一條 （訴願決定對參加人亦有效力）

訴願決定對於參加人亦有效力。經受理訴願機關通知其參加或允許其參加而未參加者，亦同。

第三二條 （委任代理人進行訴願）

訴願人或參加人得委任代理人進行訴願。每一訴願人或參加人委任之訴願代理人不得超過三人。

第三三條 （訴願代理人）

①左列之人，得為訴願代理人：

一　律師。

二　依法令取得與訴願事件有關之代理人資格者。

三　具有該訴願事件之專業知識者。

四　因業務或職務關係為訴願人之代理人者。

五　與訴願人有親屬關係者。

②前項第三款至第五款之訴願代理人，受理訴願機關認為不適當時，得禁止之，並以書面通知訴願人或參加人。

第三四條 （提出委任書）

訴願代理人應於最初為訴願行為時，向受理訴願機關提出委任書。

第三五條 （訴願代理人得為一切訴願行為）

訴願代理人就其受委任之事件，得為一切訴願行為。但撤回訴願，非受特別委任不得為之。

第三六條 （單獨代理）

①訴願代理人有二人以上者，均得單獨代理訴願人。

②違反前項規定而為委任者，其訴願代理人仍得單獨代理。

第三七條 （訴願代理人陳述之效力）

訴願代理人事實上之陳述，經到場之訴願人本人即時撤銷或更正者，不生效力。

第三八條 （訴願代理權）

訴願代理權不因訴願人本人死亡、破產或喪失訴願能力而消滅。法定代理有變更、機關經裁撤、改組或公司、團體經解散、變更組織者，亦同。

第三九條 （訴願委任之解除）

訴願委任之解除，應由訴願人、參加人或訴願代理人以書面通知受理訴願機關。

第四〇條 （訴願代理人提出訴願委任之解除）

訴願委任之解除，由訴願代理人提出者，自為解除意思表示之日起十五日內，仍應為維護訴願人或參加人權利或利益之必要行為。

第四一條 （輔佐人）89

①訴願人、參加人或訴願代理人經受理訴願機關之許可，得於期日偕同輔佐人到場。

②受理訴願機關認為必要時，亦得命訴願人、參加人或訴願代理人

偕同輔佐人到場。

③前二項之輔佐人，受理訴願機關認為不適當時，得廢止其許可或禁止其續為輔佐。

第四二條 （輔佐人陳述之效力）

輔佐人到場所為之陳述，訴願人、參加人或訴願代理人不即時撤銷或更正者，視為其所自為。

第五節 送 達

第四三條 （送達）

送達除別有規定外，由受理訴願機關依職權為之。

第四四條 （向法定代理人送達）

①對於無訴願能力人為送達者，應向其法定代理人為之；未經陳明法定代理人者，得向該無訴願能力人為送達。

②對於法人或非法人之團體為送達者，應向其代表人或管理人為之。

③法定代理人、代表人或管理人有二人以上者，送達得僅向其中一人為之。

第四五條 （外國法人或團體為送達者）

①對於在中華民國有事務所或營業所之外國法人或團體為送達者，應向其在中華民國之代表人或管理人為之。

②前項代表人或管理人有二人以上者，送達得僅向其中一人為之。

第四六條 （向訴願代理人送達）

訴願代理人除受送達之權限受有限制者外，送達應向該代理人為之。但受理訴願機關認為必要時，得送達於訴願人或參加本人。

第四七條 （訴願文書之送達）

①訴願文書之送達，應註明訴願人、參加人或其代表人、訴願代理人住、居所、事務所或營業所，交付郵政機關以訴願文書郵務送達證書發送。

②訴願文書不能為前項送達時，得由受理訴願機關派員或囑託原行政處分機關或該管警察機關送達，並由執行送達人作成送達證書。

③訴願文書之送達，除前二項規定外，準用行政訴訟法第六十七條至第六十九條、第七十一條至第八十三條之規定。

第六節 訴願卷宗

第四八條 （訴願文書應編為卷宗）

關於訴願事件之文書，受理訴願機關應保存者，應由承辦人員編為卷宗。

第四九條 （訴願人等得請求閱覽卷宗）

①訴願人、參加人或訴願代理人得向受理訴願機關請求閱覽、抄錄、影印或攝影卷內文書，或預納費用請求付與繕本、影本或節本。

②前項之收費標準，由主管院定之。

第五○條 （第三人經許可得閱覽卷宗）

第三人經訴願人同意或釋明有法律上之利害關係，經受理訴願機關許可者，亦得為前條之請求。

第五一條 （應拒絕閱覽請求之文書）

左列文書，受理訴願機關應拒絕前二條之請求：

一　訴願決定擬辦之文稿。

二　訴願決定之準備或審議文件。

三　為第三人正當權益有保密之必要者。

四　其他依法律或基於公益，有保密之必要者。

第二章　訴願審議委員會

第五二條 （訴願審議委員會之設置）

①各機關辦理訴願事件，應設訴願審議委員會，組成人員以具有法制專長者為原則。

②訴願審議委員會委員，由本機關高級職員及遴聘社會公正人士、學者、專家擔任之；其中社會公正人士、學者、專家人數不得少於二分之一。

③訴願審議委員會組織規程及審議規則，由主管院定之。

第五三條 （訴願決定應經委員會決議）

訴願決定應經訴願審議委員會會議之決議，其決議以委員過半數之出席，出席委員過半數之同意行之。

第五四條 （審議應製作審議紀錄附卷）

①訴願審議委員會審議訴願事件，應指定人員製作審議紀錄附卷。委員於審議中所持與決議不同之意見，經其請求者，應列入紀錄。

②訴願審議經言詞辯論者，應另行製作筆錄，編為前項紀錄之附件，並準用民事訴訟法第二百十二條至第二百十九條之規定。

第五五條 （主任委員或委員對審議之迴避）

訴願審議委員會主任委員或委員對於訴願事件有利害關係者，應自行迴避，不得參與審議。

第三章　訴願程序

第一節　訴願之提起

第五六條 （訴願書載明事項）

①訴願應具訴願書，載明左列事項，由訴願人或代理人簽名或蓋章：

一　訴願人之姓名、出生年月日、住、居所、身分證明文件字號。如係法人或其他設有管理人或代表人之團體，其名稱、事務所或營業所及管理人或代表人之姓名、出生年月日、住、居所。

二　有訴願代理人者，其姓名、出生年月日、住、居所、身分證明文件字號。

三　原行政處分機關。

四　訴願請求事項。

五　訴願之事實及理由。

六　收受或知悉行政處分之年、月、日。

七　受理訴願之機關。

八　證據。其為文書者，應添具繕本或影本。

九　年、月、日。

②訴願應附原行政處分書影本。

③依第二條第一項規定提起訴願者，第一項第三款、第六款所列事項，載明應為行政處分之機關、提出申請之年、月、日，並附原申請書之影本及受理申請機關收受證明。

第五七條　（補送訴願書）

訴願人在第十四條第一項所定期間向訴願管轄機關或原行政處分機關作不服原行政處分之表示者，視為已在法定期間內提起訴願。但應於三十日內補送訴願書。

第五八條　（提起訴願程序）

①訴願人應繕具訴願書經由原行政處分機關向訴願管轄機關提起訴願。

②原行政處分機關對於前項訴願應先行重新審查原處分是否合法妥當，其認訴願為有理由者，得自行撤銷或變更原行政處分，並陳報訴願管轄機關。

③原行政處分機關不依訴願人之請求撤銷或變更原行政處分者，應儘速附具答辯書，並將必要之關係文件，送於訴願管轄機關。

④原行政處分機關檢卷答辯時，應將前項答辯書抄送訴願人。

第五九條　（訴願人向受理訴願機關提起訴願）

訴願人向受理訴願機關提起訴願者，受理訴願機關應將訴願書影本或副本送交原行政處分機關依前條第二項至第四項規定辦理。

第六〇條　（撤回訴願）

訴願提起後，於決定書送達前，訴願人得撤回之。訴願經撤回後，不得復提起同一之訴願。

第六一條　（訴願人誤向管轄機關以外之機關提起訴願）

①訴願人誤向訴願管轄機關或原行政處分機關以外之機關作不服原行政處分之表示者，視為自始向訴願管轄機關提起訴願。

②前項收受之機關應於十日內將該事件移送於原行政處分機關，並通知訴願人。

第六二條　（訴願書之補正）

受理訴願機關認為訴願書不合法定式，而其情形可補正者，應通知訴願人於二十日內補正。

第二節　訴願審議

第六三條 （訴願就書面審查決定）

①訴願就書面審查決定之。

②受理訴願機關必要時得通知訴願人、參加人或利害關係人到達指定處所陳述意見。

③訴願人或參加人請求陳述意見而有正當理由者，應予到達指定處所陳述意見之機會。

第六四條 （聽取訴願人等之陳述）

訴願審議委員會主任委員得指定委員聽取訴願人、參加人或利害關係人到場之陳述。

第六五條 （言詞辯論）

受理訴願機關應依訴願人、參加人之申請或於必要時，得依職權通知訴願人、參加人或其代表人、訴願代理人、輔佐人及原行政處分機關派員於指定期日到達指定處所言詞辯論。

第六六條 （言詞辯論之程序）

①言詞辯論之程序如左：

一 受理訴願機關陳述事件要旨。

二 訴願人、參加人或訴願代理人就事件為事實上及法律上之陳述。

三 原行政處分機關就事實上及法律上之陳述。

四 訴願或原行政處分機關對他方之陳述或答辯，為再答辯。

五 受理訴願機關對訴願人及原行政處分機關提出詢問。

②前項辯論未完備者，得再為辯論。

第六七條 （實施調查）

①受理訴願機關應依職權或囑託有關機關或人員，實施調查、檢驗或勘驗，不受訴願人主張之拘束。

②受理訴願機關應依訴願人或參加人之申請，調查證據。但就其申請調查之證據中認為不必要者，不在此限。

③受理訴願機關依職權或依申請調查證據之結果，非經賦予訴願人及參加人表示意見之機會，不得採為對之不利之訴願決定之基礎。

第六八條 （提出證據或證物）

訴願人或參加人得提出證據書類或證物。但受理訴願機關限定於一定期間內提出者，應於該期間內提出。

第六九條 （交付鑑定）

①受理訴願機關得依職權或依訴願人、參加人之申請，囑託有關機關、學校、團體或有專門知識經驗者為鑑定。

②受理訴願機關認無鑑定之必要，而訴願人或參加人願自行負擔鑑定費用時，得向受理訴願機關請求准予交付鑑定。受理訴願機關非有正當理由不得拒絕。

③鑑定人由受理訴願機關指定之。

④鑑定人有數人者，得共同陳述意見。但意見不同者，受理訴願機關應使其分別陳述意見。

第七〇條 （鑑定書）

鑑定人應具鑑定書陳述意見。必要時，受理訴願機關得請鑑定人到達指定處所說明。

第七一條 （鑑定所需資料之利用）

① 鑑定所需資料在原行政處分機關或受理訴願機關者，受理訴願機關應告知鑑定人准其利用。但其利用之範圍及方法得限制之。

② 鑑定人因行鑑定得請求受理訴願機關調查證據。

第七二條 （鑑定費用）

① 鑑定所需費用由受理訴願機關負擔，並得依鑑定人之請求預行酌給之。

② 依第六十九條第二項規定交付鑑定所得結果，據為有利於訴願人或參加人之決定或裁判時，訴願人或參加人得於訴願或行政訴訟確定後三十日內，請求受理訴願機關償還必要之鑑定費用。

第七三條 （文書或物件之調取）

① 受理訴願機關得依職權或依訴願人、參加人之申請，命文書或其他物件之持有人提出該物件，並得留置之。

② 公務員或機關掌管之文書或其他物件，受理訴願機關得調取之。

③ 前項情形，除有妨害國家機密者外，不得拒絕。

第七四條 （實施勘驗）

① 受理訴願機關得依職權或依訴願人、參加人之申請，就必要之物件或處所實施勘驗。

② 受理訴願機關依前項規定實施勘驗時，應將日、時、處所通知訴願人、參加人及有關人員到場。

第七五條 （提出據以處分之證據資料）

① 原行政處分機關應將據以處分之證據資料提出於受理訴願機關。

② 對於前項之證據資料，訴願人、參加人或訴願代理人得請求閱覽、抄錄或影印之。受理訴願機關非有正當理由，不得拒絕。

③ 第一項證據資料之閱覽、抄錄或影印，受理訴願機關應指定日、時、處所。

第七六條 （訴願人等對訴願程序處置不服）

訴願人或參加人對受理訴願機關於訴願程序進行中所為之程序上處置不服者，應併同訴願決定提起行政訴訟。

第三節 訴願決定

第七七條 （訴願事件應為不受理決定之情形）

訴願事件有左列各款情形之一者，應為不受理之決定：

一　訴願書不合法定程式不能補正或經通知補正逾期不補正者。

二　提起訴願逾法定期間或未於第五十七條但書所定期間內補送訴願書者。

三　訴願人不符合第十八條之規定者。

四　訴願人無訴願能力而未由法定代理人代為訴願行為，經通知補正逾期不補正者。

五　地方自治團體、法人、非法人之團體，未由代表人或管理人為訴願行為，經通知補正逾期不補正者。

六　行政處分已不存在者。

七　對已決定或已撤回之訴願事件重行提起訴願者。

八　對於非行政處分或其他依法不屬訴願救濟範圍內之事項提起訴願者。

第七八條　（同種類數宗訴願得合併審議及決定）

分別提起之數宗訴願係基於同一或同種類之事實上或法律上之原因者，受理訴願機關得合併審議，並得合併決定。

第七九條　（無理由訴願應以駁回）

①訴願無理由者，受理訴願機關應以決定駁回之。

②原行政處分所憑理由雖屬不當，但依其他理由認為正當者，應以訴願為無理由。

③訴願事件涉及地方自治團體之地方自治事務者，其受理訴願之上級機關僅就原行政處分之合法性進行審查決定。

第八〇條　（不得撤銷變更不受理決定之訴願之情形）

①提起訴願因逾法定期間而為不受理決定時，原行政處分顯屬違法或不當者，原行政處分機關或其上級機關得依職權撤銷或變更之。但有左列情形之一者，不得為之：

一　其撤銷或變更對公益有重大危害者。

二　行政處分受益人之信賴利益顯然較行政處分撤銷或變更所欲維護之公益更值得保護者。

②行政處分受益人有左列情形之一者，其信賴不值得保護：

一　以詐欺、脅迫或賄賂方法，使原行政處分機關作成行政處分者。

二　對重要事項提供不正確資料或為不完全陳述，致使原行政處分機關依該資料或陳述而作成行政處分者。

三　明知原行政處分違法或因重大過失而不知者。

③行政處分之受益人值得保護之信賴利益，因原行政處分機關或其上級機關依第一項規定撤銷或變更原行政處分而受有損失者，應予補償。但其補償額度不得超過受益人因該處分存續可得之利益。

第八一條　（決定撤銷原行政處分或另為處分）

①訴願有理由者，受理訴願機關應以決定撤銷原行政處分之全部或一部，並得視事件之情節，逕為變更之決定或發回原行政處分機關另為處分。但於訴願人表示不服之範圍內，不得為更不利益之變更或處分。

②前項訴願決定撤銷原行政處分，發回原行政處分機關另為處分時，應指定相當期間命其為之。

第八二條　（命應作為之機關速為一定之處分）

①對於依第二條第一項提起之訴願，受理訴願機關認為有理由者，應指定相當期間，命應作為之機關速為一定之處分。

②受理訴願機關未為前項決定前，應作為之機關已為行政處分者，受理訴願機關應認訴願為無理由，以決定駁回之。

第八三條 （撤銷或變更原行政處分於公益有損，得以駁回）

①受理訴願機關發現原行政處分雖屬違法或不當，但其撤銷或變更於公益有重大損害，經斟酌訴願人所受損害、賠償程度、防止方法及其他一切情事，認原行政處分之撤銷或變更顯與公益相違背時，得駁回其訴願。

②前項情形，應於決定主文中載明原行政處分違法或不當。

第八四條 （原行政處分機關與訴願人進行協議）

①受理訴願機關為前條決定時，得斟酌訴願人因違法或不當處分所受損害，於決定理由中載明由原行政處分機關與訴願人進行協議。

②前項協議，與國家賠償法之協議有同一效力。

第八五條 （訴願之決定限期）

①訴願之決定，自收受訴願書之次日起，應於三個月內為之；必要時，得予延長，並通知訴願人及參加人。延長以一次為限，最長不得逾二個月。

②前項期間，於依第五十七條但書規定補送訴願書者，自補送之次日起算，未為補送者，自補送期間屆滿之次日起算；其依第六十二條規定通知補正者，自補正之次日起算；未為補正者，自補正期間屆滿之次日起算。

第八六條 （訴願決定之準據）

①訴願之決定以他法律關係是否成立為準據，而該法律關係在訴訟或行政救濟程序進行中者，於該法律關係確定前，受理訴願機關得停止訴願程序之進行，並即通知訴願人及參加人。

②受理訴願機關依前項規定停止訴願程序之進行者，前條所定訴願決定期間，自該法律關係確定之日起，重行起算。

第八七條 （承受訴願）

①訴願人死亡者，由其繼承人或其他依法得繼受原行政處分所涉權利或利益之人，承受其訴願。

②法人因合併而消滅者，由因合併而另立或合併後存續之法人，承受其訴願。

③依前二項規定承受訴願者，應於事實發生之日起三十日內，向受理訴願機關檢送因死亡承受權利或合併事實之證明文件。

第八八條 （受讓證明文件）

受讓原行政處分所涉權利或利益之人，得檢具受讓證明文件，向受理訴願機關申請許其承受訴願。

第八九條 （訴願決定書應載事項）

①訴願決定書，應載明左列事項：

一 訴願人姓名、出生年月日、住、居所、身分證明文件字號。如係法人或其他設有管理人或代表人之團體，其名稱、事務所或營業所，管理人或代表人之姓名、出生年月日、住、居

所、身分證明文件字號。

二　有法定代理人或訴願代理人者，其姓名、出生年月日、住、居所、身分證明文件字號。

三　主文、事實及理由。其係不受理決定者，得不記載事實。

四　決定機關及其首長。

五　年、月、日。

②訴願決定書之正本，應於決定後十五日內送達訴願人、參加人及原行政處分機關。

第九〇條　（附記不服決定之處理）101

訴願決定書應附記，如不服決定，得於決定書送達之次日起二個月內向行政法院提起行政訴訟。

第九一條　（訴願決定機關附記錯誤之處理）

①對於得提起行政訴訟之訴願決定，因訴願決定機關附記錯誤，向非管轄機關提起行政訴訟，該機關應於十日內將行政訴訟書狀連同有關資料移送管轄行政法院，並即通知原提起行政訴訟之人。

②有前項規定之情形，行政訴訟書狀提出於非管轄機關者，視為自始向有管轄權之行政法院提起行政訴訟。

第九二條　（附記提起行政訴訟期間錯誤之通知更正）

①訴願決定機關附記提起行政訴訟期間錯誤時，應由訴願決定機關以通知更正之，並自更正通知送達之日起，計算法定期間。

②訴願決定機關未依第九十條規定為附記，或附記錯誤而未依前項規定通知更正，致原提起行政訴訟之人遲誤行政訴訟期間者，如自訴願決定書送達之日起一年內提起行政訴訟，視為於法定期間內提起。

第九三條　（原行政處分執行不因提起訴願停止）

①原行政處分之執行，除法律另有規定外，不因提起訴願而停止。

②原行政處分之合法性顯有疑義者，或原行政處分之執行將發生難以回復之損害，且有急迫情事，並非為維護重大公共利益所必要者，受理訴願機關或原行政處分機關得依職權或依申請，就原行政處分之全部或一部，停止執行。

③前項情形，行政法院亦得依聲請，停止執行。

第九四條　（停止執行之原因消滅，得撤銷停止執行之裁定）

①停止執行之原因消滅，或有其他情事變更之情形，受理訴願機關或原行政處分機關得依職權或依申請撤銷停止執行。

②前項情形，原裁定停止執行之行政法院亦得依聲請，撤銷停止執行之裁定。

第九五條　（訴願之決定確定後具拘束力）

訴願之決定確定後，就其事件，有拘束各關係機關之效力；就其依第十條提起訴願之事件，對於受委託行使公權力之團體或個人，亦有拘束力。

第九六條　（重為處分應依訴願決定意旨為之）

原行政處分經撤銷後，原行政處分機關須重為處分者，應依訴願

決定意旨為之，並將處理情形以書面告知受理訴願機關。

第四章　再審程序

第九七條　（得聲請再審之情形）

①於有左列各款情形之一者，訴願人、參加人或其他利害關係人得對於確定訴願決定，向原訴願決定機關申請再審。但訴願人、參加人或其他利害關係人已依行政訴訟主張其事由或知其事由而不為主張者，不在此限：

一　適用法規顯有錯誤者。

二　決定理由與主文顯有矛盾者。

三　決定機關之組織不合法者。

四　依法令應迴避之委員參與決定者。

五　參與決定之委員關於該訴願違背職務，犯刑事上之罪者。

六　訴願之代理人，關於該訴願有刑事上應罰之行為，影響於決定者。

七　為決定基礎之證物，係偽造或變造者。

八　證人、鑑定人或通譯就為決定基礎之證言、鑑定為虛偽陳述者。

九　為決定基礎之民事、刑事或行政訴訟判決或行政處分已變更者。

十　發見未經斟酌之證物或得使用該證物者。

②前項聲請再審，應於三十日內提起。

③前項期間，自訴願決定確定時起算。但再審之事由發生在後或知悉在後者，自知悉時起算。

第五章　附　則

第九八條　（書件應以中文書寫）

①依本法規定所為之訴願、答辯及應備具之書件，應以中文書寫；其科學名詞之譯名以國立編譯館規定者為原則，並應附註外文原名。

②前項書件原係外文者，並應檢附原外文資料。

第九九條　（本法修正施行前尚未終結之訴願及再訴願事件之終結）

①本法修正施行前，尚未終結之訴願事件，其以後之訴願程序，依修正之本法規定終結之。

②本法修正施行前，尚未終結之再訴願案件，其以後之再訴願程序，準用修正之本法有關訴願程序規定終結之。

第一〇〇條　（公務人員涉刑事或行政責任之處理）

公務人員因違法或不當處分，涉有刑事或行政責任者，由最終決定之機關於決定後責由該管機關依法辦理。

第一〇一條　（施行日期）

①本法自公布日施行。

②本法修正條文之施行日期，由行政院以命令定之。

行政訴訟法

①民國 21 年 11 月 17 日國民政府制定公布全文 27 條；並自 22 年 6 月 23 日施行。

②民國 26 年 1 月 8 日國民政府修正公布全文 29 條。

③民國 31 年 7 月 27 日國民政府修正公布全文 30 條。

④民國 58 年 11 月 5 日總統令修正公布第 24 條條文。

⑤民國 64 年 12 月 12 日總統令修正公布全文 34 條。

⑥民國 87 年 1 月 28 日總統令修正公布全文 308 條。
民國 88 年 7 月 8 日司法院令發布定自 89 年 7 月 1 日起施行。

⑦民國 96 年 7 月 4 日總統令修正公布第 49、98~100、103、104、107、276 條條文；並增訂第 12-1~12-4、98-1~98-6 條條文。
民國 96 年 7 月 31 日司法院令發布定自 96 年 8 月 15 日施行。

⑧民國 99 年 1 月 13 日總統令修正公布第 6、12-2、12-4、15、16、18~20、24、37、39、43、57、59、62、64、67、70、73、75、77、81、83、96、97、100、104~106、108、111、112、121、128、129、131、132、141、145、146、149、151、154、163、166、176、189、196、200、204、209、229、230、243、244、253、259、272、273、277、286 條條文；並增訂第 12-5、15-1、15-2、274-1、307-1 條條文。
民國 99 年 4 月 23 日司法院令發布定自 99 年 5 月 1 日施行。

⑨民國 100 年 5 月 25 日總統令修正公布第 73、229 條條文；並增訂第 241-1 條條文。

⑩民國 100 年 11 月 23 日總統令修正公布第 4~6、8、16、21、42、55、63、75、76、106、107、113、114、120、143、148、169、175、183~185、194、199、216、217、219、229、230、233、235、236、238、244、246、248、267、269、275、294、299、300、305~307 條條文、第二編編名及第一章、第二章章名；增訂第 3-1、98-7、104-1、114-1、125-1、175-1、178-1、235-1、236-1、236-2、237-1~237-9、256-1 條條文及第二編第三章章名；並刪除第 252 條條文。
民國 100 年 12 月 26 日司法院函發布定自 101 年 9 月 6 日施行。

⑪民國 102 年 1 月 9 日總統令修正公布第 131 條條文；並增訂第 130-1 條條文。
民國 102 年 6 月 7 日司法院函發布定自 102 年 6 月 10 日施行。

⑫民國 103 年 6 月 18 日總統令修正公布第 49、73、204、229 條條文；並增訂第 237-10~237-17 條條文及第二編第四章章名。
民國 103 年 6 月 18 日司法院令發布第 49、73、204 條定自公布日施行。
民國 104 年 2 月 4 日司法院令發布第 229 條及第二編第四章（第 237-10~237-17 條）定自 104 年 2 月 5 日施行。
民國 103 年 12 月 26 日行政院公告第 229 條第 2 項第 5 款、第 237-12 條第 1、2 項、第 237-13 條第 2 項及第 237-16 條第 1 項涉及「內政部入出國及移民署」之權責事項，自 104 年 1 月 2 日起改由「內政部移民署」管轄。

第一編　總　則

第一章　行政訴訟事件

第一條　（立法宗旨）

行政訴訟以保障人民權益，確保國家行政權之合法行使，增進司法功能為宗旨。

第二條　（行政訴訟審判權之範圍）

公法上之爭議，除法律別有規定外，得依本法提起行政訴訟。

第三條　（行政訴訟之種類）

前條所稱之行政訴訟，指撤銷訴訟、確認訴訟及給付訴訟。

第三條之一　（行政法院）100

辦理行政訴訟之地方法院行政訴訟庭，亦為本法所稱之行政法院。

第四條　（撤銷訴訟之要件）100

①人民因中央或地方機關之違法行政處分，認為損害其權利或法律上之利益，經依訴願法提起訴願而不服其決定，或提起訴願逾三個月不為決定，或延長訴願決定期間逾二個月不為決定者，得向行政法院提起撤銷訴訟。

②逾越權限或濫用權力之行政處分，以違法論。

③訴願人以外之利害關係人，認為第一項訴願決定，損害其權利或法律上之利益者，得向行政法院提起撤銷訴訟。

第五條　（請求應為行政處分之訴訟）100

①人民因中央或地方機關對其依法申請之案件，於法令所定期間內應作為而不作為，認為其權利或法律上利益受損害者，經依訴願程序後，得向行政法院提起請求該機關應為行政處分或應為特定內容之行政處分之訴訟。

②人民因中央或地方機關對其依法申請之案件，予以駁回，認為其權利或法律上利益受違法損害者，經依訴願程序後，得向行政法院提起請求該機關應為行政處分或應為特定內容之行政處分之訴訟。

第六條　（確認訴訟之要件）100

①確認行政處分無效及確認公法上法律關係成立或不成立之訴訟，非原告有即受確認判決之法律上利益者，不得提起之。其確認已執行而無回復原狀可能之行政處分或已消滅之行政處分為違法之訴訟，亦同。

②確認行政處分無效之訴訟，須已向原處分機關請求確認其無效未被允許，或經請求後於三十日內不為確答者，始得提起之。

③確認訴訟，於原告得提起或可得提起撤銷訴訟、課予義務訴訟或一般給付訴訟者，不得提起之。但確認行政處分無效之訴訟，不在此限。

④應提起撤銷訴訟、課予義務訴訟，誤為提起確認行政處分無效之訴訟，其未經訴願程序者，行政法院應以裁定將該事件移送於訴

願管轄機關，並以行政法院收受訴狀之時，視為提起訴願。

第七條 （損害賠償或財產給付之請求）

提起行政訴訟，得於同一程序中，合併請求損害賠償或其他財產上給付。

第八條 （給付訴訟之要件）100

①人民與中央或地方機關間，因公法上原因發生財產上之給付或請求作成行政處分以外之其他非財產上之給付，得提起給付訴訟。因公法上契約發生之給付，亦同。

②前項給付訴訟之裁判，以行政處分應否撤銷為據者，應於依第四條第一項或第三項提起撤銷訴訟時，併為請求。原告未為請求者，審判長應告以得為請求。

第九條 （維護公益訴訟）

人民為維護公益，就無關自己權利及法律上利益之事項，對於行政機關之違法行為，得提起行政訴訟。但以法律有特別規定者為限。

第一○條 （選舉罷免訴訟）

選舉罷免事件之爭議，除法律別有規定外，得依本法提起行政訴訟。

第一一條 （準用訴訟有關規定）

前二條訴訟依其性質，準用撤銷、確認或給付訴訟有關之規定。

第一二條 （民刑訴訟與行政爭訟程序之關係）

①民事或刑事訴訟之裁判，以行政處分是否無效或違法為據者，應依行政訴訟程序確定之。

②前項行政爭訟程序已經開始者，於其程序確定前，民事或刑事法院應停止其審判程序。

第一二條之一 （一事不再理）96

①起訴時法院有受理訴訟權限者，不因訴訟繫屬後事實及法律狀態變更而受影響。

②訴訟繫屬於行政法院後，當事人不得就同一事件向其他不同審判權之法院更行起訴。

第一二條之二 （訴訟權限）99

①行政法院認其有受理訴訟權限而為裁判經確定者，其他法院受該裁判之羈束。

②行政法院認其無受理訴訟權限者，應依職權以裁定將訴訟移送至有受理訴訟權限之管轄法院。數法院有管轄權而原告有指定者，移送至指定之法院。

③移送之裁定確定時，受移送之法院認其亦無受理訴訟權限者，應以裁定停止訴訟程序，並聲請司法院大法官解釋。

④受移送之法院經司法院大法官解釋無受理訴訟權限者，應再行移送至有受理訴訟權限之法院。

⑤當事人就行政法院有無受理訴訟權限有爭執者，行政法院應先為裁定。

⑥前項裁定，得為抗告。

⑦行政法院為第二項及第五項之裁定前，應先徵詢當事人之意見。

第一二條之三 （移送訴訟前有急迫情形之必要處分）96

①移送訴訟前如有急迫情形，行政法院應依當事人聲請或依職權為必要之處分。

②移送訴訟之裁定確定時，視為該訴訟自始即繫屬於受移送之法院。

③前項情形，行政法院書記官應速將裁定正本附入卷宗，送交受移送之法院。

第一二條之四 （訴訟費用之徵收）99

①行政法院將訴訟移送至其他法院者，依受移送法院應適用之訴訟法定其訴訟費用之徵收。移送前所生之訴訟費用視為受移送法院訴訟費用之一部分。

②應行徵收之訴訟費用，行政法院未加徵收、徵收不足額或溢收者，受移送法院應補行徵收或退還溢收部分。

第一二條之五 （訴訟費用之徵收（二））99

①其他法院將訴訟移送至行政法院者，依本法定其訴訟費用之徵收。移送前所生之訴訟費用視為行政法院訴訟費用之一部分。

②應行徵收之訴訟費用，其他法院未加徵收、徵收不足額或溢收者，行政法院應補行徵收或退還溢收部分。

第二章　行政法院

第一節　管轄

第一三條 （法人、機關及團體之普通審判籍）

①對於公法人之訴訟，由其公務所所在地之行政法院管轄。其以公法人之機關為被告時，由該機關所在地之行政法院管轄。

②對於私法人或其他得為訴訟當事人之團體之訴訟，由其主事務所或主營業所所在地之行政法院管轄。

③對於外國法人或其他得為訴訟當事人之團體之訴訟，由其在中華民國之主事務所或主營業所所在地之行政法院管轄。

第一四條 （自然人之普通審判籍）

①前條以外之訴訟，由被告住所地之行政法院管轄，其住所地之行政法院不能行使審判權者，由其居所地之行政法院管轄。

②被告在中華民國現無住所或住所不明者，以其在中華民國之居所，視為其住所；無居所或居所不明者，以其在中華民國最後之住所，視為其住所；無最後住所者，以中央政府所在地，視為其最後住所地。

③訴訟事實發生於被告居所地者，得由其居所地之行政法院管轄。

第一五條 （因不動產而涉訟之管轄法院）99

①因不動產徵收、徵用或撥用之訴訟，專屬不動產所在地之行政法院管轄。

②除前項情形外，其他有關不動產之公法上權利或法律關係涉訟者，得由不動產所在地之行政法院管轄。

第一五條之一 （關於公務員關係之訴訟之管轄法院）99

關於公務員職務關係之訴訟，得由公務員職務所在地之行政法院管轄。

第一五條之二 （因公法上之保險事件涉訟之管轄法院）99

①因公法上之保險事件涉訟者，得由為原告之被保險人、受益人或住居所地或被保險人從事職業活動所在地之行政法院管轄。

②前項訴訟事件於投保單位為原告時，得由其主事務所或主營業所所在地之行政法院管轄。

第一六條 （指定管轄之情形）100

①有下列各款情形之一者，直接上級行政法院應依當事人之聲請或受訴行政法院之請求，指定管轄：

一　有管轄權之行政法院因法律或事實不能行審判權者。

二　因管轄區域境界不明，致不能辨別有管轄權之行政法院者。

三　因特別情形由有管轄權之行政法院審判，恐影響公安或難期公平者。

②前項聲請得向受訴行政法院或直接上級行政法院為之。

第一七條 （管轄恆定原則）

定行政法院之管轄以起訴時為準。

第一八條 （準用之規定）99

民事訴訟法第三條、第六條、第十五條、第十七條、第二十條至第二十二條、第二十八條第一項、第三項、第二十九條至第三十一條之規定，於本節準用之。

第二節　法官之迴避

第一九條 （法官應自行迴避之情形）99

法官有下列情形之一者，應自行迴避，不得執行職務：

一　有民事訴訟法第三十二條第一款至第六款情形之一者。

二　曾在中央或地方機關參與該訴訟事件之行政處分或訴願決定者。

三　曾參與該訴訟事件相牽涉之民刑事裁判者。

四　曾參與該訴訟事件相牽涉之公務員懲戒事件議決者。

五　曾參與該訴訟事件之前審裁判者。

六　曾參與該訴訟事件再審前之裁判者。但其迴避以一次為限。

第二〇條 （準用之規定）99

民事訴訟法第三十三條至第三十八條之規定，於本節準用之。

第二一條 （司法事務官、書記官及通譯準用之規定）100

前二條規定於行政法院之司法事務官、書記官及通譯準用之。

第三章　當事人

第一節　當事人能力及訴訟能力

第二二條　（當事人能力）

自然人、法人、中央及地方機關、非法人之團體，有當事人能力。

第二三條　（訴訟當事人之範圍）

訴訟當事人謂原告、被告及依第四十一條與第四十二條參加訴訟之人。

第二四條　（被告機關㈠）99

經訴願程序之行政訴訟，其被告為下列機關：

一　駁回訴願時之原處分機關。

二　撤銷或變更原處分時，為撤銷或變更之機關。

第二五條　（被告機關㈡—受託團體或個人）

人民與受委託行使公權力之團體或個人，因受託事件涉訟者，以受託之團體或個人為被告。

第二六條　（被告機關㈢—直接上級機關）

被告機關經裁撤或改組者，以承受其業務之機關為被告機關；無承受其業務之機關者，以其直接上級機關為被告機關。

第二七條　（訴訟能力）

①能獨立以法律行為負義務者，有訴訟能力。

②法人、中央及地方機關、非法人之團體，應由其代表人或管理人為訴訟行為。

③前項規定於依法令得為訴訟上行為之代理人準用之。

第二八條　（準用之規定）

民事訴訟法第四十六條至第四十九條、第五十一條之規定，於本節準用之。

第二節　選定當事人

第二九條　（選定或指定當事人）

①多數有共同利益之人得由其中選定一人至五人為全體起訴或被訴。

②訴訟標的對於多數有共同利益之人，必須合一確定而未為前項選定者，行政法院得限期命為選定，逾期未選定者，行政法院得依職權指定之。

③訴訟繫屬後經選定或指定當事人者，其他當事人脫離訴訟。

第三〇條　（更換或增減選定或指定當事人）

①多數有共同利益之人於選定當事人或由行政法院依職權指定當事人後，得經全體當事人之同意更換或增減之。

②行政法院依前條第二項指定之當事人，如有必要，得依職權更換或增減之。

③依前兩項規定更換或增減者，原被選定或指定之當事人喪失其資格。

第三一條 （選定或指定之人喪失資格之救濟）
被選定或被指定之人中有因死亡或其他事由喪失其資格者，他被選定或被指定之人得為全體為訴訟行為。

第三二條 （應通知他造當事人）
第二十九條及第三十條訴訟當事人之選定、指定及其更換、增減應通知他造當事人。

第三三條 （選定當事人為訴訟行為之限制）
被選定人非得全體之同意，不得為捨棄、認諾、撤回或和解。但訴訟標的對於多數有共同利益之各人非必須合一確定，經原選定人之同意，就其訴之一部為撤回或和解者，不在此限。

第三四條 （選定當事人之證明）
訴訟當事人之選定及其更換、增減，應以文書證之。

第三五條 （為公益提起訴訟）
①以公益為目的之社團法人，於其章程所定目的之範圍內，由多數有共同利益之社員，就一定之法律關係，授與訴訟實施權者，得為公共利益提起訴訟。
②前項規定於以公益為目的之非法人之團體準用之。
③前二項訴訟實施權之授與，應以文書證之。
④第三十三條之規定，於第一項之社團法人或第二項之非法人之團體，準用之。

第三六條 （準用之規定）
民事訴訟法第四十八條、第四十九條之規定，於本節準用之。

第三節 共同訴訟

第三七條 （共同訴訟之要件）99
①二人以上於下列各款情形，得為共同訴訟人，一同起訴或一同被訴：
一 為訴訟標的之行政處分係二以上機關共同為之者。
二 為訴訟標的之權利、義務或法律上利益，為其所共同者。
三 為訴訟標的之權利、義務或法律上利益，於事實上或法律上有同一或同種類之原因者。
②依前項第三款同種類之事實上或法律上原因共同訴訟者，以被告之住居所、公務所、機關、主事務所或主營業所所在地在同一行政法院管轄區域內者為限。

第三八條 （通常共同訴訟人間之關係）
共同訴訟中，一人之行為或他造對於共同訴訟人中一人之行為及關於其一人所生之事項，除別有規定外，其利害不及於他共同訴訟人。

第三九條 （必要共同訴訟人間之關係）99
訴訟標的對於共同訴訟之各人，必須合一確定者，適用下列各款之規定：
一 共同訴訟人中一人之行為有利益於共同訴訟人者，其效力及

於全體；不利益者，對於全體不生效力。

二　他造對於共同訴訟人中一人之行為，其效力及於全體。

三　共同訴訟人中之一人，生有訴訟當然停止或裁定停止之原因者，其當然停止或裁定停止之效力及於全體。

第四○條 （續行訴訟權）

①共同訴訟人各有續行訴訟之權。

②行政法院指定期日者，應通知各共同訴訟人到場。

第四節　訴訟參加

第四一條 （必要共同訴訟之獨立參加）

訴訟標的對於第三人及當事人一造必須合一確定者，行政法院應以裁定命該第三人參加訴訟。

第四二條 （利害關係人獨立參加訴訟）100

①行政法院認為撤銷訴訟之結果，第三人之權利或法律上利益將受損害者，得依職權命其獨立參加訴訟，並得因該第三人之聲請，裁定允許其參加。

②前項參加，準用第三十九條第三款規定。參加人並得提出獨立之攻擊或防禦方法。

③前二項規定，於其他訴訟準用之。

④訴願人已向行政法院提起撤銷訴訟，利害關係人就同一事件再行起訴者，視為第一項之參加。

第四三條 （參加訴訟之程序）99

①第三人依前條規定聲請參加訴訟者，應向本訴訟繫屬之行政法院提出參加書狀，表明下列各款事項：

一　本訴訟及當事人。

二　參加人之權利或法律上利益，因撤銷訴訟之結果將受如何之損害。

三　參加訴訟之陳述。

②行政法院認前項聲請不合前條規定者，應以裁定駁回之。

③關於前項裁定，得為抗告。

④駁回參加之裁定未確定前，參加人得為訴訟行為。

第四四條 （命行政機關參加訴訟）

①行政法院認其他行政機關有輔助一造之必要者，得命其參加訴訟。

②前項行政機關或有利害關係之第三人亦得聲請參加。

第四五條 （命參加之裁定及其程序）100

①命參加之裁定應記載訴訟程度及命參加理由，送達於訴訟當事人。

②行政法院為前項裁定前，應命當事人或第三人以書狀或言詞為陳述。

③對於命參加訴訟之裁定，不得聲明不服。

第四六條 （必要共同訴訟參加人之地位）

第四十一條之參加訴訟，準用第三十九條之規定。

第四七條 （本訴訟判決效力之擴張）

判決對於經行政法院依第四十一條及第四十二條規定，裁定命其參加或許其參加而未為參加者，亦有效力。

第四八條 （準用之規定）

民事訴訟法第五十九條至第六十一條、第六十三條至第六十七條之規定，於第四十四條之參加訴訟準用之。

第五節　訴訟代理人及輔佐人

第四九條 （訴訟代理人之限制）103

①當事人得委任代理人為訴訟行為。但每一當事人委任之訴訟代理人不得逾三人。

②行政訴訟應以律師為訴訟代理人。非律師具有下列情形之一者，亦得為訴訟代理人：

一　稅務行政事件，具備會計師資格。

二　專利行政事件，具備專利師資格或依法得為專利代理人。

三　當事人為公法人、中央或地方機關、公法上之非法人團體時，其所屬專任人員辦理法制、法務、訴願業務或與訴訟事件相關業務。

四　交通裁決事件，原告為自然人時，其配偶、三親等內之血親或二親等內之姻親；原告為法人或非法人團體時，其所屬人員辦理與訴訟事件相關業務。

③委任前項之非律師為訴訟代理人者，應得審判長許可。

④第二項之非律師為訴訟代理人，審判長許其為本案訴訟行為者，視為已有前項之許可。

⑤前二項之許可，審判長得隨時以裁定撤銷之，並應送達於為訴訟委任之人。

⑥訴訟代理人委任複代理人者，不得逾一人。前四項之規定，於複代理人適用之。

第五〇條 （委任書）

訴訟代理人應於最初為訴訟行為時提出委任書。但由當事人以言詞委任經行政法院書記官記明筆錄者，不在此限。

第五一條 （訴訟代理人之權限）

①訴訟代理人就其受委任之事件，有為一切訴訟行為之權。但捨棄、認諾、撤回、和解、提起反訴、上訴或再審之訴及選任代理人，非受特別委任不得為之。

②關於強制執行之行為或領取所爭物，準用前項但書之規定。

③如於第一項之代理權加以限制者，應於前條之委任書或筆錄內表明。

第五二條 （各別代理權）

①訴訟代理人有二人以上者，均得單獨代理當事人。

②違反前項之規定而為委任者，仍得單獨代理之。

第五三條 （訴訟代理權之效力）

訴訟代理權不因本人死亡、破產或訴訟能力喪失而消滅。法定代理有變更或機關經裁撤、改組者，亦同。

第五四條 （訴訟委任之終止）

①訴訟委任之終止，應以書狀提出於行政法院，由行政法院送達於他造。

②由訴訟代理人終止委任者，自為終止之意思表示之日起十五日內，仍應為防衛本人權利所必要之行為。

第五五條 （輔佐人）100

①當事人或訴訟代理人經審判長之許可，得於期日偕同輔佐人到場。但人數不得逾二人。

②審判長認為必要時亦得命當事人或訴訟代理人偕同輔佐人到場。

③前二項之輔佐人，審判長認為不適當時，得撤銷其許可或禁止其續為訴訟行為。

第五六條 （準用之規定）

民事訴訟法第七十二條、第七十五條及第七十七條之規定，於本節準用之。

第四章　訴訟程序

第一節　當事人書狀

第五七條 （當事人書狀應記載事項）99

當事人書狀，除別有規定外，應記載下列各款事項：

一　當事人姓名、性別、年齡、身分證明文件字號、職業及住所或居所；當事人為法人、機關或其他團體者，其名稱及所在地、事務所或營業所。

二　有法定代理人、代表人或管理人者，其姓名、性別、年齡、身分證明文件字號、職業、住所或居所，及其與法人、機關或團體之關係。

三　有訴訟代理人者，其姓名、性別、年齡、身分證明文件字號、職業、住所或居所。

四　應為之聲明。

五　事實上及法律上之陳述。

六　供證明或釋明用之證據。

七　附屬文件及其件數。

八　行政法院。

九　年、月、日。

第五八條 （書狀之簽名）

當事人、法定代理人、代表人、管理人或訴訟代理人應於書狀內簽名或蓋章；其以指印代簽名者，應由他人代書姓名，記明其事由並簽名。

第五九條 （準用之規定）99

民事訴訟法第一百十六條第三項、第一百十八條至第一百二十一條之規定，於本節準用之。

第六〇條 （以筆錄代書狀）

①於言詞辯論外，關於訴訟所為之聲明或陳述，除依本法應用書狀者外，得於行政法院書記官前以言詞為之。

②前項情形，行政法院書記官應作筆錄，並於筆錄內簽名。

③前項筆錄準用第五十七條及民事訴訟法第一百十八條至第一百二十條之規定。

第二節　送　達

第六一條 （送達）

送達除別有規定外，由行政法院書記官依職權為之。

第六二條 （送達之執行）99

①送達由行政法院書記官交執達員或郵務機構行之。

②由郵務機構行送達者，以郵務人員為送達人；其實施辦法由司法院會同行政院定之。

第六三條 （囑託送達─於管轄區域外之送達）100

行政法院得向送達地之地方法院為送達之囑託。

第六四條 （對無訴訟能力人之送達）99

①對於無訴訟能力人為送達者，應向其全體法定代理人為之。但法定代理人有二人以上，如其中有應為送達處所不明者，送達得僅向其餘之法定代理人為之。

②對於法人、中央及地方機關或非法人之團體為送達者，應向其代表人或管理人為之。

③代表人或管理人有二人以上者，送達得僅向其中一人為之。

④無訴訟能力人為訴訟行為，未向行政法院陳明其法定代理人者，於補正前，行政法院得向該無訴訟能力人為送達。

第六五條 （對外國法人或團體之送達）

①對於在中華民國有事務所或營業所之外國法人或團體為送達者，應向其在中華民國之代表人或管理人為之。

②前項代表人或管理人有二人以上者，送達得僅向其中一人為之。

第六六條 （送達應向訴訟代理人為之）

訴訟代理人除受送達之權限受有限制者外，送達應向該代理人為之。但審判長認為必要時，得命送達於當事人本人。

第六七條 （指定送達代收人(一)）99

當事人或代理人經指定送達代收人，向受訴行政法院陳明者，應向該代收人為送達。但審判長認為必要時，得命送達於當事人本人。

第六八條 （送達代收人之效力）

送達代收人經指定陳明後，其效力及於同地之各級行政法院。但該當事人或代理人別有陳明者，不在此限。

第六九條 （指定送達代收人(二)）

當事人或代理人於中華民國無住居所、事務所及營業所者，應指定送達代收人向受訴行政法院陳明。

第七〇條 （付郵送達）99

當事人或代理人未依前條規定指定送達代收人者，行政法院得將應送達之文書交付郵務機構以掛號發送。

第七一條 （送達處所）

①送達，於應受送達人之住居所、事務所或營業所行之。但在他處會晤應受送達人時，得於會晤處行之。

②對於法人、機關、非法人之團體之代表人或管理人為送達者，應向其事務所、營業所或機關所在地行之。但必要時亦得於會晤之處所或其住居所行之。

③應受送達人有就業處所者，亦得向該處所為送達。

第七二條 （補充送達）

①送達於住居所、事務所、營業所或機關所在地不獲會晤應受送達人者，得將文書付與有辨別事理能力之同居人、受雇人或願代為收受而居住於同一住宅之主人。

②前條所定送達處所之接收郵件人員，視為前項之同居人或受雇人。

③如同居人、受雇人、居住於同一住宅之主人或接收郵件人員為他造當事人者，不適用前二項之規定。

第七三條 （寄存送達）103

①送達不能依前二條規定為之者，得將文書寄存於送達地之自治或警察機關，並作送達通知書二份，一份黏貼於應受送達人住居所、事務所或營業所門首，一份交由鄰居轉交或置於應受送達人之信箱或其他適當之處所，以為送達。

②前項情形，如係以郵務人員為送達人者，得將文書寄存於附近之郵務機構。

③寄存送達，自寄存之日起，經十日發生效力。

④寄存之文書自寄存之日起，寄存機關或機構應保存三個月。

第七四條 （留置送達）

①應受送達人拒絕收領而無法律上理由者，應將文書置於送達處所，以為送達。

②前項情形，如有難達留置情事者，準用前條之規定。

第七五條 （送達之時間）100

①送達，除由郵務機構行之者外，非經審判長或受命法官、受託法官或送達地方法院法官之許可，不得於星期日或其他休息日或日出前、日沒後為之。但應受送達人不拒絕收領者，不在此限。

②前項許可，書記官應於送達之文書內記明。

第七六條 （自行交付送達之證明）100

行政法院書記官於法院內將文書付與應受送達人者，應命受送達人提出收據附卷。

第七七條 （囑託送達—於外國或境外為送達者）99

①於外國或境外為送達者，應囑託該國管轄機關或駐在該國之中華民國使領館或其他機構、團體為之。

②不能依前項之規定為囑託送達者，得將應送達之文書交郵務機構以雙掛號發送，以為送達。

第七八條 （囑託送達—駐外人員為送達者）

對於駐在外國之中華民國大使、公使、領事或其他駐外人員為送達者，應囑託外交部為之。

第七九條 （囑託送達—服役之軍人為送達者）

對於在軍隊或軍艦服役之軍人為送達者，應囑託該管軍事機關或長官為之。

第八〇條 （囑託送達—在監所人為送達者）

對於在監所人為送達者，應囑託該監所長官為之。

第八一條 （公示送達之事由）99

行政法院對於當事人之送達，有下列情形之一者，得依聲請或依職權為公示送達：

一　應為送達之處所不明者。

二　於有治外法權人住居所或事務所為送達而無效者。

三　於外國為送達，不能依第七十七條之規定辦理或預知雖依該條規定辦理而無效者。

第八二條 （公示送達生效之起始日）

公示送達，自將公告或通知書黏貼牌示處之日起，其登載公報或新聞紙者，自最後登載之日起，經二十日發生效力；於依前條第三款為公示送達者，經六十日發生效力。但對同一當事人仍為公示送達者，自黏貼牌示處之翌日起發生效力。

第八三條 （準用之規定）99

民事訴訟法第一百二十六條、第一百三十一條、第一百三十五條、第一百四十一條、第一百四十二條、第一百四十四條、第一百四十八條、第一百五十一條、第一百五十三條及第一百五十三條之一之規定，於本節準用之。

第三節　期日及期間

第八四條 （期日之指定及限制）

①期日，除別有規定外，由審判長依職權定之。

②期日，除有不得已之情形外，不得於星期日或其他休息日定之。

第八五條 （期日之告知）

審判長定期日後，行政法院書記官應作通知書，送達於訴訟關係人。但經審判長面告以所定之期日命其到場，或訴訟關係人曾以書狀陳明屆期到場者，與送達有同一之效力。

第八六條 （期日應為之行為）

期日應為之行為於行政法院內為之。但在行政法院內不能為或為之而不適當者，不在此限。

第八七條 （變更或延展期日）

① 期日，以朗讀案由為始。

② 期日，如有重大理由，得變更或延展之。

③ 變更或延展期日，除別有規定外，由審判長裁定之。

第八八條 （裁定期間之酌定及起算）

① 期間，除法定者外，由行政法院或審判長酌量情形定之。

② 行政法院或審判長所定期間，自送達定期間之文書時起算，無庸送達者，自宣示定期間之裁判時起算。

③ 期間之計算，依民法之規定。

第八九條 （在途期間之扣除）

① 當事人不在行政法院所在地住居者，計算法定期間，應扣除其在途之期間。但有訴訟代理人住居行政法院所在地，得為期間內應為之訴訟行為者，不在此限。

② 前項應扣除之在途期間，由司法院定之。

第九〇條 （伸長或縮短期間）

① 期間，如有重大理由得伸長或縮短之。但不變期間不在此限。

② 伸長或縮短期間由行政法院裁定。但期間係審判長所定者，由審判長裁定。

第九一條 （回復原狀之聲請）

① 因天災或其他不應歸責於己之事由，致遲誤不變期間者，於其原因消滅後一個月內，如該不變期間少於一個月者，於相等之日數內，得聲請回復原狀。

② 前項期間不得伸長或縮短之。

③ 遲誤不變期間已逾一年者，不得聲請回復原狀，遲誤第一百零六條之起訴期間已逾三年者，亦同。

④ 第一項之聲請應以書狀為之，並釋明遲誤期間之原因及其消滅時期。

第九二條 （聲請回復原狀之程序）

① 因遲誤上訴或抗告期間而聲請回復原狀者，向為裁判之原行政法院為之；遲誤其他期間者，向管轄該期間內應為之訴訟行為之行政法院為之。

② 聲請回復原狀，應同時補行期間應為之訴訟行為。

第九三條 （回復原狀之聲請與補行之訴訟行為合併裁判）

① 回復原狀之聲請，由受聲請之行政法院與補行之訴訟行為合併裁判之。但原行政法院認其聲請應行許可，而將上訴或抗告事件送交上級行政法院者，應由上級行政法院合併裁判。

② 因回復原狀而變更原裁判者，準用第二百八十二條之規定。

第九四條 （準用之規定）

① 受命法官或受託法官關於其所為之行為，得定期日及期間。

② 第八十四條至第八十七條、第八十八條第一項、第二項及第九十條之規定，於受命法官或受託法官定期日及期間者，準用之。

第四節　訴訟卷宗

第九五條 （訴訟文書之保存）

①當事人書狀、筆錄、裁判書及其他關於訴訟事件之文書，行政法院應保存者，應由行政法院書記官編為卷宗。

②卷宗滅失事件之處理，準用民刑事訴訟卷宗滅失案件處理法之規定。

第九六條 （訴訟文書之利用）99

①當事人得向行政法院書記官聲請閱覽、抄錄、影印或攝影卷內文書，或預納費用請求付與繕本、影本或節本。

②第三人經當事人同意或釋明有法律上之利害關係，而為前項之聲請者，應經行政法院裁定許可。

③當事人、訴訟代理人、第四十四條之參加人及其他經許可之第三人之閱卷規則，由司法院定之。

第九七條 （訴訟文書利用之限制）99

裁判草案及其準備或評議文件，除法律別有規定外，不得交當事人或第三人閱覽、抄錄、影印或攝影，或付與繕本、影本或節本；裁判書在宣示或公告前，或未經法官簽名者，亦同。

第五節　訴訟費用

第九八條 （裁判費以外訴訟費用負擔之原則）96

①訴訟費用指裁判費及其他進行訴訟之必要費用，由敗訴之當事人負擔。但為第一百九十八條之判決時，由被告負擔。

②起訴，按件徵收裁判費新台幣四千元。適用簡易訴訟程序之事件，徵收裁判費新台幣二千元。

第九八條之一 （訴之合併應徵收之裁判費）96

以一訴主張數項標的，或為訴之變更、追加或提起反訴者，不另徵收裁判費。

第九八條之二 （上訴應徵收之裁判費）96

①上訴，依第九十八條第二項規定，加徵裁判費二分之一。

②發回或發交更審再行上訴，或依第二百五十七條第二項為移送，經判決後再行上訴者，免徵裁判費。

第九八條之三 （再審之訴應徵收之裁判費）96

①再審之訴，按起訴法院之審級，依第九十八條第二項及前條第一項規定徵收裁判費。

②對於確定之裁定聲請再審者，徵收裁判費新台幣一千元。

第九八條之四 （抗告應徵收之裁判費）96

抗告，徵收裁判費新台幣一千元。

第九八條之五 （徵收裁判費之聲請）96

聲請或聲明，不徵收裁判費。但下列聲請，徵收裁判費新台幣一千元：

一　聲請參加訴訟或駁回參加。

二　聲請回復原狀。

三　聲請停止執行或撤銷停止執行之裁定。

四　起訴前聲請證據保全。

五　聲請重新審理。

六　聲請假扣押、假處分或撤銷假扣押、假處分之裁定。

第九八條之六　（進行訴訟必要費用之徵收）96

①下列費用之徵收，除法律另有規定外，其項目及標準由司法院定之：

一　影印費、攝影費、抄錄費、翻譯費、運送費及登載公報新聞紙費。

二　證人及通譯之日費、旅費。

三　鑑定人之日費、旅費、報酬及鑑定所需費用。

四　其他進行訴訟及強制執行之必要費用。

②郵電送達費及行政法院人員於法院外為訴訟行為之食、宿、交通費，不另徵收。

第九八條之七　（裁判費別有規定之優先適用）100

交通裁決事件之裁判費，第二編第三章別有規定者，從其規定。

第九九條　（參加訴訟人應負擔之訴訟費用）96

①因可歸責於參加人之事由致生無益之費用者，行政法院得命該參加人負擔其全部或一部。

②依第四十四條參加訴訟所生之費用，由參加人負擔。但他造當事人依第九十八條第一項或準用民事訴訟法第七十九條至第八十四條規定應負擔之訴訟費用，仍由該當事人負擔。

第一○○條　（必要費用之預納及徵收）99

①裁判費除法律別有規定外，當事人應預納之。其未預納者，審判長應定期命當事人繳納，逾期未納者，行政法院應駁回其訴、上訴、抗告、再審或其他聲請。

②進行訴訟之必要費用，審判長得定期命當事人預納。逾期未納者，由國庫墊付，並於判決確定後，依職權裁定，向應負擔訴訟費用之人徵收之。

③前項裁定得為執行名義。

第一○一條　（訴訟救助）

當事人無資力支出訴訟費用者，行政法院應依聲請，以裁定准予訴訟救助。但顯無勝訴之望者，不在此限。

第一○二條　（聲請訴訟救助）

①聲請訴訟救助，應向受訴行政法院為之。

②聲請人無資力支出訴訟費用之事由應釋明之。

③前項釋明，得由受訴行政法院管轄區域內有資力之人出具保證書代之。

④前項保證書內，應載明具保證書人於聲請訴訟救助人負擔訴訟費用時，代繳暫免之費用。

第一○三條　（訴訟救助之效力）96

准予訴訟救助者，暫行免付訴訟費用。

第一○四條 （準用之規定）99

民事訴訟法第七十七條之二十六、第七十九條至第八十五條、第八十七條至第九十四條、第九十六條、第九十六條至第一百零六條、第一百零八條、第一百零九條之一、第一百十一條至第一百十三條、第一百十四條第一項及第一百十五條之規定，於本節準用之。

第二編　第一審程序

第一章　高等行政法院通常訴訟程序

第一節　起　訴

第一○四條之一 （高等行政法院通常訴訟程序）100

適用通常訴訟程序之事件，以高等行政法院為第一審管轄法院。

第一○五條 （起訴之程式）99

①起訴，應以訴狀表明下列各款事項，提出於行政法院為之：
一　當事人。
二　起訴之聲明。
三　訴訟標的及其原因事實。

②訴狀內宜記載適用程序上有關事項、證據方法及其他準備言詞辯論之事項；其經訴願程序者，並附具決定書。

第一○六條 （訴訟之提起期間）100

①第四條及第五條訴訟之提起，除本法別有規定外，應於訴願決定書送達後二個月之不變期間內為之。但訴願人以外之利害關係人知悉在後者，自知悉時起算。

②第四條及第五條之訴訟，自訴願決定書送達後，已逾三年者，不得提起。

③不經訴願程序即得提起第四條或第五條第二項之訴訟者，應於行政處分達到或公告後二個月之不變期間內為之。

④不經訴願程序即得提起第五條第一項之訴訟者，於應作為期間屆滿後，始得為之。但於期間屆滿後，已逾三年者，不得提起。

第一○七條 （訴訟要件之審查及補正）100

①原告之訴，有下列各款情形之一者，行政法院應以裁定駁回。但其情形可以補正者，審判長應定期間先命補正：
一　訴訟事件不屬行政訴訟審判之權限者。但本法別有規定者，從其規定。
二　訴訟事件不屬受訴行政法院管轄而不能請求指定管轄，亦不能為移送訴訟之裁定者。
三　原告或被告無當事人能力者。
四　原告或被告未由合法之法定代理人、代表人或管理人為訴訟

　　　行為者。

　　五　由訴訟代理人起訴，而其代理權有欠缺者。

　　六　起訴逾越法定期間者。

　　七　當事人就已起訴之事件，於訴訟繫屬中更行起訴者。

　　八　本案經終局判決後撤回其訴，復提起同一之訴者。

　　九　訴訟標的為確定判決或和解之效力所及者。

　　十　起訴不合程式或不備其他要件者。

②撤銷訴訟及課予義務訴訟，原告於訴狀誤列被告機關者，準用第一項規定。

③原告之訴，依其所訴之事實，在法律上顯無理由者，行政法院得不經言詞辯論，逕以判決駁回之。

第一○八條　（將訴狀送達被告並命答辯）99

①行政法院除依前條規定駁回原告之訴或移送者外，應將訴狀送達於被告。並得命被告以答辯狀陳述意見。

②原處分機關、被告機關或受理訴願機關經行政法院通知後，應於十日內將卷證送交行政法院。

第一○九條　（言詞辯論期日之指定）

①審判長認已適於為言詞辯論時，應速定言詞辯論期日。

②前項言詞辯論期日，距訴狀之送達，至少應有十日為就審期間。但有急迫情形者，不在此限。

第一一○條　（當事人恆定與訴訟繼受主義）

①訴訟繫屬中，為訴訟標的之法律關係雖移轉於第三人，於訴訟無影響。但第三人如經兩造同意，得代當事人承當訴訟。

②前項情形，僅他造不同意者，移轉之當事人或第三人得聲請行政法院以裁定許第三人承當訴訟。

③前項裁定得為抗告。

④行政法院知悉訴訟標的有移轉者，應即以書面將訴訟繫屬情形通知第三人。

⑤訴願決定後，為訴訟標的之法律關係移轉於第三人者，得由受移轉人提起撤銷訴訟。

第一一一條　（應准許訴之變更或追加之情形）99

①訴狀送達後，原告不得將原訴變更或追加他訴。但經被告同意，或行政法院認為適當者，不在此限。

②被告於訴之變更或追加無異議，而為本案之言詞辯論者，視為同意變更或追加。

③有下列情形之一者，訴之變更或追加，應予准許：

　　一　訴訟標的對於數人必須合一確定者，追加其原非當事人之人為當事人。

　　二　訴訟標的之請求雖有變更，但其請求之基礎不變者。

　　三　因情事變更而以他項聲明代最初之聲明。

　　四　應提起確認訴訟，誤為提起撤銷訴訟者。

　　五　依第一百九十七條或其他法律之規定，應許為訴之變更或追

加者。

④前三項規定，於變更或追加之新訴為撤銷訴訟而未經訴願程序者不適用之。

⑤對於行政法院以訴為非變更追加，或許訴之變更追加之裁判，不得聲明不服。但撤銷訴訟，主張其未經訴願程序者，得隨同終局判決聲明不服。

第一一二條 （被告得提起反訴）99

①被告於言詞辯論終結前，得在本訴繫屬之行政法院提起反訴。但對於撤銷訴訟及課予義務訴訟，不得提起反訴。

②原告對於反訴，不得復行提起反訴。

③反訴之請求如專屬他行政法院管轄，或與本訴之請求或其防禦方法不相牽連者，不得提起。

④被告意圖延滯訴訟而提起反訴者，行政法院得駁回之。

第一一三條 （訴訟撤回之要件及程序）100

①原告於判決確定前得撤回訴之全部或一部。但於公益之維護有礙者，不在此限。

②前項撤回，被告已為本案之言詞辯論者，應得其同意。

③訴之撤回，應以書狀為之。但於期日得以言詞為之。

④以言詞所為之撤回，應記載於筆錄，如他造不在場，應將筆錄送達。

⑤訴之撤回，被告於期日到場，未為同意與否之表示者，自該期日起；其未於期日到場或係以書狀撤回者，自前項筆錄或撤回書狀送達之日起，十日內未提出異議者，視為同意撤回。

第一一四條 （訴訟撤回之限制）100

①行政法院就前條訴之撤回認為有礙公益之維護者，應以裁定不予准許。

②前項裁定不得抗告。

第一一四條之一 （訴之裁定移送）100

適用通常訴訟程序之事件，因訴之變更或一部撤回，致其訴之全部屬於簡易訴訟程序或交通裁決事件訴訟程序之範圍者，高等行政法院應裁定移送管轄之地方法院行政訴訟庭。

第一一五條 （準用之規定）

民事訴訟法第二百四十五條、第二百四十六條、第二百四十八條、第二百五十二條、第二百五十三條、第二百五十七條、第二百六十一條、第二百六十三條及第二百六十四條之規定，於本節準用之。

第二節 停止執行

第一一六條 （行政訴訟不停止執行之原則㈠）

①原處分或決定之執行，除法律另有規定外，不因提起行政訴訟而停止。

②行政訴訟繫屬中，行政法院認為原處分或決定之執行，將發生難

於回復之損害，且有急迫情事者，得依職權或依聲請裁定停止執行。但於公益有重大影響，或原告之訴在法律上顯無理由者，不得為之。

③於行政訴訟起訴前，如原處分或決定之執行將發生難於回復之損害，且有急迫情事者，行政法院亦得依受處分人或訴願人之聲請，裁定停止執行。但於公益有重大影響者，不在此限。

④行政法院為前二項裁定前，應先徵詢當事人之意見。如原處分或決定機關已依職權或依聲請停止執行者，應為駁回聲請之裁定。

⑤停止執行之裁定，得停止原處分或決定之效力、處分或決定之執行或程序之續行之全部或部分。

第一一七條　（行政訴訟不停止執行之原則(二)）

前條規定，於確認行政處分無效之訴訟準用之。

第一一八條　（撤銷停止執行之裁定）

停止執行之原因消滅，或有其他情事變更之情形，行政法院得依職權或依聲請撤銷停止執行之裁定。

第一一九條　（抗告）

關於停止執行或撤銷停止執行之裁定，得為抗告。

第三節　言詞辯論

第一二○條　（言詞辯論）100

①原告因準備言詞辯論之必要，應提出準備書狀。

②被告因準備言詞辯論，宜於未逾就審期間二分之一以前，提出答辯狀。

第一二一條　（得於言詞辯論前所為之處置）99

①行政法院因使辯論易於終結，認為必要時，得於言詞辯論前，為下列各款之處置：

一　命當事人、法定代理人、代表人或管理人本人到場。

二　命當事人提出圖案、表冊、外國文文書之譯本或其他文書、物件。

三　行勘驗、鑑定或囑託機關、團體為調查。

四　通知證人或鑑定人，及調取或命第三人提出文書、物件。

五　使受命法官或受託法官調查證據。

②行政法院因闡明或確定訴訟關係，於言詞辯論時，得為前項第一款至第三款之處置，並得將當事人或第三人提出之文書、物件暫留置之。

第一二二條　（言詞辯論以聲明起訴事項為始）

①言詞辯論，以當事人聲明起訴之事項為始。

②當事人應就訴訟關係為事實上及法律上之陳述。

③當事人不得引用文件以代言詞陳述。但以舉文件之辭句為必要時，得朗讀其必要之部分。

第一二三條　（調查證據之期日）

①行政法院調查證據，除別有規定外，於言詞辯論期日行之。

②當事人應依第二編第一章第四節之規定，聲明所用之證據。

第一二四條 （審判長職權—言詞辯論指揮權）

①審判長開始、指揮及終結言詞辯論，並宣示行政法院之裁判。

②審判長對於不服從言詞辯論之指揮者，得禁止發言。

③言詞辯論須續行者，審判長應速定期日。

第一二五條 （行政法院職權調查事實及審判長之闡明權）

①行政法院應依職權調查事實關係，不受當事人主張之拘束。

②審判長應注意使當事人得為事實上及法律上適當完全之辯論。

③審判長應向當事人發問或告知，令其陳述事實、聲明證據，或為必要之聲明及陳述；其所聲明或陳述有不明瞭或不完足者，應令其敘明或補充之。

④陪席法官告明審判長後，得向當事人發問或告知。

第一二五條之一 （司法事務官得參與訴訟程序）100

①行政法院為使訴訟關係明確，必要時得命司法事務官就事實上及法律上之事項，基於專業知識對當事人為說明。

②行政法院因司法事務官提供而獲知之特殊專業知識，應予當事人辯論之機會，始得採為裁判之基礎。

第一二六條 （受命法官指定及行政法院之囑託）

①凡依本法使受命法官為行為者，由審判長指定之。

②行政法院應為之囑託，除別有規定外，由審判長行之。

第一二七條 （同種類之訴訟得合併辯論）

①分別提起之數宗訴訟係基於同一或同種類之事實上或法律上之原因者，行政法院得命合併辯論。

②命合併辯論之數宗訴訟，得合併裁判之。

第一二八條 （言詞辯論筆錄應記載事項）99

行政法院書記官應作言詞辯論筆錄，記載下列各款事項：

一　辯論之處所及年、月、日。

二　法官、書記官及通譯姓名。

三　訴訟事件。

四　到場當事人、法定代理人、代表人、管理人、訴訟代理人、輔佐人及其他經通知到場之人姓名。

五　辯論之公開或不公開；如不公開者，其理由。

第一二九條 （言詞辯論筆錄實質上應記載事項）99

言詞辯論筆錄內，應記載辯論進行之要領，並將下列各款事項記載明確：

一　訴訟標的之捨棄、認諾、自認及訴之撤回。

二　證據之聲明或撤回，及對於違背訴訟程序規定之異議。

三　當事人所為其他重要聲明或陳述，及經告知而不為聲明或陳述之情形。

四　依本法規定應記載筆錄之其他聲明或陳述。

五　證人或鑑定人之陳述，及勘驗所得之結果。

六　審判長命令記載之事項。

　七　不作裁判書附卷之裁判。

　八　裁判之宣示。

第一三○條　（筆錄之朗讀或閱覽）

①筆錄或筆錄內所引用卷宗或作為附件之文書內所記前條第一款至第六款事項，應依聲請於法庭向關係人朗讀或令其閱覽，並於筆錄內附記其事由。

②關係人對於筆錄所記有異議者，行政法院書記官得更正或補充之。如以異議為不當，應於筆錄內附記其異議。

③以機器記錄言詞辯論之進行者，其實施辦法由司法院定之。

第一三○條之一　（視訊審理與文書傳達）102

①當事人、代理人之所在處所或所在地法院與行政法院間，有聲音及影像相互傳送之科技設備而得直接審理者，行政法院認為適當時，得依聲請或依職權以該設備審理之。

②前項情形，其期日通知書記載之應到處所為該設備所在處所。

③依第一項進行程序之筆錄及其他文書，須陳述人簽名者，由行政法院傳送至陳述人所在處所，經陳述人確認內容並簽名後，將筆錄及其他文書以電信傳真或其他科技設備傳回行政法院。

④第一項之審理及前項文書傳送之辦法，由司法院定之。

第一三一條　（受命法官之權限）102

第四十九條第三項至第六項、第五十五條、第六十六條但書、第六十七條但書、第一百條第一項前段、第二項、第一百零七條第一項但書、第一百十條第四項、第一百二十一條第一項第一款至第四款、第二項、第一百二十四條、第一百二十五條、第一百三十條之一及民事訴訟法第四十九條、第七十五條第一項、第一百二十條第一項、第一百二十一條第一項、第二項、第二百條、第二百零七條、第二百零八條、第二百十三條第二項、第二百十三條之一、第二百十四條、第二百十七條、第二百六十八條、第二百六十八條之一第二項、第三項、第二百六十八條之二第一項、第三百七十一條第一項、第二項及第三百七十二條關於法院或審判長權限之規定，於受命法官行準備程序時準用之。

第一三二條　（準用之規定）99

民事訴訟法第一百九十五條至第一百九十七條、第二百條、第二百零一條、第二百零四條、第二百零六條至第二百零八條、第二百十條、第二百十一條、第二百十四條、第二百十五條、第二百十七條至第二百十九條、第二百六十五條至第二百六十八條之一、第二百六十八條之二、第二百七十條至第二百七十一條之一、第二百七十三條至第二百七十六條之規定，於本節準用之。

第四節　證　據

第一三三條　（調查證據）

行政法院於撤銷訴訟，應依職權調查證據；於其他訴訟，為維護公益者，亦同。

第一三四條 （自認之限制）

前條訴訟，當事人主張之事實，雖經他造自認，行政法院仍應調查其他必要之證據。

第一三五條 （認他造證據之主張應證之事實為真實）

①當事人因妨礙他造使用，故意將證據滅失、隱匿或致礙難使用者，行政法院得審酌情形認他造關於該證據之主張或依該證據應證之事實為真實。

②前項情形，於裁判前應令當事人有辯論之機會。

第一三六條 （準用之規定）

除本法有規定者外，民事訴訟法第二百七十七條之規定於本節準用之。

第一三七條 （當事人對行政法院不知者有舉證之責）

習慣及外國之現行法為行政法院所不知者，當事人有舉證之責任。但行政法院得依職權調查之。

第一三八條 （囑託調查證據）

行政法院得囑託普通法院或其他機關、學校、團體調查證據。

第一三九條 （受命法官調查或囑託調查）

行政法院認為適當時，得使庭員一人為受命法官或囑託他行政法院指定法官調查證據。

第一四○條 （製作調查證據筆錄）

①受行政法院於言詞辯論前調查證據，或由受命法官、受託法官調查證據者，行政法院書記官應作調查證據筆錄。

②第一百二十八條至第一百三十條之規定，於前項筆錄準用之。

③受託法官調查證據筆錄，應送交受訴行政法院。

第一四一條 （調查證據後行政法院應為之處置）99

①調查證據之結果，應告知當事人為辯論。

②於受訴行政法院外調查證據者，當事人應於言詞辯論時陳述其調查之結果。但審判長得令行政法院書記官朗讀調查證據筆錄代之。

第一四二條 （為證人之義務）

除法律別有規定外，不問何人，於他人之行政訴訟有為證人之義務。

第一四三條 （裁定不到場證人以罰鍰）100

①證人受合法之通知，無正當理由而不到場者，行政法院得以裁定處新臺幣三萬元以下罰鍰。

②證人已受前項裁定，經再次通知仍不到場者，得再處新臺幣六萬元以下罰鍰，並得拘提之。

③拘提證人，準用刑事訴訟法關於拘提被告之規定；證人為現役軍人者，應以拘票囑託該管長官執行。

④處證人罰鍰之裁定，得為抗告，抗告中應停止執行。

第一四四條 （公務員為證人之特則）

①以公務員、中央民意代表或曾為公務員、中央民意代表之人為證

人，而就其職務上應守秘密之事項訊問者，應得該監督長官或民意機關之同意。

②前項同意，除有妨害國家高度機密者外，不得拒絕。

③以公務機關委託承辦公務之人為證人者，準用前二項之規定。

第一四五條　（得拒絕證言之事由(一)）99

證人恐因陳述致自己或下列之人受刑事訴追或蒙恥辱者，得拒絕證言：

一　證人之配偶、前配偶或四親等內之血親、三親等內之姻親或曾有此親屬關係或與證人訂有婚約者。

二　證人之監護人或受監護人。

第一四六條　（得拒絕證言之事由(二)）99

①證人有下列各款情形之一者，得拒絕證言：

一　證人有第一百四十四條之情形者。

二　證人為醫師、藥師、藥商、助產士、宗教師、律師、會計師或其他從事相類業務之人或其業務上佐理人或曾任此等職務之人，就其因業務所知悉有關他人秘密之事項受訊問者。

三　關於技術上或職業上之秘密受訊問者。

②前項規定，於證人秘密之責任已經免除者，不適用之。

第一四七條　（得拒絕證言之告知）

依前二條規定，得拒絕證言者，審判長應於訊問前或知有該項情形時告知之。

第一四八條　（不陳明原因而拒絕證言得處罰鍰）100

①證人不陳明拒絕之原因事實而拒絕證言，或以拒絕為不當之裁定已確定而仍拒絕證言者，行政法院得以裁定處新臺幣三萬元以下罰鍰。

②前項裁定得為抗告，抗告中應停止執行。

第一四九條　（命證人具結）99

①審判長於訊問前，應命證人各別具結。但其應否具結有疑義者，於訊問後行之。

②審判長於證人具結前，應告以具結之義務及偽證之處罰。

③證人以書狀為陳述者，不適用前二項之規定。

第一五○條　（不得令具結者）

以未滿十六歲或因精神障礙不解具結意義及其效果之人為證人者，不得令其具結。

第一五一條　（得不命具結者）99

以下列各款之人為證人者，得不令其具結：

一　證人為當事人之配偶、前配偶或四親等內之血親、三親等內之姻親或曾有此親屬關係或與當事人訂有婚約者。

二　有第一百四十五條情形而不拒絕證言者。

三　當事人之受雇人或同居人。

第一五二條　（得拒絕具結之事由）

證人就與自己或第一百四十五條所列之人有直接利害關係之事

受訊問者，得拒絕具結。

第一五三條 （拒絕具結準用之規定）

第一百四十八條之規定，於證人拒絕具結者準用之。

第一五四條 （當事人之聲請發問及自行發問）99

① 當事人得就應證事實及證言信用之事項，聲請審判長對於證人為必要之發問，或向審判長陳明後自行發問。

② 前項之發問，與應證事實無關、重複發問、誘導發問、侮辱證人或有其他不當情形，審判長得依聲請或依職權限制或禁止。

③ 關於發問之限制或禁止有異議者，行政法院應就其異議為裁定。

第一五五條 （發給證人日費及旅費）

① 行政法院應發給證人法定之日費及旅費；證人亦得於訊問完畢後請求之。但被拘提或無正當理由拒絕具結或證言者，不在此限。

② 前項關於日費及旅費之裁定，得為抗告。

③ 證人所需之旅費，得依其請求預行酌給之。

第一五六條 （鑑定準用之規定）

鑑定，除別有規定外，準用本法關於人證之規定。

第一五七條 （有為鑑定人之義務）

從事於鑑定所需之學術、技藝或職業，或經機關委任有鑑定職務者，於他人之行政訴訟有為鑑定人之義務。

第一五八條 （拘提之禁止）

鑑定人不得拘提。

第一五九條 （拒絕鑑定）

鑑定人拒絕鑑定，雖其理由不合於本法關於拒絕證言之規定，如行政法院認為正當者，亦得免除其鑑定義務。

第一六〇條 （報酬之請求）

① 鑑定人於法定之日費、旅費外，得請求相當之報酬。

② 鑑定所需費用，得依鑑定人之請求預行酌給之。

③ 關於前二項請求之裁定，得為抗告。

第一六一條 （囑託鑑定準用之規定）

行政法院依第一百三十八條之規定，囑託機關、學校或團體陳述鑑定意見或審查之者，準用第一百六十條及民事訴訟法第三百三十五條至第三百三十七條之規定。其鑑定書之說明，由該機關、學校或團體所指定之人為之。

第一六二條 （專業法律問題之徵詢意見）

① 行政法院認有必要時，得就訴訟事件之專業法律問題徵詢從事該學術研究之人，以書面或於審判期日到場陳述其法律上意見。

② 前項意見，於裁判前應告知當事人使為辯論。

③ 第一項陳述意見之人，準用鑑定人之規定。但不得令其具結。

第一六三條 （當事人有提出義務之文書）99

下列各款文書，當事人有提出之義務：

一 該當事人於訴訟程序中曾經引用者。

二 他造依法律規定，得請求交付或閱覽者。

三　為他造之利益而作者。

四　就與本件訴訟關係有關之事項所作者。

五　商業帳簿。

第一六四條 （調取文書）

①公務員或機關掌管之文書，行政法院得調取之。如該機關為當事人時，並有提出之義務。

②前項情形，除有妨害國家高度機密者外，不得拒絕。

第一六五條 （當事人不從提出文書之命）

①當事人無正當理由不從提出文書之命者，行政法院得審酌情形認他造關於該文書之主張或依該文書應證之事實為真實。

②前項情形，於裁判前應令當事人有辯論之機會。

第一六六條 （聲請第三人提出文書）99

①聲明書證係使用第三人所執之文書者，應聲請行政法院命第三人提出或定由舉證人提出之期間。

②民事訴訟法第三百四十二條第二項、第三項之規定，於前項聲請準用之。

③文書為第三人所執之事由及第三人有提出義務之原因，應釋明之。

第一六七條 （裁定命第三人提出文書）

①行政法院認應證之事實重要且舉證人之聲請正當者，應以裁定命第三人提出文書或定由舉證人提出文書之期間。

②行政法院為前項裁定前，應使該第三人有陳述意見之機會。

第一六八條 （第三人提出文書準用之規定）

關於第三人提出文書之義務，準用第一百四十四條至第一百四十七條及第一百六十三條第二款至第五款之規定。

第一六九條 （第三人不從提出文書命令之制裁）100

①第三人無正當理由不從提出文書之命者，行政法院得以裁定處新臺幣三萬元以下罰鍰；於必要時，並得為強制處分。

②前項強制處分之執行，適用第三百零六條規定。

③第一項裁定得為抗告，抗告中應停止執行。

第一七○條 （第三人之權利）

①第三人得請求提出文書之費用。

②第一百五十五條之規定，於前項情形準用之。

第一七一條 （文書真偽之辨別）

①文書之真偽，得依核對筆跡或印跡證之。

②行政法院得命當事人或第三人提出文書，以供核對。核對筆跡或印跡，適用關於勘驗之規定。

第一七二條 （鑑別筆跡之方法）

①無適當之筆跡可供核對者，行政法院得指定文字，命該文書之作成名義人書寫，以供核對。

②文書之作成名義人無正當理由不從前項之命者，準用第一百六十五條或第一百六十九條之規定。

③因供核對所書寫之文字應附於筆錄；其他供核對之文件不須發還者，亦同。

第一七三條 （準文書）

①本法關於文書之規定，於文書外之物件，有與文書相同之效力者，準之。

②文書或前項物件，須以科技設備始能呈現其內容或提出原件有事實上之困難者，得僅提出呈現其內容之書面並證明其內容與原件相符。

第一七四條 （勘驗準用之規定）

第一百六十四條至第一百七十條之規定，於勘驗準用之。

第一七五條 （保全證據之管轄法院）100

①保全證據之聲請，在起訴後，向受訴行政法院為之；在起訴前，向受訊問人住居地或證物所在地之地方法院行政訴訟庭為之。

②遇有急迫情形時，於起訴後，亦得向前項地方法院行政訴訟庭聲請保全證據。

第一七五條之一 （司法事務官協助調查證據）100

行政法院於保全證據時，得命司法事務官協助調查證據。

第一七六條 （準用之規定）99

民事訴訟法第二百十五條、第二百十七條至第二百十九條、第二百七十八條、第二百八十一條、第二百八十二條、第二百八十二條之一、第二百八十四條至第二百八十六條、第二百九十一條至第二百九十三條、第二百九十五條、第二百九十六條、第二百九十六條之一、第二百九十八條至第三百零一條、第三百零四條、第三百零五條、第三百零九條、第三百十條、第三百十三條、第三百十三條之一、第三百十六條至第三百十九條、第三百二十一條、第三百二十二條、第三百二十五條至第三百二十七條、第三百三十一條至第三百三十七條、第三百三十九條、第三百四十一條至第三百四十三條、第三百五十二條至第三百五十八條、第三百六十一條、第三百六十四條至第三百六十六條、第三百六十八條、第三百七十條至第三百七十六條之二之規定，於本節準用之。

第五節　訴訟程序之停止

第一七七條 （裁定停止—裁判以他訴法律關係為據）

①行政訴訟之裁判須以民事法律關係是否成立為準據，而該法律關係已經訴訟繫屬尚未終結者，行政法院應以裁定停止訴訟程序。

②除前項情形外，有民事、刑事或其他行政爭訟牽涉行政訴訟之裁判者，行政法院在該民事、刑事或其他行政爭訟終結前，得以裁定停止訴訟程序。

第一七八條 （裁定停止—受理訴訟之權限見解有異）

行政法院就其受理訴訟之權限，如與普通法院確定裁判之見解有異時，應以裁定停止訴訟程序，並聲請司法院大法官解釋。

第一七八條之一 （聲請司法院大法官解釋）100

①行政法院就其受理事件，對所適用之法律，確信有牴觸憲法之疑義時，得聲請司法院大法官解釋。

②前項情形，行政法院應裁定停止訴訟程序。

第一七九條 （當然停止）

①本於一定資格，以自己名義為他人任訴訟當事人之人，喪失其資格或死亡者，訴訟程序在有同一資格之人承受其訴訟以前當然停止。

②依第二十九條規定，選定或指定為訴訟當事人之人全體喪失其資格者，訴訟程序在該有共同利益人全體或新選定或指定為訴訟當事人之人承受其訴訟以前當然停止。

第一八〇條 （當然停止之例外規定）

第一百七十九條之規定，於有訴訟代理人時不適用之。但行政法院得酌量情形裁定停止其訴訟程序。

第一八一條 （承受訴訟之聲明）

①訴訟程序當然停止後，依法律所定之承受訴訟之人，於得為承受時，應即為承受之聲明。

②他造當事人亦得聲明承受訴訟。

第一八二條 （當然或裁定停止之效力）

①訴訟程序當然或裁定停止間，行政法院及當事人不得為關於本案之訴訟行為。但於言詞辯論終結後當然停止者，本於其辯論之裁判得宣示之。

②訴訟程序當然或裁定停止者，期間停止進行；自停止終竣時起，其期間更始進行。

第一八三條 （當事人合意停止訴訟程序）100

①當事人得以合意停止訴訟程序。但於公益之維護有礙者，不在此限。

②前項合意，應由兩造向受訴行政法院陳明。

③行政法院認第一項之合意有礙公益之維護者，應於兩造陳明後，一個月內裁定續行訴訟。

④前項裁定不得聲明不服。

⑤不變期間之進行不因第一項合意停止而受影響。

第一八四條 （合意停止之期間及次數之限制）100

除有前條第三項之裁定外，合意停止訴訟程序之當事人，自陳明合意停止時起，如於四個月內不續行訴訟者，視為撤回其訴；續行訴訟而再以合意停止訴訟程序者，以一次為限。如再次陳明合意停止訴訟程序，視為撤回其訴。

第一八五條 （擬制合意停止）100

①當事人兩造無正當理由遲誤言詞辯論期日，除有礙公益之維護者外，視為合意停止訴訟程序。如於四個月內不續行訴訟者，視為撤回其訴。但行政法院認有必要時，得依職權續行訴訟。

②行政法院依前項但書規定續行訴訟，兩造如無正當理由仍不到

者，視為撤回其訴。

③行政法院認第一項停止訴訟程序有礙公益之維護者，除別有規定外，應自該期日起，一個月內裁定續行訴訟。

④前項裁定不得聲明不服。

第一八六條 （準用之規定）

民事訴訟法第一百六十八條至第一百七十一條、第一百七十三條、第一百七十四條、第一百七十六條至第一百八十一條、第一百八十五條至第一百八十七條之規定，於本節準用之。

第六節 裁 判

第一八七條 （裁判之方式）

裁判，除依本法應用判決者外，以裁定行之。

第一八八條 （裁判之形式要件，言詞審理、直接審理）

①行政訴訟除別有規定外，應本於言詞辯論而為裁判。

②法官非參與裁判基礎之辯論者，不得參與裁判。

③裁定得不經言詞辯論為之。

④裁定前不行言詞辯論者，除別有規定外，得命關係人以書狀或言詞為陳述。

第一八九條 （裁判之實質要件）99

①行政法院為裁判時，應斟酌全辯論意旨及調查證據之結果，依論理及經驗法則判斷事實之真偽。但別有規定者，不在此限。

②當事人已證明受有損害而不能證明其數額或證明顯有重大困難者，法院應審酌一切情況，依所得心證定其數額。

③得心證之理由，應記明於判決。

第一九〇條 （終局判決）

行政訴訟達於可為裁判之程度者，行政法院應為終局判決。

第一九一條 （一部之終局判決）

①訴訟標的之一部，或以一訴主張之數項標的，其一達於可為裁判之程度者，行政法院得為一部之終局判決。

②前項規定，於命合併辯論之數宗訴訟，其一達於可為裁判之程度者，準用之。

第一九二條 （中間判決）

各種獨立之攻擊或防禦方法，達於可為裁判之程度者，行政法院得為中間判決；請求之原因及數額俱有爭執時，行政法院以其原因為正當者，亦同。

第一九三條 （中間裁定）

行政訴訟進行中所生程序上之爭執，達於可為裁判之程度者，行政法院得先為裁定。

第一九四條 （逕為判決之情形）100

行政訴訟有關公益之維護者，當事人兩造於言詞辯論期日無正當理由均不到場時，行政法院得依職權調查事實，不經言詞辯論，逕為判決。

第一九五條 （判決及不利益變更之禁止）

① 行政法院認原告之訴為有理由者，除別有規定外，應為其勝訴之判決；認為無理由者，應以判決駁回之。

② 撤銷訴訟之判決，如係變更原處分或決定者，不得為較原處分或決定不利於原告之判決。

第一九六條 （撤銷判決中命為回復原狀之處置）99

① 行政處分已執行者，行政法院為撤銷行政處分判決時，經原告聲請，並認為適當者，得於判決中命行政機關為回復原狀之必要處置。

② 撤銷訴訟進行中，原處分已執行而無回復原狀可能或已消滅者，於原告有即受確認判決之法律上利益時，行政法院得依聲請，確認該行政處分為違法。

第一九七條 （撤銷訴訟之代替判決）

撤銷訴訟，其訴訟標的之行政處分涉及金錢或其他代替物之給付或確認者，行政法院得以確定不同金額之給付或以不同之確認代替之。

第一九八條 （情況判決）

① 行政法院受理撤銷訴訟，發現原處分或決定雖屬違法，但其撤銷或變更於公益有重大損害，經斟酌原告所受損害、賠償程度、防止方法及其他一切情事，認原處分或決定之撤銷或變更顯與公益相違背時，得駁回原告之訴。

② 前項情形，應於判決主文中諭知原處分或決定違法。

第一九九條 （因情況判決而受損害之救濟）100

① 行政法院為前條判決時，應依原告之聲明，將其因違法處分或決定所受之損害，於判決內命被告機關賠償。

② 原告未為前項聲明者，得於前條判決確定後一年內，向行政法院訴請賠償。

第二〇〇條 （請求應為行政處分之訴訟之判決方式）99

行政法院對於人民依第五條規定請求應為行政處分或應為特定內容之行政處分之訴訟，應為下列方式之裁判：

一　原告之訴不合法者，應以裁定駁回之。

二　原告之訴無理由者，應以判決駁回之。

三　原告之訴有理由，且案件事證明確者，應判命行政機關作成原告所申請內容之行政處分。

四　原告之訴雖有理由，惟案件事證尚未臻明確或涉及行政機關之行政裁量決定者，應判命行政機關遵照其判決之法律見解對於原告作成決定。

第二〇一條 （對違法裁量行為之審查）

行政機關依裁量權所為之行政處分，以其作為或不作為逾越權限或濫用權力者為限，行政法院得予撤銷。

第二〇二條 （捨棄及認諾判決）

當事人於言詞辯論時為訴訟標的之捨棄或認諾者，以該當事人具

有處分權及不涉及公益者為限，行政法院得本於其捨棄或認諾為該當事人敗訴之判決。

第二○三條　（情事變更原則）

①公法上契約成立後，情事變更，非當時所得預料，而依其原有效果顯失公平者，行政法院得依當事人聲請，為增、減給付或變更、消滅其他原有效果之判決。

②為當事人之行政機關，因防止或免除公益上顯然重大之損害，亦得為前項之聲請。

③前二項規定，於因公法上其他原因發生之財產上給付，準用之。

第二○四條　（宣示與公告判決）103

①經言詞辯論之判決，應宣示之；不經言詞辯論之判決，應公告之。

②宣示判決應於辯論終結之期日或辯論終結時指定之期日為之。

③前項指定之宣示期日，自辯論終結時起，不得逾二星期。

④判決經公告者，行政法院書記官應作記載該事由及年、月、日、時之證書附卷。

第二○五條　（宣示判決之效力及主文之公告）

①宣示判決，不問當事人是否在場，均有效力。

②判決經宣示後，其主文仍應於當日在行政法院牌示處公告之。

③判決經宣示或公告後，當事人得不待送達，本於該判決為訴訟行為。

第二○六條　（判決之羈束力）

判決經宣示後，為該判決之行政法院受其羈束；其不宣示者，經公告主文後，亦同。

第二○七條　（宣示及公告）

①經言詞辯論之裁定，應宣示之。

②終結訴訟之裁定，應公告之。

第二○八條　（裁定之羈束力）

裁定經宣示後，為該裁定之行政法院、審判長、受命法官或受託法官受其羈束；不宣示者，經公告或送達後受其羈束。但關於指揮訴訟或別有規定者，不在此限。

第二○九條　（判決書應記載事項）99

①判決應作判決書記載下列各款事項：

一　當事人姓名、性別、年齡、身分證明文件字號、住所或居所；當事人為法人、機關或其他團體者，其名稱及所在地、事務所或營業所。

二　有法定代理人、代表人、管理人者，其姓名、住所或居所及其與法人、機關或團體之關係。

三　有訴訟代理人者，其姓名、住所或居所。

四　判決經言詞辯論者，其言詞辯論終結日期。

五　主文。

六　事實。

七　理由。

八　年、月、日。

九　行政法院。

②事實項下，應記載言詞辯論時當事人之聲明及所提攻擊或防禦方法之要領。必要時，得以書狀、筆錄或其他文書作為附件。

③理由項下，應記載關於攻擊或防禦方法之意見及法律上之意見。

第二一○條　（判決正本應送達當事人）

①判決，應以正本送達於當事人。

②前項送達，自行政法院書記官收領判決原本時起，至遲不得逾十日。

③對於判決得為上訴者，應於送達當事人之正本內告知其期間及提出上訴狀之行政法院。

④前項告知期間有錯誤時，告知期間較法定期間為短者，以法定期間為準；告知期間較法定期間為長者，應由行政法院書記官於判決正本送達後二十日內，以通知更正之，並自更正通知送達之日起計算法定期間。

⑤行政法院未依第三項規定為告知，或告知錯誤未依前項規定更正，致當事人遲誤上訴期間者，視為不應歸責於己之事由，得自判決送達之日起一年內，適用第九十一條之規定，聲請回復原狀。

第二一一條　（對不得上訴之判決作錯誤告知）

不得上訴之判決，不因告知錯誤而受影響。

第二一二條　（判決之確定）

①判決，於上訴期間屆滿時確定。但於上訴期間內有合法之上訴者，阻其確定。

②不得上訴之判決，於宣示時確定；不宣示者，於公告主文時確定。

第二一三條　（判決之確定力）

訴訟標的於確定之終局判決中經裁判者，有確定力。

第二一四條　（確定判決之效力）

①確定判決，除當事人外，對於訴訟繫屬後為當事人之繼受人者及為當事人或其繼受人占有請求之標的物者，亦有效力。

②對於為他人而為原告或被告者之確定判決，對於該他人亦有效力。

第二一五條　（撤銷或變更原處分判決之效力）

撤銷或變更原處分或決定之判決，對第三人亦有效力。

第二一六條　（判決之拘束力）100

①撤銷或變更原處分或決定之判決，就其事件有拘束各關係機關之效力。

②原處分或決定經判決撤銷後，機關須重為處分或決定者，應依判決意旨為之。

③前二項判決，如係指摘機關適用法律之見解有違誤時，該機關仍

應受判決之拘束，不得為相左或歧異之決定或處分。

④前三項之規定，於其他訴訟準用之。

第二一七條 （裁定準用之規定）100

第二零四條第二項至第四項、第二百零五條、第二百十條及民事訴訟法第二百二十八條規定，於裁定準用之。

第二一八條 （準用之規定）

民事訴訟法第二百二十四條、第二百二十七條、第二百二十八條、第二百三十條、第二百三十二條、第二百三十三條、第二百三十六條、第二百三十七條、第二百四十條、第三百八十五條至第三百八十八條、第三百九十六條第一項、第二項及第三百九十九條之規定，於本節準用之。

第七節 和 解

第二一九條 （試行和解）100

①當事人就訴訟標的具有處分權且其和解無礙公益之維護者，行政法院不問訴訟程度如何，得隨時試行和解。受命法官或受託法官，亦同。

②第三人經行政法院之許可，得參加和解。行政法院認為必要時，得通知第三人參加。

第二二○條 （試行和解得命當事人等到場）

因試行和解，得命當事人、法定代理人、代表人或管理人本人到場。

第二二一條 （和解筆錄）

①試行和解而成立者，應作成和解筆錄。

②第一百二十八條至第一百三十條、民事訴訟法第二百十四條、第二百十五條、第二百十七條至第二百十九條之規定，於前項筆錄準用之。

③和解筆錄應於和解成立之日起十日內，以正本送達於當事人及參加和解之第三人。

第二二二條 （和解之效力）

和解成立者，其效力準用第二百十三條、第二百十四條及第二百十六條之規定。

第二二三條 （請求繼續審判）

和解有無效或得撤銷之原因者，當事人得請求繼續審判。

第二二四條 （請求繼續審判之時限）

①請求繼續審判，應於三十日之不變期間內為之。

②前項期間，自和解成立時起算。但無效或得撤銷之原因知悉在後者，自知悉時起算。

③和解成立後經過三年者，不得請求繼續審判。但當事人主張代理權有欠缺者，不在此限。

第二二五條 （駁回繼續審判之請求）
① 請求繼續審判不合法者，行政法院應以裁定駁回之。
② 請求繼續審判顯無理由者，得不經言詞辯論，以判決駁回之。

第二二六條 （變更和解內容之準用規定）
　因請求繼續審判而變更和解內容者，準用第二百八十二條之規定。

第二二七條 （第三人參加和解）
① 第三人參加和解成立者，得為執行名義。
② 當事人與第三人間之和解，有無效或得撤銷之原因者，得向原行政法院提起宣告和解無效或撤銷和解之訴。
③ 前項情形，當事人得請求就原訴訟事件合併裁判。

第二二八條 （準用之規定）
　第二百二十四條至第二百二十六條之規定，於前條第二項情形準用之。

第二章　地方法院行政訴訟庭簡易訴訟程序

第二二九條 （適用簡易程序之行政訴訟事件）103
① 適用簡易訴訟程序之事件，以地方法院行政訴訟庭為第一審管轄法院。
② 下列各款行政訴訟事件，除本法別有規定外，適用本章所定之簡易程序：
　一　關於稅捐課徵事件涉訟，所核課之稅額在新臺幣四十萬元以下者。
　二　因不服行政機關所為新臺幣四十萬元以下罰鍰處分而涉訟者。
　三　其他關於公法上財產關係之訴訟，其標的之金額或價額在新臺幣四十萬元以下者。
　四　因不服行政機關所為告誡、警告、記點、記次、講習、輔導教育或其他相類之輕微處分而涉訟者。
　五　關於內政部入出國及移民署（以下簡稱入出國及移民署）之行政收容事件涉訟，或合併請求損害賠償或其他財產上給付者。
　六　依法律之規定應適用簡易訴訟程序者。
③ 前項所定數額，司法院得因情勢需要，以命令減為新臺幣二十萬元或增至新臺幣六十萬元。
④ 第二項第五款之事件，由受收容人受收容或曾受收容所在地之地方法院行政訴訟庭管轄，不適用第十三條之規定。但未曾受收容者，由被告機關所在地之地方法院行政訴訟庭管轄。

第二三○條 （簡易訴訟之變更、追加或反訴）100
　前條第二項第一款至第三款之訴，因訴之變更，致訴訟標的之金額或價額逾新臺幣四十萬元者，其辯論及裁判改依通常訴訟程序之規定，地方法院行政訴訟庭並應裁定移送管轄之高等行政法

院；追加之新訴或反訴，其訴訟標的之金額或價額逾新臺幣四十萬元，而以原訴與之合併辯論及裁判者，亦同。

第二三一條　（起訴及聲明以言詞為之）

① 起訴及其他期日外之聲明或陳述，概得以言詞為之。

② 以言詞起訴者，應將筆錄送達於他造。

第二三二條　（簡易訴訟程序之實行）

簡易訴訟程序在獨任法官前行之。

第二三三條　（通知書之送達）100

言詞辯論期日之通知書，應與訴狀或第二百三十一條第二項之筆錄一併送達於他造。

第二三四條　（判決書之簡化）

判決書內之事實、理由，得不分項記載，並得僅記載其要領。

第二百三十五條　（上訴或抗告）100

① 對於簡易訴訟程序之裁判不服者，除本法別有規定外，得上訴或抗告於管轄之高等行政法院。

② 前項上訴或抗告，非以原判決違背法令為理由，不得為之。

③ 對於簡易訴訟程序之第二審裁判，不得上訴或抗告。

第二三五條之一　（裁定移送及裁定發回）100

① 高等行政法院受理前條第一項訴訟事件，認有確保裁判見解統一之必要者，應以裁定移送最高行政法院裁判之。

② 前項裁定，不得聲明不服。

③ 最高行政法院認高等行政法院裁定移送之訴訟事件，並未涉及裁判見解統一之必要者，應以裁定發回。受發回之高等行政法院，不得再將訴訟事件裁定移送最高行政法院。

第二三六條　（簡易訴訟程序適用之規定）100

簡易訴訟程序除本章別有規定外，仍適用通常訴訟程序之規定。

第二三六條之一　（上訴或抗告理由狀內應記載事項）100

對於簡易訴訟程序之裁判提起上訴或抗告，應於上訴或抗告理由中表明下列事由之一，提出於原地方法院行政訴訟庭為之：

一　原裁判所違背之法令及其具體內容。

二　依訴訟資料可認為原裁判有違背法令之具體事實。

第二三六條之二　（準用規定）100

① 應適用通常訴訟程序之事件，第一審誤用簡易訴訟程序審理並為判決者，受理其上訴之高等行政法院應廢棄原判決，逐依通常訴訟程序為第一審判決。但當事人於第一審對於該程序誤用已表示無異議或無異議而就該訴訟有所聲明或陳述者，不在此限。

② 前項但書之情形，高等行政法院應適用簡易訴訟上訴審程序之規定為裁判。

③ 簡易訴訟程序之上訴，除第二百四十一條之一規定外，準用第三編規定。

④ 簡易訴訟程序之抗告、再審及重新審理，分別準用第四編至第六編規定。

第二三七條 （準用之規定）

民事訴訟法第四百三十條、第四百三十一條及第四百三十三條之規定，於本章準用之。

第三章　交通裁決事件訴訟程序

第二三七條之一 （交通裁決事件之範圍及合併提起非交通裁決事件之處置）100

①本法所稱交通裁決事件如下：

一　不服道路交通管理處罰條例第八條及第三十七條第五項之裁決，而提起之撤銷訴訟、確認訴訟。

二　合併請求返還與前款裁決相關之已繳納罰鍰或已繳送之駕駛執照、計程車駕駛人執業登記證、汽車牌照。

②合併提起前項以外之訴訟者，應適用簡易訴訟程序或通常訴訟程序之規定。

③第二百三十七條之二、第二百三十七條之三、第二百三十七條之四第一項及第二項規定，於前項情形準用之。

第二三七條之二 （交通裁決事件之管轄法院）100

交通裁決事件，得由原告住所地、居所地、所在地或違規行為地之地方法院行政訴訟庭管轄。

第二三七條之三 （撤銷訴訟起訴期間之限制）100

①交通裁決事件訴訟之提起，應以原處分機關為被告，逕向管轄之地方法院行政訴訟庭為之。

②交通裁決事件中撤銷訴訟之提起，應於裁決書送達後三十日之不變期間內為之。

③前項訴訟，因原處分機關未為告知或告知錯誤，致原告於裁決書送達三十日內誤向原處分機關遞送起訴狀者，視為已遵守起訴期間，原處分機關並應即將起訴狀移送管轄法院。

第二三七條之四 （被告收受起訴狀繕本後之處置）100

①地方法院行政訴訟庭收受前條起訴狀後，應將起訴狀繕本送達被告。

②被告收受起訴狀繕本後，應於二十日內重新審查原裁決是否合法妥當，並分別為如下之處置：

一　原告提起撤銷之訴，被告認原裁決違法或不當者，應自行撤銷或變更原裁決。但不得為更不利益之處分。

二　原告提起確認之訴，被告認原裁決無效或違法者，應為確認。

三　原告合併提起給付之訴，被告認原告請求有理由者，應即返還。

四　被告重新審查後，不依原告之請求處置者，應附具答辯狀，並將重新審查之紀錄及其他必要之關係文件，一併提出於管轄之地方法院行政訴訟庭。

③被告依前項第一款至第三款規定為處置者，應即陳報管轄之地方

法院行政訴訟庭；被告於第一審終局裁判生效前已完全依原告之請求處置者，以其陳報管轄之地方法院行政訴訟庭時，視為原告撤回起訴。

第二三七條之五　（各項裁判費之徵收標準）100

① 交通裁決事件，按下列規定徵收裁判費：

一　起訴，按件徵收新臺幣三百元。

二　上訴，按件徵收新臺幣七百五十元。

三　抗告，徵收新臺幣三百元。

四　再審之訴，按起訴法院之審級，依第一款、第二款徵收裁判費；對於確定之裁定聲請再審者，徵收新臺幣三百元。

五　本法第九十八條之五各款聲請，徵收新臺幣三百元。

② 依前條第三項規定，視為撤回起訴者，法院應依職權退還已繳之裁判費。

第二三七條之六　（非屬交通裁決事件範圍者改依其他程序審理）100

因訴之變更、追加，致其訴之全部或一部，不屬於交通裁決事件之範圍者，地方法院行政訴訟庭應改依簡易訴訟程序審理；其應改依通常訴訟程序者，並應裁定移送管轄之高等行政法院。

第二三七條之七　（交通裁決事件之裁判不採言詞辯論主義）100

交通裁決事件之裁判，得不經言詞辯論為之。

第二三七條之八　（訴訟費用）100

① 行政法院為訴訟費用之裁判時，應確定其費用額。

② 前項情形，行政法院得命當事人提出費用計算書及釋明費用額之文書。

第二三七條之九　（交通裁決事件準用規定）100

① 交通裁決事件，除本章別有規定外，準用簡易訴訟程序之規定。

② 交通裁決事件之上訴，準用第二百三十五條、第二百三十五條之一、第二百三十六條之一、第二百三十六條之二第一項至第三項及第二百三十七條之八規定。

③ 交通裁決事件之抗告、再審及重新審理，分別準用第四編至第六編規定。

第四章　收容聲請事件程序 103

第二三七條之一〇　（收容聲請事件之種類）103

本法所稱收容聲請事件如下：

一　依入出國及移民法、臺灣地區與大陸地區人民關係條例及香港澳門關係條例提起收容異議、聲請續予收容及延長收容事件。

二　依本法聲請停止收容事件。

第二三七條之一一　（收容聲請事件之管轄法院）103

① 收容聲請事件，以地方法院行政訴訟庭為第一審管轄法院。

② 前項事件，由受收容人所在地之地方法院行政訴訟庭管轄，不適

用第十三條之規定。

第二三七條之一二 （收容聲請事件之審理程序）103

①行政法院審理收容異議、續予收容及延長收容之聲請事件，應訊問受收容人；入出國及移民署並應到場陳述。

②行政法院審理前項聲請事件時，得徵詢入出國及移民署為其他收容替代處分之可能，以供斟酌收容之必要性。

第二三七條之一三 （聲請法院停止收容）103

①行政法院裁定續予收容或延長收容後，受收容人及得提起收容異議之人，認為收容原因消滅、無收容必要或有得不予收容情形者，得聲請法院停止收容。

②行政法院審理前項事件，認有必要時，得訊問受收容人或徵詢入出國及移民署之意見，並準用前條第二項之規定。

第二三七條之一四 （收容聲請事件之裁定方式）103

①行政法院認收容異議、停止收容之聲請為無理由者，應以裁定駁回之。認有理由者，應為釋放受收容人之裁定。

②行政法院認續予收容、延長收容之聲請為無理由者，應以裁定駁回之。認有理由者，應為續予收容或延長收容之裁定。

第二三七條之一五 （裁定之宣示及送達）103

行政法院所為續予收容或延長收容之裁定，應於收容期間屆滿前當庭宣示或以正本送達受收容人。未於收容期間屆滿前為之者，續予收容或延長收容之裁定，視為撤銷。

第二三七條之一六 （收容聲請事件裁定之救濟程序）103

①聲請人、受裁定人或入出國及移民署對地方法院行政訴訟庭所為收容聲請事件之裁定不服者，應於裁定送達後五日內抗告於管轄之高等行政法院。對於抗告法院之裁定，不得再為抗告。

②抗告程序，除依前項規定外，準用第四編之規定。

③收容聲請事件之裁定已確定，而有第二百七十三條之情形者，得準用第五編之規定，聲請再審。

第二三七條之一七 （收容聲請事件之訴訟費用相關規定）103

①行政法院受理收容聲請事件，不適用第一編第四章第五節訴訟費用之規定。但依第九十八條之六第一項第一款所定徵收者，不在此限。

②收容聲請事件，除本章別有規定外，準用簡易訴訟程序之規定。

第三編　上訴審程序

第二三八條 （上訴審程序）100

①對於高等行政法院之終局判決，除本法或其他法律別有規定外，得上訴於最高行政法院。

②於上訴審程序，不得為訴之變更、追加或提起反訴。

第二三九條 （上訴之範圍）

前條判決前之裁判，牽涉該判決者，並受最高行政法院之審判。

但依本法不得聲明不服或得以抗告聲明不服者，不在此限。

第二四○條 （捨棄上訴權）

①當事人於高等行政法院判決宣示、公告或送達後，得捨棄上訴權。

②當事人於宣示判決時，以言詞捨棄上訴權者，應記載於言詞辯論筆錄；如他造不在場，應將筆錄送達。

第二四一條 （上訴期間）

提起上訴，應於高等行政法院判決送達後二十日之不變期間內為之。但宣示或公告後送達前之上訴，亦有效力。

第二四一條之一 （上訴審訴訟代理人）100

①對於高等行政法院判決上訴，上訴人應委任律師為訴訟代理人。但有下列情形之一者，不在此限：

一　上訴人或其法定代理人具備律師資格或為教育部審定合格之大學或獨立學院公法學教授、副教授者。

二　稅務行政事件，上訴人或其法定代理人具備會計師資格者。

三　專利行政事件，上訴人或其法定代理人具備專利師資格或依法得為專利代理人者。

②非律師具有下列情形之一，經最高行政法院認為適當者，亦得為上訴審訴訟代理人：

一　上訴人之配偶、三親等內之血親、二親等內之姻親具備律師資格者。

二　稅務行政事件，具備會計師資格者。

三　專利行政事件，具備專利師資格或依法得為專利代理人者。

四　上訴人為公法人、中央或地方機關、公法上之非法人團體時，其所屬專任人員辦理法制、法務、訴願業務或與訴訟事件相關業務者。

③民事訴訟法第四百六十六條之一第三項、第四項、第四百六十六條之二及第四百六十六條之三之規定，於前二項準用之。

第二四二條 （上訴之理由）

對於高等行政法院判決之上訴，非以其違背法令為理由，不得為之。

第二四三條 （判決違背法令之情形）99

①判決不適用法規或適用不當者，為違背法令。

②有下列各款情形之一者，其判決當然違背法令：

一　判決法院之組織不合法者。

二　依法律或裁判應迴避之法官參與裁判者。

三　行政法院於權限之有無辨別不當或違背專屬管轄之規定者。

四　當事人於訴訟未經合法代理或代表者。

五　違背言詞辯論公開之規定者。

六　判決不備理由或理由矛盾者。

第二四四條 （上訴狀應表明事項）100

①提起上訴，應以上訴狀表明下列各款事項，提出於原高等行政法

院為之：

一　當事人。

二　高等行政法院判決，及對於該判決上訴之陳述。

三　對於高等行政法院判決不服之程度，及應如何廢棄或變更之聲明。

四　上訴理由。

②前項上訴狀內並應添具關於上訴理由之必要證據。

第二四五條（補齊上訴理由書之期間）

①上訴狀內未表明上訴理由者，上訴人應於提起上訴後二十日內提出理由書於原高等行政法院；未提出者，毋庸命其補正，由原高等行政法院以裁定駁回之。

②判決宣示或公告後送達前提起上訴者，前項期間應自判決送達後起算。

第二四六條（原審對不合法上訴之處置）100

①上訴不合法而其情形不能補正者，原高等行政法院應以裁定駁回之。

②上訴不合法而其情形可以補正者，原高等行政法院應定期間命其補正；如不於期間內補正，原高等行政法院應以裁定駁回之。

第二四七條（上訴狀之送達及答辯狀之提出）

①上訴未經依前條規定駁回者，高等行政法院應速將上訴狀送達被上訴人。

②被上訴人得於上訴狀或第二百四十五條第一項理由書送達後十五日內，提出答辯狀於原高等行政法院。

③高等行政法院送交訴訟卷宗於最高行政法院，應於收到答辯狀或前項期間已滿，及各當事人之上訴期間已滿後為之。

④前項應送交之卷宗，如為高等行政法院所需者，應自備繕本、影本或節本。

第二四八條（補提書狀於最高行政法院）100

①被上訴人在最高行政法院未判決前得提出答辯狀及其追加書狀於最高行政法院，上訴人亦得提出上訴理由追加書狀。

②最高行政法院認有必要時，得將前項書狀送達於他造。

第二四九條（對不合法上訴之處置）

①上訴不合法者，最高行政法院應以裁定駁回之。但其情形可以補正者，審判長應定期間先命補正。

②上訴不合法之情形，已經原高等行政法院命其補正而未補正者，得不行前項但書之程序。

第二五〇條（上訴聲明之限制）

上訴之聲明不得變更或擴張之。

第二五一條（調查之範圍）

①最高行政法院應於上訴聲明之範圍內調查之。

②最高行政法院調查高等行政法院判決有無違背法令，不受上訴理由之拘束。

第二五二條 （刪除）100

第二五三條 （判決不經言詞辯論之原則）99

① 最高行政法院之判決不經言詞辯論為之。但有下列情形之一者，得依職權或依聲請行言詞辯論：
    一　法律關係複雜或法律見解紛歧，有以言詞辯明之必要者。
    二　涉及專門知識或特殊經驗法則，有以言詞說明之必要者。
    三　涉及公益或影響當事人權利義務重大，有行言詞辯論之必要者。

② 言詞辯論應於上訴聲明之範圍內為之。

第二五四條 （判決基礎）

① 除別有規定外，最高行政法院應以高等行政法院判決確定之事實為判決基礎。

② 以違背訴訟程序之規定為上訴理由時，所舉違背之事實，及以違背法令確定事實或遺漏事實為上訴理由時，所舉之該事實，最高行政法院得斟酌之。

③ 依前條第一項但書行言詞辯論所得闡明或補充訴訟關係之資料，最高行政法院亦得斟酌之。

第二五五條 （無理由上訴之判決）

① 最高行政法院認上訴為無理由者，應為駁回之判決。

② 原判決依其理由雖屬不當，而依其他理由認為正當者，應以上訴為無理由。

第二五六條 （上訴有理由之判決）

① 最高行政法院認上訴為有理由者，就該部分應廢棄原判決。

② 因違背訴訟程序之規定廢棄原判決者，其違背之訴訟程序部分，視為亦經廢棄。

第二五六條之一 （適用上訴審之情形）100

① 應適用簡易訴訟程序或交通裁決訴訟程序之事件，最高行政法院不得以高等行政法院行通常訴訟程序而廢棄原判決。

② 前項情形，應適用簡易訴訟或交通裁決訴訟上訴審程序之規定。

第二五七條 （將事件移送管轄法院）

① 最高行政法院不得以高等行政法院無管轄權而廢棄原判決。但違背專屬管轄之規定者，不在此限。

② 因高等行政法院無管轄權而廢棄原判決者，應以判決將該事件移送於管轄行政法院。

第二五八條 （原判決雖違背法令仍不得廢棄之例外規定）

除第二百四十三條第二項第一款至第五款之情形外，高等行政法院判決違背法令而不影響裁判之結果者，不得廢棄原判決。

第二五九條 （自為判決之情形）99

經廢棄原判決而有下列各款情形之一者，最高行政法院應就該事件自為判決：
    一　因基於確定之事實或依法得斟酌之事實，不適用法規或適用不當廢棄原判決，而事件已可依該事實為裁判者。

二　因事件不屬行政法院之權限，而廢棄原判決者。

三　依第二百五十三條第一項行言詞辯論者。

第二六〇條　（發回或發交判決）

①除別有規定外，經廢棄原判決者，最高行政法院應將該事件發回原高等行政法院或發交其他高等行政法院。

②前項發回或發交判決，就高等行政法院應調查之事項，應詳予指示。

③受發回或發交之高等行政法院，應以最高行政法院所為廢棄理由之法律上判斷為其判決基礎。

第二六一條　（發回或發交所應為之處置）

為發回或發交之判決者，最高行政法院應速將判決正本附入卷宗，送交受發回或發交之高等行政法院。

第二六二條　（撤回上訴）

①上訴人於終局判決宣示或公告前得將上訴撤回。

②撤回上訴者，喪失其上訴權。

③上訴之撤回，應以書狀為之。但在言詞辯論時，得以言詞為之。

④於言詞辯論時所為上訴之撤回，應記載於言詞辯論筆錄，如他造不在場，應將筆錄送達。

第二六三條　（上訴審程序準用之規定）

除本編別有規定外，前編第一章之規定，於上訴審程序準用之。

第四編　抗告程序

第二六四條　（得控告之裁定）

對於裁定得為抗告。但別有不許抗告之規定者，不在此限。

第二六五條　（程序中裁定不得抗告之原則）

訴訟程序進行中所為之裁定，除別有規定外，不得抗告。

第二六六條　（準抗告）

①受命法官或受託法官之裁定，不得抗告。但其裁定如係受訴行政法院所為而依法律得為抗告者，得向受訴行政法院提出異議。

②前項異議，準用對於行政法院同種裁定抗告之規定。

③受訴行政法院就異議所為之裁定，得依本編之規定抗告。

④繫屬於最高行政法院之事件，受命法官、受託法官所為之裁定，得向受訴行政法院提出異議。其不得上訴最高行政法院之事件，高等行政法院受命法官、受託法官所為之裁定，亦同。

第二六七條　（抗告法院）100

①抗告，由直接上級行政法院裁定。

②對於抗告法院之裁定，不得再為抗告。

第二六八條　（抗告期間）

提起抗告，應於裁定送達後十日之不變期間內為之。但送達前之抗告亦有效力。

第二六九條　（提起抗告之程序）100

① 提起抗告，應向為裁定之原行政法院或原審判長所屬行政法院提出抗告狀為之。

② 關於訴訟救助提起抗告，及由證人、鑑定人或執有證物之第三人提起抗告者，得以言詞為之。

第二七〇條 （抗告捨棄及撤回準用之規定）

關於捨棄上訴權及撤回上訴之規定，於抗告準用之。

第二七一條 （擬制抗告或異議）

依本編規定，應為抗告而誤為異議者，視為已提起抗告；應提出異議而誤為抗告者，視為已提出異議。

第二七二條 （準用之規定）99

民事訴訟法第四百九十條至第四百九十二條及第四百九十五條之一第一項之規定，於本編準用之。

第五編　再審程序

第二七三條 （再審之事由）99

① 有下列各款情形之一者，得以再審之訴對於確定終局判決聲明不服。但當事人已依上訴主張其事由或知其事由而不為主張者，不在此限：

一　適用法規顯有錯誤者。

二　判決理由與主文顯有矛盾者。

三　判決法院之組織不合法者。

四　依法律或裁判應迴避之法官參與裁判者。

五　當事人於訴訟未經合法代理或代表者。

六　當事人知他造之住居所，指為所在不明而涉訟者。但他造已承認其訴訟程序者，不在此限。

七　參與裁判之法官關於該訴訟違背職務，犯刑事上之罪者。

八　當事人之代理人、代表人、管理人或他造其代理人、代表人、管理人關於該訴訟有刑事上應罰之行為，影響於判決者。

九　為判決基礎之證物係偽造或變造者。

十　證人、鑑定人或通譯就為判決基礎之證言、鑑定或通譯為虛偽陳述者。

十一　為判決基礎之民事或刑事判決及其他裁判或行政處分，依其後之確定裁判或行政處分已變更者。

十二　當事人發現就同一訴訟標的在前已有確定判決或和解或得使用該判決或和解者。

十三　當事人發現未經斟酌之證物或得使用該證物者。但以如經斟酌可受較有利益之裁判者為限。

十四　原判決就足以影響於判決之重要證物漏未斟酌者。

② 確定終局判決所適用之法律或命令，經司法院大法官依當事人之聲請解釋為牴觸憲法者，其聲請人亦得提起再審之訴。

③第一項第七款至第十款情形，以宣告有罪之判決已確定，或其刑事訴訟不能開始或續行為因證據不足為限，得提起再審之訴。

第二七四條 （為判決基礎之裁判有再審原因）

為判決基礎之裁判，如有前條所定之情形者，得據以對於該判決提起再審之訴。

第二七四條之一 （判決駁回後不得提起再審之訴）99

再審之訴，行政法院認無再審理由，判決駁回後，不得以同一事由對於原確定判決或駁回再審之訴之確定判決，更行提起再審之訴。

第二七五條 （再審之專屬管轄法院）100

①再審之訴專屬為判決之原行政法院管轄。

②對於審級不同之行政法院就同一事件所為之判決提起再審之訴者，專屬上級行政法院合併管轄之。

③對於最高行政法院之判決，本於第二百七十三條第一項第九款至第十四款事由聲明不服者，雖有前二項之情形，仍專屬原高等行政法院管轄。

第二七六條 （提起再審之期間）96

①再審之訴應於三十日之不變期間內提起。

②前項期間自判決確定時起算，判決於送達前確定者，自送達時起算；其再審之理由發生或知悉在後者，均自知悉時起算。

③依第二百七十三條第二項提起再審之訴者，第一項期間自解釋公布當日起算。

④再審之訴自判決確定時起，如已逾五年者，不得提起。但以第二百七十三條第一項第五款、第六款或第十二款情形為再審之理由者，不在此限。

⑤對於再審確定判決不服，復提起再審之訴者，前項所定期間，自原判決確定時起算。但再審之訴有理由者，自該再審判決確定時起算。

第二七七條 （提起再審之程式）99

①再審之訴，應以訴狀表明下列各款事項，並添具確定終局判決繕本，提出於管轄行政法院為之：

一　當事人。

二　聲明不服之判決及提起再審之訴之陳述。

三　應於如何程度廢棄原判決及就本案如何判決之聲明。

四　再審理由及關於再審理由並遵守不變期間之證據。

②再審訴狀內，宜記載準備本案言詞辯論之事項。

第二七八條 （駁回再審之訴）

①再審之訴不合法者，行政法院應以裁定駁回之。

②再審之訴顯無再審理由者，得不經言詞辯論，以判決駁回之。

第二七九條 （本案審理範圍）

本案之辯論及裁判，以聲明不服之部分為限。

第二八〇條 （雖有再審理由仍應以判決駁回）

再審之訴雖有再審理由，行政法院如認原判決為正當者，應以判決駁回之。

第二八一條 （各審程序之準用）

除本編別有規定外，再審之訴訟程序準用關於各該審級訴訟程序之規定。

第二八二條 （再審判決之效力）

再審之訴之判決，對第三人因信賴確定終局判決以善意取得之權利無影響。但顯於公益有重大妨害者，不在此限。

第二八三條 （準再審）

裁定已經確定，而有第二百七十三條之情形者，得準用本編之規定，聲請再審。

第六編　重新審理

第二八四條 （重新審理之聲請）

①因撤銷或變更原處分或決定之判決，而權利受損害之第三人，如非可歸責於己之事由，未參加訴訟，致不能提出足以影響判決結果之攻擊或防禦方法者，得對於確定終局判決聲請重新審理。

②前項聲請，應於知悉確定判決之日起三十日之不變期間內為之。但自判決確定之日起已逾一年者，不得聲請。

第二八五條 （重新審理之管轄法院）

重新審理之聲請準用第二百七十五條第一項、第二項管轄之規定。

第二八六條 （聲請重新審理之程式）99

①聲請重新審理，應以聲請狀表明下列各款事項，提出於管轄行政法院為之：

一　聲請人及原訴訟之兩造當事人。

二　聲請重新審理之事件，及聲請重新審理之陳述。

三　就本案應為如何判決之聲明。

四　聲請理由及關於聲請理由並遵守不變期間之證據。

②聲請狀內，宜記載準備本案言詞辯論之事項。

第二八七條 （聲請不合法之駁回）

聲請重新審理不合法者，行政法院應以裁定駁回之。

第二八八條 （聲請合法之處置）

行政法院認為第二百八十四條第一項之聲請有理由者，應以裁定命為重新審理；認為無理由者，應以裁定駁回之。

第二八九條 （撤回聲請）

①聲請人於前二條裁定確定前得撤回其聲請。

②撤回聲請者，喪失其聲請權。

③聲請之撤回，得以書狀或言詞為之。

第二九〇條 （回復原訴訟程序）

①開始重新審理之裁定確定後，應即回復原訴訟程序，依其審級更為審判。

②聲請人於回復原訴訟程序後，當然參加訴訟。

第二九一條 （不停止執行之原則）

聲請重新審理無停止原確定判決執行之效力。但行政法院認有必要時，得命停止執行。

第二九二條 （重新審理準用之規定）

第二百八十二條之規定於重新審理準用之。

第七編　保全程序

第二九三條 （假扣押之要件）

①為保全公法上金錢給付之強制執行，得聲請假扣押。

②前項聲請，就未到履行期之給付，亦得為之。

第二九四條 （假扣押之管轄法院）100

①假扣押之聲請，由管轄本案之行政法院或假扣押標的所在地之地方法院行政訴訟庭管轄。

②管轄本案之行政法院為訴訟已繫屬或應繫屬之第一審法院。

③假扣押之標的如係債權，以債務人住所或擔保之標的所在地，為假扣押標的所在地。

第二九五條 （本訴之提起）

假扣押裁定後，尚未提起給付之訴者，應於裁定送達後十日內提起；逾期未起訴者，行政法院應依聲請撤銷假扣押裁定。

第二九六條 （假扣押裁定撤銷之效力）

①假扣押裁定因自始不當而撤銷，或因前條及民事訴訟法第五百三十條第三項之規定而撤銷者，債權人應賠償債務人因假扣押或供擔保所受之損害。

②假扣押所保全之本案請求已起訴者，前項賠償，行政法院於言詞辯論終結前，應依債務人之聲明，於本案判決內命債權人為賠償；債務人未聲明者，應告以得為聲明。

第二九七條 （假扣押程序準用之規定）

民事訴訟法第五百二十三條、第五百二十五條至第五百二十八條及第五百三十條之規定，於本編扣押程序準用之。

第二九八條 （假處分之要件）

①公法上之權利因現狀變更，有不能實現或甚難實現之虞者，為保全強制執行，得聲請假處分。

②於爭執之公法上法律關係，為防止發生重大之損害或避免急迫之危險而有必要時，得聲請為定暫時狀態之處分。

③前項處分，得命先為一定之給付。

④行政法院為假處分裁定前，得訊問當事人、關係人或為其他必要之調查。

第二九九條 （假處分之限制）100

得依第一百十六條請求停止原處分或決定之執行者，不得聲請為前條之假處分。

第三〇〇條 （假處分之管轄法院）100

假處分之聲請，由管轄本案之行政法院管轄。但有急迫情形時，得由請求標的所在地之地方法院行政訴訟庭管轄。

第三〇一條 （假處分原因之釋明）

關於假處分之請求及原因，非有特別情事，不得命供擔保以代釋明。

第三〇二條 （假處分準用假扣押之規定）

除別有規定外，關於假扣押之規定，於假處分準用之。

第三〇三條 （假處分程序準用之規定）

民事訴訟法第五百三十五條及第五百三十六條之規定，於本編假處分程序準用之。

第八編　強制執行

第三〇四條 （撤銷判決之執行）

撤銷判決確定者，關係機關應即為實現判決內容之必要處置。

第三〇五條 （給付裁判之執行）100

①行政訴訟之裁判命債務人為一定之給付，經裁判確定後，債務人不為給付者，債權人得以之為執行名義，聲請地方法院行政訴訟庭強制執行。

②地方法院行政訴訟庭應先定相當期間通知債務人履行；逾期不履行者，強制執行。

③債務人為中央或地方機關或其他公法人者，並應通知其上級機關督促其如期履行。

④依本法成立之和解，及其他依本法所為之裁定得為強制執行者，或科處罰鍰之裁定，均得為執行名義。

第三〇六條 （執行機關與執行程序）100

①地方法院行政訴訟庭為辦理行政訴訟強制執行事務，得囑託民事執行處或行政機關代為執行。

②執行程序，除本法別有規定外，應視執行機關為法院或行政機關而分別準用強制執行法或行政執行法之規定。

③債務人對第一項囑託代為執行之執行名義有異議者，由地方法院行政訴訟庭裁定之。

第三〇七條 （強制執行之訴訟之受理法院）100

債務人異議之訴，依其執行名義係適用簡易訴訟程序或通常訴訟程序，分別由地方法院行政訴訟庭或高等行政法院受理；其餘有關強制執行之訴訟，由普通法院受理。

第三〇七條之一 （準用之規定）99

民事訴訟法之規定，除本法已規定準用者外，與行政訴訟性質不

相牴觸者，亦準用之。

第九編　附　則

第三〇八條　（施行日期）

①本法自公布日施行。

②本法修正條文施行日期，由司法院以命令定之。

行政訴訟法施行法

①民國 89 年 6 月 7 日總統令制定公布全文 6 條。
②民國 100 年 11 月 23 日總統令修正公布全文 15 條。
③民國 103 年 6 月 18 日總統令增訂公布第 14-1～14-4 條條文。

第一條 （新、舊法之定義）
本法稱修正行政訴訟法者，指中華民國一百年十一月一日修正
後，公布施行之行政訴訟法；稱舊法者，指修正行政訴訟法施行
前之行政訴訟法。

第二條 （溯及既往之原則）
除本法別有規定外，修正行政訴訟法於其施行前發生之事項亦適
用之。但因舊法所生之效力，不因此而受影響。

第三條 （程序從新原則及強制代理之規定）
①修正行政訴訟法施行前已繫屬於高等行政法院之簡易訴訟程序事
件，於修正行政訴訟法施行後，依下列規定辦理：
一　尚未終結者：由高等行政法院裁定移送管轄之地方法院行政
　　訴訟庭，依修正行政訴訟法審理。其上訴、抗告，適用修
　　正行政訴訟法之規定。
二　已終結者：其上訴、抗告，適用舊法之規定。
②修正行政訴訟法施行前已繫屬於高等行政法院之通常訴訟程序事
件，於修正行政訴訟法施行後，依下列規定辦理：
一　尚未終結者：其上訴，適用修正行政訴訟法第二百四十一條
　　之一規定。
二　已終結者：其上訴，適用舊法之規定。

第四條 （程序從舊原則）
修正行政訴訟法施行前已繫屬於最高行政法院，而於修正行政訴
訟法施行後，尚未終結之簡易訴訟程序上訴或抗告事件，由最高
行政法院依舊法裁判之。如認上訴或抗告不合法或無理由者，應
予駁回；有理由者，應為上訴人或抗告人勝訴之裁判；必要時，
發交管轄之地方法院行政訴訟庭依修正行政訴訟法審判之。

第五條 （通常或簡易訴訟程序之適用標準）
①司法院依修正行政訴訟法第二百二十九條第三項規定，以命令減
增同條第二項之數額者，於命令減增前已繫屬地方法院行政訴訟
庭或高等行政法院而尚未終結之事件，依減增後之標準決定其適
用通常或簡易訴訟程序。
②依前項規定應改用簡易訴訟程序者，由高等行政法院裁定移送管
轄之地方法院行政訴訟庭審理；應改用通常訴訟程序者，由地方

法院行政訴訟庭裁定移送管轄之高等行政法院審理。

③於減增前已終結及減增前已提起上訴或抗告者，仍依原訴訟程序審理。其經廢棄發回或發交者，依減增後之標準決定其適用通常或簡易訴訟程序。

第六條 （繼續審判事件之審理）

①修正行政訴訟法施行前已因和解而終結之簡易訴訟程序事件，當事人請求繼續審判者，依下列規定辦理：

一 原和解係由高等行政法院為之者：由地方法院行政訴訟庭受理繼續審判事件。

二 原和解係由最高行政法院為之者：由最高行政法院受理繼續審判事件。

②前項第一款情形，高等行政法院已受理未終結之繼續審判事件，應裁定移送管轄之地方法院行政訴訟庭。

第七條 （再審事件之期間及事由依據）

中華民國八十九年七月一日行政訴訟法修正施行前已確定裁判之再審，其再審期間依六十四年十二月十二日修正公布施行之行政訴訟法規定；再審事由，依八十九年七月一日修正施行之行政訴訟法規定。

第八條 （簡易訴訟程序事件再審之訴規定與適用）

①依舊法確定之簡易訴訟程序事件，當事人提起再審之訴者，依下列規定辦理：

一 對於高等行政法院確定之判決提起再審之訴或對最高行政法院之判決本於行政訴訟法第二百七十三條第一項第九款至第十四款事由聲明不服者：由地方法院行政訴訟庭依修正行政訴訟法審理。

二 對於高等行政法院及最高行政法院所為之第一審、第二審判決提起再審之訴或對最高行政法院判決提起再審之訴而非本於第二百七十三條第一項第九款至第十四款事由聲明不服者：由最高行政法院依舊法審理。必要時，發交管轄之地方法院行政訴訟庭依修正行政訴訟法審判之。

②前項第一款情形，高等行政法院已受理未終結之簡易訴訟再審事件，應裁定移送管轄之地方法院行政訴訟庭。

③前二項情形，於對裁定聲請再審事件準用之。

第九條 （簡易訴訟程序事件之重新審理適用原則）

①依舊法確定之簡易訴訟程序判決，第三人聲請重新審理者，及已經法院裁定命重新審理之簡易訴訟程序事件，依下列規定辦理：

一 對於高等行政法院確定簡易訴訟程序判決聲請重新審理事件及已經法院裁定命重新審理之簡易訴訟程序事件第一審，由地方法院行政訴訟庭依修正行政訴訟法審理。

二 對於最高行政法院確定簡易訴訟程序判決聲請重新審理事件及已經法院裁定命重新審理之簡易訴訟程序事件第二審，由最高行政法院依舊法審理。必要時，發交管轄之地方法院行政

　　政訴訟法庭依修正行政訴訟法審判之。

②前項第一款情形，高等行政法院已受理未終結者，應裁定移送管轄之地方法院行政訴訟庭。

第一○條　（地方法院交通法庭聲明異議事件之審理方式）

①修正行政訴訟法施行前，已繫屬於地方法院之違反道路交通管理處罰條例聲明異議事件，於修正行政訴訟法施行後尚未終結者，仍由原法官依中華民國一百年十一月四日修正前之道路交通管理處罰條例規定審理。

②前項裁定之抗告及修正行政訴訟法施行前已由地方法院終結之違反道路交通管理處罰條例聲明異議事件之抗告，由高等法院依一百年十一月四日修正前之道路交通管理處罰條例規定審理。

③修正行政訴訟法施行前，已提出聲明異議書狀於原處分機關者，原處分機關於修正行政訴訟法施行後二個月內送交該管地方法院，視為於修正行政訴訟法施行前已繫屬於各該法院。

第一一條　（聲明異議抗告事件之審理）

　修正行政訴訟法施行前，已繫屬於高等法院之違反道路交通管理處罰條例聲明異議抗告事件，於修正行政訴訟法施行後尚未終結者，由高等法院依中華民國一百年十一月四日修正前之道路交通管理處罰條例規定審理。

第一二條　（假扣押、假處分及保全證據聲請與強制執行事件處理之適用規定）

①修正行政訴訟法施行前，已繫屬於高等行政法院之假扣押、假處分、保全證據之聲請及其強制執行事件，於修正行政訴訟法施行後尚未終結者，由原法院依舊法之規定辦理。

②前項裁定之抗告及修正行政訴訟法施行前已終結之假扣押、假處分、保全證據事件之抗告，適用舊法之規定。於修正行政訴訟法施行前已提起抗告者，亦同。

③修正行政訴訟法施行前已准許之假扣押、假處分之裁定，其聲請撤銷，向原裁定法院為之。

第一三條　（移轉行政訴訟強制執行事件之規定）

　修正行政訴訟法施行前，已繫屬於高等行政法院之行政訴訟強制執行事件，未經執行或尚未執行終結者，於修正行政訴訟法施行後，移由地方法院行政訴訟庭辦理強制執行。

第一四條　（提起訴訟期間之限制）

　中華民國九十九年一月十三日修正公布，九十九年五月一日施行之行政訴訟法第一百零六條第四項之應作為期間，屆滿於九十九年五月一日前之事件，其起訴期三年之規定，自九十九年五月一日起算。

第一四條之一　（修正行政訴訟法前已繫屬高等行政法院或最高行政法院之行政訴訟法第229條第2項第5款事件，於修法後尚未終結者，其管轄法院及適用程序）103

①修正行政訴訟法施行前已繫屬於高等行政法院之行政訴訟法第二

百二十九條第二項第五款行政訴訟事件，於修正施行後，依下列規定辦理：

一　尚未終結者：由高等行政法院裁定移送管轄之地方法院行政訴訟庭，依修正行政訴訟法審判；其上訴、抗告，適用修正行政訴訟法之規定。

二　已終結者：其上訴、抗告，適用舊法之規定。

②修正行政訴訟法施行前，已繫屬於最高行政法院，而於修正施行後，尚未終結之前項事件，由最高行政法院依舊法裁判之。如認上訴或抗告不合法或無理由者，應予駁回；有理由者，應為上訴人或抗告人勝訴之裁判；必要時，發交管轄之地方法院行政訴訟庭依修正行政訴訟法審判之。

第一四條之二　（依行政訴訟法修正前確定之行政訴訟法第229條第2項第5款事件提起再審之訴或聲請再審，其管轄法院及適用程序）103

①依修正行政訴訟法施行前確定之前條第一項事件，當事人提起再審之訴者，依下列規定辦理：

一　對於高等行政法院確定之判決提起再審之訴，或對最高行政法院之判決本於行政訴訟法第二百七十三條第一項第九款至第十四款事由聲明不服者：由地方法院行政訴訟庭依修正行政訴訟法審理。

二　對於高等行政法院及最高行政法院所為之第一審及第二審判決提起再審之訴，或對最高行政法院判決提起再審之訴而非本於行政訴訟法第二百七十三條第一項第九款至第十四款事由聲明不服者：由最高行政法院依舊法審理。必要時，發交管轄之地方法院行政訴訟庭依修正行政訴訟法審判之。

②前項第一款情形，高等行政法院已受理未終結之前條第一項事件之再審事件，應裁定移送管轄之地方法院行政訴訟庭。

③前二項情形，於裁定聲請再審事件準用之。

第一四條之三　（依行政訴訟法修正前確定之行政訴訟法第229條第2項第5款事件第三人聲請重新審理或裁定重新審理，其管轄法院及適用程序）103

①依修正行政訴訟法施行前確定之第十四條之一第一項事件，第三人聲請重新審理者，及已經法院裁定命重新審理之第十四條之一第一項事件，依下列規定辦理：

一　對於高等行政法院確定之第十四條之一第一項事件判決聲請重新審理事件，及已經法院裁定命重新審理之第十四條之一第一項事件第一審，由地方法院行政訴訟庭依修正行政訴訟法審理。

二　對於最高行政法院確定之第十四條之一第一項事件判決聲請重新審理事件，及已經法院裁定命重新審理之第十四條之一第一項事件第二審，由最高行政法院依舊法審理。必要時，發交管轄之地方法院行政訴訟庭依修正行政訴訟法審理之。

②前項第一款情形，高等行政法院已受理未終結者，應裁定移送管轄之地方法院行政訴訟庭。

第一四條之四 （修正行政訴訟法施行前已繫屬於行政法院之暫予收容、延長收容處分行政訴訟事件，其管轄法院及適用程序）103

①修正行政訴訟法施行前，已繫屬於行政法院之暫予收容、延長收容處分行政訴訟事件，於修正行政訴訟法施行後，依下列規定辦理：

一　尚未終結者：由原法官依舊法裁判之。其上訴、抗告，適用舊法之規定。

二　已終結者：其上訴、抗告，適用舊法之規定。

②依舊法確定之前項事件，當事人提起再審之訴、聲請再審、第三人聲請重新審理及已經法院裁定命重新審理者，由高等行政法院、最高行政法院依舊法審理。

第一五條 （施行日）

本法自修正行政訴訟法施行之日施行。

國家賠償法

民國 69 年 7 月 2 日總統令制定公布全文 17 條。

第一條 （立法依據）

本法依中華民國憲法第二十四條制定之。

第二條 （國家賠償責任㈠）

①本法所稱公務員者，謂依法令從事於公務之人員。

②公務員於執行職務行使公權力時，因故意或過失不法侵害人民自由或權利者，國家應負損害賠償責任。公務員怠於執行職務，致人民自由或權利遭受損害者亦同。

③前項情形，公務員有故意或重大過失時，賠償義務機關對之有求償權。

第三條 （國家賠償責任㈡）

①公有公共設施因設置或管理有欠缺，致人民生命、身體或財產受損害者，國家應負損害賠償責任。

②前項情形，就損害原因有應負責任之人時，賠償義務機關對之有求償權。

第四條 （受託團體之責任及求償權）

①受委託行使公權力之團體，其執行職務之人於行使公權力時，視同委託機關之公務員。受委託行使公權力之個人，於執行職務行使公權力時亦同。

②前項執行職務之人有故意或重大過失時，賠償義務機關對受委託之團體或個人有求償權。

第五條 （以民法為補充法）

國家損害賠償，除依本法規定外，適用民法規定。

第六條 （特別法之適用）

國家損害賠償，本法及民法以外其他法律有特別規定者，適用其他法律。

第七條 （賠償之方法）

①國家負損害賠償責任者，應以金錢為之。但以回復原狀為適當者，得依請求，回復損害發生前原狀。

②前項賠償所需經費，應由各級政府編列預算支應之。

第八條 （賠償請求權之時效期間）

①賠償請求權，自請求權人知有損害時起，因二年間不行使而消滅；自損害發生時起，逾五年者亦同。

②第二條第三項、第三條第二項及第四條第二項之求償權，自支付

賠償金或回復原狀之日起，因二年間不行使而消滅。

第九條 （賠償之義務機關）

①依第二條第二項請求損害賠償者，以該公務員所屬機關為賠償義務機關。

②依第三條第一項請求損害賠償者，以該公共設施之設置或管理機關為賠償義務機關。

③前二項賠償義務機關經裁撤或改組者，以承受其業務之機關為賠償義務機關。無承受其業務之機關者，以其上級機關為賠償義務機關。

④不能依前三項確定賠償義務機關，或於賠償義務機關有爭議時，得請求其上級機關確定之。其上級機關自被請求之日起逾二十日不為確定者，得逕以該上級機關為賠償義務機關。

第一〇條 （請求賠償之程序）

①依本法請求損害賠償時，應先以書面向賠償義務機關請求之。

②賠償義務機關對於前項請求，應即與請求權人協議。協議成立時，應作成協議書，該項協議書得為執行名義。

第一一條 （損害賠償之訴之提起）

①賠償義務機關拒絕賠償，或自提出請求之日起逾三十日不開始協議，或自開始協議之日起逾六十日協議不成立時，請求權人得提起損害賠償之訴。但已依行政訴訟法規定，附帶請求損害賠償者，就同一原因事實，不得更行起訴。

②依本法請求損害賠償時，法院得依聲請為假處分，命賠償義務機關暫先支付醫療費或喪葬費。

第一二條 （民事訴訟法之適用）

損害賠償之訴，除依本法規定外，適用民事訴訟法之規定。

第一三條 （公務員損害賠償責任）

有審判或追訴職務之公務員，因執行職務侵害人民自由或權利，就其參與審判或追訴案件犯職務上之罪，經判決有罪確定者，適用本法規定。

第一四條 （其他公法人之準用）

本法於其他公法人準用之。

第一五條 （相互保證主義）

本法於外國人為被害人時，以依條約或其本國法令或慣例，中華民國人得在該國與該國人享受同等權利者為限，適用之。

第一六條 （施行細則之訂定）

本法施行細則，由行政院定之。

第一七條 （施行日）

本法自中華民國七十年七月一日施行。

國家賠償法施行細則

①民國 70 年 6 月 10 日行政院令訂定發布全文 45 條。
②民國 85 年 12 月 11 日行政院令修正發布第 12、17、19、22～24、27、35、36、41 條條文；並增訂第 3-1、41-1、41-2 條條文。
③民國 88 年 9 月 29 日行政院令修正發布第 24 條條文。

第一章　總　則

第一條

本細則依國家賠償法（以下簡稱本法）第十六條之規定訂定之。

第二條

依本法第二條第二項、第三條第一項之規定，請求國家賠償者，以公務員之不法行為、公有公共設施設置或管理之欠缺及其所生損害均在本法施行後者為限。

第三條

依本法第九條第四項請求確定賠償義務機關時，如其上級機關不能確定，應由其再上級機關確定之。

第三條之一

本法第八條第一項所稱知有損害，須知有損害事實及國家賠償責任之原因事實。

第二章　預算之編列與支付

第四條

本法第七條第二項之經費預算，由各級政府依預算法令之規定編列之。

第五條

①請求權人於收到協議書，訴訟上和解筆錄或確定判決後，得即向賠償義務機關請求賠償。

②賠償義務機關收到前項請求後，應於三十日內支付賠償金或開始回復原狀。

③前項賠償金之支付或為回復原狀所必需之費用，由編列預算之各級政府撥付者，應即撥付。

第六條

請求權人領取賠償金或受領原狀之回復時，應填具收據或證明原狀已回復之文件。

第三章　協　議

第一節　代理人

第七條

①請求權人得委任他人為代理人，與賠償義務機關進行協議。

②同一損害賠償事件有多數請求權人者，得委任其中一人或數人為代理人，與賠償義務機關進行協議。

③前二項代理人應於最初為協議行為時，提出委任書。

第八條

①委任代理人就其受委任之事件，有為一切協議行為之權，但拋棄損害賠償請求權、撤回損害賠償之請求、領取損害賠償金、受領原狀之回復或選任代理人，非受特別委任，不得為之。

②對於前項之代理權加以限制者，應於前條之委任書內記明。

第九條

①委任代理人有二人以上者，均得單獨代理請求權人。

②違反前項之規定而為委任者，對於賠償義務機關不生效力。

第一〇條

委任代理人事實上之陳述，經到場之請求權人即時撤銷或更正者，失其效力。

第一一條

委任代理權不因請求權人死亡、破產、喪失行為能力、或法定代理權變更而消滅。

第一二條

委任代理之解除，非由委任人到場陳述或以書面通知賠償義務機關不生效力。

第一三條

①協議由法定代理人進行時，該法定代理人應於最初為協議行為時，提出法定代理權之證明。

②前項法定代理，依民法及其他法令之規定。

第一四條

賠償義務機關如認為代理權有欠缺而可以補正者，應定七日以上之期間，通知其補正，但得許其暫為協議行為，逾期不補正者，其協議不生效力。

第二節　協議之進行

第一五條

①同一賠償事件，數機關均應負損害賠償責任時，被請求之賠償義務機關，應以書面通知未被請求之賠償義務機關參加協議。

②未被請求之賠償義務機關未參加協議者，被請求之賠償義務機關，應將協議結果通知之，以為處理之依據。

第一六條

賠償義務機關應以書面通知為侵害行為之所屬公務員或受委託行使公權力之團體、個人，或公有公共設施因設置或管理人有欠

缺，致人民生命、身體或財產受損害，而就損害原因有應負責之人，於協議日到場陳述意見。

第一七條

①損害賠償之請求，應以書面載明左列各款事項，由請求權人或代理人簽名或蓋章，提出於賠償義務機關。

一　請求權人之姓名、性別、出生年月日、出生地、身分證統一編號、職業、住所或居所。請求權人為法人或其他團體者，其名稱、主事務所或主營業所及代表人之姓名、性別、住所或居所。

二　有代理人者，其姓名、性別、出生年月日、出生地、身分證統一編號、職業、住所或居所。

三　請求賠償之事實、理由及證據。

四　請求損害賠償之金額或回復原狀之內容。

五　賠償義務機關。

六　年、月、日。

②損害賠償之請求，不合前項所定程式者，賠償義務機關應即通知請求權人或其代理人於相當期間內補正。

第一八條

①數機關均應負損害賠償責任時，請求權人得對賠償義務機關中之一機關或數機關，或其全體，同時或先後，請求全部或一部之損害賠償。

②前項情形，請求權人如同時或先後向賠償義務機關請求全部或一部之賠償時，應載明其已向其他賠償義務機關請求賠償之金額或申請回復原狀之內容。

第一九條

被請求賠償損害之機關，認非賠償義務機關或無賠償義務者，得不經協議，於收到請求權人之請求起三十日內，以書面敘明理由拒絕之，並通知有關機關。

第二〇條

賠償義務機關於協議前，應就與協議有關之事項，蒐集證據。

第二一條

①賠償義務機關為第一次協議之通知，至遲應於協議期日五日前，送達於請求權人。

②前項通知所載第一次之協議期日為開始協議之日。

第二二條

①賠償義務機關於協議時，得按事件之性質，洽請具有專門知識經驗之人陳述意見，並支給旅費及出席費。

②請求賠償之金額或回復原狀之費用，在同一事件達一定之金額時，該管地方法院檢察署應賠償義務機關之請，得指派檢察官提供法律上之意見。

③前項一定之金額由法務部擬定，報請行政院核定之。

第二三條

①賠償義務機關應指派所屬職員，記載協議紀錄。

②協議紀錄應記載左列各款事項：

一　協議之處所及年、月、日。

二　到場之請求權人或代理人。賠償義務機關之代表人或其指定代理人、第十五條、第十六條及第二十二條所定之人員。

三　協議事件之案號、案由。

四　請求權人請求損害賠償之金額或回復原狀之內容及請求之事實理由。

五　賠償義務機關之意見。

六　第十五條、第十六條及第二十二條所定人員之意見。

七　其他重要事項。

八　協議結果。

③前項第二款人員應緊接協議紀錄之末行簽名或蓋章。

第二四條

①賠償義務機關得在一定金額限度內，逕行決定賠償金額。

②前項金額限度，中央政府各機關或省政府，由行政院依機關等級定之；縣（市）、鄉（鎮、市）由縣（市）定之；直轄市由其自行定之。

第二五條

①賠償義務機關認應賠償之金額，超過前條所定之限度時，應報請其直接上級機關核定後，始得為賠償之決定。

②前項金額如超過其直接上級機關，依前條規定所得決定之金額限度時，該直接上級機關應報請再上級機關核定。

③有核定權限之上級機關，於接到前二項請求時，應於十五日內為核定。

第二六條

①自開始協議之日起逾六十日協議不成立者，賠償義務機關應依請求權人之申請，發給協議不成立證明書。

②請求權人未依前項規定申請發給協議不成立證明書者，得請求賠償義務機關繼續協議，但以一次為限。

第二七條

①協議成立時，應作成協議書，記載左列各款事項，由到場之請求權人或代理人及賠償義務機關之代表人或其指定代理人簽名或蓋章，並蓋機關之印信：

一　請求權人之姓名、性別、出生年月日、出生地、身分證統一編號、職業、住所或居所。請求權人為法人或其他團體者，其名稱、主事務所或主營業所及代表人之姓名、性別、住所或居所。

二　有代理人者，其姓名、性別、出生年月日、出生地、身分證統一編號、職業、住所或居所。

三　賠償義務機關之名稱及所在地。

四　協議事件之案由及案號。

五　損害賠償之金額或回復原狀之內容。

六　請求權人對於同一原因事實所發生之其他損害，願拋棄其損害賠償請求權者，其拋棄之意旨。

七　年、月、日。

②前項協議書，應由賠償義務機關於協議成立後十日內送達於請求權人。

第二八條

①協議文書得由賠償義務機關派員或交由郵政機關送達，並應由送達人作成送達證書。

②協議文書之送達，除前項規定外，準用民事訴訟法關於送達之規定。

第三節　協議之期日及期間

第二九條

協議期日，由賠償義務機關指定之。

第三〇條

期日，除經請求權人之同意或有不得已之情形外，不得於星期日、國定紀念日或其他休息日定之。

第三一條

賠償義務機關指定期日後，應即製作通知書，送達於協議關係人。但經告以所定期日並記明協議紀錄，或經協議關係人以書面陳明屆期到場者，與送達有同一之效力。

第三二條

期日應為之行為，於賠償義務機關為之。但賠償義務機關認為在其他處所進行協議為適當者，得在其他處所行之。

第三三條

期日如有正當事由，賠償義務機關得依申請或依職權變更之。

第三四條

期日及期間之計算，依民法之規定。

第四章　訴訟及強制執行

第三五條

法院依本法第十一條第二項規定為假處分，命賠償義務機關暫先支付醫療費或喪葬費者，賠償義務機關於收受假處分裁定時，應立即墊付。

第三六條

①前條暫先支付之醫療費或喪葬費，應於給付賠償金額時扣除之。

②請求權人受領前條暫先支付之醫療費或喪葬費後，有左列情形之一者，應予返還：

一　協議不成立，又不請求繼續協議。

二　協議不成立，又不提起損害賠償之訴。

三　請求權人受敗訴判決確定。

四　暫先支付之醫療費或喪葬費，超過協議、訴訟上和解或確定判決所定之賠償總金額者，其超過部分。

第三七條

①請求權人因賠償義務機關拒絕賠償，或協議不成立而起訴者，應於起訴時提出拒絕賠償或協議不成立之證明書。

②請求權人因賠償義務機關逾期不開始協議或拒不發給前項證明書而起訴者，應於起訴時提出已申請協議或已請求發給證明書之證明文件。

第三八條

請求權人就同一原因事實所受之損害，同時或先後向賠償義務機關請求協議及向公務員提起損害賠償之訴，或同時或先後向賠償義務機關及公務員提起損害賠償之訴者，在賠償義務機關協議程序終結或損害賠償訴訟裁判確定前，法院應以裁定停止對公務員損害賠償訴訟程序之進行。

第三九條

該管法院檢察機關應賠償義務機關之請，得指派檢察官為訴訟上必要之協助。

第四〇條

①請求權人於取得執行名義向賠償義務機關請求賠償或墊付醫療費或喪葬費時，該賠償義務機關不得拒絕或遲延履行。

②前項情形，賠償義務機關拒絕或遲延履行者，請求權人得聲請法院強制執行。

第四一條

①本法第二條第三項，第四條第二項所定之故意或重大過失，賠償義務機關應審慎認定之。

②賠償義務機關依本法第二條第三項、第三條第二項或第四條第二項規定行使求償權前，得清查被求償之個人或團體可供執行之財產，並於必要時依法聲請保全措施。

③賠償義務機關依本法第二條第三項、第三條第二項或第四條第二項規定行使求償權前，應先與被求償之個人或團體進行協商，並得酌情許其提供擔保分期給付。

④前項協商如不成立，賠償義務機關應依訴訟程序行使求償權。

第四一條之一

賠償義務機關於請求權人起訴後，應依民事訴訟法規定，將訴訟告知第十六條所定之個人或團體，得於該訴訟繫屬中參加訴訟。

第四一條之二

①賠償義務機關得在第二十四條第二項所定之金額限度內逕為訴訟上之和解。

②賠償義務機關認應賠償之金額，超過前項所定之限度時，應逐級報請該管上級權責機關核定後，始得為訴訟上之和解。

第五章　附　則

第四二條

各級機關應指派法制（務）或熟諳法律人員，承辦國家賠償業務。

第四三條

各機關應於每年一月及七月底，將受理之國家賠償事件及其處理情形，列表送其上級機關及法務部，其已成立協議、訴訟上和解或已判決確定者，並應檢送協議書、和解筆錄或歷審判決書影本。

第四四條

①賠償義務機關承辦國家賠償業務之人員，應就每一國家賠償事件，編訂卷宗。

②法務部於必要時，得調閱賠償義務機關處理國家賠償之卷宗。

第四五條

①本細則自中華民國七十年七月一日施行。

②本細則修正條文自發布日施行。

仲裁法

①民國 50 年 1 月 20 日總統令制定公布全文 30 條。
②民國 71 年 6 月 11 日總統令修正公布全文 36 條。
③民國 75 年 12 月 26 日總統令修正公布第 21、28、29 條；並增訂第 28-1、28-2 條條文。
④民國 87 年 6 月 24 日總統令修正公布名稱及全文 56 條；並自修正公布日後六個月施行（原名稱：商務仲裁條例）。
⑤民國 91 年 7 月 10 日總統令修正公布第 8、54、56 條條文；並自公布日施行。
⑥民國 98 年 12 月 30 日總統令修正公布第 7、56 條條文；並自 98 年 11 月 23 日施行。
⑦民國 104 年 12 月 2 日總統令修正公布第 47 條條文。

第一章　仲裁協議

第一條　（仲裁協議）

①有關現在或將來之爭議，當事人得訂立仲裁協議，約定由仲裁人一人或單數之數人成立仲裁庭仲裁之。

②前項爭議，以依法得和解者為限。

③仲裁協議，應以書面為之。

④當事人間之文書、證券、信函、電傳、電報或其他類似方式之通訊，足認有仲裁合意者，視為仲裁協議成立。

第二條　（仲裁協議不生效力之情形）

約定應付仲裁之協議，非關於一定之法律關係，及由該法律關係所生之爭議而為者，不生效力。

第三條　（仲裁條款之效力應獨立認定）

當事人間之契約訂有仲裁條款者，該條款之效力，應獨立認定；其契約縱不成立、無效或經撤銷、解除、終止，不影響仲裁條款之效力。

第四條　（不遵守仲裁協議所提之訴訟）

①仲裁協議，如一方不遵守，另行提起訴訟時，法院應依他方聲請裁定停止訴訟程序，並命原告於一定期間內提付仲裁。但被告已為本案之言詞辯論者，不在此限。

②原告逾前項期間未提付仲裁者，法院應以裁定駁回其訴。

③第一項之訴訟，經法院裁定停止訴訟程序後，如仲裁成立，視為於仲裁庭作成判斷時撤回起訴。

第二章　仲裁庭之組織

第五條　（仲裁人）

①仲裁人應為自然人。

②當事人於仲裁協議約定仲裁機構以外之法人或團體為仲裁人者，視為未約定仲裁人。

第六條 （仲裁人之資格）

具有法律或其他各業專門知識或經驗，信望素孚之公正人士，具備下列資格之一者，得為仲裁人：

一　曾任實任推事、法官或檢察官者。

二　曾執行律師、會計師、建築師、技師或其他與商務有關之專門職業人員業務五年以上者。

三　曾任國內、外仲裁機構仲裁事件之仲裁人者。

四　曾任教育部認可之國內、外大專院校助理教授以上職務五年以上者。

五　具有特殊領域之專門知識或技術，並在該特殊領域服務五年以上者。

第七條 （不得為仲裁人之情形）

有下列各款情形之一者，不得為仲裁人：

一　犯貪污、瀆職之罪，經判刑確定。

二　犯前款以外之罪，經判處有期徒刑一年以上之刑確定。

三　經褫奪公權宣告尚未復權。

四　破產宣告尚未復權。

五　受監護或輔助宣告尚未撤銷。

六　未成年人。

第八條 （仲裁資格及訓練講習）

①具有本法所定得為仲裁人資格者，除有下列情形之一者外，應經訓練並取得合格證書，始得向仲裁機構申請登記為仲裁人：

一　曾任實任推事、法官或檢察官者。

二　曾執行律師職務三年以上者。

三　曾在教育部認可之國內、外大專校院法律學系或法律研究所專任教授二年、副教授三年，講授主要法律科目三年以上者。

四　本法修正施行前已向仲裁機構登記為仲裁人，並曾實際參與爭議事件之仲裁者。

②前項第三款所定任教年資之計算及主要法律科目之範圍，由法務部會商相關機關定之。

③仲裁人未依第一項規定向仲裁機構申請登記者，亦適用本法訓練之規定。

④仲裁人已向仲裁機構申請登記者，應參加仲裁機構每年定期舉辦之講習；未定期參加者，仲裁機構得註銷其登記。

⑤仲裁人之訓練及講習辦法，由行政院會同司法院定之。

第九條 （仲裁人之約定及選定）

①仲裁協議，未約定仲裁人及其選定方法者，應由雙方當事人各選一仲裁人，再由雙方選定之仲裁人共推第三仲裁人為主任仲裁

人，並由仲裁庭以書面通知當事人。

②仲裁人於選定後三十日內未共推主任仲裁人者，當事人得聲請法院為之選定。

③仲裁協議約定由單一之仲裁人仲裁，而當事人之一方於收受他方選定仲裁人之書面要求後三十日內未能達成協議時，當事人一方得聲請法院為之選定。

④前二項情形，於當事人約定仲裁事件由仲裁機構辦理者，由該仲裁機構選定仲裁人。

⑤當事人之一方有二人以上，而對仲裁人之選定未達成協議者，依多數決定之；人數相等時，以抽籤定之。

第一〇條 （選定仲裁人後應書面通知）

①當事人之一方選定仲裁人後，應以書面通知他方及仲裁人；由仲裁機構選定仲裁人者，仲裁機構應以書面通知雙方當事人及仲裁人。

②前項通知送達後，非經雙方當事人同意，不得撤回或變更。

第一一條 （催告選定仲裁人之期限）

①當事人之一方選定仲裁人後，得以書面催告他方於受催告之日起，十四日內選定仲裁人。

②應由仲裁機構選定仲裁人者，當事人得催告仲裁機構，於前項規定期間內選定之。

第一二條 （逾期限不選定仲裁人之處理）

①受前條第一項之催告，已逾規定期間而不選定仲裁人者，催告人得聲請仲裁機構或法院為之選定。

②受前條第二項之催告，已逾規定期間而不選定仲裁人者，催告人得聲請法院為之選定。

第一三條 （約定仲裁人無法履行仲裁任務之處理）

①仲裁協議所約定之仲裁人，因死亡或其他原因出缺，或拒絕擔任仲裁人或延滯履行仲裁任務者，當事人得再行約定仲裁人；如未能達成協議者，當事人一方得聲請仲裁機構或法院為之選定。

②當事人選之之仲裁人，如有前項事由之一者，他方得催告該當事人，自受催告之日起，十四日內另行選定仲裁人。但已依第九條第一項規定共推之主任仲裁人不受影響。

③受催告之當事人，已逾前項之規定期間，而不另行選定仲裁人者，催告人得聲請仲裁機構或法院為之選定。

④仲裁機構或法院選定之仲裁人，有第一項情形者，仲裁機構或法院得各自依聲請或職權另行選定。

⑤主任仲裁人有第一項事由之一者，法院得依聲請或職權另行選定。

第一四條 （當事人不得不服選定之仲裁人）

對於仲裁機構或法院依本章選定之仲裁人，除依本法請求迴避者外，當事人不得聲明不服。

第一五條 （仲裁人應即告知當事人之情形）

① 仲裁人應獨立、公正處理仲裁事件，並保守秘密。

② 仲裁人有下列各款情形之一者，應即告知當事人：

一 有民事訴訟法第三十二條所定法官應自行迴避之同一原因者。

二 仲裁人與當事人間現有或曾有僱傭或代理關係者。

三 仲裁人與當事人之代理人或重要證人間現有或曾有僱傭或代理關係者。

四 有其他情形足使當事人認其有不能獨立、公正執行職務之虞者。

第一六條 （當事人得請求仲裁人迴避之情形）

① 仲裁人有下列各款情形之一者，當事人得請求其迴避：

一 不具備當事人所約定之資格者。

二 有前條第二項各款情形之一者。

② 當事人對其自行選定之仲裁人，除迴避之原因發生在選定後，或至選定後始知其原因者外，不得請求仲裁人迴避。

第一七條 （向仲裁庭提出書面迴避原因）

① 當事人請求仲裁人迴避者，應於知悉迴避原因後十四日內，以書面敘明理由，向仲裁庭提出，仲裁庭應於十日內作成決定。但當事人另有約定者，不在此限。

② 前項請求，仲裁庭尚未成立者，其請求期間自仲裁庭成立後起算。

③ 當事人對於仲裁庭之決定不服者，得於十四日內聲請法院裁定之。

④ 當事人對於法院依前項規定所為之裁定，不得聲明不服。

⑤ 雙方當事人請求仲裁人迴避者，仲裁人應即迴避。

⑥ 當事人請求獨任仲裁人迴避者，應向法院為之。

第三章 仲裁程序

第一八條 （仲裁程序之起始）

① 當事人將爭議事件提付仲裁時，應以書面通知相對人。

② 爭議事件之仲裁程序，除當事人另有約定外，自相對人收受提付仲裁之通知時開始。

③ 前項情形，相對人有多數而分別收受通知者，以收受之日在前者為準。

第一九條 （仲裁程序之適用法律）

當事人就仲裁程序未約定者，適用本法之規定；本法未規定者，仲裁庭得準用民事訴訟法或依其認為適當之程序進行。

第二〇條 （仲裁地）

仲裁地，當事人未約定者，由仲裁庭決定。

第二一條 （仲裁程序及期限）

① 仲裁進行程序，當事人未約定者，仲裁庭應於接獲被選為仲裁人

之通知日起十日內，決定仲裁處所及詢問期日，通知雙方當事人，並於六個月內作成判斷書；必要時得延長三個月。

②前項十日期間，對將來爭議，應自接獲爭議發生之通知日起算。

③仲裁逾第一項期間未作成判斷書者，除強制仲裁事件外，當事人得逕行起訴或聲請續行訴訟。其經當事人起訴或聲請續行訴訟者，仲裁程序視為終結。

④前項逕行起訴之情形，不適用民法第一百三十三條之規定。

第二二條 （仲裁庭管轄權異議之決定）

當事人對仲裁庭管轄權之異議，由仲裁庭決定之。但當事人已就仲裁協議標的之爭議為陳述者，不得異議。

第二三條 （仲裁程序不公開）

①仲裁庭應予當事人充分陳述機會，並就當事人所提主張為必要之調查。

②仲裁程序，不公開之。但當事人另有約定者，不在此限。

第二四條 （委任代理人）

當事人得以書面委任代理人到場陳述。

第二五條 （涉外仲裁事件得約定使用語文）

①涉外仲裁事件，當事人得約定仲裁程序所使用之語文。但仲裁庭或當事人之一方得要求就仲裁相關文件附其他語文譯本。

②當事人或仲裁人，如不諳國語，仲裁庭應用通譯。

第二六條 （應詢證人或鑑定人）

①仲裁庭得通知證人或鑑定人到場應詢。但不得令其具結。

②證人無正當理由而不到場者，仲裁庭得聲請法院命其到場。

第二七條 （文書之送達）

仲裁庭辦理仲裁事件，有關文書之送達，準用民事訴訟法有關送達之規定。

第二八條 （請求機關協助仲裁之進行）

①仲裁庭為進行仲裁，必要時得請求法院或其他機關協助。

②受請求之法院，關於調查證據，有受訴法院之權。

第二九條 （對仲裁程序之異議）

①當事人知悉或可得而知仲裁程序違反本法或仲裁協議，而仍進行仲裁程序者，不得異議。

②異議，由仲裁庭決定之，當事人不得聲明不服。

③異議，無停止仲裁程序之效力。

第三〇條 （當事人之主張無理由時仍得進行仲裁程序）

當事人下列主張，仲裁庭認其無理由時，仍得進行仲裁程序，並為仲裁判斷：

一　仲裁協議不成立。

二　仲裁程序不合法。

三　違反仲裁協議。

四　仲裁協議與應判斷之爭議無關。

五　仲裁庭欠缺仲裁權限。

　　六　其他得提起撤銷仲裁判斷之訴之事由。

第三一條　（當事人明示合意之判斷原則）

　　仲裁庭經當事人明示合意者，得適用衡平原則為判斷。

第三二條　（仲裁判斷之評議）

①仲裁判斷之評議，不得公開。

②合議仲裁庭之判斷，以過半數意見定之。

③關於數額之評議，仲裁人之意見各不達過半數時，以最多額之意見順次算入次多額之意見，至達過半數為止。

④合議仲裁庭之意見不能過半數者，除當事人另有約定外，仲裁程序視為終結，並應將其事由通知當事人。

⑤前項情形不適用民法第一百三十三條之規定。但當事人於收受通知後，未於一個月內起訴者，不在此限。

第三三條　（判斷書記載事項）

①仲裁庭認仲裁達於可為判斷之程度者，應宣告詢問終結，依當事人聲明之事項，於十日內作成判斷書。

②判斷書應記載下列各款事項：

　　一　當事人姓名、住所或居所。當事人為法人或其他團體或機關者，其名稱及公務所、事務所或營業所。

　　二　有法定代理人、仲裁代理人者，其姓名、住所或居所。

　　三　有通譯者，其姓名、國籍及住所或居所。

　　四　主文。

　　五　事實及理由。但當事人約定無庸記載者，不在此限。

　　六　年月日及仲裁判斷作成地。

③判斷書之原本，應由參與評議之仲裁人簽名；仲裁人拒絕簽名或因故不能簽名者，由簽名之仲裁人附記其事由。

第三四條　（判斷書之送達）

①仲裁庭應以判斷書正本，送達於當事人。

②前項判斷書，應另備正本，連同送達證書，送請仲裁地法院備查。

第三五條　（判斷書錯誤之更正）

　　判斷書如有誤寫、誤算或其他類此之顯然錯誤者，仲裁庭得隨時或依聲請更正之，並以書面通知當事人及法院。其正本與原本不符者，亦同。

第三六條　（簡易仲裁程序之適用）

①民事訴訟法所定應適用簡易程序事件，經當事人合意向仲裁機構聲請仲裁者，由仲裁機構指定獨任仲裁人依該仲裁機構所定之簡易仲裁程序仲裁之。

②前項所定以外事件，經當事人合意者，亦得適用仲裁機構所定之簡易仲裁程序。

第四章　仲裁判斷之執行

第三七條 (仲裁判斷之執行)

① 仲裁人之判斷,於當事人間,與法院之確定判決,有同一效力。

② 仲裁判斷,須聲請法院為執行裁定後,方得為強制執行。但合於下列規定之一,並經當事人雙方以書面約定仲裁判斷無須法院裁定即得為強制執行者,得逕為強制執行:

　一　以給付金錢或其他代替物或有價證券之一定數量為標的者。

　二　以給付特定之動產為標的者。

③ 前項強制執行之規定,除當事人外,對於下列之人,就該仲裁判斷之法律關係,亦有效力:

　一　仲裁程序開始後為當事人之繼受人及為當事人或其繼受人占有請求之標的物者。

　二　為他人而為當事人者之該他人及仲裁程序開始後為該他人之繼受人,及為該他人或其繼受人占有請求之標的物者。

第三八條 (駁回執行裁定聲請之情形)

有下列各款情形之一者,法院應駁回其執行裁定之聲請:

　一　仲裁判斷與仲裁協議標的之爭議無關,或逾越仲裁協議之範圍者。但除去該部分亦可成立者,其餘部分,不在此限。

　二　仲裁判斷書應附理由而未附者。但經仲裁庭補正後,不在此限。

　三　仲裁判斷,係命當事人為法律上所不許之行為者。

第三九條 (聲請假扣押或假處分)

① 仲裁協議當事人之一方,依民事訴訟法有關保全程序之規定,聲請假扣押或假處分者,如其尚未提付仲裁,命假扣押或假處分之法院,應依相對人之聲請,命該保全程序之聲請人,於一定期間內提付仲裁。但當事人依法得提起訴訟時,法院亦得命其起訴。

② 保全程序聲請人不於前項期間內提付仲裁或起訴者,法院得依相對人之聲請,撤銷假扣押或假處分之裁定。

第五章　撤銷仲裁判斷之訴

第四○條 (得提撤銷仲裁判斷之訴之情形)

① 有下列各款情形之一者,當事人得對於他方提起撤銷仲裁判斷之訴:

　一　有第三十八條各款情形之一者。

　二　仲裁協議不成立、無效,或於仲裁詢問終結時尚未生效或已失效者。

　三　仲裁庭於詢問終結前未使當事人陳述,或當事人於仲裁程序未合法代理者。

　四　仲裁庭之組成或仲裁程序,違反仲裁協議或法律規定者。

　五　仲裁人違反第十五條第二項所定之告知義務而顯有偏頗或被聲請迴避而仍參與仲裁者。但迴避之聲請,經依本法駁回者,不在此限。

　六　參與仲裁之仲裁人,關於仲裁違背職務,犯刑事上之罪者。

七　當事人或其代理人，關於仲裁犯刑事上之罪者。

八　為判斷基礎之證據、通譯內容係偽造、變造或有其他虛偽情事者。

九　為判斷基礎之民事、刑事及其他裁判或行政處分，依其後之確定裁判或行政處分已變更者。

②前項第六款至第八款情形，以宣告有罪之判決已確定，或其刑事訴訟不能開始或續行非因證據不足者為限。

③第一項第四款違反仲裁協議及第五款至第九款情形，以足以影響判斷之結果為限。

第四一條　（提起撤銷仲裁判斷之訴之期限）

①撤銷仲裁判斷之訴，得由仲裁地之地方法院管轄。

②提起撤銷仲裁判斷之訴，應於判斷書交付或送達之日起，三十日之不變期間內為之；如有前條第一項第六款至第九款所列之原因，並經釋明，非因當事人之過失，不能於規定期間內主張撤銷之理由者，自當事人知悉撤銷之原因時起算。但自仲裁判斷書作成日起，已逾五年者，不得提起。

第四二條　（提起撤銷仲裁判斷之訴）

①當事人提起撤銷仲裁判斷之訴者，法院得依當事人之聲請，定相當並確實之擔保，裁定停止執行。

②仲裁判斷，經法院撤銷者，如有執行裁定時，應依職權併撤銷其執行裁定。

第四三條　（撤銷確定者得提起訴訟）

仲裁判斷經法院判決撤銷確定者，除另有仲裁合意外，當事人得就該爭議事項提起訴訟。

第六章　和解與調解

第四四條　（和解）

①仲裁事件，於仲裁判斷前，得為和解。和解成立者，由仲裁人作成和解書。

②前項和解，與仲裁判斷有同一效力。但須聲請法院為執行裁定後，方得為強制執行。

第四五條　（調解）

①未依本法訂立仲裁協議者，仲裁機構得依當事人之聲請，經他方同意後，由雙方選定仲裁人進行調解。調解成立者，由仲裁人作成調解書。

②前項調解成立者，其調解與仲裁和解有同一效力。但須聲請法院為執行裁定後，方得為強制執行。

第四六條　（和解、調解情形之準用）

第三十八條、第四十條至第四十三條之規定，於仲裁和解、調解之情形準用之。

第七章　外國仲裁判斷

第四七條 （外國仲裁判斷）

①在中華民國領域外作成之仲裁判斷或在中華民國領域內依外國法律作成之仲裁判斷，為外國仲裁判斷。

②外國仲裁判斷，經聲請法院裁定承認後，於當事人間，與法院之確定判決有同一效力，並得為執行名義。

第四八條 （外國仲裁判斷之聲請承認）

①外國仲裁判斷之聲請承認，應向法院提出聲請狀，並附具下列文件：

一 仲裁判斷書之正本或經認證之繕本。

二 仲裁協議之原本或經認證之繕本。

三 仲裁判斷適用外國仲裁法規、外國仲裁機構仲裁規則或國際組織仲裁規則者，其全文。

②前項文件以外文作成者，應提出中文譯本。

③第一項第一款、第二款所稱之認證，指中華民國駐外使領館、代表處、辦事處或其他經政府授權之機構所為之認證。

④第一項之聲請狀，應按應受送達之他方人數，提出繕本，由法院送達之。

第四九條 （駁回承認外國仲裁判斷聲請之情形）

①當事人聲請法院承認之外國仲裁判斷，有下列各款情形之一者，法院應以裁定駁回其聲請：

一 仲裁判斷之承認或執行，有背於中華民國公共秩序或善良風俗者。

二 仲裁判斷依中華民國法律，其爭議事項不能以仲裁解決者。

②外國仲裁判斷，其判斷地國或判斷所適用之仲裁法規所屬國對於中華民國之仲裁判斷不予承認者，法院得以裁定駁回其聲請。

第五〇條 （他方當事人聲請駁回外國仲裁判斷承認之情形）

當事人聲請法院承認之外國仲裁判斷，有下列各款情形之一者，他方當事人得於收受通知後二十日內聲請法院駁回其聲請：

一 仲裁協議，因當事人依所應適用之法律欠缺行為能力而不生效力者。

二 仲裁協議，依當事人所約定之法律為無效；未約定時，依判斷地法為無效者。

三 當事人之一方，就仲裁人之選定或仲裁程序應通知之事項未受適當通知，或有其他情事足認仲裁欠缺正當程序者。

四 仲裁判斷與仲裁協議標的之爭議無關，或逾越仲裁協議之範圍者。但除去該部分亦可成立者，其餘部分，不在此限。

五 仲裁庭之組織或仲裁程序違反當事人之約定；當事人無約定時，違反仲裁地法者。

六 仲裁判斷，對於當事人尚無拘束力或經管轄機關撤銷或停止其效力者。

第五一條 （請求撤銷承認外國仲裁判斷）

①外國仲裁判斷，於法院裁定承認或強制執行終結前，當事人已請

求撤銷仲裁判斷或停止其效力者，法院得依聲請，命供相當並確實之擔保，裁定停止其承認或執行之程序。

②前項外國仲裁判斷經依法撤銷確定者，法院應駁回其承認之聲請或依聲請撤銷其承認。

第八章　附　則

第五二條　（仲裁事件程序之適用及準用法律）

法院關於仲裁事件之程序，除本法另有規定外，適用非訟事件法，非訟事件法未規定者，準用民事訴訟法。

第五三條　（應付仲裁之準用法律）

依其他法律規定應提付仲裁者，除該法律有特別規定外，準用本法之規定。

第五四條　（仲裁機構之設立）

①仲裁機構，得由各級職業團體、社會團體設立或聯合設立，負責仲裁人登記、註銷登記及辦理仲裁事件。

②仲裁機構之組織、設立許可、撤銷或廢止許可、仲裁人登記、註銷登記、仲裁費用、調解程序及費用等事項之規則，由行政院會同司法院定之。

第五五條　（政府得補助仲裁機構）

為推展仲裁業務、疏減訟源，政府對於仲裁機構得予補助。

第五六條　（施行日）

本法除中華民國八十七年六月二十四日修正公布之條文自公布後六個月施行，及九十八年十二月十五日修正公布之條文自九十八年十一月二十三日施行外，自公布日施行。

仲裁機構組織與調解程序及費用規則

①民國 88 年 3 月 3 日行政院、司法院令會同修正發布全文 57 條。
②民國 92 年 1 月 22 日行政院、司法院令會同修正發布第 3、7、8、
　10、11、16、19、23、28 條條文；並刪除第 2 條條文。

第一章　總　則

第一條

　本規則依仲裁法（以下簡稱本法）第五十四條第二項規定訂定
　之。

第二條　（刪除）92

第三條 92

①本法所稱仲裁機構，指以公益為目的，經主管機關徵得目的事業
　主管機關同意後許可，由各級職業團體、社會團體設立或聯合設
　立，負責該仲裁機構仲裁人登記、註銷登記、訓練、講習及辦理
　仲裁事件，並依法完成登記之社團法人。

②仲裁機構不得辦理與仲裁無關之業務。

第二章　仲裁機構之組織

第四條

　仲裁機構之許可設立，應有益於整體經濟及公共利益，並符合下
　列各款規定：

一　會員數達三十以上。

二　置公立或經政府立案之私立專科以上學校或經教育部承認之
　　國外專科以上學校法律系科畢業或經公務人員法律類科考試
　　及格之專職人員三人以上。

三　應業務需要之辦公處所或場地七十坪以上；其處所或場地為
　　租賃者，至少應訂定二年以上租賃契約，並經法院公證。

四　充足之設立經費（包括購買或租賃土地、建築、設備等經
　　費）及維持基本運作所需之每年經常費（包括人事、業務、
　　維修及報廢等經費）。

五　獨立之會計及內部稽核制度。

六　新台幣一千萬元以上之現金。

第五條

①前條第三款之土地及建築物、第四款之經費及第六款之現金，仲
　裁機構應於完成設立登記之日起三個月內，以其名義登記或專戶
　儲存，並報內政部及法務部備查。

② 前項財產，非經理事會決議與內政部及法務部許可，對其不動產不得為處分、出租、設定負擔或變更用途；對其現金不得寄託或貸與任何自然人或非金融事業機構。

第六條

① 仲裁機構會址應設於主管機關所在地區。但經主管機關核准者，不在此限。

② 仲裁機構經主管機關核准，得設辦事處。

第七條 92

仲裁機構由各級職業團體設立或聯合設立者，得辦理與其行業相關之仲裁事件；由各級社會團體設立或聯合設立者，得辦理與其目的事業相關之仲裁事件。

第八條 92

各仲裁機構之設立，應由申請設立或聯合設立仲裁機構之職業團體、社會團體檢具申請書、各該團體之立案證書、會員名冊、仲裁機構章程草案、發起人名冊、仲裁人倫理規範草案及第四條所定之相關證明文件，報經內政部徵得法務部會商各該目的事業主管機關同意後許可之。

第九條

各仲裁機構之設立，應由申請設立或聯合設立仲裁機構之團體檢具申請書、各該團體之立案證書、會員名冊、仲裁機構章程草案、發起人名冊、仲裁人倫理規範草案及第四條所定之相關證明文件，報經內政部徵得法務部會商各該事業主管機關同意後許可之。

第一○條 92

① 各仲裁機構之章程，應記載下列事項：

一　名稱。
二　宗旨。
三　區域。
四　會址。
五　組織。
六　辦理仲裁事件之範圍。
七　會員資格及入會、退會之手續。
八　會員之權利及義務。
九　入會費及常年會費之數額，繳納會費之等級。
十　會員代表之名額及其產生之標準。
十一　理事、監事之名額、職權、任期、選任及解任。
十二　會議。
十三　經費及會計。
十四　註銷仲裁人登記之要件及其程序。
十五　章程之訂定及修改之程序。
十六　訂定或修改章程之年、月、日。

② 前項章程修改時，應依前條規定之程序報請核准。

第一一條 92

①設立或聯合設立仲裁機構之職業團體、社會團體及其所屬會員，均得為各該仲裁機構之會員。

②前項會員，以公私營工、商、農、林、漁、牧、礦業公司行號、機構及團體為限。

③各仲裁機構會員應按其自行選擇之等級繳納會費。

④前項會員得選派代表一人至五人，依繳納會費之等級決定代表名額。各會員代表之表決權、選舉權及被選舉權相同。

第一二條

①各仲裁機構，應置理事九人至三十一人，監事三人至九人，由會員代表於會員大會中互選之，分別成立理事會、監事會。候補理事、監事之名額分別不得超過理事、監事名額三分之一。

②前項理事、監事應分別互選常務理事及常務監事，其名額分別不得超過理事、監事名額三分之一。理事就常務理事中選舉一人為理事長，為會員大會及理事會之召集人；常務監事三人以上者，互推一人為監事會召集人。

③各仲裁機構應將前二項選舉結果，自選舉之日起十五日內報請內政部及法務部備查。

第一三條

①各仲裁機構理事、監事為義務職，任期不得超過四年，連選得連任。但理事長之連任，以一次為限。

①第一四條

各仲裁機構會員大會，每年舉行一次，理事會、監事會每三個月分別或聯合舉行一次。必要時均得召開臨時會議。

第一五條

①會員大會之決議，以會員代表過半數之出席，出席者過半數之同意行之。但理事、監事之解任及重要財產之處分，應以會員代表過半數之出席，出席者三分之二以上之同意行之；章程之修改，應依民法社團章程變更程序之規定辦理。

②理事會、監事會之決議，除另有規定外，各以理事、監事過半數之出席，出席者過半數之同意行之。

第一六條 92

仲裁機構有下列情形之一者，主管機關或目的事業主管機關得予糾正並限期改善，屆期不改善者，主管機關得撤銷或廢止其許可並通知所登記之法院：

一　違反法令、章程或設立許可條件者。

二　經營方針、管理或運作方式與設立目的不符者。

三　財務收支未取得合法之憑證或未具備完善之會計帳冊者。

四　隱匿財產或妨礙主管機關及目的事業主管機關查核者。

五　對於業務、財務為不實之陳報者。

六　停止業務活動繼續二年以上者。

七　其他違反本規則規定者。

第一七條

① 仲裁機構解散後，其賸餘財產之歸屬，應依章程之規定或會員大會之決議。但不得歸屬任何自然人或營利團體。

② 前項賸餘財產之歸屬，如章程未規定或會員大會未能決議時，應歸屬其會址所在地之地方自治團體。

第三章　仲裁人

第一八條

各仲裁機構應設置仲裁人名簿登記仲裁人，其上除黏貼仲裁人二吋正面脫帽照片一張外，應記載下列事項：

一　姓名、性別、出生年月日、身分證統一編號、戶籍地址及通訊地址。非中華民國國民者，其國籍。

二　學歷及經歷。

三　職業及現行職務。

四　專長。

五　登記年、月、日及編號。

第一九條 92

各仲裁機構理事會，應就申請登記為仲裁人者，審查其資格，認為合格者，登記於仲裁人名簿，並通知其本人。

第二〇條

仲裁機構自完成設立登記之日起一年內，登記之仲裁人應達二十人以上。

第二一條

仲裁人至多得向四仲裁機構登記為仲裁人。

第二二條

① 各仲裁機構應訂定仲裁人倫理規範，提經會員大會通過後，報請目的事業主管機關備查。

② 前項仲裁人倫理規範，其內容應包括下列事項：

一　仲裁人應以公正負責之態度處理仲裁事件，並保守秘密。

二　仲裁人應避免有使人疑其為特定當事人之代理人之行為。

三　仲裁人不得接受當事人請託或收受不正利益。

四　仲裁人應親自執行職務，不得委由他人處理。

五　仲裁人應保持中立，不得與當事人、代理人、證人、鑑定人及其他利害關係人為不正當之往還酬應。

六　仲裁人接受仲裁事件後，非有正當理由，不得辭其職務。

七　其他符合仲裁人自律、自治精神之必要事項。

第二三條 92

① 仲裁人有下列各款情形之一者，仲裁機構得註銷其登記：

一　違反前條第二項第一款、第三款或第五款規定者。

二　其他足使仲裁機構認其嚴重影響仲裁之公正及公信力之情事。

② 仲裁人違反前條第二款、第四款或第六款規定，情節輕微者，得

由仲裁機構酌情予以勸告，其辦法由各仲裁機構定之。

第二四條

各仲裁機構應將其登記之仲裁人名單，自登記之日起十五日內，報請目的事業主管機關備查。

第四章　仲裁費用

第二五條

① 因財產權而聲請仲裁之事件，除於聲請時領用有關書表資料，應繳納工本費新台幣六百元，應按其仲裁標的之金額或價額，依下列標準逐級累加繳納仲裁費：

一　新台幣六萬元以下者，繳納新台幣三千元。

二　超過新台幣六萬元至新台幣六十萬元者，就其超過新台幣六萬元部分，按百分之四計算。

三　超過新台幣六十萬元至新台幣一百二十萬元者，就其超過新台幣六十萬元部分，按百分之三計算。

四　超過新台幣一百二十萬元至新台幣二百四十萬元者，就其超過新台幣一百二十萬元部分，按百分之二計算。

五　超過新台幣二百四十萬元至新台幣四百八十萬元者，就其超過新台幣二百四十萬元部分，按百分之一點五計算。

六　超過新台幣四百八十萬元至新台幣九百六十萬元者，就其超過新台幣四百八十萬元部分，按百分之一計算。

七　超過新台幣九百六十萬元者，就其超過新台幣九百六十萬元部分，按百分之零點五計算。

② 仲裁標的之金額以外幣計算者，按聲請日外匯市場兌換率折合計算之。

③ 仲裁標的之金額以金銀計算者，按聲請日各該市價折合計算之。

④ 仲裁事件之聲請人不依第一項規定繳納仲裁費用者，各仲裁機構應通知其限期補正，屆期不補正者，得不受理其仲裁聲請。

第二六條

① 非因財產權而聲請仲裁之事件，應繳納仲裁費新台幣九千元。

② 非因財產權而聲請仲裁之事件並為財產權上之請求時，其仲裁費分別計算。

第二七條

① 仲裁標的之價額，由仲裁庭核定。

② 民事訴訟費用法第四條至第七條規定，於計算仲裁標的之價額時，準用之。

③ 仲裁標的之價額不能核定者，其標的價額視為新台幣六萬元。

第二八條 92

① 各仲裁機構就所仲裁事件，按其仲裁標的金額或價額，將所收仲裁費依下列百分比，轉交參與該事件之仲裁人，其餘歸仲裁機構：

一　新臺幣二千萬元以下者，為百分之六十。

二　超過新臺幣二千萬元至新臺幣三億元者，就其超過新臺幣二千萬元部分，為百分之五十。

三　超過新臺幣三億元者，就其超過新臺幣三億元之部分，為百分之四十。

②仲裁人無正當理由不參與評議或拒絕在判斷書上簽名，當事人得於收受判斷書後二個月內，請求減免給付前項之仲裁費。

③仲裁機構對第一項歸其收入之仲裁費，不得有分配盈餘或其他營利行為。

第二九條

抄錄費、翻譯費、郵電費、運送費、登載新聞紙費及其他有關仲裁之必要費用，依實支數計算。

第三〇條

證人出席費每次新台幣六百元以上新台幣一千二百元以下；鑑定人、通譯出席費，每次新台幣九百元以上新台幣一千八百元以下；均由仲裁庭定之。

第三一條

證人、鑑定人、通譯，因就詢或通譯滯留一日以上者，於出席費外，每日給與滯留費新台幣九百元以上新台幣一千八百元以下，由仲裁庭定之。

第三二條

仲裁人出外調查證據之交通費、食宿費，證人、鑑定人、通譯之交通費、滯留期間之食宿費，依各仲裁機構所定標準計算。

第三三條

鑑定人之鑑定費，視事件之繁簡，由仲裁庭酌定之。

第三四條

①仲裁費用或和解、調解費用之負擔，應記明於判斷書主文或和解書及調解書。

②前項判斷書或和解書及調解書中未確定其費用額者，當事人得聲請原仲裁庭裁定確定之。

第三五條

①當事人撤回仲裁之聲請者，由其負擔仲裁費用。

②當事人於仲裁人選定後，仲裁詢問開始前，聲請撤回仲裁者，得請求退還依第二十八條規定應轉交與仲裁人仲裁費之半數。其於仲裁人選定前撤回者，當事人得請求退還應轉交與該仲裁人仲裁費之全額。

第三六條

第二十五條及第二十六條之仲裁費，由聲請人於聲請時預繳於仲裁機構。

第三七條

第二十九條至第三十三條之費用，仲裁機構得通知當事人預繳之。

第三八條

非經仲裁機構辦理之仲裁事件，其仲裁費用之收取，得準用本規則有關之規定。

第五章　調解之程序及費用

第三九條

①聲請調解，由當事人向仲裁機構以書面為之，並應按他方當事人人數提出繕本。

②前項聲請，應表明調解事由及爭議情形，並檢附有關之證明文件影本。

第四〇條

①仲裁機構於收受調解聲請書後應即檢附繕本，通知他方當事人於收受通知書之日起七日內提出調解同意書。

②他方當事人未於前項期間內提出調解同意書者，視為拒絕調解。

③他方當事人同意調解後，仲裁機構應即通知當事人於收受通知書之日起七日內選定仲裁人，進行調解。

④第一項及前項期間之計算，準用法院訴訟當事人在途期間表，扣除其在途期間。

第四一條

①當事人應選共同選定仲裁人一人或各選定一人，進行調解。

②當事人得約定由仲裁機構代為選定仲裁人一人或二人，進行調解。

③當事人未有前項約定，且屆期未能選定仲裁人者，得由當事人一方商請仲裁機構代為選定仲裁人一人為調解人。

第四二條

①當事人得以書面委任代理人進行調解。

②當事人之代理人應於進行調解前向仲裁機構或調解人，提出委任書。

③前項委任書，在國外作成者，應經我國駐當地使領館、代表處、辦事處或其他經政府授權之機構認證；其未設我國使領館、代表處、辦事處或經政府授權之機構者，應經當地法院或其他公證機構認證。

第四三條

調解人應速定調解期日，通知當事人出席，其有代理人者，通知代理人。

第四四條

當事人雙方或一方無正當理由，於調解期日不到場者，視為調解不成立。但調解人認為有成立調解之望者，得另定調解期日。

第四五條

①調解程序，於仲裁機構或其他適當之處所行之，得不公開。

②調解人及經辦調解事務之人，對於調解事件，除已公開之事項外，應保守秘密。

第四六條

① 調解人應審究事實真相及雙方爭議之所在，必要時，並得就事件關係為必要之調查。

② 仲裁機構依本規則調解爭議事件，得商請有關機關協助。

第四七條

① 調解成立時，調解人應作成調解書，記載下列各款事項，並由當事人或其代理人及調解人簽名或蓋章：

一 當事人姓名、住所或居所。當事人為法人或其他團體或機關者，其名稱及公務所、事務所或營業所。

二 有法定代理人、調解代理人者，其姓名、住所或居所。

三 出席調解人之姓名、住所或居所。

四 調解事由。

五 調解成立之內容。

六 調解成立之場所。

七 調解成立之年、月、日。

② 前項調解書，調解人應於調解成立之日起五日內，報知仲裁機構。

第四八條

① 有下列各款情形之一者，調解程序當然終結：

一 調解成立。

二 調解不成立。

三 當事人聲請撤回調解並經他方當事人同意撤回者。

② 當事人撤回調解之聲請或撤回調解之同意者，視為調解程序終結。

第四九條

① 調解不成立者，當事人得以書面聲請仲裁機構給與調解不成立之證明書。

② 前項證明書，仲裁機構應於收受聲請書之日起，七日內發給之。

第五〇條

① 因財產權而聲請調解之事件，應按其調解標的之金額或價額，依下列標準繳納調解費：

一 新台幣六十萬元以下者，繳費三千元。

二 超過新台幣六十萬元者，就其超過部分，按千分之五計算。

② 調解標的之金額以外幣計算者，按聲請日外匯市場兌換率折合計算之。

③ 調解標的之金額以金銀計算者，按聲請日各該市價折合計算之。

第五一條

① 非因財產權而聲請調解之事件，應繳納調解費新台幣三千元。

② 非因財產權而聲請調解之事件，並為財產權上之請求時，其調解費分別計算。

第五二條

① 調解標的之價額，由調解人核定。

②民事訴訟費用法第四條至第七條規定，於計算調解標的之價額時，準用之。

③調解標的之價額不能核定者，其標的價額視為新台幣六萬元。

第五三條

調解程序終結後，仲裁機構應就所調解之事件，按其調解標的金額或價額，將所收調解費依下列百分比，轉交參與該事件之調解人：

一　新台幣二千萬元以下者，為百分之六十。

二　超過新台幣二千萬元至新台幣三億元者，就其超過新台幣二千萬元部分，為百分之五十。

三　超過新台幣三億元者，就其超過新台幣三億元之部分，為百分之四十。

第五四條

當事人一方聲請調解時，應向仲裁機構預繳調解費二分之一。他方當事人同意調解時，亦同。

第五五條

第二十九條至第三十三條及第三十七條規定，於因調解而支出之費用，準用之。

第五六條

①調解費用，除當事人另有約定外，由當事人平均分擔之。

②當事人一方撤回調解之聲請或撤回調解之同意者，由其負擔全部調解費用。

第六章　附　則

第五七條

本規則自發布日施行。

資料補充欄

二一五二

參、附　　錄

最高行政法院相關決議

▶最高行政法院 97 年 5 月份第 1 次庭長法官聯席會議(一)

政府採購法第 74 條規定：「廠商與機關間關於招標、審標、決標之爭議，得依本章規定提出異議及申訴。」採購申訴審議委員會對申訴所作之審議判斷，依同法第 83 條規定，視同訴願決定。準此，立法者已就政府採購法中廠商與機關間關於招標、審標、決標之爭議，規定屬於公法上爭議，其訴訟事件自應由行政法院審判。機關依政府採購法第 50 條第 1 項第 5 款取消廠商之次低標決標保留權，同時依據投標須知，以不同投標廠商間之投標文件內容有重大異常關聯情形，認廠商有同法第 31 條第 2 項第 8 款所定有影響採購公正之違反法令行為情形，不予發還其押標金。廠商對不予發還押標金行為如有爭議，即為關於決標之爭議，屬公法上爭議。廠商雖僅對機關不予發還押標金行為不服，而未對取消其次低標之決標保留權行為不服，惟此乃廠商對機關所作數不利於己之行為一部不服，並不影響該不予發還押標金行為之爭議，為關於決標之爭議之判斷。因此，廠商不服機關不予發還押標金行為，經異議及申訴程序後，提起行政訴訟，行政法院自有審判權。至本院 93 年 2 月份庭長法官聯席會議決議之法律問題，係關於採購契約履約問題而不予發還押標金所生之爭議，屬私權爭執，非公法上爭議，行政法院自無審判權，與本件係廠商與機關間關於決標之爭議，屬公法上爭議有間，附此敘明。（97、5、1）

▶最高行政法院 101 年度 3 月份第 1 次庭長法官聯席會議

依政府採購法提起申訴，應依採購申訴審議收費辦法第 3 條及第 4 條規定繳納審議費。而上開辦法第 4 條係規定「每一申訴事件」而非「每一採購案件」應繳納新臺幣 3 萬元。是以申訴審議機關通知廠商限期按採購案件之件數補繳審議費，於法未合。申訴審議機關此項通知繳納審議費，性質上為命補正提起申訴之程式要件（政府採購法第 102 條準用第 79 條），係關於申訴審議程序中所為之決定，法規又無得先提起行政救濟之規定，自應於對申訴不受理決定提起之訴訟中受審查。該命補正繳納審議費之決定，既非合法，即不生命補正之效果，申訴審議機關不得以廠商經命補正繳納審議費而未繳納，申訴不合法定程式而為不受理決定。（101、3、13）

▶最高行政法院 101 年度 6 月份第 1 次庭長法官聯席會議

機關因廠商有政府採購法第 101 條第 1 項各款情形，依同法第 102 條第 3 項規定刊登政府採購公報，即生同法第 103 條第 1 項所示於一定期間內不得參加投標或作為決標對象或分包廠商之停權效

果，為不利之處分。其中第3款、第7款至第12款事由，縱屬違反契約義務之行為，既與公法上不利處分相連結，即被賦予公法上之意涵，如同其中第1款、第2款、第4款至第6款為參與政府採購程序施用不正當手段，及其中第14款為違反禁止歧視之原則一般，均係違反行政法上義務之行為，予以不利處分，具有裁罰性，自屬行政罰，應適用行政罰法第27條第1項所定3年裁處權時效。其餘第13款事由，乃因特定事實予以管制之考量，無違反義務之行為，其不利處分並無裁罰性，應類推適用行政罰裁處之3年時效期間。（101、6、12）

▶ **最高行政法院101年度10月份第1次庭長法官聯席會議(二)**
按民國99年11月30日修正公布前之政府採購法施行細則第107條第1項規定：「本法第98條所稱國內員工總人數，依身心障礙者保護法施行細則第12條第1項規定辦理；……。」，而依身心障礙者保護法施行細則第12條第1項所定，此項總人數之計算方式係以勞保局所統計各該機構每月1日參加勞保人數為準。查此等規定係母法授權主管機關於施行細則中，為執行母法所定之細節性、技術性法規命令，核與母法規定意旨尚無不合。次按公司法第3條第2項規定：「本法所稱本公司，為公司依法首先設立，以管轄全部組織之總機構；所稱分公司，為受本公司管轄之分支機構。」故總公司得標之政府採購案，以總公司為投保單位之投保人數（包括分公司員工人數）為計算標準，與上引公司法規定意旨並無不符。況得標廠商如認其總公司與分公司業務獨立，依勞工保險相關規定，得分別以總公司、分公司為投保單位加入勞工保險，各別作為計算國內總員工人數之計算依據，當事人既得選擇，則對當事人之保護亦無不週之虞。是以政府採購法之主管機關行政院公共工程委員會90年3月13日（90）工程企字第90007332號函，明釋：身心障礙者保護法施行細則第12條第1項所定以勞保局所統計各該機構每月1日參加勞保人數為準，係以投保單位為計算標準。此函釋係主管機關就其適用主管法律，所為之釋示行政規則，經核與上開規定無違，法院自得加以適用。（101、10、9）

▶ **最高行政法院102年11月份第1次庭長法官聯席會議**
一、依政府採購法第30條第1項本文、第31條第1項前段規定，機關辦理招標，應於招標文件中規定投標廠商須繳納押標金，並於決標後將押標金無息發還未得標廠商。是廠商繳納押標金係用以擔保機關順利辦理採購，並有確保投標公正之目的，為求貫徹，政府採購法第31條第2項乃規定機關得於招標文件中規定廠商有所列各款所定情形之一者，其所繳納之押標金不予發還，其已發還者，並予追繳。法文明定機關得以單方之行政行為追繳已發還之押標金，乃屬機關對於投標廠商行使公法上請求權，應有行政程序法第131條第1項關於公法上請求權消滅時效規定之適用。

二、政府採購法第 31 條第 2 項各款規定機關得向廠商追繳押標金之情形，其構成要件事實既多緣於廠商一方，且未經顯現，猶在廠商隱護中，難期機關可行使追繳權，如均自發還押標金時起算消滅時效期間，顯失衡平，亦與消滅時效制度之立意未盡相符。故上述公法上請求權應自可合理期待機關得為追繳時起算其消滅時效期間。至可合理期待機關得為追繳時，乃事實問題，自應個案具體審認。（102、11、5）

▶ **最高行政法院 103 年 3 月份第 2 次庭長法官聯席會議**

依政府採購法第 1 條規定及同法第 101 條之立法理由可知，政府採購法之目的在於建立公平、公開之採購程序，維護公正、公平之競爭市場，並排除不良廠商，以達有效率之政府採購。而採購契約成立後，得標廠商即負有依債務本旨給付之義務，苟未依債務本旨給付，並有可歸責之事由，致延誤履約期限，或採購契約被解除或終止，即該當於第 1 項第 10 款所稱「因可歸責於廠商之事由，致延誤履約期限」，或第 12 款所稱「因可歸責於廠商之事由，致解除或終止契約」，不以全部可歸責為必要。至是否予以刊登政府採購公報，仍應審酌違約情形是否重大（參照政府採購法第 101 條之立法理由）及符合比例原則。（103、3、25）

▶ **最高行政法院 103 年 6 月份第 1 次庭長法官聯席會議**

行政罰之裁處權時效之起算，依行政罰法第 27 條第 2 項規定，自違反行政法上義務之行為終了時起算，但行為之結果發生在後，自該結果發生時起算。查政府採購法立法目的在於建立政府採購制度，依公平、公開之採購程序，提升採購效率與功能（政府採購法第 1 條參照）。廠商偽造投標文件，參與採購行為，使公平採購程序受到破壞，此破壞公平採購程序係於開標時發生。因此，廠商有政府採購法第 101 條第 1 項第 4 款情形，機關依同法第 102 條第 3 項規定刊登政府採購公報，即生同法第 103 條第 1 項所示一定期間內不得參加投標或作為決標對象或分包廠商之停權效果，為不利處分，具有裁罰性，其適用行政罰法第 27 條第 1 項所定之 3 年裁處權時效，除經機關於開標前發現不予開標之情形外，應自開標時起算。（103、6、10）

▶ **最高行政法院 103 年 7 月份第 1 次庭長法官聯席會議**

依政府採購法第 9 條第 1 項前段規定，行政院公共工程委員會（下稱公共工程會）係政府採購法之主管機關，其基於同法第 31 條第 2 項第 8 款之授權，得補充認定該條項第 1 款至第 7 款以外其他「有影響採購公正之違反法令行為」，以為機關不予發還押標金或追繳已發還押標金之法令依據。廠商之人員涉有犯政府採購法第 87 條之罪者，業經公共工程會依上開規定，以 89 年 1 月 19 日（89）工程企字第 89000318 號函通案認定該廠商有影響採購公正之違反法令行為，其押標金應不發還或追繳。

「以詐術或其他非法之方法，使廠商無法投標或開標發生不正確結果者，處五年以下有期徒刑，得併科新臺幣一百萬元以下罰

金。」爲政府採購法第87條第3項所規定；同條第6項並罰其未遂犯。廠商於投標前基於使開標發生不正確結果之犯罪目的，合議不爲競價，營造系不同廠商競爭之假象，分別參與投標，足使招標機關之審標人員誤認彼等與其他廠商間確有競爭關係，破壞招標程序之價格競爭功能，縱因無法預知有若干競爭者及競爭對手之競標價格爲何而未必能決定性左右決標結果，然客觀上已實質增加得標機會，仍有使開標發生不正確結果之危險。甲、乙關聯廠商之代表人旣以合議不爲競價之假性競爭方式，分別以甲、乙廠商參與採購案投標，雖開標結果爲流標或未得標，彼等代表人仍應成立共同犯政府採購法第87條第6項、第3項以詐術使開標發生不正確結果未遂犯，而非不能犯。採購機關自得據以對甲、乙廠商分別爲追繳押標金之處分。（103、7、8）

▶**最高行政法院104年度4月份第1次庭長法官聯席會議**㈠
政府採購法（下稱本法）第31條第2項第8款「其他經主管機關認定有影響採購公正之違反法令行爲」，係法律就發生同條項所定採購機關沒收或追繳廠商押標金法律效果之要件，授權主管機關在同條項第1款至第7款之行爲類型外，對於特定行爲類型，補充認定屬於「有影響採購公正之違反法令行爲」（本院103年度7月份第1次庭長法官聯席會議決議參照）。主管機關依此款所爲之認定，屬於對多數不特定人民，就一般事項所作抽象之對外發生法律效果之規定（行政程序法第150條第1項），具有法規命令之性質。而各機關基於法律授權訂定之命令應發布，且依90年1月1日起施行之行政程序法第157條第3項規定，法規命令之發布，應刊登政府公報或新聞紙，此爲法規命令之生效要件。政府公報或新聞紙，係屬文書（紙本）。網際網路並非文書（紙本），自非屬政府公報或新聞紙。行政院公共工程委員會92年11月6日工程企字第09200438750號函，將機關辦理採購，發現廠商有本法第50條第1項第5款「不同投標廠商間之投標文件內容有重大異常關聯者」情形，依本法第31條第2項第8款規定，認定該等廠商有影響採購公正之違反法令行爲，僅在網站上公告，未刊登政府公報或新聞紙，不能認已踐行發布程序，欠缺法規命令之生效要件，尚未發生效力。（104、4、14）

▶**最高行政法院105年3月份庭長法官聯席會議**
行政院公共工程委員會89年1月19日（89）工程企字第89000318號函（下稱工程會89年1月19日函）就「廠商或其人員涉有犯政府採購法第87條之罪者」，依政府採購法第31條第2項第8款規定之授權，認定該等廠商有影響採購公正之違反法令行爲，係就涉犯該法第87條之罪爲概括認定，而非就其規定之犯罪行爲類型爲個別認定。從而，解釋該條文所規定之行爲類型如有增修時，增修之行爲類型與旣有之行爲類型之本質如無明顯之不同者，於增修之規定生效時，亦爲該函經授權認定有影響採購公正之違反法令行爲範圍，尚無違法律授權之明確性。91年2

月 6 日政府採購法第 87 條修正新增之「意圖影響採購結果或獲取不當利益，而借用他人名義或證件投標者」及「容許他人借用本人名義或證件參加投標者」行為類型，與工程會 89 年 1 月 19 日函發布時該條文規定之「意圖影響決標價格或獲取不當利益，而以契約、協議或其他方式之合意，使廠商不為投標或不為價格之競爭者」行為類型之本質相類似。故廠商或其人員如於政府採購法第 87 條修正後，涉犯新增之「容許他人借用本人名義或證件參加投標」罪，依首揭說明，並未逸出工程會 89 年 1 月 19 日函認定有影響採購公正之違反法令行為範圍。是本件乙機關通知甲廠商繳回已發還之押標金，乃適法之處分。（105、3、8）

法規名稱索引

法規名稱索引

國家圖書館出版品預行編目資料

政府採購法規 / 五南法學研究中心編輯. --
初版. -- 臺北市：五南, 2018.02
　　面；　公分
ISBN 978-957-11-9571-1 (平裝)

1. 政府採購　2. 公共財務法規

564.72023　　　　　　　　　　　107000161

Q91

政府採購法規

編　　　著	五南法學研究中心	

出 版 者	五南圖書出版股份有限公司	
發 行 人	楊榮川	
地　　　址	台北市大安區（106）和平東路二段 339 號 4 樓	
	電話：(02)27055066　傳真：(02)27066100	
網　　　址	http://www.wunan.com.tw	
電子郵件	wunan@wunan.com.tw	
劃撥帳號	01068953　戶名：五南圖書出版股份有限公司	
法律顧問	林勝安律師事務所　林勝安律師	
出版日期	2018 年 2 月初版一刷	
定　　　價	200 元	